Liz Thielen
Hartmut Braunschneider

Strafrecht Kompakt
Besonderer Teil 1
§§ 111 – 241a

Liz Thielen
Hartmut Braunschneider

Strafrecht Kompakt

- Tatbestände
- Definitionen
- Meinungsstreite

Besonderer Teil 1

§§ 111 – 241a

6., überarbeitete und aktualisierte Auflage

AchSo!-Verlag
im Programm der Bund-Verlagsgruppe

Bibliografische Information der Deutschen Bibliothek
Die Deutsche Bibliothek verzeichnet diese Publikation in der Deutschen National-
bibliografie; detaillierte bibliografische Daten sind im Internet über http://dnb.ddb.de
abrufbar.

Sechste, überarbeitete und aktualisierte Auflage 2006
© 1993 by Bund-Verlag GmbH, Frankfurt am Main
Umschlag: Neil McBeath, Stuttgart
Druck: Druckhaus »Thomas Müntzer« GmbH, Bad Langensalza
Printed in Germany 2006
ISBN 3-7663-1267-7

www.achso.de

Vorwort

Früher ...

Früher brauchte man einen fetten Schönke-Schröder, einen dicken Tröndle/Fischer und einen kräftigen Lackner/Kühl (insgesamt mehrere kg), um die für eine gute Hausarbeit nötigen **Definitionen** und **Konkurrenzen** parat zu haben.

Heute genügt für den BT 1 ein schlankes Strafrecht Kompakt – und man hat alles. Und nicht nur alles, sondern noch viel mehr: **Schemata**, soweit das Auge reicht.

Die insgesamt drei Bände der Strafrecht Kompakt – Reihe sind damit ein **Aufbaukommentar** erster Güte.

Nicht immer, aber immer öfter.

Durch die Ansammlung von Schemata, Konkurrenzen und der Definitionen mit **Fundstellennachweis** aus den drei wichtigsten Kommentaren wird so mancher Gang in die Bibliothek überflüssig werden.

Bei einer **Hausarbeit** wird der Nutzen sowohl in der Einstiegsphase – wenn es um die erste Erarbeitung einer Materie geht – als auch in der Endphase liegen – wenn keine Zeit mehr da ist, die Definitionen in der Bibliothek zu suchen.

Im Hinblick auf **Klausuren** kann die kurze Darstellung der Aufbau- und Sachfragen zur Vorbereitung helfen.

Für's **Examen** schließlich ist hier ein gedrängter Kontroll-Überblick über das eigene Wissen möglich.

Fehlt noch was?

Für Verbesserungsvorschläge, Korrekturanmerkungen und Anregungen haben die Autoren stets einen offenen Briefkasten (gerne auch übers Internet: www.achso.de).

Strafrecht Kompakt ist aktuell auf dem Stand vom Januar 2006.

L. Thielen

H. Braunschneider

Gebrauchsanleitung

Bei der Arbeit mit dieser Sammlung ist einiges zu beachten.

1. **Einordnung.** Jeder Paragraph wird zunächst typologisch eingeordnet (z.B. Grundtatbestand, Qualifikation, Privilegierung, Strafzumessungsregel etc.), Versuchsstrafbarkeiten, Querverbindungen, geschützte Rechtsgüter und sonstige Hinweise folgen.

2. **Aufbauschemata.** Dann werden die einzelnen Merkmale des Paragraphen in der Reihenfolge aufgelistet, wie sie in einer Klausur und in einer Hausarbeit sinnvoll durchgeprüft werden können – die eigentlichen Aufbauschemata. Manche Vorschriften benötigen mehrere Schemata; dann haben wir mehrere erstellt.

   Diese Schemata stehen alle unter dem Hinweis *Aufbau*. Sofern es sich um Abwandlungen eines Grundtatbestandes handelt (Qualifikationen, Privilegierungen, Strafzumessungsregeln etc.) finden sich im Einordnungsteil Hinweise auf den **korrekten Obersatz**.

3. **Definitionen.** Es folgen Definitionen der einzelnen Merkmale. Soweit es im **Tröndle/Fischer** welche gab, stehen diese an erster Stelle. Damit soll die herausragende Bedeutung dieses Kommentars in der Praxis gewürdigt werden. Es folgen – soweit vorhanden – die Definitionen aus dem **Schönke-Schröder**, den Abschluss machen die Definitionen aus dem **Lackner/Kühl**.

   Wenn **nirgendwo Definitionen** zu finden waren, steht hinter dem jeweiligen Merkmal k.A. (keine Angaben). Gab es nur in dem einen oder anderen Kommentar Definitionen, dann stehen eben nur diese dort.

   Dabei ist aber folgendes wichtig: teilweise werden in den Kommentaren **Verweisbrücken** gebildet, die auf einen anderen Paragraphen und dessen Kommentierung hinweisen (z.B. in § 315a auf § 315). Wenn eine solche nicht vorhanden war, dann haben wir die Merkmale ohne Verweisbrücke nur aufgenommen, wenn ansonsten gar keine Definition dagewesen wäre. Wir haben dann in der Regel nur die aus dem Tröndle aufgenommen. Für diese Fälle kann man aber bequem bei den anderen beim jeweiligen (Ursprungs-) Tatbestand weitere Definitionen finden (also z.B. bei § 315).

   Die **Reihenfolge der Definitionen** entspricht in der Regel dem Auftauchen im Aufbauschema. Sind für eine Vorschrift mehrere Schemata nötig, werden zuerst alle Merkmale des ersten Schemas, danach nur noch die fehlenden für die folgenden Schemata definiert.

4. **Konkurrenzen** Den Abschluss machen die Konkurrenzen Hier ist folgendes wichtig:

In den Konkurrenzen haben wir *nicht* beschrieben, wann die Vorschriften verdrängt werden, sondern nur, wann sie selber verdrängen (Gesetzeskonkurrenz) und neben welchen Vorschriften sie stehen können (Idealkonkurrenz). Ob eine Vorschrift von einer anderen verdrängt wird, kann man dann bei der anderen nachlesen.

Alle Konkurrenzausführungen gehen davon aus, dass eine (1) Handlung überprüft wird – bei mehr als einer wird regelmäßig Realkonkurrenz vorliegen. Die beschriebenen Idealkonkurrenzen sind deshalb immer nur *mögliche*.

5. **Gliederungsebenen.** Alle Schemaebenen sind gleichförmig durchgegliedert. Manchmal enthält eine Ebene aber nur *einen* Punkt (z.B. – *Tathandlung)* Da es *kein 1. ohne ein 2.* geben darf, ist hier in solchen Fällen ganz auf die Bezifferung verzichtet und stattdessen nur ein Gedankenstrich benutzt worden. Die folgenden Ebenen sind dann aber in konsequenter Fortführung der gleichförmigen Gliederung beziffert (also: *a., b.* etc.). Da das in einer Klausur oder Hausarbeit etwas unschön aussieht, empfiehlt es sich, den jeweilig fehlenden Punkt mit *Ergebnis* zu benennen (also: *1. Tathandlung, 2. Ergebnis)*.

6. **Kommentare.**

- *Tröndle, Herbert/Fischer, Thomas* (zit.: Tr/Fi[53]), StGB, Strafgesetzbuch und Nebengesetze, 53. Auflage, 2006 München. Die Bearbeitung wurde von Herrn Fischer durchgeführt.

- *Lackner, Karl/Kühl, Kristian* (zit.: La/Kü[25]), StGB, Strafgesetzbuch mit Erläuterungen, 25. Auflage, 2004 München. Die Bearbeitung wurde von Herrn Kühl durchgeführt.

- *Schönke, Adolf/Schröder, Horst* (zit.: S/S[26]), Strafgesetzbuch, Kommentar, 26. Auflage, 2001 München. Bearbeiter:

Cramer, Peter	§§ 132–144, 263–263a, 264a, 267–282, 331–353, 356–358.
Cramer, Peter mit Sternberg-Lieben, Detlev	§§ 15–18, 315–323c.
Cramer, Peter mit Heine, Günter	§§ 25–31, 307–312, 314a, 324–324a, 327–328, 330–330d,
Eser, Albin	§§ 1–12, 22–24, 73–76a, 102–121, 211–223, 234–256.
Eser, Albin mit Heine, Günter	§§ 284–290, 292–297, 329.
Heine, Günter	§§ 298–302, 306–306f, 313, 314.
Lenckner, Theodor	§§ vor 13 Rn. 1–133, vor 32, 123–131, 153–173, 185–206.
Lenckner, Theodor mit Perron, Walter	§§ 14, 19–21, 32–37, 174–174b, 176–184c, 264, 265–266b, 353a–355.

Lenckner, Theodor mit Heine, Günter	§ 326.
Perron, Walter	§§ 174 c, 265.
Stree, Walter	§§ vor 13 Rn. 134–164, 13, 38–72, 224–233, 257–262, 303–305 a.
Stree, Walter mit Sternberg-Lieben, Detlev	77–101 a, 145–152 a.
Stree, Walter mit Heine, Günter	283–283 d, 291, 325–325 a.

Inhaltsverzeichnis

Sechster Abschnitt.
Widerstand gegen die Staatsgewalt

§ 110.   (Aufgehoben durch Art. 1 Nr. 1 des 3. StrRG.)

§ 111.   Öffentliche Aufforderung zu Straftaten

Überblick

- *Typ:* Abs. 1 ist eine Erweiterung der Anstiftungsstrafbarkeit auf die »Anstiftung« eines nicht genau bestimmten Adressaten.

- Abs. 2 enthält in S. 1 eine *Vorverlagerung der Anstiftungsstrafbarkeit.* Die versuchte Aufforderung wird unter Strafe gestellt.

- S. 2 enthält eine *Strafrahmenbegrenzung* (klausurmäßig irrelevant).

- S. 1 ist weiter als § 30, da er auch die versuchte Aufforderung im Hinblick auf ein Vergehen unter Strafe stellt (§ 30: nur Verbrechen).

- *Schutzgut* ist einmal das durch die Straftat verletzte, zu der aufgefordert wird, zum anderen aber auch der innere Gemeinschaftsfrieden (Tr/Fi53, § 111 Rn. 1).

Aufbau (Abs. 1) wie Anstiftung

I. **Tatbestand**
  1. Objektiver Tatbestand:
     a. vorsätzlich rechtswidrige Haupttat, kausal beruhend auf:
     b. Tathandlung – Aufforderung (öffentlich oder in einer Versammlung oder durch Verbreiten von Schriften).
  2. Subjektiver Tatbestand: Vorsatz, mindestens bedingter, bez. obj. TB. (str., ob wie bei § 26 StGB Vorsatz bzgl. *Vollendung* der Haupttat, h.M. (-), La/Kü[25], § 111 Rn. 6)
II. **Rechtswidrigkeit und**
III. **Schuld keine Besonderheiten.**

Aufbau (Abs. 2) wie versuchte Anstiftung

- **Vorprüfung:**
  1. Es liegt keine Haupttat vor (Aufforderung ohne Erfolg),
  2. der Versuch der Aufforderung ist strafbar.
I. **Tatbestand**

1. Subjektiver (!) Tatbestand: Täter hatte Tatentschluss im Hinblick auf
   a. vorsätzlich rechtswidrige Haupttat (i.E. str., s.o.) und eine hierfür ursächliche
   b. Aufforderung (öffentlich oder in einer Versammlung oder durch Verbreiten von Schriften).
      (– Wenn der Täter nicht nur auffordern = unbestimmter Adressatenkreis, sondern anstiften = bestimmter Adressat wollte, dann ist nur § 30 zu prüfen.)
2. Objektiver Tatbestand: Unmittelbarer Ansatz zur Tat – Beginn des Aufforderns.
II. **Rechtswidrigkeit und**
III. **Schuld: keine Besonderheiten.**
IV. **Sonstiges: Rücktritt ist nicht möglich!**

Definitionen / Erläuterungen

Aufforderung ist eine bestimmte, über eine bloße Befürwortung hinausgehende, sich aus der Schrift ergebende Erklärung, dass andere etwas tun oder unterlassen sollen.

Tr/Fi[53], § 111 Rn. 2

Aufforderung ist eine Einwirkung auf andere Personen mit dem Ziel, in ihnen den Entschluss hervorzurufen, strafbare Handlungen zu begehen.

S/S[26], § 111 Rn. 3

Aufforderung ist eine Kundgebung, in der der Wille des Täters erkennbar wird, dass von den Adressaten seiner Äußerung strafbare Handlungen begangen werden.

Die **Aufforderung** braucht nicht ernst gemeint sein, muss aber zumindest ernst erscheinen.

S/S[26], § 111 Rn. 6

Auffordern ist eine über bloßes Befürworten hinausgehende Äußerung (u.U. auch durch schlüssiges Verhalten), die erkennbar von einem anderen, von einer unbestimmten Personenmehrheit oder von irgendeinem aus einer solchen Mehrheit ein bestimmtes Tun oder Unterlassen verlangt. Das erfordert eine – nicht notwendig ernst gemeinte – Erklärung an die Motivation anderer, die mindestens den Eindruck der Ernstlichkeit macht und auch machen soll.

La/Kü[25], § 111 Rn. 3

Öffentlich bedeutet, ohne dass es auf die Öffentlichkeit des Ortes ankommt, in einer Weise, dass die Aufforderung von unbestimmt welchen und unbestimmt vielen, also nicht durch persönliche Beziehungen verbundenen anderen wahrgenommen werden kann, die in den Fällen verbaler Aufforderung auch anwesend sein müssen.

Tr/Fi[53], § 111 Rn. 5

Öffentlich ist die Aufforderung erfolgt, wenn sie von einem größeren, nach Zahl und Individualität unbestimm-

S/S[26], § 111 Rn. 7-10
i.V.m. § 186 Rn. 19

ten oder durch nähere Beziehung nicht verbundenen Personenkreis unmittelbar wahrgenommen werden kann.

Öffentlich ist die Aufforderung, wenn sie für einen nach Zahl und Individualität unbestimmten Kreis oder für einen nicht durch persönliche Beziehungen innerlich verbundenen größeren bestimmten Kreis von Personen unmittelbar wahrnehmbar ist oder zur unmittelbaren Wahrnehmung angeboten wird, und zwar unabhängig davon, ob der Tatort ein öffentlicher ist.

La/Kü[25], § 111 Rn. 2
i.V.m. § 80a Rn. 2

Versammlung ist jede räumlich zu einem bestimmten Zweck vereinigte Personenmehrheit.

Tr/Fi[53], § 111 Rn. 5
i.V.m. § 80a Rn. 2

Unter **Versammlung** ist ein nicht nur zufälliges Beisammensein einer größeren Zahl von Personen zu einem gemeinsamen Zweck zu verstehen. Dieser braucht kein politischer zu sein, auch eine künstlerische oder wissenschaftliche Veranstaltung ist Versammlung i.S. des § 90; das Zusammenkommen zu rein persönlichen Zwecken genügt jedoch nicht.

S/S[26], § 111 Rn. 7-10
i.V.m. § 90 Rn. 5

Als **Versammlung** im Rahmen des § 111 kann nur eine solche angesehen werden, die entweder öffentlich ist oder aber eine solche Vielzahl von Personen umfasst, dass die Voraussetzungen des § 26 nicht mehr als gegeben erscheinen.

S/S[26], § 111 Rn. 7-10

Versammlung ist das Beisammensein einer größeren Zahl von Menschen zur Verfolgung eines bestimmten, irgendwie der Meinungsbildung dienenden Zwecks (str.).

La/Kü[25], § 111 Rn. 2
i.V.m. § 80a Rn. 2

Verbreiten bedeutet, an einen anderen, und zwar vielleicht nur an eine einzelne Person, mit dem Ziele weitergeben, sie dadurch einem größeren Personenkreis zugänglich zu machen.

Tr/Fi[53], § 111 Rn. 5
i.V.m. § 74d Rn. 4

Verbreiten bedeutet, die Schrift einem größeren, nicht notwendig unbestimmten Personenkreis zugänglich machen, und zwar der Substanz nach.

La/Kü[25], § 111 Rn. 2
i.V.m. § 74d Rn. 5

Bloßes Auslegen zum Verkauf ist als solches noch kein Verbreiten und wird deshalb nur erfasst, wenn es öffentlich geschieht.

La/Kü[25], § 111 Rn. 2

Schrift ist eine Zusammenstellung von verkörperten Zeichen, die durch Augen oder Tastsinn wahrnehmbar sind und unmittelbar Worte, mittelbar Gedanken darstellen.

Tr/Fi[53], § 11 Rn. 34

Unter **Schriften** sind solche stofflichen Zeichen zu verstehen, in denen eine Gedankenäußerung durch Buchstaben, Bilder oder Zeichen verkörpert ist und damit vor allem durch Gesichts- oder Tastsinn wahrgenommen werden kann; auch Geheim-, Kurz- oder Bilderschriften kommen dafür in Betracht.

S/S[26], § 111 Rn. 7-10
i.V.m. § 11 Rn. 78

Schriften sind sinnlich wahrnehmbare, auf einige Dauer angelegte Verkörperungen von gedanklichen Inhalten durch Buchstaben, Bilder oder andere stoffliche Zeichen, die geeignet sind, die Vorstellung eines Sinnzusammenhangs zu erwecken (auch Geheim-, Kurz- und Bilderschriften).

La/Kü[25], § 111 Rn. 2
i.V.m. § 11 Rn. 27

Erfolglos ist die Aufforderung, wenn es nicht einmal zu einer strafbaren Vorbereitungs- oder Versuchshandlung gekommen ist oder wenn für die begangene Tat die Aufforderung nicht kausal war.

Tr/Fi[53], § 111 Rn. 8

Erfolglos blieb die Tat, z.B. wenn die Aufgeforderten bereits zur Tat entschlossen waren oder die Tat nur bis zum straflosen Versuch gediehen ist oder auch die Kausalität der Aufforderung für die begangene Tat nicht nachgewiesen werden kann.

S/S[26], § 111 Rn. 21

Konkurrenzen

§ 111 steht in Idealkonkurrenz mit §§ 80a, 89. § 111 tritt im Wege der Gesetzeskonkurrenz (Subsidiarität) zurück, wenn der Auffordernde selbst ebenfalls die Straftat begeht, zu der er aufgefordert hat.

§ 112. (Aufgehoben durch KRG Nr. 11.)

§ 113. Widerstand gegen Vollstreckungsbeamte

Überblick

- *Typ:* vorsätzliches Begehungsdelikt – Tätigkeitsdelikt.
- *Versuch* ist nicht strafbar (Vergehen!)
- Abs. 1 enthält den eigentlichen *Straftatbestand*.

- Abs. 2 enthält einen *besonders schweren Fall*, S. 2 bildet 2 Regelbeispiele = Strafzumessungsregel, kein Tatbestand. Prüfung immer mit dem Grunddelikt (Obersatz: §§ 113 I, II S. 2, Nr. ...) und zwar hinter Schuld des Grunddeliktes. (vgl. auch § 243).

- Abs. 3 legt die Rechtsfolgen fehlender Rechtmäßigkeit der Diensthandlung fest, dabei ist S. 2 eine spezielle Ausprägung des sog. umgekehrten Verbotsirrtums.

- Abs. 4 enthält einen Spezialfall eines *Verbotsirrtumes* (§ 17).

- § 114 erweitert den *Personenkreis*, der Diensthandlungen vornehmen darf.

- *Schutzgut* ist die Autorität staatlicher Vollstreckungsakte, damit auch das Gewaltmonopol des Staates (Tr/Fi53, § 113 Rn. 2).

Aufbau

I. **Tatbestand**
   1. Objektiver Tatbestand:
      a. Tatobjekt -
         aa. ein Amtsträger oder
            ein Soldat der Bundeswehr oder
            sonst jemand (§ 114), der
      b. Objekteigenschaft
         aa. (jeweils) berufen ist: zur Vollstreckung von Gesetzen oder Rechtsverordnungen oder Urteilen oder Gerichtsbeschlüssen oder Verfügungen, und
         bb. eine solche Diensthandlung vornimmt;
      c. Tathandlung -
         aa. Widerstand leisten
            - mit Gewalt oder
            - durch Drohung mit Gewalt oder
         bb. tätlich angreifen.
   2. Subjektiver Tatbestand: Vorsatz, mindestens bedingter.
   3. Tatbestandsannex (obj. Bedingung der Strafbarkeit – sehr str.):
      - Rechtmäßigkeit der Diensthandlung (Anforderungen sehr str.).
II. **Rechtswidrigkeit: keine Besonderheiten.**
III. **Schuld: Abs. 4 als spezieller Verbotsirrtum.**
IV. **Besonderheiten:**
   1. Strafzumessungsregel des Abs. 2 S. 2 Nr. 1.
      a. Objektive Elemente (nicht: Tatbestandsmerkmale!) Nr. 1:
         aa. Beisichführen einer Waffe (auch Schusswaffe)
         bb. entweder durch den Täter oder einen anderen Beteiligten.
      b. Subjektive Elemente:
         aa. Vorsatz, mindestens bedingter; zusätzlich:
         bb. Absicht, die Waffe bei der Tat zu verwenden.
   2. Strafzumessungsregel des Abs. 2 S. 2 Nr. 2.
      a. Objektive Elemente Nr. 2:
         aa. Taterfolg: Angegriffener wird durch (Kausalität) eine Gewalttätigkeit des Täters (aus Abs. 1) in die
         bb. Gefahr des Todes oder

cc. einer schweren Gesundheitsschädigung
   b. Subjektive Elemente: Vorsatz, mindestens bedingter.
   3. Rechtswidrigkeit / Schuld: entfallen, da nur Strafzumessungsregel.

Definitionen / Erläuterungen

Amtsträger, vgl. § 11 I Nr. 2.

Soldaten der Bundeswehr, soweit sie zu Vollstreckungen berufen sind, was gegenüber Zivilpersonen in der Regel nur Feldjäger, militärische Wachen und ihnen gleichgestellte Soldaten im Rahmen des UZwGBw zur Sicherung militärischer Anlagen oder der ungestörten Dienstausübung militärischer Einheiten in Betracht kommt.

Tr/Fi[53], § 113 Rn. 5

Soldaten der Bundeswehr sind nicht schon als solche geschützt, sondern nur dann, wenn sie zur Vollstreckung von Gesetzen usw. berufen sind, also gleichsam als Vollstreckungsbeamte tätig werden.

S/S[26], § 113 Rn. 10

Gesetze und Rechtsverordnungen sind Gesetze im materiellen Sinn, d.h. Amtsträger, die selbständig Entschließungen zur unmittelbaren Verwirklichung des Gesetzeswillens fassen.

Tr/Fi[53], § 113 Rn. 4

Verfügungen, denen Gesetze nur unmittelbar zugrunde liegen, sind Verwaltungsvorschriften, Allgemeinverfügungen, aber auch Einzelverfügungen mit Außenwirkung.

Tr/Fi[53], § 113 Rn. 4

Urteile oder Beschlüsse der Gerichte sind all die, die vollstreckungsfähig sind.

Tr/Fi[53], § 113 Rn. 3

Berufen sind solche Amtsträger, die die Konkretisierung des abstrakten Gesetzesbefehls auf einen bestimmten Fall selbst vorzunehmen und selbständig Entschließungen zur unmittelbaren Verwirklichung des Gesetzeswillens zu fassen haben.

S/S[26], § 113 Rn. 11

Bei der Vornahme. In gegenständlicher Hinsicht bedeutet dies, dass der Vollstreckungsbeamte in concreto eine der beschriebenen Vollstreckungstätigkeiten ausüben muss, d.h. in einem bestimmten Fall der bereits konkretisierte Wille des Staates gegenüber bestimmten Personen oder Sachen verwirklicht werden soll.

S/S[26], § 113 Rn. 13

In zeitlicher Hinsicht bedeutet dies, dass die Vollstreckungstätigkeit bereits begonnen haben oder doch unmittelbar bevorstehen muss und noch nicht beendet sein darf. Das ist faustregelhaft der Fall, wenn und solange sich der Vollstreckungsbeamte im »Kontaktbereich« des Betroffenen befindet.

S/S[26], § 113 Rn. 15

Bei der Vornahme. Die Vollstreckungshandlung muss unmittelbar bevorstehen oder schon begonnen haben und darf noch nicht beendigt sein. Dabei sind solche Verhaltensakte einzubeziehen, die in so engem Zusammenhang mit der jeweils ergriffenen Maßnahme stehen, dass sie nach natürlicher Auffassung als deren Bestandteil erscheinen.

La/Kü[25], § 113 Rn. 4

Widerstandleisten ist das möglicherweise untaugliche oder erfolglose Unternehmen, den Beamten oder Soldaten durch ein aktives Vorgehen zur Unterlassung der Vollstreckungshandlung als solcher zu nötigen oder sie zu erschweren.

Tr/Fi[53], § 113 Rn. 22

Widerstandleisten bedeutet eine aktive Tätigkeit gegenüber dem Vollstreckungsbeamten, mit der die Durchführung einer Vollstreckungsmaßnahme verhindert oder erschwert werden soll. § 113 erfasst sowohl erfolgreiche wie auch erfolglose, ja sogar untaugliche Widerstandshandlungen. Rein passives Verhalten genügt jedoch nicht.

S/S[26], § 113 Rn. 40

Widerstand gegen die Vornahme der Vollstreckungshandlung ist nicht lediglich passiver Ungehorsam, sondern zielgerichtetes aktives Tun, das allerdings nicht erfolgreich oder auch nur tauglich sein muss.

La/Kü[25], § 113 Rn. 5

Gewalt ist der physisch vermittelte Zwang zur Überwindung eines geleisteten oder erwarteten Widerstandes.

Tr/Fi[53], § 113 Rn. 23
i.V.m. § 240 Rn. 8

Hier Einsatz materieller Zwangsmittel, vor allem körperlicher Kraft, durch tätiges Handeln gegen die Person des Vollstreckenden oder des Zugezogenen, der geeignet ist, die Vollendung der Diensthandlung zu erschweren.

Tr/Fi[53], § 113 Rn. 23

Gewalt ist hier die durch tätiges Handeln gegen die Person des Vollstreckenden gerichtete Kraftäußerung zu verstehen, mit der eine Verhinderung oder Erschwerung der Diensthandlung bezweckt wird. Gewalt gegen Sachen kann nur dann ausreichen, wenn sie sich zugleich mittel-

S/S[26], § 113 Rn. 42

bar gegen die Person des Beamten richtet.

Gewalt in Form von vis absoluta ist das unmittelbare Er-
zwingen eines Verhaltens, indem entweder die Willensbildung oder die Verwirklichung des vorhandenen Willens durch Beseitigung ihrer äußeren Voraussetzungen ab-
solut unmöglich gemacht wird.

S/S[26], § 113 Rn. 42
i.V.m. vor § 234 Rn. 13

Bei vis compulsiva wird Zwang nicht durch die äußere
Ausschaltung von alternativen Verhaltensmöglichkeiten,
sondern dadurch ausgeübt, dass das Opfer mittels (meist
psychischen) Drucks durch gegenwärtige Übelszufügung
zu einem bestimmten Verhalten motiviert wird.

S/S[26], § 113 Rn. 42
i.V.m. vor § 234 Rn. 15

Gewalt. Nach dem Schutzzweck der Vorschrift muss die
Gewalt gegen die Person des Amtsträgers gerichtet und
für ihn – unmittelbar oder mittelbar über Sachen – körperlich spürbar sein.

La/Kü[25], § 113 Rn. 5

Drohung ist das Inaussichtstellen eines künftigen Übels,
auf dessen Eintritt der Drohende Einfluss hat oder zu haben vorgibt.

Tr/Fi[53], § 113 Rn. 26
i.V.m. § 240 Rn. 31

Hier reicht es, wenn die Gewalt erst nach der Vollstreckungshandlung ausgeübt werden soll.

Tr/Fi[53], § 113 Rn. 26

Drohung bezeichnet das Inaussichtstellen eines Übels,
dessen Verwirklichung davon abhängen soll, dass der Bedrohte nicht nach dem Willen des Täters reagiert.

S/S[26], § 113 Rn. 45
i.V.m. vor § 234 Rn. 30

Drohung mit Gewalt ist die Ankündigung der bevorstehenden Gewaltanwendung, auch wenn diese erst nach der
Vollstreckungshandlung erfolgen soll.

S/S[26], § 113 Rn. 45

Drohung ist das – ausdrückliche oder schlüssige – In-
Aussicht-Stellen eines Übels, dessen Eintritt davon abhängen soll, dass der Bedrohte sich nicht dem Willen des Drohenden beugt; dieser muss es daher, anders als bei der bloßen Warnung, als in seiner Macht stehend hinstellen, das
Übel – sei es auch nur mittelbar durch Einschaltung eines
Dritten – zu verwirklichen.

La/Kü[25], § 113 Rn. 5
i.V.m. § 240 Rn. 12

Tätlicher Angriff ist eine unmittelbare auf den Körper zielende feindselige Einwirkung, ohne dass es zur Körperberührung zu kommen braucht.

Tr/Fi[53], § 113 Rn. 27

Tätlicher Angriff ist die unmittelbar auf den Körper des
Beamten abzielende feindselige Aktion ohne Rücksicht auf
ihren Erfolg.

S/S[26], § 113 Rn. 46

Eine Körperberührung durch den Angriff ist nicht erforderlich.

S/S²⁶, § 113 Rn. 47

Tätlicher Angriff ist die in feindseliger Willensrichtung unmittelbar auf den Körper eines anderen zielende Einwirkung ohne Rücksicht auf ihren Erfolg.

La/Kü²⁵, § 113 Rn. 6

Rechtmäßigkeit i.S.d. Abs. 3 ist an einen eigenen strafrechtlichen Rechtmäßigkeitsbegriff geknüpft, der vom »normalen«, z.B. verwaltungsrechtlichen, abweichen kann. Entscheidend ist, ob die Diensthandlung formell rechtmäßig war, nicht auch, ob sie materiell rechtmäßig war.

Tr/Fi⁵³, § 113 Rn. 9

Rechtmäßigkeit. Maßstab für die Beurteilung der Diensthandlung ist nach h.M. ein sog. strafrechtlicher Rechtmäßigkeitsbegriff, der sich nach strafrechtlichen Kriterien und insbes. Unabhängig von den Regeln des Verwaltungsrechts bestimmt. Danach soll es für die Rechtmäßigkeit der Diensthandlung weniger auf ihre »materielle Rechtmäßigkeit« als vielmehr auf ihre »formale« Rechtmäßigkeit ankommen.

S/S²⁶, § 113 Rn. 21

Die **Rechtmäßigkeit der Diensthandlung** setzt im Einzelnen voraus:

La/Kü²⁵, § 113 Rn. 7-10

a) Sachliche und örtliche Zuständigkeit.

b) Die Einhaltung wesentlicher Formvorschriften.

c) Ein im Sinne des strafrechtlichen Rechtmäßigkeitsbegriffs von Inhalt und Rechtsgrundlage der Diensthandlung abhängiges Mindestmaß an sachlicher Richtigkeit.

Schusswaffe ist jede Waffe, bei der ein Geschoß durch einen Lauf getrieben wird.

Tr/Fi⁵³, § 244 Rn. 3

Schusswaffe / Andere Waffe: Hier differenziert das Gesetz nicht zwischen Schusswaffen und anderen Waffen, sondern stellt beide gleichwertig nebeneinander, verlangt jedoch, dass der Täter sie bei sich geführt hat, um sie bei der Tat zu verwenden.

S/S²⁶, § 113 Rn. 63

Auch hier sind nicht nur Waffen i. techn. S. gemeint, sondern alle gefährlichen Werkzeuge i.S.d. § 224, wie z.B. ein Auto.

S/S²⁶, § 113 Rn. 63

Waffe ist nicht im technischen Sinne zu verstehen. Es genügt jedes gefährliche (d.h. nach Beschaffenheit und konkreter Art der Verwendung zur erheblichen Verletzung

La/Kü²⁵, § 113 Rn. 24

von Menschen geeignete) Werkzeug.

Bei sich führt die Waffe, wer sie bewusst gebrauchsbereit bei sich hat, am eigenen Körper braucht er sie nicht zu tragen; es genügt, wenn sie sich in Griffweite befindet oder er sich ihrer jederzeit ohne nennenswerten Zeitaufwand bedienen kann.

Tr/Fi[53], § 113 Rn. 38 i.V.m. § 244 Rn. 12

Beisichführen: Hierfür ist keine bestimmte Gebrauchsabsicht erforderlich. Maßgeblicher Gesichtspunkt ist vielmehr die aus der (bewussten) Verfügbarkeit einer derartigen Waffe sich ergebende Gefahr einer effektiven Anwendung.

S/S[26], § 113 Rn. 64 i.V.m. § 244 Rn. 6

Gewalttätigkeit ist enger als Gewalt die Entfaltung physischer Kraft unmittelbar gegen die Person, und zwar, wie der Ausdruck »Angegriffenen« zeigt, als aggressives Handeln.

Tr/Fi[53], § 113 Rn. 39

Gewalttätigkeit bedeutet jede gegen die Person gerichtet physische Aggression.

S/S[26], § 113 Rn. 67

Gewalttätigkeit ist Einsatz physischer Kraft durch aggressives positives Tun von einiger Erheblichkeit, mit dem unmittelbar auf Menschen oder Sachen in ihrer Substanz u.U. auch mittelbar auf Menschen eingewirkt wird.

La/Kü[25], § 113 Rn. 25 i.V.m. § 125 Rn. 4

Gefahr ist ein durch eine beliebige Ursache eingetretener ungewöhnlicher Zustand, in welchem nach den konkreten Umständen der Eintritt eines Schadens wahrscheinlich ist.

Tr/Fi[53], § 113 Rn. 39 i.V.m. § 34 Rn. 3

Gefahr. Das Opfer muss in konkrete Gefahr, d.h. eine Situation gebracht werden, in der es bereits unmittelbar der (nicht mehr beherrschbaren) Möglichkeit einer schweren Gesundheitsbeschädigung ausgesetzt ist, so dass es nur vom Zufall abhängt, ob dieser eintritt oder nicht.

S/S[26], § 113 Rn. 67 i.V.m. § 250 Rn. 21

Gefahr ist ein ungewöhnlicher Zustand, in dem nach den konkreten Umständen der Eintritt eines Schadens nahe liegt.

La/Kü[25], § 113 Rn. 25 i.V.m. § 315c Rn. 21

Tod. Für die Feststellung des Todes kommt es weder auf den völligen Ausfall jeglicher biologischer Lebensregungen noch bereits auf den Stillstand von Herz- und Atmungstätigkeit an, sondern allein auf den sog. Hirntod. Damit ist der irreversible und totale Funktionsausfall des Gehirns gemeint.

S/S[26], Vorbem. § 211 Rn. 19

Schwere Gesundheitsschädigung. Der Begriff reicht weiter als der der schweren Körperverletzung (§ 226); er umfasst daneben insb. auch langwierige ernsthafte Erkrankungen sowie den Verlust oder die erhebliche Einschränkung im Gebrauch der Sinne, des Körpers und der Arbeitsfähigkeit.	Tr/Fi[53], § 306b Rn. 4
Schwere Gesundheitsbeschädigung. Außer den in § 226 genannten Verletzungsfolgen werden nun auch alle Fälle erfasst, in denen die Gesundheit des Opfers einschneidend oder nachhaltig beeinträchtigt ist, wie z.B. bei ernsten, langwierigen Krankheiten oder einer ernsthaften Störung der körperlichen Funktionen oder der Arbeitskraft.	Verf. (S/S[26], § 218 Rn. 44)
Schwere Gesundheitsschädigung setzt keine schwere Körperverletzung i.S.d. § 226 voraus, sondern liegt etwa auch bei einschneidenden oder nachhaltigen Beeinträchtigungen der Gesundheit vor, z.B. bei langwierigen ernsten Krankheit oder erheblichen Beeinträchtigung der Arbeitskraft für lange Zeit.	La/Kü[25], § 113 Rn. 25 i.V.m. § 250 Rn. 3

Konkurrenzen

Abhängig von der Tatmodalität verdrängt § 113 im Wege der Gesetzeskonkurrenz (Spezialität) § 240 und § 241 oder steht in Idealkonkurrenz zu ihnen. Er steht in Idealkonkurrenz zu §§ 123, 185, 223 ff., 303.

Problematisch ist (im Rahmen des § 240) die Frage, ob § 113 als privilegierende Sondervorschrift für Nötigungshandlungen gegen Amtsträger § 240 auch dann verdrängt, wenn die Tatbestandsanforderungen des § 113 im konkreten Einzelfall gar nicht erfüllt sind, die Handlung gegen den Amtsträger aber über § 240 erfasst werden könnte (z.B. keine Drohung mit Gewalt i.S.d. § 113, sondern nur mit empfindlichem Übel i.S.d. § 240), vgl. dazu S/S[26], § 113 Rn. 3, La/Kü[25], § 113 Rn. 26.

§ 114. Widerstand gegen Personen, die Vollstreckungsbeamten gleichstehen

Überblick

- *Typ:* Begriffsbestimmung.

- Ausweitung des geschützten Personenkreises, der Diensthandlungen vornehmen darf. In Betracht kommen vor allem bestätigte Jagdaufseher nach § 25 BJagdG, erfahrungsgemäß tendenziell klausurmäßig eher irrelevant.

- *Klausurtechnischer Einbau:* a) Aufnahme in den Obersatz (§§ 113 I, 114 I oder II). b) Prüfung als Tatobjekt im objektiven Tatbestand.

§§ 115-119.   (Weggefallen)

§ 120.   Gefangenenbefreiung

Überblick

- *Typ:* vorsätzliches Begehungsdelikt.
- *Versuch* ist strafbar, Abs. 3.
- Abs. 1 enthält *Grundtatbestand.*
- Abs. 2 ist *Qualifikation.* Prüfung immer mit dem Grunddelikt (Obersatz: §§ 120 I, II) und zwar entweder hinter dem subjektiven Tatbestand oder hinter Schuld des Grunddeliktes.
- Abs. 4 enthält *Begriffsbestimmung.* Ausweitung des Tatobjektkreises. Anderer Umfang als § 121 IV!
- *Schutzgut* ist die inländische öffentliche Gewalt, die in der Gefangenhaltung einer Person sichtbar wird (La/Kü[25], § 120 Rn. 1).

Aufbau (Grundtatbestand, Abs. 1)

I. Tatbestand
   1. Objektiver Tatbestand:
     a. Tatsubjekt: jeder, außer dem Gefangenen selbst
     b. Tatobjekt:
       aa. ein Gefangener *oder*
       bb. ein Verwahrter (Abs. 4)
         - in einer Anstalt
         - auf Anordnung, behördliche
     c. Tathandlung:
       aa. Befreien (ungeschriebenes Merkmal: Nichtordnungsmäßigkeit) *oder*
       bb. Verleiten zum Entweichen *oder*
       cc. Fördern beim Entweichen
   2. Subjektiver Tatbestand: Vorsatz, mindestens bedingter.
II. Rechtswidrigkeit: keine Besonderheiten.
III. Schuld: keine Besonderheiten.

Aufbau (Qualifikation, Abs. 2)

I.   Tatbestand
   1. Objektiver Tatbestand:
     a. Tatsubjekt:
       aa. ein Amtsträger *oder*
       bb. ein für den öffentlichen Dienst besonders Verpflichteter, der
     b. Subjekteigenschaft:
       gehalten ist, das Entweichen des Gefangenen zu verhindern.
   2. Subjektiver Tatbestand: Vorsatz, mindestens bedingter.
II. **Rechtswidrigkeit: keine Besonderheiten.**
III. **Schuld: keine Besonderheiten.**

Definitionen / Erläuterungen

Gefangene sind Personen, die sich in einem formell und materiell ordnungsgemäß angeordneten Gewahrsam befinden, und zwar in einer Form, dass dem Verwahrten die körperliche Bewegungsfreiheit entzogen ist; d.h. er muss unter Kontrolle der die Verwahrung vollziehenden Organe stehen.

Tr/Fi[53], § 120 Rn. 2

Gefangene sind Personen, denen in Ausübung öffentlicher Straf-, Polizei- oder sonstiger hoheitlicher Zwangsgewalt – wie vor allem zur Sanktionierung von Fehlverhalten oder die Erzwingung von prozessualen Pflichten – die persönliche Freiheit entzogen ist und die sich infolgedessen tatsächlich im Gewahrsam einer zuständigen Behörde oder eines Amtsträgers befinden.

S/S[26], § 120 Rn. 3

Gefangener ist, wem in Ausübung von Polizei- oder Strafgewalt aufgrund des Haftrechts des Staates die Freiheit in gesetzlich zulässiger Form, d.h. formal ordnungsmäßig, nicht unbedingt materiell zu Recht, und im öffentlichen Interesse entzogen ist, so dass er sich in der Gewalt einer zuständigen Behörde befindet.

La/Kü[25], § 120 Rn. 3

Sonst auf behördliche Anordnung in einer Anstalt Verwahrte sind solche Verwahrte, die nicht Gefangene, ihnen aber gleichgestellt sind. Hierunter fallen: Sicherungsverwahrte; nach §§ 63, 64 Untergebrachte; nach § 81 StPO zur Beobachtung, nach § 126a StPO einstweilig Untergebrachte oder die in Heimerziehung oder in einer sonstigen betreuten Wohnform im Sinne des § 34 SGB VIII Untergebrachten; nach landesrechtlichen Unterbringungs- oder Polizei-

Tr/Fi[53], § 120 Rn. 3

und Ordnungsgesetzen Untergebrachte und Verwahrte; nach § 656 ZPO, § 37 II BSeuchG, § 18 GeschlKrG, § 16 AuslG, § 71 II JGG Untergebrachte.

Auf behördliche Anordnung in einer Anstalt Verwahrte. Darunter fallen sowohl Sicherungsverwahrte nach § 66 als auch Personen, die nach §§ 63, 64 endgültig (bzw. nach § 126a StPO einstweilig) in einem psychiatrischen Krankenhaus oder in einer Entziehungsanstalt Untergebrachte, ferner Fürsorgezöglinge (§ 86 JWG), und zwar auch während des Polizeitransports, die nach § 71 II JGG, § 37 II BSeuchG, § 18 GeschlKrG sowie die nach landesrechtlichen Unterbringungs- und sonstigen Polizei- bzw. Ordnungsgesetzen Untergebrachten oder Verwahrten; schließlich Ausländer in Abschiebehaft (§ 16 AuslG).

S/S[26], § 120 Rn. 4

Nicht unter § 120 fallen Personen, die auf Veranlassung des Betreuers in einer Heilanstalt untergebracht sind und zwar auch dann nicht, wenn die nach § 1906 II BGB erforderliche Bestätigung vorliegt.

S/S[26], § 120 Rn. 5

Weder Gefangener noch Verwahrter ist der nur zwangsweise nach § 81a StPO zur Entnahme einer Blutprobe Verbrachte.

La/Kü[25], § 120 Rn. 5.

Befreien bedeutet jede Form widerrechtlicher Aufhebung der behördlich angeordneten Unterstellung unter die Zuständigkeit der Vollstreckungs- oder Vollzugsbehörde durch einen Dritten.

Tr/Fi[53], § 120 Rn. 5

Befreien heißt, das jeweilige amtliche Gewalt- oder Herrschaftsverhältnis über den Gefangenen bzw. Verwahrten aufheben, und zwar mit Befreiungswillen. Eine nur vorübergehende Lockerung bei fortbestehender Einflussmöglichkeit genügt dafür nicht.

S/S[26], § 120 Rn. 8

Befreien bedeutet, die amtliche Gewalt über den Gefangenen trotz bestehenden, mindestens formal wirksamen Haftrechts aufheben.

La/Kü[25], § 120 Rn. 6

Nach dem Schutzzweck der Vorschrift genügt nicht lediglich die Aufhebung der amtlichen Gewalt als solcher; hinzukommen muss die Überwindung von Sicherungsmaßnahmen, die in Einschließung oder in Vorkehrungen zu ständiger unmittelbarer Beaufsichtigung bestehen können.

La/Kü[25], § 120 Rn. 6a

Für den Straf- und Maßregelvollzug folgt daraus, dass Lo-

La/Kü[25], § 120 Rn. 7

ckerungsmaßnahmen der Vollzugsbehörde schon deshalb kein Befreien bedeuten, weil sie die amtliche Gewalt nicht aufheben. Zur Befreiung kann es hier erst kommen, wenn der Gefangene die gewährte Lockerung missbraucht und sich der amtlichen Gewalt entzieht.

Beachte: Die **Selbstbefreiung** eines Gefangenen ist tatbestandslos, problematisch sind aber Fälle, in denen sich Gefangene gegenseitig helfen und man auf die Idee kommen könnte, beide jeweils wegen »Befreiung« des anderen zu bestrafen. Jedenfalls für Fälle, in denen die wechselseitige Hilfe aber jeweils insbesondere der Erlangung der eigenen Freiheit dient, ist nach ganz h.M. auch hier Straflosigkeit hinsichtlich § 120 anzunehmen, da die Selbstbefreiung nicht strafbar ist und ohne die Hilfe für den zweiten Gefangenen nicht möglich gewesen wäre.

Verf.

Gleiches gilt für die Konstruktion einer Beihilfe des Gefangenen an seiner Befreiung durch einen anderen, vgl. La/Kü[25], § 120 Rn. 11.

Verleitung ist im Wesentlichen dasselbe wie Anstiftung; wie diese braucht sie sich nicht an eine bestimmte Person zu richten.

Tr/Fi[53], § 120 Rn. 6

Verleitung zum Entweichen bedeutet jede erfolgreiche Beeinflussung des Willens eines Gefangenen oder Verwahrten, um ihn zur Selbstbefreiung zu veranlassen, gleichgültig durch welche Mittel.

Tr/Fi[53], § 120 Rn. 6

Verleiten zum Entweichen entspricht sachlich einer Anstiftungshandlung i.S. des § 26, bedeutet also die Hervorrufung eines Entschlusses zur Selbstbefreiung.

S/S[26], § 120 Rn. 10

Verleiten zum Entweichen umschreibt die zum selbständigen Tatbestand erhobene Teilnahme.

La/Kü[25], § 120 Rn. 8

Förderung des Entweichens ist die Beihilfe zur Selbstbefreiung oder zu einer Befreiung; sie kann durch Rat oder Tat, aber auch durch Unterlassen gewährt werden.

Tr/Fi[53], § 120 Rn. 7

Die **Förderung beim Entweichen** stellt sachlich eine Beihilfehandlung dar. Sie kann durch Rat oder Tat erfolgen, wobei die ansonsten häufig schwierige Abgrenzung zwischen psychischer Beihilfe und Anstiftung wegen des gleichgestellten Verleitens hier ohne wesentliche Bedeutung ist.

S/S[26], § 120 Rn. 11/12

Förderung beim Entweichen umschreibt die zum selbständigen Tatbestand erhobene Teilnahme.

La/Kü[25], § 120 Rn. 8

Amtsträger, vgl. § 11 I Nr. 2.

Für den öffentlichen Dienst besonders Verpflichteter, vgl. § 11 I Nr. 4.

Gehalten bedeutet, dienstlich kraft Stellung, Auftrag oder sonst als Garant verpflichtet sein, das Entweichen zu verhindern.

Tr/Fi[53], § 120 Rn. 8

Konkurrenzen

§ 120 steht in Idealkonkurrenz zu §§ 113, 114, 223 ff.., 258, 258a, 303, 334. Ein § 258a VI kommt dem Täter aber nur für § 258a zugute, nicht für § 120.

§ 121.   Gefangenenmeuterei

Überblick

- *Typ:* vorsätzliches Begehungsdelikt, Sonderdelikt für Gefangene (§ 28 greift nicht für Teilnehmer, da Strafgrund des § 121 die besondere Gefahr ist und die Gefangeneneigenschaft somit nicht täter- sondern tatbezogen ist).

- *Versuch* ist strafbar, Abs. 2.

- Abs. 1 enthält *Grundtatbestand.*

- Abs. 3 enthält einen *besonders schweren Fall,* S. 2 bildet 3 *Regelbeispiele* = Strafzumessungsregel, kein Tatbestand. Prüfung immer mit dem Grunddelikt (Obersatz: §§ 121 I, III S. 1, 2, Nr. ...) und zwar hinter Schuld des Grunddeliktes. (vgl. auch § 243).

- Abs. 4 enthält *Begriffsbestimmung.* Ausweitung des Tatobjektkreises. Anderer Umfang als § 120 IV!

- Dem Tatbestand (...) liegen die *Schutzgüter* der §§ 120 und 113 zugrunde (La/Kü[25], § 121 Rn. 1). Die Selbstbefreiung, die in § 120 nicht bestraft wird, ist hier wegen der über die bloße Selbstbegünstigung hinausgehenden gefährlichen Begehungsweise strafrechtlich sanktioniert worden.

Aufbau (Grundtatbestand, Abs. 1)

I. **Tatbestand**
1. Objektiver Tatbestand:
   a. Tatobjekt:
      aa. Gefangene *oder*
      bb. Untergebrachte in Sicherungsverwahrung (Abs. 4)
   b. Tathandlung:
      - Zusammenrotten und mit vereinten Kräften
   c. Nr. 1:
      Tatsubjekt:
      aa. ein Anstaltsbeamter *oder*
      bb. ein anderer Amtsträger *oder*
      cc. einen Beauftragten mit Beaufsichtigung, Betreuung oder Untersuchung
      Tathandlung:
      aa. nötigen (§ 240 – Abs. 2 anwendbar, aber faktisch irrelevant)
         - mit Gewalt oder Drohung mit einem empfindlichen Übel
         - zu einem Verhalten (Handlung, Duldung oder Unterlassung)
         oder
      bb. tätlich angreifen *oder*
   d. Nr. 2: Tathandlung:
      aa. ausbrechen
      bb. gewaltsam *oder*
   e. Nr. 3:
      Tatobjekt:
      aa. einer der Täter *oder*
      bb. ein anderer Gefangener
      Tathandlung:
      aa. zum Ausbruch
      bb. verhelfen.
2. Subjektiver Tatbestand: Vorsatz, mindestens bedingter.
II. **Rechtswidrigkeit: keine Besonderheiten (Zweck-Mittel-Relation aus § 240 II zwar anwendbar, aber faktisch bedeutungslos).**
III. **Schuld: keine Besonderheiten.**
IV. **Besonderheiten: Strafzumessungsregeln nach Abs. 3 S. 2**

Aufbau Abs. 3 (Strafzumessungsregel)

1. Strafzumessungsregel des Abs. 3 S. 2 Nr. 1
   a. Objektive Elemente (nicht: Tatbestandsmerkmale) Nr. 1:
      aa. Beisichführen einer Schusswaffe
      bb. durch den Täter oder einen anderen Beteiligten
   b. Subjektive Elemente: Vorsatz, mindestens bedingter
2. Strafzumessungsregel des Abs. 3 S. 2 Nr. 2
   a. Objektive Elemente (nicht: Tatbestandsmerkmale) Nr. 2:
      aa. Beisichführen einer anderen Waffe
      bb. durch den Täter oder einen anderen Beteiligten
   b. Subjektive Elemente:
      aa. Vorsatz, mindestens bedingter, zusätzlich:

bb. Absicht, die Waffe bei der Tat zu verwenden
3. Strafzumessungsregel des Abs. 3 S. 2 Nr. 3.
    a. Objektive Elemente (nicht: Tatbestandsmerkmale) Nr. 3:
       - Taterfolg:
        ein anderer wird
        durch (Kausalität)
        eine Gewalttätigkeit des Täters oder eines anderen Beteiligten (aus Abs. 1)
        in die Gefahr
        - des Todes *oder*
        - einer schweren Gesundheitsschädigung.
       gebracht.
    b. Subjektive Elemente: Vorsatz, mindestens bedingter.
4. Rechtswidrigkeit / Schuld: entfallen, da nur Strafzumessungsregel.

Definitionen / Erläuterungen

Gefangene sind Personen, die sich in einem formell und materiell ordnungsgemäß angeordneten Gewahrsam befinden, und zwar in einer Form, dass dem Verwahrten die körperliche Bewegungsfreiheit entzogen ist; d.h. er muss unter Kontrolle der die Verwahrung vollziehenden Organe stehen.
Tr/Fi[53], § 121 Rn. 2
i.V.m. § 120 Rn. 2

Gefangene sind Personen, denen in Ausübung öffentlicher Straf-, Polizei- oder sonstiger hoheitlicher Zwangsgewalt – wie vor allem zur Sanktionierung von Fehlverhalten oder die Erzwingung von prozessualen Pflichten – die persönliche Freiheit entzogen ist und die sich infolgedessen tatsächlich im Gewahrsam einer zuständigen Behörde oder eines Amtsträgers befinden.
S/S[26], § 121 Rn. 2
i.V.m. 120 Rn. 3

Gefangener ist, wem in Ausübung von Polizei- oder Strafgewalt aufgrund des Haftrechts des Staates die Freiheit in gesetzlich zulässiger Form, d.h. formal ordnungsmäßig, nicht unbedingt materiell zu Recht, und im öffentlichen Interesse entzogen ist, so dass er sich in der Gewalt einer zuständigen Behörde befindet.
La/Kü[25], § 120 Rn. 3

Sicherungsverwahrte, vgl. § 66.

Zusammenrotten bedeutet, zu einem gemeinschaftlichen, in seiner Rechtswidrigkeit erkennbaren, bedrohlichen oder gewalttätigen Handeln räumlich zusammentreten.
Tr/Fi[53], § 121 Rn. 3

Zusammenrottung bedeutet ein erkennbar bedrohliches räumliches Zusammentreten von mindestens zwei zu ge-
S/S[26], § 121 Rn. 4

walttätigem Vorgehen bereiten Gefangenen; das Zusammenwirken mit einer Person, die nicht Gefangener ist, reicht nicht aus, ebensowenig, dass einer von zwei Gefangenen nur zum Schein mitmacht, da hier die für eine Zusammenrottung charakteristische erhöhte Gefährlichkeit fehlt.

Zusammenrotten ist das räumliche Zusammentreten oder Zusammenhalten von mindestens zwei Gefangenen zu einem gemeinschaftlichen, im Sinne des Abs. 1 gewaltsamen oder bedrohlichen Zweck, wobei der die Rotte beherrschende friedensstörende Wille äußerlich erkennbar in Erscheinung treten muss; beim Zusammenrotten von nur zwei Gefangenen genügt allerdings nicht, wenn einer lediglich zum Schein mitmacht.

La/Kü[25], § 121 Rn. 3

Mit vereinten Kräften bedeutet nicht Mittäterschaft im technischen Sinn, wohl aber, dass Ausschreitungen Verübende ihre Kräfte dazu vereinigen.

Tr/Fi[53], § 121 Rn. 4

Mit vereinten Kräften bedeutet, dass die Menge selbst oder jedenfalls ein wesentlicher Teil von ihr durch eine feindselige Haltung die Basis für die begangenen Ausschreitungen abgeben muss.

S/S[26], § 121 Rn. 5 i.V.m. § 125 Rn. 10.

Mit vereinten Kräften erfordert keine Mittäterschaft und daher auch kein gemeinschaftliches Handeln der Rotte im Ganzen. Es genügt, wenn die Tathandlung der psychischen Grundhaltung der Rotte oder einer Gruppe in der Rotte entspricht und nur von einzelnen, die vom Gemeinschaftswillen getragen sind, verübt wird, nicht jedoch, wenn nur einer handelt, während die nicht anwesenden anderen den Plan nur gebilligt haben.

La/Kü[25], § 121 Rn. 4

Anstaltsbeamte sind Amtsträger, die im Dienst der Vollzugsanstalt stehen.

Tr/Fi[53], § 121 Rn. 5

Anstaltsbeamte sind die im Dienst der betreffenden Anstalt stehenden Amtsträger, also nicht nur Aufsichtspersonen i.e.S., sondern auch Anstaltsleiter oder -ärzte sowie Beamte des technisch-organisatorischen Bereichs einer Anstalt.

S/S[26], § 121 Rn. 7

Andere Amtsträger sind sinngemäß aber wohl nur solche, die wie Richter, Staatsanwälte oder beamtete Ärzte eine dienstliche Aufgabe in der Anstalt wahrnehmen.

Tr/Fi[53], § 121 Rn. 5

Als **andere Amtsträger** kommen z.B. Staatsanwälte, Haft- und Untersuchungsrichter sowie beamtete Ärzte in Betracht, die sich dienstlich in der Anstalt befinden oder denen die Gefangenen vorgeführt werden.

S/S[26], § 121 Rn. 7

Mit Beaufsichtigung, Betreuung Beauftragte: Geistliche, Lehrer, Sozialarbeiter.

Tr/Fi[53], § 121 Rn. 5

Mit Untersuchung Beauftragte: Medizinische, nichtbeamtete Sachverständige.

Tr/Fi[53], § 121 Rn. 5

Sonstige **Beauftragte** sind nicht nur solche i.S. des § 11 I Nr. 4, sondern u.U. auch private Aufsichtspersonen, z.B. ein Unternehmer, bei dem die Gefangenen beschäftigt sind, ferner Geistliche, Sozialarbeiter oder Krankenschwestern, medizinische und sonstige Sachverständige oder Privatärzte, die mit der Betreuung bzw. Untersuchung von Gefangenen beauftragt sind.

S/S[26], § 121 Rn. 7

Als **mit der Beaufsichtigung, Betreuung oder Untersuchung Beauftragte** kommen Unternehmer, die Gefangene beschäftigen, Ärzte, Krankenwärter usw. in Frage.

La/Kü[25], § 121 Rn. 5

Nötigen. Hierzu gehört, dass der Täter einem oder mehreren anderen ein bestimmtes Verhalten (Handeln, Dulden oder Unterlassen) aufzwingt.

Tr/Fi[53], § 121 Rn. 6 i.V.m. § 240 Rn. 3

Gewalt oder Drohung mit einem empfindlichen Übel sind, wenn vielleicht auch in der Form des Unterlassens, als Mittel erforderlich.

Tr/Fi[53], § 121 Rn. 6

Das **Nötigen** entspricht dem des § 240. Daher reicht jedes der dort genannten Nötigungsmittel der Gewalt oder Drohung aus, sofern es nur gegen eine der vorgenannten Personen gerichtet ist.

S/S[26], § 121 Rn. 8

Nötigen bedeutet, dem anderen ein von ihm nicht gewolltes Verhalten aufzwingen.

La/Kü[25], § 121 Rn. 5 i.V.m. § 240 Rn. 4

Nötigen, das den Fall des Widerstandleistens im Sinne von § 113 I einschließt, setzt die Anwendung der in § 240 vorausgesetzten Mittel der Gewalt oder Drohung mit einem empfindlichen Übel voraus.

La/Kü[25], § 121 Rn. 5

Tätlicher Angriff ist eine unmittelbare auf den Körper zielende feindselige Einwirkung, ohne dass es zur Körperberührung zu kommen braucht.

Tr/Fi[53], § 121 Rn. 7 i.V.m. § 113 Rn. 21

Ein nur verbaler Angriff genügt nicht.

Tr/Fi[53], § 121 Rn. 7

Tätlicher Angriff ist die unmittelbar auf den Körper des Beamten abzielende feindselige Aktion ohne Rücksicht auf ihren Erfolg.

S/S[26], § 121 Rn. 9 i.V.m. § 113 Rn. 46

Auch der Angriff zwecks Ausbruchs wird hiervon erfasst.

S/S[26], § 121 Rn. 9

Tätlicher Angriff ist die in feindseliger Willensrichtung unmittelbar auf den Körper eines anderen zielende Einwirkung ohne Rücksicht auf ihren Erfolg.

La/Kü[25], § 121 Rn. 5 i.V.m. § 113 Rn. 6

Gewaltsam ausbrechen bedeutet die Freiheitsentziehung, wenn auch vielleicht nicht für dauernd, aufheben, auch wenn das nur für einzelne von ihnen gelingt.

Tr/Fi[53], § 121 Rn. 8

Das **gewaltsame Ausbrechen** richtet sich gegen die sachlichen Abschlusseinrichtungen, welche die Gefangenen von der Freiheit trennen. Ausreichend ist Gewalt gegen mittelbare Abschlussvorrichtungen, z.B. Erbrechen eines Raumes, um sich Schlüssel oder Zivilkleider zur Flucht zu besorgen. Doch muss es sich um solche Abschlussvorrichtungen handeln, die dazu bestimmt sind, das Entweichen von Gefangenen zu verhindern, wofür eine gewisse Festigkeit erforderlich ist. Gewaltsam ist der Ausbruch nicht nur bei außergewöhnlicher, sondern schon bei derjenigen Kraftaufwendung, die erforderlich ist, den Widerstand der Abschlussvorrichtung zu überwinden.

S/S[26], § 121 Rn. 11

Zum Ausbruch verhelfen bedeutet, dessen Entweichen zu fördern.

Tr/Fi[53], § 121 Rn. 12

Zum Ausbruch verhelfen. Hier handelt es sich um einen qualifizierten Sonderfall des Förderns einer Selbstbefreiung nach § 120 I StGB, wobei jedoch hier wegen der besonders gefährlichen Begehungsweise auch die wechselseitige Fluchthilfe von Mitgefangenen strafbar ist.

S/S[26], § 121 Rn. 12

Meuterei bezeichnet die Verwirklichung des Grundtatbestandes nach Abs. 1.

Schusswaffe ist jede Waffe, bei der ein Geschoß durch einen Lauf getrieben wird.

Tr/Fi[53], § 121 Rn. 15 i.V.m. § 244 Rn. 3

Schusswaffen sind alle Instrumente, mit denen aus einem Lauf mechanisch wirkende Geschosse gegen den Körper eines anderen abgefeuert werden können, mag dies mit Hilfe von Explosivstoffen oder z.B. durch Luftdruck geschehen.

S/S[26], § 121 Rn. 20 i.V.m. § 244 Rn. 3

Schusswaffe ist ein Werkzeug, das dazu geeignet und allgemein dazu bestimmt ist, Menschen körperlich zu verletzen, und bei dem ein festes, mechanisch wirkendes Geschoß (oder mehrere zugleich) mittels Explosions- oder Luftdruck aus einem Lauf abgefeuert werden kann; auch das Luftgewehr und die Luftpistole sind daher Schusswaffen, i.d.R. aber nicht die Gaspistole.

La/Kü[25], § 121 Rn. 8
i.V.m. § 244 Rn. 3a

Andere Waffe im technischen Sinne ist insbesondere eine Hieb-, Stoß- oder Stichwaffe, aber auch eine Handgranate, ein Molotow-Cocktail oder Schlagring, eine Waffe im nichttechnischen Sinne (z.B. ein Auto).

Tr/Fi[53], § 121 Rn. 15
i.V.m. § 244 Rn. 3

Als **Waffe** kommt hier jedes technische Instrument in Betracht, das dazu bestimmt ist, als Angriffs- oder Verteidigungsmittel zu dienen, und das dabei erhebliche Verletzungen zufügen kann.

S/S[26], § 121 Rn. 20
i.V.m. § 244 Rn. 3

Waffe ist nicht im technischen Sinne zu verstehen. Es genügt jedes gefährliche (d.h. nach Beschaffenheit und konkreter Art der Verwendung zur erheblichen Verletzung von Menschen geeignete) Werkzeug.

La/Kü[25], § 121 Rn. 8
i.V.m. § 113 Rn. 24

Bei sich führt die Waffe, wer sie bewusst gebrauchsbereit bei sich hat, am eigenen Körper braucht er sie nicht zu tragen; es genügt, wenn sie sich in Griffweite befindet oder er sich ihrer jederzeit ohne nennenswerten Zeitaufwand bedienen kann.

Tr/Fi[53], § 121 Rn. 15
i.V.m. § 113 Rn. 38
i.V.m. § 244 Rn. 12

Für das **Beisichführen** ist keine bestimmte Gebrauchsabsicht erforderlich, sondern die Gefahr einer effektiven Anwendung ausreichend, d.h., dass die Schusswaffe bei Durchführung der Tat notfalls ohne weiteres zum Einsatz gebracht werden könnte.

S/S[26], § 121 Rn. 20
i.V.m. § 244 Rn. 6

Gewalttätigkeit ist enger als Gewalt die Entfaltung physischer Kraft unmittelbar gegen die Person, und zwar, wie der Ausdruck »Angegriffenen« zeigt, als aggressives Handeln.

Tr/Fi[53], § 121 Rn. 15
i.V.m. § 113 Rn. 39

Gewalttätigkeit bedeutet ein aggressives, gegen die körperliche Unversehrtheit von Menschen oder fremden Sachen gerichtetes aktives Tun unter Einsatz bzw. In-Bewegung-Setzen physischer Kraft.

S/S[26], § 121 Rn. 20
i.V.m. § 125 Rn. 5

Gewalttätigkeit ist Einsatz physischer Kraft durch aggres-

La/Kü[25], § 121 Rn. 8

sives positives Tun von einiger Erheblichkeit, mit dem unmittelbar auf Menschen oder Sachen in ihrer körperlichen Substanz, u.U. auch mittelbar auf Menschen, eingewirkt wird.

i.V.m. § 113 Rn. 25
i.V.m. § 125 Rn. 4

Gefahr ist ein durch eine beliebige Ursache (vertraglichen) eingetretener ungewöhnlicher Zustand, in welchem nach den konkreten Umständen der Eintritt eines Schadens wahrscheinlich ist.

Tr/Fi[53], § 121 Rn. 15
i.V.m. § 113 Rn. 39
i.V.m. § 34 Rn. 3

Gefahr ist ein ungewöhnlicher Zustand, in dem nach den konkreten Umständen der Eintritt eines Schadens nahe liegt.

La/Kü[25], § 121 Rn. 8
i.V.m. § 113 Rn. 25
i.V.m. § 315c Rn. 21

Tod. Für die Feststellung des Todes kommt es weder auf den völligen Ausfall jeglicher biologischer Lebensregungen noch bereits auf den Stillstand von Herz- und Atmungstätigkeit an, sondern allein auf den sog. Hirntod. Damit ist der irreversible und totale Funktionsausfall des Gehirns gemeint.

S/S[26], Vorbem. § 211
Rn. 19

Schwere Gesundheitsschädigung. Der Begriff reicht weiter als der der schweren Körperverletzung (§ 226); er umfasst daneben insb. auch langwierige ernsthafte Erkrankungen sowie den Verlust oder die erhebliche Einschränkung im Gebrauch der Sinne, des Körpers und der Arbeitsfähigkeit.

Tr/Fi[53], § 306b Rn. 4

Schwere Gesundheitsbeschädigung. Außer den in § 226 genannten Verletzungsfolgen werden nun auch alle Fälle erfasst, in denen die Gesundheit des Opfers einschneidend oder nachhaltig beeinträchtigt ist, wie z.B. bei ernsten, langwierigen Krankheiten oder einer ernsthaften Störung der körperlichen Funktionen oder der Arbeitskraft.

S/S[26], § 250 Rn. 21

Schwere Gesundheitsschädigung setzt keine schwere Körperverletzung i.S.d. § 226 voraus, sondern liegt etwa auch bei einschneidenden oder nachhaltigen Beeinträchtigungen der Gesundheit vor, z.B. bei langwierigen ernsten Krankheit oder erheblichen Beeinträchtigung der Arbeitskraft für lange Zeit.

La/Kü[25], § 121 Rn. 8
i.V.m. § 113 Rn. 25
i.V.m. § 250 Rn. 3

Konkurrenzen

Innertatbestandlich: § 121 Abs. 1 Nr. 2 verdrängt Abs. 1 Nr. 3 Var. 1 im Wege der Gesetzeskonkurrenz (Konsumtion). Im Übrigen stehen die einzelnen Nummern in Idealkonkurrenz zueinander (Tr/Fi53, § 121 Rn. 16, str., a.A.: S/S26-Lenckner, § 121
Rn. 23: unterschiedliche Begehungsweisen desselben Delikts).

§ 121 verdrängt §§ 113, 114 im Wege der Gesetzeskonkurrenz (Konsumtion), § 240 im
Wege der Gesetzeskonkurrenz bei Abs. 1 Nr. 1 (Spezialität), § 303 im Wege der Ge-
setzeskonkurrenz bei Abs. 1 Nr. 2 (Spezialität / Konsumtion), wenn sich die Tat gegen
Abschlussvorrichtungen richtet.

§ 121 steht in Idealkonkurrenz zu §§ 223 ff., 211 ff., 242 ff., 249 ff.

§ 122.   (Weggefallen)

Siebenter Abschnitt.
Straftaten gegen die öffentliche Ordnung

§ 123. Hausfriedensbruch

Überblick

- *Typ:* vorsätzliches Begehungsdelikt – Dauerdelikt – Tätigkeitsdelikt in Var. 1, echtes Unterlassungsdelikt in Var. 2.

- *Versuch* ist nicht strafbar.

- Abs. 2 enthält *Antragserfordernis*.

- *Schutzgut* ist in erster Linie das Hausrecht, nur in zweiter Linie die öffentliche Ordnung (Abschnittsüberschrift), Tr/Fi[53], § 123 Rn. 2.

Aufbau (Abs. 1 Var. 1)

I. **Tatbestand**
 1. Objektiver Tatbestand:
  a. Tatobjekt -
   aa. Wohnung oder
   bb. Geschäftsräume oder
   cc. das befriedete Besitztum oder
   dd. abgeschlossene Räume, welche zum öffentlichen Dienst oder Verkehr bestimmt sind;
  b. Tathandlung – Eindringen.
   (Widerrechtlich ist kein TB-merkmal, sondern lediglich Hinweis auf die allgemeine Rechtswidrigkeit.)
 2. Subjektiver Tatbestand: Vorsatz, mindestens bedingter.
II. **Rechtswidrigkeit und**
III. **Schuld: keine Besonderheiten.**
IV. **Strafausschließungsgründe: Antragserfordernis nach Abs. 2.**

Aufbau (Abs. 1 Var. 2)

I. **Tatbestand**
 1. Objektiver Tatbestand:
  a. Tatobjekt -
   aa. Wohnung oder
   bb. Geschäftsräume oder
   cc. das befriedete Besitztum oder

      dd. abgeschlossene Räume, welche zum öffentlichen Dienst oder Verkehr bestimmt sind;

   b. Tathandlung – Verweilen (Sich-nicht-Entfernen) trotz entsprechender Aufforderung.

      aa. Tatsächliche Möglichkeit und

      cc. Zumutbarkeit des Entfernens. (Ohne Befugnis ist kein TB-merkmal, sondern lediglich Hinweis auf die allgemeine Rechtswidrigkeit.)

   2. Subjektiver Tatbestand: Vorsatz, mindestens bedingter.

II. Rechtswidrigkeit und

III. Schuld: keine Besonderheiten.

IV. Strafausschließungsgründe: Antragserfordernis nach Abs. 2.

Definitionen

Unter **Wohnung** versteht man den Inbegriff von Räumlichkeiten, deren Hauptzweck darin besteht, Menschen zur ständigen Benutzung zu dienen, ohne dass sie in erster Linie Arbeitsräume sind.

                     Tr/Fi[53], § 123 Rn. 6

Eine **Wohnung** setzt nach ihrer Beschaffenheit eine baulich oder sonst abgeschlossene, zumindest teilweise überdachte Räumlichkeit voraus – dies kann auch eine bewegliche Sache sein –, die dem Zweck dient, einem oder mehreren Menschen ausschließlich oder überwiegend jedenfalls vorübergehend Unterkunft zu gewähren.

                     S/S[26], § 123 Rn. 4

Wohnung ist der Inbegriff der Räume, die einer oder mehreren Personen, namentlich einer Familie, zur Unterkunft dienen oder zur Benutzung freistehen; je nach den Umständen kommen auch Einzelräume, Obdachlosenunterkünfte und Campingzelte in Frage.

                     La/Kü[25], § 123 Rn. 3

Geschäftsräume sind abgeschlossene (auch mobile) Betriebs- und Verkaufsstätten, die hauptsächlich für eine gewisse Zeit oder dauernd gewerblichen, künstlerischen, wissenschaftlichen oder ähnlichen Zwecken dienen.

                     Tr/Fi[53], § 123 Rn. 7

Geschäftsraum ist eine abgeschlossene, auch bewegliche Räumlichkeit – hier gilt Entsprechendes wie bei der Wohnung –, die jedenfalls überwiegend für eine gewisse Dauer für gewerbliche, wissenschaftliche, künstlerische und ähnliche, nicht notwendig auf Erwerb gerichtete Geschäfte benutzt wird. Ohne Bedeutung ist, ob sie dem Publikum allgemein zugänglich sind.

                     S/S[26], § 123 Rn. 5

Der **Geschäftsraum** muss dazu bestimmt sein, für eine gewisse Dauer zum Betrieb von Geschäften irgendwel-

                     La/Kü[25], § 123 Rn. 3

cher, also nicht notwendig erwerbswirtschaftlicher Art zu dienen.

Der Begriff **Befriedetes Besitztum** erfordert nicht eine so enge räumliche Beziehung zu einem bewohnten Hause, dass es dessen Frieden teilt, so z.B. beim Hausgarten. Vielmehr ist befriedet gleichbedeutend mit »eingehegt«, d.h. in einen Schutzbereich einbezogen, wenn auch weitab vom Haus liegend.	Tr/Fi[53], § 123 Rn. 8
Befriedetes Besitztum können nach h.M. nur unbewegliche Sachen sein, was jedoch nicht ausschließt, dass eine bewegliche Sache zugleich in den Schutzbereich eines – unbeweglichen – befriedeten Besitztums einbezogen sein kann.	S/S[26], § 123 Rn. 6
Befriedet ist ein **Besitztum** daher in zwei Fällen: 1. ohne besondere Einfriedung, wenn es wegen seines engen räumlichen Zusammenhangs für jedermann erkennbar zu einer der sonst in § 123 genannten Örtlichkeiten gehört, weil sich deren Hausfrieden hier ohne weiteres auf das Zubehörgrundstück erstreckt. (...) 2. Ohne eine solche räumliche Verbindung, wenn es in äußerlich erkennbarer Weise mittels zusammenhängender Schutzwehren wie mauern, Hecken, Drähte, Zäune usw. gegen das willkürliche Betreten durch andere gesichert ist.	S/S[26], § 123 Rn. 6
Befriedetes Besitztum ist ein gegen Betreten durch zusammenhängende, nicht notwendig ganz lückenlose, Schutzwehren gesichertes bebautes oder unbebautes Grundstück, nicht lediglich ein beweglicher Gegenstand.	La/Kü[25], § 123 Rn. 3
Abgeschlossen bedeutet die dem befriedeten Besitztum entsprechende bauliche Begrenzung; hierher gehören auch Zubehörflächen; nicht hingegen abgeschlossene Räume innerhalb eines Gebäudekomplexes im Verhältnis zueinander.	Tr/Fi[53], § 123 Rn. 8
Abgeschlossen. Dem Wortsinn nach sind »abgeschlossene Räume« solche, die – auch in Gestalt einer beweglichen Sache – als eine bauliche Einheit erscheinen und durch physische Hindernisse gegen beliebiges Betreten geschützt sind, wobei hier im Unterschied zum nur »umschlossenen Raum« auch eine zumindest teilweise Überdachung erforderlich ist, während es auf das tatsächliche Verschlossensein oder auch nur die Verschließbarkeit nicht ankommt.	S/S[26], § 123 Rn. 7

Abgeschlossene Räume sind baulich abgegrenzte Räume.	La/Kü[25], § 123 Rn. 4

Zum öffentlichen Dienst bestimmt sind Räume, in denen öffentlich-rechtliche Geschäfte erledigt werden, die wenigstens mittelbar im öffentlichen Interesse liegen.	Tr/Fi[53], § 123 Rn. 10
Zum öffentlichen Dienst bestimmt sind Räume, in denen ihrer Bestimmung gemäß auf öffentlichrechtlichen Vorschriften beruhende Tätigkeiten ausgeübt werden, die der Erledigung staatlicher, kommunaler oder sonstiger öffentlicher Angelegenheiten dienen, wozu auch solche der Leistungsverwaltung gehören.	S/S[26], § 123 Rn. 8
Zum öffentlichen Dienst bestimmt sind Räume, wenn in ihnen Tätigkeiten aufgrund öffentlichrechtlicher Vorschriften ausgeübt werden.	La/Kü[25], § 123 Rn. 4

Zum öffentlichen Verkehr bestimmte Räume sind nur solche, die dem allgemein zugänglichen, von der öffentlichen Hand oder privaten Unternehmen angebotenen Personen- und Gütertransport – nicht dagegen einem Verkehr anderer Art, z.B. Fernsprechverkehr – dienen.	S/S[26], § 123 Rn. 9
Zum öffentlichen Verkehr bestimmt sind Räume, die dem Personen- oder Gütertransportverkehr dienen und allgemein zugänglich sind.	La/Kü[25], § 123 Rn. 4

Eindringen setzt voraus, dass der Täter gegen den Willen des Berechtigten (h.M.) zumindest mit einem Teil seines Körpers in die geschützten Räume gelangt ist.	Tr/Fi[53], § 123 Rn. 14
Eindringen ist das Gelangen in die geschützten Räume gegen den Willen des Berechtigten.	S/S[26], § 123 Rn. 11
Eindringen i.S. des § 123 ist nur das körperliche Eindringen. Es genügt, wenn der Täter mit einem Teil seines Körpers in die geschützten Räume gelangt.	S/S[26], § 123 Rn. 12
Eindringen setzt voraus, dass der Körper des Täters mindestens zum Teil in den Raum gebracht wird, und zwar gegen den erkennbaren oder zu vermutenden Willen des Hausrechtsinhabers.	La/Kü[25], § 123 Rn. 5

Beachte: Problematisch sind Fälle erschlichenen Einverständnisses. Nach h.M. wirkt auch ein willensmängelbehaftetes Einverständnis tatbestandsausschließend, vgl. La/Kü25, § 123 Rn. 5.	Verf.

Berechtigter ist derjenige, der als Inhaber des Hausrechts die Befugnis hat, anderen den Zugang zu den geschützten Räumen zu verwehren.

S/S[26], § 123 Rn. 16.

Konkurrenzen

§ 123 steht in Tateinheit mit § 113. Idealkonkurrenz besteht angesichts des Dauerdeliktscharakters des § 123 mit Delikten, die zur Begründung oder Aufrechterhaltung des Hausfriedensbruchs verwirklicht werden, Realkonkurrenz dagegen aber mit Delikten die *während oder anlässlich* des Hausfriedensbruchs begangen werden, z.B. §§ 303, 177 usw.

§ 124. Schwerer Hausfriedensbruch

Überblick

- *Typ:* vorsätzliches Begehungsdelikt – Dauerdelikt – Tätigkeitsdelikt.
- *Versuch* ist nicht strafbar (Vergehen!).
- *Selbständige Qualifikation* zu § 123 I Var. 1 (mit Ausnahme der Räume, die zum öffentlichen Verkehr bestimmt sind, und der Tathandlung des unbefugten Verweilens). Prüfung ohne das Grunddelikt (Obersatz: §§ 124).
- *Schutzgut* ist das Hausrecht, daneben auch die öffentliche Sicherheit (La/Kü[25], § 124 Rn. 1).

Aufbau

I. **Tatbestand**
1. Objektiver Tatbestand:
   a. Tatobjekt -
      aa. Wohnung oder
      bb. Geschäftsräume oder
      cc. das befriedete Besitztum oder
      dd. abgeschlossene Räume, welche zum öffentlichen Dienst bestimmt sind;
   b. Tatsituation I
      - öffentliche Zusammenrottung einer Menschenmenge;
   c. Tatsituation II
      aa. Eindringen der Menschenmenge in die geschützten Räumlichkeiten
      bb. in der Absicht, dort mit vereinten Kräften Gewalttätigkeiten gegen Personen oder Sachen zu begehen (= Absicht *der Menschenmenge*, nicht Absicht *des Täters!* Hier wird eine – subj. – Absicht im obj. TB geprüft!)

-   (Widerrechtlich ist kein TB-merkmal, sondern lediglich Hinweis auf die allgemeine Rechtswidrigkeit.);
    d. Tathandlung (des Täters) – Teilnehmen am Zusammenrotten oder am Eindringen.
    2. Subjektiver Tatbestand: Vorsatz, mindestens bedingter.
II. **Rechtswidrigkeit und**
III. **Schuld: keine Besonderheiten.**

Definitionen

Unter **Wohnung** versteht man den Inbegriff von Räumlichkeiten, deren Hauptzweck darin besteht, Menschen zur ständigen Benutzung zu dienen, ohne dass sie in erster Linie Arbeitsräume sind.

Tr/Fi[53], § 124 Rn. 3
i.V.m. § 123 Rn. 6

Eine **Wohnung** setzt nach ihrer Beschaffenheit eine baulich oder sonst abgeschlossene, zumindest teilweise überdachte Räumlichkeit voraus – dies kann auch eine bewegliche Sache sein –, die dem Zweck dient, einem oder mehreren Menschen ausschließlich oder überwiegend jedenfalls vorübergehend Unterkunft zu gewähren.

S/S[26], § 124 Rn. 7 i.V.m.
§ 123 Rn. 4

Wohnung ist der Inbegriff der Räume, die einer oder mehreren Personen, namentlich einer Familie, zur Unterkunft dienen oder zur Benutzung freistehen; je nach den Umständen kommen auch Einzelräume, Obdachlosenunterkünfte und Campingzelte in Frage.

La/Kü[25], § 124 Rn. 2
i.V.m. § 123 Rn. 3

Geschäftsräume sind abgeschlossene (auch mobile) Betriebs- und Verkaufsstätten, die hauptsächlich für eine gewisse Zeit oder dauernd gewerblichen künstlerischen, wissenschaftlichen oder ähnlichen Zwecken dienen.

Tr/Fi[53], § 124 Rn. 3
i.V.m. § 123 Rn. 7

Geschäftsraum ist eine abgeschlossene, auch bewegliche Räumlichkeit – hier gilt Entsprechendes wie bei der Wohnung –, die jedenfalls überwiegend für eine gewisse Dauer für gewerbliche, wissenschaftliche, künstlerische und ähnliche, nicht notwendig auf Erwerb gerichtete Geschäfte benutzt wird. Ohne Bedeutung ist, ob sie dem Publikum allgemein zugänglich sind.

S/S[26], § 124 Rn. 7 i.V.m.
§ 123 Rn. 5

Der **Geschäftsraum** muss dazu bestimmt sein, für eine gewisse Dauer zum Betrieb von Geschäften irgendwelcher, also nicht notwendig erwerbswirtschaftlicher Art zu dienen.

La/Kü[25], § 124 Rn. 2
i.V.m. § 123 Rn. 3

Der Begriff **Befriedetes Besitztum** erfordert nicht eine so enge räumliche Beziehung zu einem bewohnten Hause, dass es dessen Frieden teilt, so z.B. beim Hausgarten. Vielmehr ist befriedet gleichbedeutend mit »eingehegt«, d.h. in einen Schutzbereich einbezogen, wenn auch weitab vom Haus liegend.

Tr/Fi[53], § 124 Rn. 3
i.V.m. § 123 Rn. 8

Befriedetes Besitztum können nach h.M. nur unbewegliche Sachen sein, was jedoch nicht ausschließt, dass eine bewegliche Sache zugleich in den Schutzbereich eines – unbeweglichen – befriedeten Besitztums einbezogen sein kann.

S/S[26], § 124 Rn. 7 i.V.m.
§ 123 Rn. 6

Befriedet ist ein **Besitztum** daher in zwei Fällen: 1. ohne besondere Einfriedung, wenn es wegen seines engen räumlichen Zusammenhangs für jedermann erkennbar zu einer der sonst in § 123 genannten Örtlichkeiten gehört, weil sich deren Hausfrieden hier ohne weiteres auf das Zubehörgrundstück erstreckt. (...) 2. Ohne eine solche räumliche Verbindung, wenn es in äußerlich erkennbarer Weise mittels zusammenhängender Schutzwehren wie mauern, Hecken, Drähte, Zäune usw. gegen das willkürliche Betreten durch andere gesichert ist.

S/S[26], § 124 Rn. 7 i.V.m.
§ 123 Rn. 6

Befriedetes Besitztum ist ein gegen Betreten durch zusammenhängende, nicht notwendig ganz lückenlose, Schutzwehren gesichertes bebautes oder unbebautes Grundstück, nicht lediglich ein beweglicher Gegenstand.

La/Kü[25], § 124 Rn. 2
i.V.m. § 123 Rn. 3

Abgeschlossen bedeutet die dem befriedeten Besitztum entsprechende bauliche Begrenzung; hierher gehören auch Zubehörflächen; nicht hingegen abgeschlossene Räume innerhalb eines Gebäudekomplexes im Verhältnis zueinander.

Tr/Fi[53], § 124 Rn. 3
i.V.m. § 123 Rn. 8

Abgeschlossen. Dem Wortsinn nach sind »abgeschlossene Räume« solche, die – auch in Gestalt einer beweglichen Sache – als eine bauliche Einheit erscheinen und durch physische Hindernisse gegen beliebiges Betreten geschützt sind, wobei hier im Unterschied zum nur »umschlossenen Raum« auch eine zumindest teilweise Überdachung erforderlich ist, während es auf das tatsächliche Verschlossensein oder auch nur die Verschließbarkeit nicht ankommt.

S/S[26], § 124 Rn. 7 i.V.m.
§ 123 Rn. 7

Abgeschlossene Räume sind baulich abgegrenzte Räume.

La/Kü[25], § 124 Rn. 2
i.V.m. § 123 Rn. 4

Zum öffentlichen Dienst bestimmt sind Räume, in denen öffentlich-rechtliche Geschäfte erledigt werden, die wenigstens mittelbar im öffentlichen Interesse liegen.

Tr/Fi[53], § 124 Rn. 3 i.V.m. § 123 Rn. 10

Zum öffentlichen Dienst bestimmt sind Räume, in denen ihrer Bestimmung gemäß auf öffentlichrechtlichen Vorschriften beruhende Tätigkeiten ausgeübt werden, die der Erledigung staatlicher, kommunaler oder sonstiger öffentlicher Angelegenheiten dienen, wozu auch solche der Leistungsverwaltung gehören.

S/S[26], § 124 Rn. 7 i.V.m. § 123 Rn. 8

Zum öffentlichen Dienst bestimmt sind Räume, wenn in ihnen Tätigkeiten aufgrund öffentlichrechtlicher Vorschriften ausgeübt werden.

La/Kü[25], § 124 Rn. 2 i.V.m. § 123 Rn. 4

Zusammenrotten bedeutet zu einem gemeinschaftlichen, in seiner Rechtswidrigkeit erkennbaren, bedrohlichen oder gewalttätigen Handeln räumlich zusammentreten.

Tr/Fi[53], § 124 Rn. 5 i.V.m. § 121 Rn. 3

Um eine **Zusammenrottung** handelt es sich, wenn die Menschenmenge in äußerlich erkennbarer Weise von dem gemeinsamen Willen zu bedrohlichem oder gewalttätigem Handeln beherrscht wird. Dabei ist gleichgültig, ob dieser Wille schon beim Zusammentreten der Menge besteht oder ob er erst später hinzukommt.

S/S[26], § 124 Rn. 4

Zusammenrotten ist das räumliche Zusammentreten oder Zusammenhalten von mindestens zwei Personen zu einem gemeinschaftlichen, gewaltsamen oder bedrohlichen Zweck.

La/Kü[25], § 124 Rn. 2 i.V.m. § 121 Rn. 3

Von **öffentlicher** Zusammenrottung kann dann gesprochen werden, wenn die Möglichkeit des Anschlusses beliebiger anderer in beliebiger Zahl besteht.

Tr/Fi[53], § 124 Rn. 6

Die Zusammenrottung ist **öffentlich**, wenn sich ihr eine unbestimmte Zahl beliebiger Personen anschließen kann.

S/S[26], § 124 Rn. 5

Öffentlich ist die Zusammenrottung, wenn die Möglichkeit der Beteiligung für eine unbestimmte Zahl von Personen besteht.

La/Kü[25], § 124 Rn. 2

Menschenmenge bedeutet eine Personenmehrheit, die nicht ungemessen zu sein braucht, aber so groß ist, dass jeder einzelne darin nicht mehr in der Lage ist, mit jedem anderen einzelnen in unmittelbare Kommunikation zu treten.

Tr/Fi[53], § 124 Rn. 4

Menschenmenge ist eine räumlich vereinigte, der Zahl nach nicht sofort überschaubare Personenvielheit. — S/S²⁶, § 124 Rn. 3 i.V.m. § 125 Rn. 8

Menschenmenge ist eine räumlich vereinigte, zwar nicht notwendig ungezählte, aber doch so große Personenmehrheit, dass die Zahl nicht sofort überschaubar und deshalb das Hinzukommen oder Weggehen einzelner für den äußeren Eindruck unwesentlich ist; dafür ist zwar nicht unbedingt erforderlich, aber doch in hohem Maße indiziell, dass nicht mehr jeder einzelne in der Menge imstande ist, mit jedem anderen in unmittelbare Kommunikation zu treten. — La/Kü²⁵, § 124 Rn. 2 i.V.m. § 125 Rn. 3

Eindringen setzt voraus, dass der Täter gegen den Willen des Berechtigten (h.M.) zumindest mit einem Teil seines Körpers in die geschützten Räume gelangt ist. — Tr/Fi⁵³, § 124 Rn. 3 i.V.m. § 123 Rn. 14

Eindringen i.S. des § 123 ist nur das körperliche Eindringen. Es genügt, wenn der Täter mit einem Teil seines Körpers in die geschützten Räume gelangt. — S/S²⁶, § 124 Rn. 8/9 i.V.m. § 123 Rn. 12

Nicht erforderlich ist, dass die gesamte menge den geschützten Raum betrit oder dass der körperlich eingedrungene Teil selbst wieder eine Menge bildet. — S/S²⁶, § 124 Rn. 8/9

Eindringen setzt voraus, dass der Körper des Täters mindestens zum Teil in den Raum gebracht wird, und zwar gegen den erkennbaren oder zu vermutenden Willen des Hausrechtsinhabers. — La/Kü²⁵, § 124 Rn. 2 i.V.m. § 123 Rn. 5

Gewalttätigkeiten ist das Inbewegungbringen physischer Kraft unmittelbar gegen die Person, und zwar, wie der Ausdruck »Angegriffenen« zeigt, als aggressives Handeln zu verstehen. — Tr/Fi⁵³, § 124 Rn. 8

Gewalttätigkeit aggressives, gegen die körperliche Unversehrtheit von Menschen oder fremden Sachen gerichtetes aktives Tun von einiger Erheblichkeit unter Einsatz bzw. In-Bewegung-Setzen physischer Kraft. — S/S²⁶, § 124 Rn. 11 i.V.m. 125 Rn. 5

Gewalttätigkeit ist Einsatz physischer (nicht psychischer) Kraft durch aggressives positives Tun von einiger Erheblichkeit, mit dem unmittelbar auf Menschen oder Sachen in ihrer körperlichen Substanz, u.U. auch mittelbar auf Menschen eingewirkt wird. — La/Kü²⁵, § 124 Rn. 5 i.V.m. § 125 Rn. 4

Mit vereinten Kräften bedeutet, dass die Menge selbst — S/S²⁶, § 124 Rn. 11

oder jedenfalls ein wesentlicher Teil von ihr durch eine feindselige Haltung die Basis für die begangenen Ausschreitungen abgeben muss.

i.V.m. § 125 Rn. 10.

Mit vereinten Kräften erfordert keine Mittäterschaft und daher auch kein gemeinschaftliches Handeln der Rotte im Ganzen. Es genügt, wenn die Tathandlung der psychischen Grundhaltung der Rotte oder einer Gruppe in der Rotte entspricht und nur von einzelnen, die vom Gemeinschaftswillen getragen sind, verübt wird, nicht jedoch, wenn nur einer handelt, während die nicht anwesenden anderen den Plan nur gebilligt haben.

La/Kü[25], § 124 Rn. 5
i.V.m. § 121 Rn. 4

Teilnehmen. An der Zusammenrottung nimmt teil, wer derart in einem räumlichen Zusammenhang mit der Menge steht, dass er für den objektiven Beobachter als ihr Bestandteil erscheint.

S/S[26], § 124 Rn. 18

Teilnehmen setzt voraus, dass der Täter a) sich der Rotte in Kenntnis ihres gewalttätigen oder bedrohlichen Zwecks selbst anschließt oder in ihr verbleibt und durch sein körperliches Dabeisein die von der Zusammenrottung ausgehende Gefahr steigert. b) sich auch dem Eindringen der Menge räumlich anschließt, dabei genügt es, wenn ihm das Eindringen anderer nach den für die Mittäterschaft geltenden Grundsätzen, nicht jedoch als bloße Teilnahme zugerechnet werden kann (str.).

La/Kü[25], § 124 Rn. 3-4

Konkurrenzen

§ 124 verdrängt § 123, soweit Objekte und Begehungsweise übereinstimmen, im Wege der Gesetzeskonkurrenz (Spezialität). § 124 steht in Idealkonkurrenz zu §§ 125, 223 ff., 239, 240, 242, 243 II S. 1 Nr. 1, 250, 303 ff.

§ 125.   Landfriedensbruch

Überblick

- *Typ:* vorsätzliches Begehungsdelikt mit Gleichsetzung von Täter und Teilnehmer (Einheitstäterbegriff) für bestimmte Konstellationen.
- *Versuch* ist nicht strafbar (Vergehen!).

- Abs. 1 enthält den eigentlichen *Tatbestand in 3 Varianten* (gewalttätiger Landfriedensbruch, bedrohender Landfriedensbruch, aufwieglerischer Landfriedensbruch).

- Abs. 1 letzter Halbsatz enthält eine *Subsidiaritätsklausel.* Diese kommt aber erst in der Konkurrenzprüfung (Gesetzeskonkurrenz: gesetzlich angeordnet Subsidiarität) zum Tragen.

- Benannter *besonders schwerer Fall* in § 125a (Strafzumessungsregel – **Regelbeispiel**).

- Abs. 2 enthält durch *Verweis* auf § 113 III und IV Regelungen über Rechtmäßigkeit von Diensthandlungen und Irrtümer des Täters / Teilnehmers hierüber (spezielle Verbotsirrtümer). Soweit danach die Tat nicht nach § 113 strafbar ist, ist sie es auch nicht nach § 125. *Aufbaukonsequenz:* erst § 113 komplett durchprüfen, dann § 125.

- *Schutzgut* ist die öffentliche Sicherheit (Tr/Fi[53], § 125 Rn. 2). Ob daneben auch Individualgüter Schutzgut sind, wie sich aus Nr. 1 und 2 ergeben soll ist str. (dafür: Tr/Fi[53], § 125 Rn. 2, a.A. S/S[26]-Lenckner, § 125 Rn. 2.).

Aufbau

I. **Tatbestand**
  1. Objektiver Tatbestand:
     a. Tatobjekt – Menschenmenge, die
        aa. begeht
        bb. mit vereinten Kräften aus der Menge:
           - Gewalttätigkeiten gegen Menschen oder Sachen (Nr. 1) *oder*
           - Bedrohungen von Menschen mit einer Gewalttätigkeit (Nr. 2)
        cc. in einer die öffentliche Sicherheit gefährdenden Weise.
     b. Tathandlung:
        aa. Beteiligung als Täter oder Teilnehmer
           - an Gewalttätigkeiten gegen Menschen oder Sachen (Var. 1) – sog. gewalttätiger Landfriedensbruch – *oder*
           - an Bedrohungen von Menschen mit einer Gewalttätigkeit (Var. 2) -sog. bedrohender Landfriedensbruch – *oder*
        bb. Einwirken auf die Menschenmenge – sog. aufwieglerischer Landfriedensbruch – (Var. 3)
  2. Subjektiver Tatbestand:
     a. Vorsatz, mindestens bedingter.
     b. Bei Var. 3 zusätzlich: Absicht, die Bereitschaft der Menge nach Nr. 1 und 2 zu fördern.
II. **Rechtswidrigkeit: keine Besonderheiten.**
III. **Schuld: spezieller Verbotsirrtum denkbar, wenn gleichzeitig § 113 verwirklicht ist: Abs. 2 i.V.m. § 113 IV.**
IV. **Besonderheiten:**
  1. Strafzumessungsregeln des § 125a.

2. Bei Var. 3 ist bei freiwilliger Aufgabe des Einwirkens eventuell § 31 analog heran-
zuziehen, vgl. La/Kü[25], § 125 Rn. 12

Definitionen / Erläuterungen

Menschenmenge bedeutet eine Personenmehrheit, die nicht ungemessen zu sein braucht, aber so groß ist, dass jeder einzelne darin nicht mehr in der Lage ist, mit jedem anderen einzelnen in unmittelbare Kommunikation zu treten.	Tr/Fi[53], § 125 Rn. 3 i.V.m. § 124 Rn. 4
Sie braucht sich nicht öffentlich zusammengefunden zu haben. Sie kann sich an beliebigen Orten, auch nicht öffentlichen, im Freien oder in Gebäuden befinden.	Tr/Fi[53], § 125 Rn. 4 i.V.m. § 124 Rn. 4
Menschenmenge ist eine räumlich vereinigte, der Zahl nach nicht sofort überschaubare Personenvielheit.	S/S[26], § 125 Rn. 8
Menschenmenge ist eine räumlich vereinigte, zwar nicht notwendig ungezählte, aber doch so große Personenmehrheit, dass die Zahl nicht sofort überschaubar und deshalb das Hinzukommen oder Weggehen einzelner für den äußeren Eindruck unwesentlich ist; dafür ist zwar nicht unbedingt erforderlich, aber doch in hohem Maße indiziell, dass nicht mehr jeder einzelne in der Menge imstande ist, mit jedem anderen in unmittelbare Kommunikation zu treten.	La/Kü[25], § 125 Rn. 3

Mit vereinten Kräften bedeutet nicht Mittäterschaft im technischen Sinn, wohl aber, dass Ausschreitungen Verübende ihre Kräfte dazu vereinigen.	Tr/Fi[53], § 125 Rn. 8 i.V.m. § 121 Rn. 4
Mit vereinten Kräften bedeutet, dass die Menge selbst oder jedenfalls ein wesentlicher Teil von ihr durch eine feindselige Haltung die Basis für die begangenen Ausschreitungen abgeben muss.	S/S[26], § 125 Rn. 10
Mit vereinten Kräften erfordert keine Mittäterschaft und daher auch kein gemeinschaftliches Handeln der Rotte im Ganzen. Es genügt, wenn die Tathandlung der psychischen Grundhaltung der Rotte oder einer Gruppe in der Rotte entspricht und nur von einzelnen, die vom Gemeinschaftswillen getragen sind, verübt wird, nicht jedoch, wenn nur einer handelt, während die nicht anwesenden anderen den Plan nur gebilligt haben.	La/Kü[25], § 125 Rn. 7 i.V.m. § 121 Rn. 4

Aus der Menge bedeutet von Mitgliedern der Menge gegen Personen oder Sachen außerhalb der Menge.

S/S²⁶, § 125 Rn. 10

Gewalttätigkeiten ist das Ingangbringen physischer Kraft unmittelbar gegen die Person, und zwar, wie der Ausdruck »Angegriffenen« zeigt, als aggressives Handeln zu verstehen.

Tr/Fi⁵³, § 125 Rn. 4

Gewalttätigkeit gegen Menschen oder Sachen bedeutet hier ein aggressives, gegen die körperliche Unversehrtheit von Menschen oder fremden Sachen gerichtetes aktives Tun unter Einsatz bzw. In-Bewegung-Setzen physischer Kraft. Zu einem strafbaren Erfolg braucht es dabei nicht zu kommen, nicht einmal zu einer konkreten Gefährdung.

S/S²⁶, § 125 Rn. 5

Gewalttätigkeit ist Einsatz physischer Kraft durch aggressives positives Tun von einiger Erheblichkeit, mit dem unmittelbar auf Menschen oder Sachen in ihrer körperlichen Substanz, u.U. auch mittelbar auf Menschen, eingewirkt wird.

La/Kü²⁵, § 125 Rn. 4

Öffentliche Sicherheit gefährdende Weise bedeutet, dass für unbestimmte Personen oder Sachen die Gefahr eines Schadens eintreten muss. Sind die Handlungen gegen bestimmte einzelne Menschen oder Sachen gerichtet oder tritt nur an einzelnen Schaden ein, so genügt es, wenn diese stellvertretend für andere gleicher Art angegriffen werden, die Gefahr der Ausbreitung oder der Begehung weiterer ähnlicher Taten besteht oder auch nur das Sicherheitsgefühl unbestimmt vieler Menschen beeinträchtigt wird. Bei Bedrohungen kann die öffentliche Sicherheit nur dann gefährdet werden, wenn sie ernst gemeint erscheinen und ihre Verwirklichung entweder durch die Drohenden oder andere, die unter ihrem Einfluss stehen, nicht ausgeschlossen erscheint.

Tr/Fi⁵³, § 125 Rn. 9

Öffentliche Sicherheit gefährdende Weise liegt vor, wenn es sich um Ausschreitungen handelt, bei denen der Eindruck entstehen muss, dass »man« in einem geordneten Gemeinwesen nicht mehr frei von Furcht vor dem Terror gewalttätiger Mengen leben kann. Dies aber wird man auch bei Individualangriffen nur dann verneinen können, wenn diese, wie z.B. bei der Massenschlägerei zweier verfeindeter Rockerbanden oder bei einer gewaltsamen Auseinandersetzung in einer Vereinsversammlung, lediglich

S/S²⁶, § 125 Rn. 11

den Charakter einer vorwiegend »privaten« Auseinandersetzung haben.

Die öffentliche Sicherheit ist gefährdet, wenn die Gewalttätigkeiten oder Bedrohungen für unbestimmte Personen – u.U. auch für bestimmte, nicht als Individuen betroffene einzelne – die Gefahr von Schäden solchen Ausmaßes begründen, dass dadurch in der Allgemeinheit das Gefühl ausreichender Sicherheit gegen die Verletzung von Rechtsgütern durch weitere entsprechende Ausschreitungen beeinträchtigt wird.

La/Kü[25], § 125 Rn. 6

Täter des Landfriedensbruchs ist, wer sich an Handlungen, die Voraussetzung jedes Landfriedensbruchs sind, beteiligt.

La/Kü[25], § 125 Rn. 8

Täter bedeutet mittelbarer Täter, Mittäter.

S/S[26], § 125 Rn. 12

Teilnehmer bedeutet Anstifter, Gehilfe.

S/S[26], § 125 Rn. 12

Das Gesetz bestimmt die Täterschaft hier, abweichend von den allgemeinen Regeln, insofern nach einem Einheitstäterbegriff, als zwischen dem (mittelbaren, Mit-)»Täter« einer Gewalttätigkeit und dem bloßen »Teilnehmer« (Anstifter, Gehilfe) an einer solchen nicht unterschieden wird: Täter des § 125 sind vielmehr beide.

S/S[26], § 125 Rn. 12

Beteiligen bedeutet, die Gewalttätigkeiten oder Bedrohungen entweder als Täter (auch Mittäter oder mittelbarer Täter) selbst begehen oder zu ihnen anstiften oder bei ihnen Hilfe leisten.

La/Kü[25], § 125 Rn. 8

Die **Bedrohung** ist begangen, sobald die Ankündigung der Gewalttätigkeit jemandem, auf den sie Eindruck machen soll, zur Kenntnis gekommen ist.

Tr/Fi[53], § 125 Rn. 6

Das **Androhen** ist die ausdrückliche oder konkludente Ankündigung einer der genannten Gewalttaten, wobei der Drohende deren Begehung als von seinem Willen abhängig darstellen muss.

S/S[26], § 125 Rn. 16
i.V.m. § 126 Rn. 5

»**Androhen**« ist gleichbedeutend mit »Bedrohung«. Die Bedrohung kann ausdrücklich oder auch durch konkludente Handlungen geschehen. Ob sie Nötigungsmittel ist oder lediglich der »Verunsicherung« des Bedrohten dienen soll, ist ohne Bedeutung.

S/S[26], § 125 Rn. 16

Drohung ist das – ausdrückliche oder schlüssige – In-

La/Kü[25], § 125 Rn. 5

Aussicht-Stellen eines Übels, dessen Eintritt davon abhängen soll, dass der Bedrohte sich nicht dem Willen des Drohenden beugt; dieser muss es daher, anders als bei der bloßen Warnung, als in seiner Macht stehend hinstellen, das Übel – sei es auch nur mittelbar durch Einschaltung eines Dritten – zu verwirklichen.

i.V.m. § 240 Rn. 12

Das angedrohte Übel muss eine – sei es auch nur gegen Sachen gerichtete – Gewalttätigkeit sein.

La/Kü[25], § 125 Rn. 5

Einwirken meint ein aktives Tun oder ein Unterlassen, das mindestens auf Teile der Menge einen Eindruck machen soll, wenn es in der Absicht geschieht, die Bereitschaft der Menge zu solchen Handlungen zu fördern, d.h. zu steigern oder zu unterstützen (Anheizer), gleichgültig, ob es schon zu Gewalttätigkeiten kam.

Tr/Fi[53], § 125 Rn. 14

Einwirken ist jede Art von Einflussnahme auf den Willen der Menge, z.B. durch die ausdrückliche oder konkludente Aufforderung zu (im Einzelnen auch noch unbestimmten) Gewalttätigkeiten usw., durch das Schaffen einer entsprechenden äußeren Anreizsituation (z.B. ein falscher Polizist schießt auf die Menge; Schilderung von polizeilichen Übergriffen, und zwar bei Vorliegen der erforderlichen Absicht selbst dann, wenn diese zutreffend ist), aber auch durch das bloße »Anheizen« einer feindseligen Stimmung.

S/S[26], § 125 Rn. 21

Einwirken ist psychische, nicht notwendig verbale, Beeinflussung.

La/Kü[25], § 125 Rn. 12

Fördern bedeutet steigern oder unterstützen.

Tr/Fi[53], § 125 Rn. 14

Fördern ist nicht nur Verstärken einer bereits vorhandenen Bereitschaft zu solchen Handlungen, sondern auch das Wecken solcher Bereitschaft.

La/Kü[25], § 125 Rn. 12

Konkurrenzen

§ 125 erklärt sich durch Abs. 1 letzter HS. selbst für subsidiär (er wird im Wege der Gesetzeskonkurrenz verdrängt), wenn es Normen mit höherer Strafandrohung gibt. Weil dies wegen der sehr geringen Strafandrohung des § 125 sehr häufig der Fall ist, wird z.T. ein restriktive Auslegung dieser Subsidiaritätsklausel gefordert: § 125 soll nur dann zurücktreten, wenn die anderen Delikte neben schwererer Strafandrohung im Wesentlichen die gleiche Angriffsrichtung haben, sog. relative Subsidiarität (S/S26,

§ 125 Rn. 31, str. a.A. Tr/Fi53, § 125 Rn. 21). Subsidiarität soll nach der einschränken-
den Anwendung der Subsidiaritätsklausel jedenfalls vorliegen bei

- § 125 I Var. 1 gegenüber: §§ 88, 102, 106, 109e, 113 II, 177, 178, 211 ff., 220a, 223a ff.,
  234, 234a, 240 im besonders schweren Fall, 243 Nr. 1, 2, 6, 244, 249 ff., 305 ff., 311,
  312, 313, 315, 315b I-III, 316a, 316b, 317, 318.

- § 125 I Var. 2 gegenüber: §§ 88, 106, 113, 177, 178, 234, 234a, 249 ff.

- § 125 I Var. 3 gegenüber: § 130 und § 111, wenn die Straftat zu der aufgefordert
  wurde, mit schwererer Strafe bedroht ist.

§ 125 steht daneben in Idealkonkurrenz mit §§ 106a, 113 I, 124, 126, 167, 167a, 185 ff,
223, 227, 240, 241, 303, 304.

§ 125a. Besonders schwerer Fall des Landfriedensbruchs

Überblick

- *Typ:* Benannter besonders schwerer Fall (Strafzumessungsregel / Regelbeispiel,
  kein Tatbestand). Prüfung immer mit dem Grunddelikt (Obersatz: §§ 125 I Var. ...,
  125a S. 1, S. 2 Nr. ...) und zwar hinter Schuld des Grunddeliktes. (vgl. auch § 243):
  IV. Besonderheiten.

- Weil man erst nach der Feststellung der Strafbarkeit (also nach der Schuld des
  § 125) die Strafzumessungsregel prüfen kann, spielt § 125a bei Irrtümern nach
  §§ 125 II, 113 IV keine Rolle mehr.

- § 125a spricht nur noch vom Täter, nicht mehr vom Teilnehmer (wie § 125), meint
  aber wegen der dortigen Gleichsetzung **(Einheitstäterbegriff)** beide.

- *Schutzgut* wie bei § 125.

- § 125a hat wegen *herführender* **Verweisung** noch Bedeutung für §§ 126 I Nr. 1 alleine und i.V.m. § 140 und i.V.m. § 145d I Nr. 2, II Nr. 2.

Aufbau

IV. **Besonderheiten:**
  1. Strafzumessungsregel des S. 2 Nr. 1
     a. Objektive Elemente (nicht: Tatbestandsmerkmale) Nr. 1:
        aa. Beisichführen einer Schusswaffe
        bb. durch den Täter (+ Teilnehmer i.S.d § 125 I = Einheitstäter)
     b. Subjektive Elemente: Vorsatz, mindestens bedingter
  2. Strafzumessungsregel des S. 2 Nr. 2
     a. Objektive Elemente (nicht: Tatbestandsmerkmale) Nr. 2:
        aa. Beisichführen einer anderen Waffe

   bb. durch den Täter (+ Teilnehmer i.S.d § 125 I = Einheitstäter)
  b. Subjektive Elemente:
   aa. Vorsatz, mindestens bedingter, zusätzlich:
   bb. Absicht, die Waffe bei der Tat zu verwenden
 3. Strafzumessungsregel des S. 2 Nr. 3.
  a. Objektive Elemente (nicht: Tatbestandsmerkmale) Nr. 3:
   - Taterfolg:
    ein anderer wird
    durch (Kausalität)
    eine Gewalttätigkeit des Täters (+ Teilnehmer i.S.d § 125 I = Einheitstäters)
    (aus § 125 I)
    in die Gefahr
    - des Todes *oder*
    - einer schweren Gesundheitsschädigung
    gebracht.
  b. Subjektive Elemente: Vorsatz, mindestens bedingter.
 4. Strafzumessungsregel des S. 2 Nr. 4
  a. Objektive Elemente (nicht: Tatbestandsmerkmale) Nr. 4:
   aa. Plünderung
   bb. Anrichten
    - von Schäden, bedeutenden
    - an Sachen, fremden
   bb. durch den Täter (+ Teilnehmer i.S.d § 125 I = Einheitstäter)
  b. Subjektive Elemente:
   aa. Vorsatz, mindestens bedingter, zusätzlich:
   bb. Absicht, die Waffe bei der Tat zu verwenden
 5. Rechtswidrigkeit / Schuld: entfallen, da nur Strafzumessungsregel.

Definitionen / Erläuterungen

Schusswaffe ist jede Waffe, bei der ein Geschoß durch einen Lauf getrieben wird.	Tr/Fi[53], § 125a Rn. 3 i.V.m. § 244 Rn. 3
Schusswaffen sind alle Instrumente, mit denen aus einem Lauf mechanisch wirkende Geschosse gegen den Körper eines anderen abgefeuert werden können, mag dies mit Hilfe von Explosivstoffen oder z.B. durch Luftdruck geschehen.	S/S[26], § 125a Rn. 4 i.V.m. § 244 Rn. 3
Schusswaffe ist ein Werkzeug, das dazu geeignet und allgemein dazu bestimmt ist, Menschen körperlich zu verletzen, und bei dem ein festes, mechanisch wirkendes Geschoß (oder mehrere zugleich) mittels Explosions- oder Luftdruck aus einem Lauf abgefeuert werden kann; auch das Luftgewehr und die Luftpistole sind daher Schusswaffen, i.d.R. aber nicht die Gaspistole.	La/Kü[25], § 125a Rn. 2 i.V.m. § 244 Rn. 3
Bei sich führt die Waffe, wer sie bewusst gebrauchsbereit	Tr/Fi[53], § 125a Rn. 3a

bei sich hat, am eigenen Körper braucht er sie nicht zu tragen; es genügt, wenn sie sich in Griffweite befindet oder er sich ihrer jederzeit ohne nennenswerten Zeitaufwand bedienen kann.

i.V.m. § 244 Rn. 12

Im Gegensatz zu § 244 I Nr. 1 ist das Beispiel nur gegeben, wenn der Täter selbst, nicht auch ein anderer Beteiligter die Waffe führt.

Tr/Fi[53], § 125a Rn. 3a

Beisichführen: Hierfür ist keine bestimmte Gebrauchsabsicht erforderlich. Maßgeblicher Gesichtspunkt ist vielmehr die aus der (bewussten) Verfügbarkeit einer derartigen Waffe sich ergebende Gefahr einer effektiven Anwendung.

S/S[26], § 125a Rn. 4
i.V.m. § 244 Rn. 6

Auch hier genügt es, wenn der Täter die Waffe erst während der Tat ergreift.

S/S[26], § 125a Rn. 4

Es genügt jedoch nicht, wenn nur ein anderer Beteiligter (Täter oder Teilnehmer) eine Waffe **bei sich führt** oder durch eine Gewalttätigkeit andere gefährdet (str).

La/Kü[25], § 125a Rn. 2

Andere Waffe ist auch hier im nichttechnischen Sinn zu verstehen, so z.B. Hartgummistöcke, größere Steine, scharfkantige Schottersteine, Holzrohre mit Eisenfüllung, Eisenscheiben oder Explosivkörper .

Tr/Fi[53], § 125a Rn. 4

Unter **Waffen** sind hier nicht nur Waffen im technischen Sinn gemeint, sondern auch alle gefährlichen Werkzeuge, d.h. solche Gegenstände, die nach ihrer objektiven Beschaffenheit und der beabsichtigten konkreten Art ihrer Benutzung geeignet sind, erhebliche Verletzungen herbeizuführen.

S/S[26], § 125a Rn. 8

Waffe ist nicht im technischen Sinne zu verstehen. Es genügt jedes gefährliche (d.h. nach Beschaffenheit und konkreter Art der Verwendung zur erheblichen Verletzung von Menschen geeignete) Werkzeug.

La/Kü[25], § 125a Rn. 2
i.V.m. § 113 Rn. 24

Bei Begehung der Tat heißt, dass der Täter im Augenblick der Vornahme einer der in § 125 I genannten Handlungen die Schusswaffe bei sich führen muss; es genügt mithin nicht, wenn er z.B. erst nach Beendigung der Gewalttätigkeit, an deren Begehung er beteiligt war, eine herumliegende Waffe ergreift.

S/S[26], § 125a Rn. 5

Gewalttätigkeiten ist das Inbewegungbringen physischer

Tr/Fi[53], § 125a Rn. 5

Kraft unmittelbar gegen die Person, und zwar, wie der Ausdruck »Angegriffenen« zeigt, als aggressives Handeln zu verstehen.	i.V.m. § 124 Rn. 8
Gewalttätigkeit bedeutet jede gegen die Person gerichtete physische Aggression.	S/S[26], § 125a Rn. 11 i.V.m. § 113 Rn. 67
Gewalttätigkeit ist Einsatz physischer Kraft durch aggressives positives Tun von einiger Erheblichkeit, mit dem unmittelbar auf Menschen oder Sachen in ihrer körperlichen Substanz, u.U. auch mittelbar auf Menschen, eingewirkt wird.	La/Kü[25], § 125a Rn. 2 i.V.m. § 113 Rn. 25 i.V.m. § 125 Rn. 4
Gefahr ist ein durch eine beliebige Ursache eingetretener ungewöhnlicher Zustand, in welchem nach den konkreten Umständen der Eintritt eines Schadens wahrscheinlich ist.	Tr/Fi[53], § 125a Rn. 5 i.V.m. § 113 Rn. 39 i.V.m. § 34 Rn. 3
Gefahr. Das Opfer muss in konkrete Gefahr, d.h. eine Situation gebracht werden, in der es bereits unmittelbar der (nicht mehr beherrschbaren) Möglichkeit eines Erfolgs i.S.d. §§ 211, 212 bzw. 224 ausgesetzt ist, so dass es nur vom Zufall abhängt, ob dieser eintritt oder nicht.	S/S[26], § 125a Rn. 11 i.V.m. § 113 Rn. 67 i.V.m. § 250 Rn. 21
Gefahr ist ein ungewöhnlicher Zustand, in dem nach den konkreten Umständen der Eintritt eines Schadens nahe liegt.	La/Kü[25], § 125a Rn. 2 i.V.m. § 113 Rn. 25 i.V.m. § 315c Rn. 21
Tod. Für die Feststellung des Todes kommt es weder auf den völligen Ausfall jeglicher biologischer Lebensregungen noch bereits auf den Stillstand von Herz- und Atmungstätigkeit an, sondern allein auf den sog. Hirntod. Damit ist der irreversible und totale Funktionsausfall des Gehirns gemeint.	S/S[26], Vorbem. § 211 Rn. 19
Schwere Gesundheitsschädigung. Dazu zählt nicht nur eine schwere Körperverletzung i.S.d. § 226, sondern auch die Beeinträchtigung der Gesundheit durch langwierige ernste Erkrankungen, insb. durch erhebliche Beeinträchtigung im Gebrauch der Sinne, der körperlichen Leistungsfähigkeit und der Arbeitsfähigkeit; oder der Gesundheitsschädigung einer großen Zahl von Menschen.	Tr/Fi[53], § 125a Rn. 5 i.V.m. § 176a Rn. 6 i.V.m. § 330 Rn. 8
Schwere Gesundheitsbeschädigung. Außer den in § 226 genannten Verletzungsfolgen werden nun auch alle Fälle erfasst, in denen die Gesundheit des Opfers einschneidend oder nachhaltig beeinträchtigt ist, wie z.B. bei ernsten, langwierigen Krankheiten oder einer ernsthaften Störung	S/S[26], § 250 Rn. 21

der körperlichen Funktionen oder der Arbeitskraft.

Schwere Gesundheitsschädigung setzt keine schwere Körperverletzung i.S.d. § 226 voraus, sondern liegt etwa auch bei einschneidenden oder nachhaltigen Beeinträchtigungen der Gesundheit vor, z.B. bei langwierigen ernsten Krankheit oder erheblichen Beeinträchtigung der Arbeitskraft für lange Zeit.

La/Kü[25], § 125a Rn. 2
i.V.m. § 113 Rn. 25
i.V.m. § 250 Rn. 3

Plündern bedeutet, dass der Täter unter Ausnutzung der durch das Auftreten der Menge, insbesondere durch Gewalttätigkeiten entstandenen Lage stiehlt oder anderen fremde bewegliche Sachen in Zueignungsabsicht abnötigt, wobei allerdings Teilnehmer des Landfriedensbruchs als Opfer ausscheiden.

Tr/Fi[53], § 125a Rn. 7

Plündern ist die Wegnahme oder Abnötigung von Sachen in der Absicht rechtswidriger Zueignung und unter Ausnutzung der durch die Tat nach § 125 hervorgerufenen Störung der öffentlichen Ordnung. Das Plündern braucht nicht selbst eine Gewalttätigkeit i.S. des § 125 I zu sein und kann offen oder heimlich, mit vereinten Kräften oder durch eine vom Willen der Menge nicht mehr gedeckte Einzelaktion erfolgen.

S/S[26], § 125a Rn. 13

Plündern ist die eigenhändige Wegnahme oder das Abnötigen von Sachen in der Absicht rechtswidriger Zueignung (str) unter Ausnutzung der Ordnungsstörung.

La/Kü[25], § 125a Rn. 2

Fremde Sachen sind Sachen, die in fremdem Eigentum stehen.

Tr/Fi[53], § 125a Rn. 8
i.V.m. § 315 Rn. 16

Fremd ist eine Sache, wenn sie (zumindest auch) im Eigentum eines Anderen steht, also weder Alleineigentum des Täters noch herrenlos noch eigentumsunfähig ist. In wessen Eigentum die Sache steht, ist nach bürgerlichem Recht zu beurteilen, da es bei § 242 keinen besonderen strafrechtlichen Eigentumsbegriff gibt.

S/S[26], § 125a Rn. 14
i.V.m. § 242 Rn. 12

Bedeutender Schaden meint nicht ein bedeutender Schaden auch an einer geringwertigen Sache, sondern bedeutender Sachschaden.

Tr/Fi[53], § 125a Rn. 8

Der **bedeutende Wert** ist nach dem Umfang des drohenden Schadens, und zwar nach dem Verkehrswert der gefährdeten Sache und nicht nach dem Wiederherstellungsaufwand zu bestimmen, und nicht nach deren Funktions-

Tr/Fi[53], § 125a Rn. 8
i.V.m. § 315 Rn. 16

wert. Das Ausmaß der Gefährdung braucht sich mit dem eingetretenen Schaden nicht zu decken, dieser kann hinter der Gefährdung erheblich zurückbleiben. Es genügt nicht, dass eine Sache von bedeutendem Wert in unbedeutendem Umfang gefährdet wird, vielmehr muss der bei dem konkreten Verkehrsvorgang drohende Schaden bedeutend sein. Die Mindestgrenze für einen bedeutenden Sachwert wird inzwischen bei etwa 1200 DM angesichts der Teuerung u.U. auch höher liegen.

Von bedeutendem Wert. Maßgeblich ist der wirtschaftliche (finanzielle) Wert, nicht die funktionale Bedeutung der Sache für den einzelnen oder die Allgemeinheit.

S/S[26], § 125a Rn. 14
i.V.m. vor § 306 Rn. 15

Ob ein **Schaden bedeutend** ist, hängt vom Verkehrswert ab.

La/Kü[25], § 125a Rn. 2

Der **bedeutende Wert** einer fremden Sache hängt allein von ihrem Verkehrswert, nicht von ihrer funktionellen Bedeutung ab.

La/Kü[25], § 125a Rn. 2
i.V.m. § 315c Rn. 24

Konkurrenzen

§ 125a ist ein **Strafzumessungsregel**, kein eigener Tatbestand. Eigene Konkurrenzprobleme können also nicht entstehen. Es sind immer §§ 125, 125a gemeinsam zu betrachten.

Die Subsidiaritätsklausel gilt auch, wenn die Tat nach § 125 durch § 125a als besonders schwer einzustufen ist (S/S[26], § 125a Rn. 24, str. a.A. Tr/Fi[53], § 125a Rn. 11), hat aber wegen der hohen Strafandrohung (bis 10 Jahre!) keine besondere Bedeutung mehr:

- §§ 125, 125a treten im Wege der Gesetzeskonkurrenz (Subsidiarität) zurück hinter: §§ 211, 212, 225, 226, 249 ff., 255, 306 ff.

- §§ 125, 125a S. 1, 2 Nr. 4 verdrängen im Wege der Gesetzeskonkurrenz (Subsidiarität) §§ 242, 243, 303 ff.; §§ 125, 125a S. 1, 2 Nr. 1 und 2 zusätzlich: § 244 I Nr. 1, 2.

- §§ 125, 125a stehen in Idealkonkurrenz mit §§ 106a, 113 I, II, 124, 126, 167, 167a, 185 ff, 223, 223a, 224, 227, 240, 241, 303, 304, 315 b.

§ 126. Störung des öffentlichen Friedens durch Androhung von Straftaten

Überblick

- *Typ:* vorsätzliches Begehungsdelikt.

- *Versuch* ist nicht strafbar (Vergehen!).

- Abs. 1 und Abs. 2 enthalten *zwei Begehungsweisen,* die sich ausschließen. Wer Einfluss auf das Bevorstehen vorgibt, täuscht nicht, sondern droht an. Abs. 2 kann nur im Zusammenhang mit Abs. 1 verstanden werden (Obersatz daher: § 126 I, II). Die Taten nach § 126 I nennt man Katalogtaten. Sie werden von anderen Vorschriften in Bezug genommen (z.B. § 130a).

- § 126 wird zeitlich ergänzt durch § 140 (nachträgliche Belohnung oder Billigung) und personell durch § 145d (Täuschung von Behörden etc. über Bevorstehen und Beteiligung).

- Soweit *EQ-Delikte* (§§ 226, 239a III, 251 etc.) als Straftaten der Nrn. 1-7 relevant werden, ist damit nur deren *vorsätzliche* Begehung (»unechte EQ-Delikte«, § 18: mindestens Fahrlässigkeit) gemeint. Fahrlässigkeit kann man nicht androhen.

- *Schutzgut* ist der öffentliche Frieden, d.h. der Zustand allgemeiner Rechtssicherheit (= obj.), wie auch das Bewusstsein der Bevölkerung, in Ruhe und Frieden zu leben (= subj.). In zweiter Linie werden auch die bedrohten Rechtsgüter geschützt (Tr/Fi[53], § 126 Rn. 2).

Aufbau

I. **Tatbestand**
    1. Objektiver Tatbestand:
       a. Tatobjekt:
          aa. Straftat,
          bb. rechtswidrige, nicht notwendig schuldhafte (§ 11 Nr. 5) nach
          cc. Nr. 1 bis 7.
       b. Tathandlung:
          aa. (Abs. 1) Androhen *oder*
          bb. (Abs. 2) Vortäuschen der bevorstehenden Verwirklichung
       c. Taterfolg:
          aa. Eignung zur
          bb. Störung des öffentlichen Friedens
    2. Subjektiver Tatbestand:
       a. Vorsatz, mindestens bedingter,
       b. Bei Abs. 2 zusätzlich: wider besseres Wissen
II. **Rechtswidrigkeit: keine Besonderheiten.**
III. **Schuld: keine Besonderheiten.**

Definitionen / Erläuterungen

Androhen ist die Ankündigung einer nicht bloß in der Planung begriffenen, wenn auch vielleicht noch nicht vorbereiteten, aber bevorstehenden und möglicherweise schon in der Ausführung begriffenen Tat gegenüber einem Dritten, wobei zum Ausdruck kommt, dass der Drohende die Tat selbst begehen wird oder doch auf ihre Begehung Einfluss hat.

Tr/Fi[53], § 126 Rn. 4

Das **Androhen** ist die ausdrückliche oder konkludente Ankündigung einer der genannten Gewalttaten, wobei der Drohende deren Begehung als von seinem Willen abhängig darstellen muss.

S/S[26], § 126 Rn. 5

Drohung ist das – ausdrückliche oder schlüssige – In-Aussicht-Stellen eines Übels, dessen Eintritt davon abhängen soll, dass der Bedrohte sich nicht dem Willen des Drohenden beugt; dieser muss es daher, anders als bei der bloßen Warnung, als in seiner Macht stehend hinstellen, das Übel – sei es auch nur mittelbar durch Einschaltung eines Dritten – zu verwirklichen.

La/Kü[25], § 126 Rn. 2 i.V.m. § 240 Rn. 12

Vortäuschen bedeutet, den Irrtum zu erregen suchen, die Verwirklichung dieser Tat stehe bevor; ob ein Irrtum eintritt, ist ohne Bedeutung.

Tr/Fi[53], § 126 Rn. 8

Vortäuschen ist – gleichgültig, ob der Erfolg tatsächlich eintritt – jedes auf die Erregung oder Unterhaltung eines Irrtums berechnete Verhalten, wobei der positiven Fehlvorstellung die »Verunsicherung« durch die Vorstellung von der bloßen Möglichkeit, die Tat werde begangen, gleichstehen muss.

S/S[26], § 126 Rn. 6

Vortäuschen ist ein zur Irreführung bestimmtes Gesamtverhalten, das auf Erregung oder Unterhaltung des Irrtums gerichtet ist, die Begehung einer Katalogstat stehe bevor.

La/Kü[25], § 126 Rn. 3

Bevorstehen heißt, dass der Täter Begehung, die unmittelbar oder in naher Zukunft zu erwarten ist, ja vielleicht schon in der Ausführung begriffen ist, vorspiegelt.

Tr/Fi[53], § 126 Rn. 8

Dass die Verwirklichung der fraglichen Tat **bevorstehe**, wird vorgetäuscht, wenn der Täter den Eindruck erweckt, die angekündigte Tat befinde sich bereits in Ausführung oder sei unmittelbar oder jedenfalls in naher Zukunft zu

S/S[26], § 126 Rn. 6

befürchten.

Öffentlicher Frieden meint den Zustand allgemeiner Rechtssicherheit wie auch das Bewusstsein der Bevölkerung, in Ruhe und Frieden zu leben.	Tr/Fi[53], § 126 Rn. 2
Öffentlicher Frieden ist sowohl der Zustand allgemeiner Rechtssicherheit und des befriedeten Zusammenlebens der Bürger als auch das im Vertrauen der Bevölkerung in die Fortdauer dieses Zustands begründete Sicherheitsgefühl.	S/S[26], § 126 Rn. 1
Öffentlicher Frieden meint den Zustand eines von der Rechtsordnung gewährleisteten, frei von Furcht voreinander verlaufenden Zusammenlebens der Bürger und das Vertrauen in der Bevölkerung, mindestens einer nicht unbeträchtlichen Personenzahl, in die Fortdauer dieses Zustandes.	La/Kü[25], § 126 Rn. 1

In einer Weise, die geeignet ist, den öffentlichen Frieden zu stören. Zu einer Friedensstörung braucht es also nicht zu kommen; wohl aber muss die Drohung bekannt werden können.	Tr/Fi[53], § 126 Rn. 9
Die **Eignung, den öffentlichen Frieden zu stören,** kann durch Erschütterung des Vertrauens in die Rechtssicherheit oder durch Aufhetzung des psychischen Klimas gegeben sein.	Tr/Fi[53], § 126 Rn. 9 i.V.m. § 130 Rn. 13
Eine **Störung des öffentlichen Friedens** liegt schon dann vor, wenn einzelne Bevölkerungsteile oder jedenfalls eine nicht unbeträchtliche Personenmehrzahl in ihrem Vertrauen auf die öffentliche Rechtssicherheit erschüttert und damit ihrem Sicherheitsgefühl beeinträchtigt werden.	S/S[26], § 126 Rn. 8
Eine konkrete **Eignung zur Störung des öffentlichen Friedens** liegt vor, wenn unter Zugrundelegung aller gegenwärtig gegebenen Umstände aus der Sicht eines objektiven Betrachters die begründete Befürchtung bestehen muss, dass es nach dem voraussehbaren Geschehensablauf zu einer solchen Störung kommen kann.	S/S[26], § 126 Rn. 9
In einer Weise, die geeignet ist, den öffentlichen Frieden zu stören. Dass der öffentliche Frieden konkret gefährdet wurde, ist nicht unbedingt notwendig; es genügt vielmehr, dass Art und Inhalt der Handlung unter den Umständen ihrer Vornahme die konkrete Besorgnis rechtfertigen, der Angriff werde den Friedenszustand oder das Vertrauen in seine Fortdauer erschüttern, sei es auch nur in den Teilen	La/Kü[25], § 126 Rn. 4

der Bevölkerung, die durch den Angriff bedroht erscheinen oder deren Neigung zu Rechtsbrüchen angereizt werden kann.

Wider besseres Wissen ist die sichere Kenntnis der Unwahrheit; dass der Täter diese nur für möglich hält, genügt
nicht, wohl aber, dass er von der Unwahrheit einer aus der
Luft gegriffenen Behauptung überzeugt ist.

La/Kü[25], § 126 Rn. 5
i.V.m. § 187 Rn. 1

Konkurrenzen

§ 126 steht in Idealkonkurrenz mit §§ 83, 125, 240, 241. § 126 II steht in Idealkonkurrenz mit §§ 145 I Nr. 2, 145d Nr. 2.

§ 127.   Bildung bewaffneter Gruppen

Überblick

- *Typ:* vorsätzliches Begehungsdelikt, abstraktes Gefährdungsdelikt.
- **Unbe*fugt*** ist kein TB-Merkmal, sondern nur Hinweis auf die allgemeine Rechts-
  widrigkeit. Irrtümer darüber gehören deshalb in die Schuld (Verbotsirrtum).
- Es gibt *4 Handlungen* (Bilden, Befehligen, Anschließen, Unterstützen (insbes. Mit
  Waffen oder Geld versorgen)).
- *Schutzgut* ist der innere Rechtsfrieden, daneben auch die Wehrhoheit des Bundes
  und dessen Interesse an der Wahrung seiner Neutralität in Kriegen zwischen an-
  deren Staaten (La/Kü[25], § 127 Rn. 1, str., a.A.: Gewaltmonopol des Staates).
- Wichtige Änderung durch das 6. StrRG (zum 1.4.1998): Aus den früheren bewaff-
  neten *Haufen* bzw. *Mannschaften* ist nun eine bewaffnete *Gruppe* geworden.

Aufbau Abs. 1

I.   **Tatbestand**
  1. Objektiver Tatbestand:
     a. Tatobjekt: Gruppe, die über gefährliche Werkzeuge verfügt, insbesondere Waf-
        fen
     b. Tathandlung:
        aa. (Var. 1) Bilden *oder*
        bb. (Var. 2) Befehligen *oder*
        cc. (Var. 3) Sich anschließen *oder*
        dd. (Var. 4) Unterstützen, insbesondere Versorgen mit
            - Waffen *oder*

- Geld
2. Subjektiver Tatbestand:
   - Vorsatz, mindestens bedingter.
II. **Rechtswidrigkeit: insbesondere keine Befugnis.**
III. **Schuld: Unrechtsbewusstsein, insbesondere: Kenntnis des Fehlens der Befugnis.**

Definitionen / Erläuterungen

Gruppe meint das räumliche Zusammentreten einer Mehrheit von Personen zum gemeinsamen bedrohlichen oder gewalttätigen Handeln. Es genügt, dass ein erheblicher Teil des Haufens bewaffnet ist. Waffe ist hier im herkömmlichen technischen Sinne zu nehmen.

Tr/Fi[53], § 127 Rn. 3

Eine **Gruppe** ist der Zusammenschluss mehrerer Personen zu einem gemeinsamen Zweck.

S/S[26], § 127 Rn. 2

Gruppe ist die räumliche Vereinigung einer größeren Zahl von Menschen; die notwendige Mindestzahl hängt von den Umständen des Einzelfalls ab.

La/Kü[25], § 127 Rn. 2

Die Gruppe ist **bewaffnet**, wenn ein erheblicher Teil, nicht notwendig die Mehrheit, mit Waffen im technischen Sinne ausgerüstet ist.

Werkzeug ist jeder Gegenstand, mittels dessen durch Einwirkung auf den Körper eine Verletzung zugefügt werden kann.

Tr/Fi[53], § 127 Rn. 4
i.V.m. § 224 Rn. 8

Unter **Werkzeugen** verstand die Rspr. zunächst nur Gegenstände, die durch mechanische Einwirkung eine Verletzung herbeiführen können.

La/Kü[25], § 127 Rn. 2
i.V.m. § 224 Rn. 4

Jedoch muss es sich um einen beweglichen Gegenstand handeln, der durch menschliche Kraft zum Zwecke der Verletzung gegen einen Körper in Bewegung gesetzt werden kann.

Ein gefährliches Werkzeug ist ein solches, das nach seiner objektiven Beschaffenheit und nach der Art seiner Benutzung im Einzelfall geeignet ist, erheblichere Körperverletzungen zuzufügen.

Tr/Fi[53], § 127 Rn. 4
i.V.m. § 224 Rn. 9

Gefährliches Werkzeug ist jeder Gegenstand, der bei der konkreten Art der Benutzung und des Körperteils, auf den er angewendet wird, geeignet ist, erhebliche Verletzungen hervorzurufen.

S/S[26], § 224 Rn. 4

Gefährlich ist ein **Werkzeug,** das nach objektiver Beschaffenheit und nach Art der Benutzung im konkreten Fall erhebliche Verletzungen herbeizuführen geeignet ist.	La/Kü[25], § 127 Rn. 2 i.V.m. § 224 Rn. 5
Bilden ist möglich durch die Zusammenbringung von bewaffneten Leuten oder durch Bewaffnung schon zusammengebrachter Personen.	Tr/Fi[53], § 127 Rn. 5
Der Täter **bildet** einen bewaffneten Haufen, wenn er Personen, die bewaffnet sind, zusammenführt oder solche, die bereits zusammengeführt sind, mit Waffen versieht.	S/S[26], § 127 Rn. 3
Bilden bedeutet, bewaffnete Personen zusammenbringen oder zusammengebrachte bewaffnen.	La/Kü[25], § 127 Rn. 2
Befehlen ist die Ausübung von Kommandogewalt; Unterführer gehören nur dann hierher, wenn der ihnen unterstellte Teil des Haufens organisatorisch weitgehend verselbständigt ist.	S/S[26], § 127 Rn. 4
Befehligen ist Ausübung tatsächlicher Kommandogewalt, die Unterführer nur innehaben, wenn die ihnen unterstellten Personen einen selbständigen Haufen bilden.	La/Kü[25], § 127 Rn. 2
Waffe ist hier ein Werkzeug, das zu Angriff und Verteidigung dient und Verletzungen herbeiführen kann (str.).	Tr/Fi[53], § 127 Rn. 4
Versorgen ist das Verschaffen der (technischen) Waffen oder des Geldes, das die Gruppe für die Erfüllung ihrer Zwecke benötigt.	La/Kü[25], § 127 Rn. 3
Anschließen ist gegeben, wenn der Täter sich zum Glied der Menge macht. Der Täter braucht hier nicht bewaffnet zu sein.	Tr/Fi[53], § 127 Rn. 8
Sichanschließen bedeutet mitgliedschaftliche Eingliederung.	S/S[26], § 127 Rn. 5
Das **Unterstützen** der Vereinigung durch Nichtmitglieder ist zur Täterschaft verselbständigte Beihilfe. Nicht erforderlich ist, dass die Beihilfe den erstrebten Erfolg hat oder der Organisation Nutzen bringt, es genügt, wenn sie für die Vereinigung irgendwie vorteilhaft ist und die Mitglieder im Zusammenwirken bestärkt.	Tr/Fi[53], § 127 Rn. 10 i.V.m. § 129 Rn. 14
»Unbefugterweise« und **»ohne gesetzliche Befugnis«** sind nach h.M. allgemeine Verbrechensmerkmale (zw).	La/Kü[25], § 127 Rn. 5

Konkurrenzen

§ 127 steht in Idealkonkurrenz zu § 129.

§ 128.   (Aufgehoben durch Art. 2 Nr. 8 des 8. StÄG.)

§ 129.   Bildung krimineller Vereinigungen

Überblick

- *Typ:* vorsätzliches Begehungsdelikt. Organisationsdelikt. Die Organisation ist schon vor dem Verbot der Vereinigung strafbar (anders bei §§ 84, 85 StGB und § 20 Nr. 1 bis 4 VereinsG). Damit der Grundsatz der Strafbarkeit nach Verbot nicht wirkungslos wird, wurde Abs. 2 eingefügt.

- Abs. 1 enthält den *Grundtatbestand* in 4 Varianten (Gründen, Beteiligen, Werben, Unterstützen). Nur in der 1. Variante (Gründen) ist der *Versuch* strafbar (Abs. 3), im Übrigen ist die Tat Vergehen (§ 12 II).

- Abs. 2 enthält (einschränkende) *Anwendungsausschlüsse*, die beim jeweiligen Tatbestandsmerkmal (Vereinigung, Zwecke) geprüft werden.

- Abs. 4 enthält einen *besonders schweren Fall,* der z.T. benannt (Rädelsführer, Hintermänner), z.T. unbenannt (klausurmäßig bedeutungslos) ist. Die beiden benannten Varianten sind zwingende Beispiele (anders als Regel-Beispiele). Die Tat bleibt trotzdem Vergehen (§ 12 III). Neu eingefügt ist der mit höherer Strafandrohung ausgestattete durch spezielle Zwecke benannte schwere Fall in HS. 2.

- Abs. 5 enthält sog. *Mitläuferklausel* als Strafabsehungsmöglichkeit (Prüfungsstandort: nach der Schuld; klausurmäßig bedeutungslos – vgl. auch § 84 IV).

- Abs. 6 enthält Regelung für *tätige Reue:* fakultative (mögliche) *Strafmilderung,* bzw. *Strafabsehung* in HS. 1, obligatorische (zwingende) *Strafaufhebung* in HS. 2. Da hier Strafe gemildert, bzw. aufgehoben wird, ist der Prüfungsstandort nach der Schuld.

- § 129a enthält *Qualifikation* (s. dort).

- *Schutzgut* ist die öffentliche Sicherheit und die staatliche Ordnung (Tr/Fi[53], § 129 Rn. 2) und zwar speziell auch unter dem Aspekt des öffentlichen Friedens (La/Kü[25], § 129 Rn. 1).

Aufbau

I.   **Tatbestand**

1. Objektiver Tatbestand:
   a. Tatobjekt:
      aa. Vereinigung (Ausnahme: II Nr. 1), deren
         - Zwecke (Ausnahme: II Nr. 2 und 3) *oder*
         - Tätigkeiten (Ausnahme: II Nr. 2 und 3)
      bb. gerichtet sind auf die Begehung von Straftaten.
   b. Tathandlung:
      aa. Gründung (Var. 1) *oder*
      bb. Beteiligung als Mitglied (Var. 2) *oder*
      cc. Werbung für sie (Var. 3) *oder*
      dd. Unterstützung (Var. 4).
2. Subjektiver Tatbestand: Vorsatz, mindestens bedingter.

II. Rechtswidrigkeit: keine Besonderheiten.

III. Schuld: keine Besonderheiten.

IV. Besonderheiten:

1. Besonders schwerer Fall nach Abs. 4:
   a. Benannte Beispielsfälle
      aa. Objektive Merkmale:
         (1) Tatsubjekt war
            - (ein) Rädelsführer
            - (ein) Hintermann, oder
         (2) Vereinigungszweck oder –tätigkeit ist gerichtet auf Straftaten, die ge-
             nannt sind in § 100c Abs. 2 Nr. 1 Buchstabe a, c, d, e und g mit Ausnahme
             von Straftaten nach § 239a oder § 239b, Buchstabe h bis m, Nr. 2 bis 5 und
             7 StPO
      bb. Subjektive Merkmale: Vorsatz, mindestens bedingter
   b. Sonst ein besonders schwerer Fall
2. Mitläuferklausel nach Abs. 5
3. Strafmilderung oder -absehung nach Abs. 6 HS. 1
   a. Täter hat sich um Verhinderung bemüht (Nr. 1),
      aa. des Fortbestehens der Vereinigung *oder*
      bb. der Begehung einer Straftat, die den Zielen der Vereinigung entspricht,
      cc. freiwillig
      dd. ernsthaft
      ee. erfolglos.
   b. Täter offenbart (Nr. 2)
      aa. sein Wissen über die Straftaten-Planung, die er kennt (was?)
      bb. einer Dienststelle (wem?)
      cc. so rechtzeitig (wann?), dass die Straftaten noch verhindert werden können.
4. Strafaufhebung nach Abs. 6 HS. 2
   a. Täter hat sich um Verhinderung bemüht,
      aa. des Fortbestehens der Vereinigung
      bb. freiwillig
      cc. ernsthaft
   b. Die Vereinigung besteht nicht mehr fort
      aa. durch das Bemühen des Täters
      bb. aus sonstigen Gründen.

Definitionen / Erläuterungen

Vereinigung ist der auf eine gewisse Dauer angelegte organisatorische Zusammenschluss von mindestens drei Personen, die bei Unterordnung des Willens des einzelnen unter den Willen der Gesamtheit gemeinsame Zwecke verfolgen und unter sich derart in Beziehung stehen, dass sie sich untereinander als einheitlichen Verband fühlen.

Tr/Fi[53], § 129 Rn. 3

Vereinigung ist der auf eine gewisse Dauer berechnete organisatorische Zusammenschluss einer Anzahl von Personen – nach der Rspr. mindestens drei –, die bei Unterordnung des Willens des einzelnen unter den Willen der Gesamtheit gemeinsame Zwecke verfolgen und unter sich derart in Beziehung stehen, dass sie sich untereinander als einheitlicher Verband fühlen.

S/S[26], § 129 Rn. 4

Vereinigung ist ein auf gewisse Dauer berechneter organisatorischer Zusammenschluss von mehr als zwei Personen, die bei Unterordnung des Willens des einzelnen unter den Willen der Gesamtheit gemeinsame Zwecke verfolgen und unter sich derart in Beziehung stehen, dass sie sich als einheitlicher Verband fühlen. Erforderlich sind daher – im Unterschied zur Bande – ein Mindestmaß an fester Organisation, die aus dem gemeinsamen Gruppenwillen erwachsen ist, und außerdem auch mindestens eine Teilorganisation im Bundesgebiet.

La/Kü[25], § 129 Rn. 2

Die **bezweckten Taten** brauchen nicht im Einzelnen konkretisiert zu sein.

La/Kü[25], § 129 Rn. 3

Die **Zwecke oder Tätigkeit** der Vereinigung sind auf die Begehung von Straftaten **gerichtet**, wenn die Organisation nach dem Willen der für ihre Willensbildung maßgebenden Personen, die keine förmliche Organstellung zu haben brauchen, das Ziel verfolgt, strafbare Handlungen zu begehen und wenn sie deshalb auch ihrer inneren Struktur nach zweckrational daraufhin angelegt sind.

S/S[26], § 129 Rn. 7

Straftaten sind hier grundsätzlich alle einen Straftatbestand erfüllenden Handlungen von einigem Gewicht, nicht dagegen bloße Ordnungswidrigkeiten. Auch politische Delikte gehören hierher.

S/S[26], § 129 Rn. 6

Begehung von Straftaten gerichtet. Erforderlich ist hierfür, dass eine größere Zahl gleich- oder verschiedenartiger Delikte begangen werden soll, die auch einem gemeinsa-

S/S[26], § 129 Rn. 7a

men Ziel dienen und sogar in Fortsetzungszusammenhang stehen können, vorausgesetzt, dass sie in tatsächlicher Hinsicht als selbständige strafbare Aktionen erscheinen; andererseits brauchen bestimmte Einzeltaten noch nicht geplant zu sein, wenn nur feststeht, dass zur Erreichung eines bestimmten Ziels Straftaten begangen werden sollen.

Die **Begehung** braucht nicht Endziel, alleiniger Zweck oder ausschließliche Tätigkeit zu sein; es genügt, dass sie Mittel zur Erreichung anderer Zwecke ist.

La/Kü[25], § 129 Rn. 3

Politische Partei Vgl. § 2 ParteienG.

S/S[26], § 129 Rn. 9

Zwecke oder Tätigkeiten von untergeordneter Bedeutung. Hierunter fallen gelegentliche kriminelle Aktionen oder zwar häufiger vorkommende, aber geringfügige Straftaten. Hier ist vor allem an Vereinigungen mit politischem Charakter gedacht.

S/S[26], § 129 Rn. 10

Zwecke oder Tätigkeiten von untergeordneter Bedeutung. Diese Ausnahme ist weit auszulegen. Sie soll vornehmlich politische Vereinigungen im Hinblick auf etwa verfolgte Nebenzwecke und Nebentätigkeiten (z.B. Abreißen von Plakaten, Beschmieren von Hauswänden, politische Beleidigungen) ausscheiden, darüber hinaus eine Begrenzung auf solche Vereinigungen ermöglichen, die eine erhebliche Gefahr für die öffentliche Sicherheit bedeuten, nicht aber den Tatbestand allgemein auf Kapitalverbrechen oder besonders schwerwiegende Straftaten einschränken.

La/Kü[25], § 129 Rn. 3

Gründen bedeutet Neubildung einer derartigen Vereinigung, wobei nicht nur die Mitwirkenden, die eine führende und richtungsweisende Rolle spielen, als Täter anzusehen sind, sondern alle mit Gründungswillen am Gründungsvorgang Beteiligten. Gründen ist auch das Umwandeln einer legalen Vereinigung in eine kriminelle.

Tr/Fi[53], § 129 Rn. 23

Gründen bedeutet das führende und richtungsweisende Mitwirken bei dem Zustandekommen der kriminellen Vereinigung.

S/S[26], § 129 Rn. 12

Gründen erfordert führende Mitwirkung (nicht notwendig als Mitglied) bei der Schaffung des Zusammenschlusses; auch in der Umwandlung einer legalen Vereinigung in eine kriminelle liegt eine Gründung, bei der schon der

La/Kü[25], § 129 Rn. 4

Versuch strafbar ist.

Unter »**Sichbeteiligen als Mitglied**« ist eine auf die Dauer gerichtete, wenn auch vorerst einmalige Teilnahme am Verbandsleben zu verstehen, das zwar i.d.R. Sichbetätigen sein wird, nicht notwendig aber fortwährendes Sichbetätigen sein muss. Dies kann auch in der detaillierten Unterrichtung der Parteizentrale über Bemühungen zur Erfüllung erteilter Mordaufträge bestehen, auch Aufrechterhalten der Mitgliedschaft durch entsprechendes Verhalten wie z.B. Zahlen von Mitgliedsbeiträgen u. dgl. kann ausreichen, so dass die Tat damit zum Dauerdelikt wird.

Tr/Fi[53], § 129 Rn. 24

Als **Mitglied beteiligt sich**, wer sich unter Eingliederung in die Organisation deren Willen unterordnet und eine Tätigkeit zur Förderung der kriminellen Ziele der Vereinigung entfaltet. Erforderlich ist dafür eine auf Dauer oder zumindest längere Zeit angelegte, wenn auch vorläufig oder i.E. nur einmalige Betätigung für Zwecke der Vereinigung, die durch den bloßen Beitritt auch dann nicht ersetzt werden kann, wenn dieser wegen der besonderen Umstände für die Organisation der Vereinigung oder für die Verfolgung ihrer Bestrebungen eine besonders gewichtige Unterstützung darstellt.

S/S[26], § 129 Rn. 13

Für die **Beteiligung als Mitglied** ist förmliche Mitgliedschaft weder erforderlich noch ausreichend. Vorauszusetzen ist vielmehr eine einvernehmliche, auf Dauer gerichtete, sei es auch zunächst nur erstmalige Teilnahme am Verbandsleben, die sich in aktiven, dem Organisationswillen untergeordneten Handlungen zur Förderung von Aufbau, Zusammenhalt oder Tätigkeit der Vereinigung äußern muss; nach der Rspr. soll u.U. auch der einvernehmliche Eintritt in die Vereinigung genügen, wenn er sich als gewichtige Unterstützungshandlung darstellt.

La/Kü[25], § 129 Rn. 5

Unter **Werben** für die (zur Tatzeit noch bestehende) Vereinigung, ist jede zu keinem nachweisbaren Erfolg führende (sonst Unterstützung) offene oder versteckte Propagandatätigkeit zugunsten der Vereinigung gemeint, z.B. Verteilen von Flugblättern, nicht nur die Werbung von Mitgliedern, sondern jede Propaganda, die zur Stärkung der Vereinigung, z.B. auch durch Geldspenden, Sach- und Personalhilfe, führen soll.

Tr/Fi[53], § 129 Rn. 25

Werben bedeutet das planmäßige Vorgehen mit dem Ziel,

S/S[26], § 129 Rn. 14a

andere für etwas zu gewinnen. In welcher Form dies geschieht (mündlich, schriftlich, offen, versteckt), ob Adressat ein einzelner oder die Öffentlichkeit ist und ob die Werbung im Zusammenwirken mit der Vereinigung oder auf eigene Faust erfolgt, ist ohne Bedeutung.

Ein **Werben** für die Vereinigung liegt nach h.M. immer schon dann vor, wenn ihre Stärkung und Unterstützung mit den Mitteln der Propaganda bezweckt wird.	S/S[26], § 129 Rn. 14b
Werben ist eine mit Mitteln der Propaganda betriebene Tätigkeit, die nicht schon als mitgliedschaftliche Beteiligung erfasst wird und auf Weckung oder Stärkung der Bereitschaft Dritter zur Förderung einer bestimmten existenten Vereinigung gerichtet ist; dabei ist unerheblich, ob ein Werbeerfolg eintritt oder ob das Handeln auch nur zu dessen Herbeiführung geeignet ist.	La/Kü[25], § 129 Rn. 7

Das **Unterstützen** der Vereinigung durch Nichtmitglieder ist zur Täterschaft verselbständigte Beihilfe. Nicht erforderlich ist, dass die Beihilfe den erstrebten Erfolg hat oder der Organisation Nutzen bringt, es genügt, wenn sie für die Vereinigung irgendwie vorteilhaft ist und die Mitglieder im Zusammenwirken bestärkt.	Tr/Fi[53], § 129 Rn. 30
Ein **Unterstützen** der Vereinigung ist das Fördern ihres Fortbestandes oder der Verwirklichung ihrer Ziele durch ein Nichtmitglied.	S/S[26], § 129 Rn. 15
Unterstützen ist zur Täterschaft verselbständigte Beihilfe eines Nichtmitglieds. Eine Vereinigung unterstützt, wer durch organisationsbezogene Betätigung ihren Fortbestand oder die Verwirklichung ihrer Ziele fördert, wenn sein Tun ihren Bestrebungen oder ihrer Tätigkeit irgendwie vorteilhaft ist oder ihre Mitglieder in dem Entschluss bestärkt, die geplanten Taten zu begehen.	La/Kü[25], § 129 Rn. 6

Für den **Rädelsführer** ist erforderlich, dass der Täter maßgeblichen Einfluss auf die Tätigkeit der Vereinigung gehabt und deren Bestrebungen tatsächlich gefördert hat.	S/S[26], § 129 Rn. 25 i.V.m. § 84 Rn. 10
Rädelsführer ist, wer in der Organisation eine führende Rolle spielt, sei es, dass er zu den Führungskräften gehört oder dass er wenigstens durch seinen Einfluss gleichsam an der Führung teilnimmt.	La/Kü[25], § 129 Rn. 11 i.V.m. § 84 Rn. 2

Hintermann ist, wer geistig oder wirtschaftlich Wesentli-	S/S[26], § 129 Rn. 25

ches für die Vereinigung leistet, dabei jedoch im Hintergrund bleibt, sich also in der eigentlichen Vereinigungsarbeit nicht exponiert.	i.V.m. § 84 Rn. 11
Hintermann ist, wer als Außenstehender geistig oder wirtschaftlich maßgeblichen Einfluss auf die Führung hat.	La/Kü[25], § 129 Rn. 11 i.V.m. § 84 Rn. 2
Ein **Bemühen** liegt vor, wenn der Täter die Verhinderungsmöglichkeiten, soweit sie ihm bekannt sind, ausschöpft.	La/Kü[25], § 129 Rn. 12 i.V.m. § 24 Rn. 29 i.V.m. § 24 Rn. 20
Freiwillig gibt der Täter die weitere Ausführung der Tat auf, wenn er, obwohl er ihr ursprüngliches Ziel noch für erreichbar hält, die Tatvollendung aus autonomen (selbstgesetzten) Motiven nicht mehr erreichen will.	Tr/Fi[53], § 129 Rn. 45 i.V.m. § 24 Rn. 19
Freiwillig handelt der Täter nur solange, als er noch an die Vollendbarkeit seines Versuchs glaubt.	S/S[26], § 129 Rn. 21 i.V.m. § 24 Rn. 72
Freiwillig handelt der Täter – unabhängig davon, ob bei seinem Entschluss äußere Umstände mitwirken oder nicht –, wenn ihm nach seinem Vorstellungsbild die Tat – sei es auch mit anderen Mitteln – ohne unvertretbar erhöhtes Risiko noch ausführbar und ihr Zweck noch erreichbar erscheint.	La/Kü[25], § 129 Rn. 12 i.V.m. § 24 Rn. 29 i.V.m. § 24 Rn. 16
Ernsthaft darum bemühen bedeutet, nicht nur zum Schein.	Tr/Fi[53], § 129 Rn. 45 i.V.m. § 24 Rn. 36
Als **ernsthaft** kann das Verhinderungsbemühen i.d.R. nur dann gelten, wenn der Täter alles tut, was nach seiner Überzeugung zur Erfolgsabwendung erforderlich ist. Das bedeutet zwar nicht, dass er bei Auswahl seiner Gegenmaßnahmen mit besonderer Gewissenhaftigkeit vorgehen müsste; wohl aber muss er zu neuen oder geeigneten Mitteln greifen, wenn sich ihm sein bisheriges Bemühen als aussichtslos darstellt.	S/S[26], § 129 Rn. 21 i.V.m. § 24 Rn. 72
Verhinderung der Begehung ist nach dem Zweck der Vorschrift die Verhinderung der Vollendung, so dass das Bemühen auch noch im Stadium des Versuchs einsetzen kann. Ferner muss die Verhinderung der Begehung durch andere das Unterlassen der eigenen Tatbegehung gleichstehen, sofern der Täter davon ausgeht, dass die Tat ohne ihn nicht begangen werden kann.	S/S[26], § 129 Rn. 21
Rechtzeitig bedeutet zur rechten Zeit, so dass die Ausfüh-	Tr/Fi[53], § 129 Rn. 47

rung der geplanten Tat oder der Erfolg der geplanten Tat noch abgewendet werden kann.	i.V.m. § 138 Rn. 24
Dienststelle meint hier, außer einer Behörde eine sonstige Stelle, die Aufgaben der öffentlichen Verwaltung wahrnimmt.	Tr/Fi[53], § 129 Rn. 47 i.V.m. § 87 Rn. 13

Konkurrenzen

§ 129 steht in Idealkonkurrenz zu §§ 84, 85, 126, 140, 244 I Nr. 3. Im Übrigen wurde für die während der Vereinigungszeit begangenen Straftaten oft Fortsetzungszusammenhang (mit der Folge von Idealkonkurrenz) angenommen. Ob das nach der Entscheidung des Großen Senates noch fortgeführt wird, ist sehr zweifelhaft.

§ 129a. Bildung terroristischer Vereinigungen

Überblick

- *Typ:* Qualifikation zu § 129. Modifikation am Tatobjekt (nur bestimmte Vereinigungen).

- *Prüfung* immer mit dem Grunddelikt (Obersatz: § 129 I, 129a I Nr. .., ggf. III) und zwar entweder hinter subjektivem Tatbestand oder hinter Schuld des Grunddeliktes. Nachdem im Grundtatbestand § 129 I schon geklärt wurde, dass es um eine Vereinigung und um eine bestimmte Tathandlung geht, ist bei § 129a nur noch die spezielle inhaltliche Ausrichtung der Vereinigung zu prüfen.

- Abs. 1 regelt *qualifizierende Strafbarkeit* von schlichter Gründung und mitgliedschaftlicher Beteiligung bei wenigen Kapitaldelikten. *Versuch* ist hier strafbar (Verbrechen!).

- Abs. 2 regelt *qualifizierende Strafbarkeit* von Gründung, soweit dies unter einer bestimmten Zielrichtung geschieht (»bestimmt ist«) und die angestrebten Delikte eine bestimmte Qualität haben (»erheblich schädigen kann«). *Versuch* ist auch hier strafbar (Verbrechen!).

- Abs. 3 regelt *qualifizierende Strafbarkeit* wenn Straftaten nicht durchgeführt, sondern nur angedroht werden sollen.

- Abs. 4 enthält eine *Qualifikation der Qualifikation* (nochmals erhöhte Mindeststrafandrohung). Prüfung kann schon beim Grunddelikt erfolgen (dort aber nur als besonders schwerer Fall mit zwei zwingenden Beispielen, § 129 Abs. 4) oder hier (§ 129a) erst hinter subjektivem TB.

- Abs. 5 regelt *qualifizierende Strafbarkeit* von Unterstützung und Werbung. Durch Bezugnahme auf Abs. 1 und 2 gehören V und I, bzw. II in den Obersatz. *Versuch* ist hier nicht strafbar (Vergehen!).

- Abs. 6 enthält *Mitläuferklausel,* hier aber nur als mögliche *Strafmilderung* (bei § 129: Strafabsehung) (Prüfungsstandort: nach der Schuld; klausurmäßig bedeutungslos).

- Abs. 7 enthält durch Verweis auf § 129 VI Regelung für *Tätige Reue.*

- Abs. 8 (Statusfolgen) und 9 (Führungsaufsicht) sind klausurmäßig bedeutungslos.

- *Kein Ausschluss* wie in § 129 II. Ist konsequenterweise auch nicht nötig, denn wenn § 129 II greift, liegt TB von § 129 nicht vor und man kommt nicht zur Qualifikation des § 129a. Andererseits wird § 129 II bei einer Zweckausrichtung wie in § 129a normalerweise gar nicht greifen können. Problematisch könnte das nur bei § 129 II Nr. 1 werden (La/Kü[25], § 129a Rn. 2).

- *Bedeutung* nicht nur als Qualifikation, sondern vor allem auch durch Bezugnahme durch andere Vorschriften: §§ 138 II, 139 III S. 1 Nr. 3 (und diverse StPO und GVG).

- *Schutzgut.* Die Vorschrift gehört in dem Bereich der Sicherheitsgesetze, die durch eine ständig schwankende Haltung des Gesetzgebers in der Beurteilung der Sicherheitslage gekennzeichnet sind (La/Kü[25], § 129a Rn. 1).

Aufbau Abs. 1 (ggf. i.V.m. Abs. 5)

I. **Tatbestand**
    1. Objektiver Tatbestand:
       - Tatobjekt: Die Vereinigung nach § 129 I hat ihre Zwecke oder Tätigkeit gerichtet auf die Begehung von
         aa. Straftaten,
         bb. rechtswidrige, nicht notwendig schuldhafte (§ 11 Nr. 5) nach
         cc. Nr. 1 bis 2.
    2. Subjektiver Tatbestand:
       - Vorsatz, mindestens bedingter.
II. **Rechtswidrigkeit: keine Besonderheiten.**
III. **Schuld: keine Besonderheiten.**
IV. **Besonderheiten:**
    1. Mitläuferklausel nach Abs. 4
    2. Strafmilderung oder -absehung nach Abs. 5 i.V.m. § 129 Abs. 6 HS. 1
       a. Täter hat sich um Verhinderung bemüht (Nr. 1),
          aa. des Fortbestehens der Vereinigung *oder*
          bb. der Begehung einer Straftat, die den Zielen der Vereinigung entspricht,
          cc. freiwillig
          dd. ernsthaft
          ee. erfolglos.
       b. Täter offenbart (Nr. 2)
          aa. sein Wissen über die Straftaten-Planung, die er kennt (was?)

bb. einer Dienststelle (wem?)

cc. so rechtzeitig (wann?), dass die Straftaten noch verhindert werden können.

3. Strafaufhebung nach Abs. 5 i.V.m. § 129 Abs. 6 HS. 2

    a. Täter hat sich um Verhinderung bemüht,

      aa. des Fortbestehens der Vereinigung

      bb. freiwillig

      cc. ernsthaft

    b. Die Vereinigung besteht nicht mehr fort

      aa. durch das Bemühen des Täters

      bb. aus sonstigen Gründen.

Aufbau Abs. 2 (Qualifikation)

I. **Tatbestand**

1. Objektiver Tatbestand:

    - Tatobjekt: Die Vereinigung nach § 129 I hat ihre Zwecke oder Tätigkeit gerichtet auf die Begehung von

      aa. Straftaten,

      bb. rechtswidrige, nicht notwendig schuldhafte (§ 11 Nr. 5) nach

      cc. Nr. 1 bis 5.

      dd. Eignung der Straftat zur erheblichen Schädigung eines Staates oder einer internationalen Organisation

        (1)durch die Art der Begehung

        (2) durch die Auswirkungen

2. Subjektiver Tatbestand:

    a. Vorsatz, mindestens bedingter.

    b. Bestimmung der Straftaten zur

      aa. Einschüchterung der Bevölkerung in erheblicher Weise *oder*

      bb. Nötigung, rechtswidrigen,

        (1)einer Behörde oder einer internationalen Organsation

        (2)mit Gewalt oder durch Drohung mit Gewalt *oder*

      cc. Beseitigung oder Beeinträchtigung, erheblichen,

        - der Grundstrukturen eines Staates (politischen, verfassungsrechtlichen, wirtschaftlichen oder sozialen)

II. **Rechtswidrigkeit: keine Besonderheiten.**

III. **Schuld: keine Besonderheiten.**

Aufbau Abs. 3 i.V.m. Abs. 1 oder 2 (Qualifikation)

I. **Tatbestand**

1. Objektiver Tatbestand:

    - Tatobjekt: Die Vereinigung nach § 129 I hat ihre Zwecke oder Tätigkeit gerichtet auf die Androhung von

      aa. Straftaten,

      bb. rechtswidrige, nicht notwendig schuldhafte (§ 11 Nr. 5) nach

      cc. Abs. 1 Nr. 1 bis 2 oder Abs. 2 Nr. 1 bis 5.

2. Subjektiver Tatbestand:

    - Vorsatz, mindestens bedingter.

II. Rechtswidrigkeit: keine Besonderheiten.
III. Schuld: keine Besonderheiten.

Aufbau Abs. 4 (Qualifikation der Qualifikation)

I. **Tatbestand**
    1. Objektiver Tatbestand:
       - Tatsubjekt war
         a. (ein) Rädelsführer
         b. (ein) Hintermann
    2. Subjektiver Tatbestand:
       - Vorsatz, mindestens bedingter.
II. **Rechtswidrigkeit: keine Besonderheiten.**
III. **Schuld: keine Besonderheiten.**

Definitionen / Erläuterungen

Es gibt keine eigenen zu definierenden Merkmale, da der Unterschied zum Grund-TB des § 129 sich auf TB-Ebene (nur) in den spezifischen Zielen und Tätigkeiten zeigt.

Konkurrenzen

§ 129a verdrängt im Wege der Gesetzeskonkurrenz (Spezialität) § 129. Er übernimmt dann die Konkurrenzregelungen des § 129 (s.o.).

§ 130. Volksverhetzung

Überblick

- *Typ:* vorsätzliches Begehungsdelikt. Potentielles Gefährdungsdelikt in Abs. 1 und 3 (als Unterfall der abstrakten Gefährdungsdelikte: die Tathandlung muss »geeignet« sein zur Herbeiführung eines bestimmten Erfolges), einfaches abstraktes Gefährdungsdelikt in Abs. 2, Erfolgsdelikt in Abs. 4 (Handlung muss stören).

- Abs. 1 und 2 schützen in *zwei getrennten Tatbeständen* Teile der Bevölkerung, Abs. 3 erfasst Handlungen unter dem Naziregime, wesentlich (u.a.) den Fall der sog. »*Auschwitz-Lüge*« (Leugnen des Holocaust), Abs. 4 hat als Bezugspunkt die Naziherrschaft als solche. Abs. 5 *erweitert* Abs. 2 um ein Tatobjekt (Schriften mit Inhalt von Abs. 2). Abs. 6 enthält (mit Verweis auf § 86 III – sog. *Adäquanzklausel*) einen möglichen **Tatbestands*ausschluss*.

- *Schutzgut* ist in den Fällen des Abs. 1, 2 und 4 in erster Linie der öffentliche Friede, aber auch die Würde jedes einzelnen Menschen und der Jugendschutz (Tr/Fi[53], § 130 Rn. 2, La/Kü[25], § 130 Rn. 1). Im Fall des Abs. 3 ist nach der vom Rechtsausschuss des BTages übernommenen Formulierung des Bundesjustizministeriums das Allgemeininteresse daran, dass das politische Klima nicht vergiftet wird, geschütztes Rechtsgut (dagegen: Tr/Fi[53], § 130 Rn. 2, La/Kü[25], § 130 Rn. 1. Beide halten auch hier den öffentlichen Frieden für das Schutzgut).

Aufbau (Abs. 1)

I. **Tatbestand**
   1. Objektiver Tatbestand:
      a. Tatobjekt: Teile der Bevölkerung
      b. Tathandlung:
         aa. (Nr. 1) Aufstacheln zum Hass *oder* Aufforderung zu Gewalt- oder Willkürmaßnahmen *oder*
         cc. (Nr. 2) Angriff auf die Menschenwürde durch Beschimpfung *oder* Verächtlichmachung *oder* Verleumdung
      c. Taterfolg: (konkrete) Eignung, den öffentlichen Frieden zu stören.
   2. Subjektiver Tatbestand:
      a. Vorsatz, mindestens bedingter,
      b. bei Nr. 2 zusätzlich: Böswilligkeit der Verächtlichmachung
II. **Rechtswidrigkeit: keine Besonderheiten.**
III. **Schuld: keine Besonderheiten.**

Aufbau (Abs. 2)

I. **Tatbestand**
   1. Objektiver Tatbestand:
      a. Tatobjekt:
         aa. (Nr. 1) Schriften i.S.v. § 11 III (also auch Ton- und Bildträger, Abbildungen und andere Darstellungen), die
         (1) gegen Teile der Bevölkerung oder
         (2) gegen eine Gruppe, die bestimmt ist: national oder rassisch oder religiös oder durch ihr Volkstum
            (a) Aufstacheln zum Hass *oder*
            (b) Auffordern zu Gewalt- oder Willkürmaßnahmen *oder*
            (c) Angriff auf die Menschenwürde durch böswillige Beschimpfung *oder* Verächtlichmachung *oder* Verleumdung *oder*
         (3) (Abs. 4 i.V.m. Abs. 3) eine unter der Herrschaft des Nationalsozialismus begangene Handlung der in § 6 I VölkerStGB bezeichneten Art
            (a) öffentlich *oder* in einer Versammlung
            (b) Billigt *oder* leugnet *oder* verharmlos
            (c) mit Eignung, den öffentlichen Frieden zu stören.
      b. Tathandlung:
         aa. (Nr. 1a)) Verbreiten
         bb. (Nr. 1b)) Öffentlich zugänglich machen durch

        - Ausstellen, Anschlagen, Vorführen *oder*
        - Sonstwie
   cc. (Nr. 1c))
        - einer Person unter 18 Jahren anbieten oder überlassen oder zugänglich machen.
   dd. (Nr. 1d))
        - Herstellen, Beziehen, Liefern, Vorrätighalten, Anbieten, Ankündigen, Anpreisen
        - es unternehmen, das Tatobjekt einzuführen oder auszuführen
   ee. (Nr. 2) Inhalt von Nr. 1 durch Rundfunk / Medien- / Teledienste verbreiten
2. Subjektiver Tatbestand:
   a. Vorsatz, mindestens bedingter,
   b. Bei Nr. 1d) zusätzlich:
   aa. Absicht,
        - zur Verwendung i.S.v. a) bis c) durch Täter *oder*
        - zur Ermöglichung einer Verwendung i.S.v. a) bis c) durch einen Dritten,
   bb. im Hinblick auf
        - die Schriften *oder*
        - daraus gewonnene Stücke.
3. Kein Ausschluss durch Adäquanzklausel. Schrift oder Anleitung dient nicht den folgenden Zwecken (des § 86 III – § 130 V):
   - staatsbürgerliche Aufklärung, Abwehr verfassungswidriger Bestrebungen, Kunst oder Wissenschaft, Forschung oder Lehre, Berichterstattung über Vorgänge des Zeitgeschehens oder der Geschichte
   - ähnlichen Zwecken.
II. **Rechtswidrigkeit: keine Besonderheiten.**
III. **Schuld: keine Besonderheiten.**

Aufbau (Abs. 3)

I. **Tatbestand**
   1. Objektiver Tatbestand:
     a. Tatobjekt: eine unter der Herrschaft des Nationalsozialismus begangene Handlung der in § 6 I VölkerStGB bezeichneten Art
     b. Tathandlung: öffentlich *oder* in einer Versammlung
     aa. Billigen *oder*
     bb. Leugnen *oder*
     cc. Verharmlosen.
     c. Taterfolg: (konkrete) Eignung, den öffentlichen Frieden zu stören.
   2. Subjektiver Tatbestand: Vorsatz, mindestens bedingter.
II. **Rechtswidrigkeit: keine Besonderheiten.**
III. **Schuld: keine Besonderheiten.**

Aufbau (Abs. 4)

I. **Tatbestand**
   1. Objektiver Tatbestand:
     a. Tatobjekt: nationalsozialistische Herrschaft

      b. Tathandlung: öffentlich *oder* in einer Versammlung
        aa. Billigen *oder*
        bb. Verherrlichen *oder*
        cc. Rechtfertigen.
      c. Taterfolg: Störung des öffentlichen Friedens in einer die Würde der Opfer verletzenden Weise
    2. Subjektiver Tatbestand: Vorsatz, mindestens bedingter.
II. Rechtswidrigkeit: keine Besonderheiten.
III. Schuld: keine Besonderheiten.

Definitionen / Erläuterungen

Ein **Angriff** gegen die **Menschenwürde** (vgl. Art. 1 I S. 1 GG) liegt nicht schon dann vor, wenn der Täter einzelne Persönlichkeitsrechte anderer, z.B. deren Ehre, angreift. Beleidigung ist noch kein Angriff gegen die Menschenwürde, auch nicht eine abqualifizierende Äußerung über den Soldatenberuf oder eine bloße Diskriminierung. Grundsätzlich ist vorausgesetzt, dass der Angriff gegen den unverzichtbaren und unableitbaren Persönlichkeitskern des anderen, gegen dessen Menschsein als solches gerichtet ist, ihn als minderwertiges Wesen behandelt und ihm das Lebensrecht als gleichwertige Persönlichkeit der staatlichen Gemeinschaft abspricht.
                                                     Tr/Fi[53], § 130 Rn. 12

Ein **Angriff auf die Menschenwürde** liegt nur vor, wenn dieser sich nicht nur gegen einzelne Persönlichkeitsrechte (z.B. Ehre) richtet, sondern den Menschen im Kern seiner Persönlichkeit trifft, indem er unter Missachtung des Gleichheitssatzes als unterwertig darstellt und ihm das Lebensrecht in der Gemeinschaft bestritten wird.
                                                     S/S[26], § 130 Rn. 6

Angriff auf die Menschenwürde setzt voraus, dass diese im Kern ihrer Persönlichkeit getroffen, d.h. dass ihnen das Lebensrecht in der Gemeinschaft bestritten oder sie als unterwertig behandelt werden sollen.
                                                   La/Kü[25], § 130 Rn. 3

Teile der Bevölkerung meint außer den in § 220 a genannten Gruppen auch Bevölkerungsteile, die durch ihre politische oder weltanschauliche Überzeugung oder durch soziale oder wirtschaftliche Verhältnisse als besondere Gruppe erkennbar sind, eben jede Personenmehrheit, die sich durch irgendein Unterscheidungsmerkmal aus der Allgemeinheit so heraushebt, dass sich der Kreis der Betroffenen umgrenzen und die Zuordnung des einzelnen zu
                                                   Tr/Fi[53], § 130 Rn. 4

diesem Kreis feststellen lässt.

Teile der Bevölkerung sind nur solche der inländischen Bevölkerung. Gemeint sind damit nicht nur die »Klassen«, sondern alle Personenmehrheiten, die zahlenmäßig von einer gewissen Erheblichkeit sind und die sich auf Grund gemeinsamer äußerer oder innerer Merkmale – z.B. Rasse, Volkszugehörigkeit, Religion, politische oder weltanschauliche Überzeugung, soziale und wirtschaftliche Verhältnisse – als eine von der übrigen Bevölkerung unterscheidbare Bevölkerungsgruppe darstellen.

S/S[26], § 130 Rn. 3

Teile der Bevölkerung sind Personenmehrheiten nicht ganz geringfügiger Größe und Bedeutung, die von der Gesamtheit der Bevölkerung aufgrund äußerer oder innerer Merkmale als unterscheidbare Teile abgegrenzt werden können.

La/Kü[25], § 130 Rn. 2

Unter **Aufstacheln zum Hass** ist eine verstärkte, auf die Gefühle des Aufgestachelten gemünzte, über die bloße Ablehnung und Verachtung hinausgehende Form des Anreizes zu einer emotional gesteigerten feindseligen Haltung gemeint, bloße Befürwortung genügt nicht.

Tr/Fi[53], § 130 Rn. 8

Aufstacheln zum Hass ist die Einwirkung auf den Intellekt, die objektive geeignet und subjektiv i.S. eines zielgerichteten Handelns dazu bestimmt ist, eine gesteigerte, über die bloße Ablehnung oder Verachtung hinausgehende feindselige Haltung gegen den betreffenden Bevölkerungsteil zu erzeugen oder zu steigern.

S/S[26], § 130 Rn. 5a

Zum Hass aufstacheln bedeutet, nachhaltig auf Sinne und Gefühle anderer mit dem Ziel einwirken, Hass im Sinne von Feindschaft, nicht bloßer Ablehnung oder Verachtung zu erzeugen oder zu steigern; bei antisemitischer Agitation, die sich bewusst an das nationalsozialistische Vorbild hält, wird das i.d.R. zutreffen.

La/Kü[25], § 130 Rn. 4

Für **Gewalt- und Willkürmaßnahmen** ist kennzeichnend, dass mit dem Opfer nach den Zwecken und den Vorstellungen des fremden Regimes verfahren wird, ohne dass sich dieses an die Grundsätze der Gerechtigkeit und Menschlichkeit hält.

S/S[26], § 130 Rn. 5b i.V.m. § 234a Rn. 12

Gewalt- und Willkürmaßnahmen sind nicht nur staatliche Verfolgungsmaßnahmen, sondern auch Privataktio-

La/Kü[25], § 130 Rn. 5

nen.

Aufforderung ist eine bestimmte, über eine bloße Befürwortung hinausgehende, sich aus der Schrift ergebende Erklärung, dass andere etwas tun oder unterlassen sollen.	Tr/Fi[53], § 130 Rn. 10 i.V.m. § 111 Rn. 2a
Es genügt, wenn der Auffordernde will, dass der Aufgeforderte die Aufforderung ernst nimmt.	Tr/Fi[53], § 130 Rn. 10
Aufforderung ist eine Kundgebung, in der der Wille des Täters erkennbar wird, dass von den Adressaten seiner Äußerung strafbare Handlungen begangen werden.	S/S[26], § 130 Rn. 5b i.V.m. § 111 Rn. 3
Auffordern ist eine über bloßes Befürworten hinausgehende Äußerung (u.U. auch durch schlüssiges Verhalten), die erkennbar von einem anderen, von einer unbestimmten Personenmehrheit oder von irgendeinem aus einer solchen Mehrheit ein bestimmtes Tun oder Unterlassen verlangt. Das erfordert eine – nicht notwendig ernst gemeinte – Erklärung an die Motivation anderer, die mindestens den Eindruck der Ernstlichkeit macht und auch machen soll.	La/Kü[25], § 130 Rn. 5 i.V.m. § 111 Rn. 3
Beschimpfen ist die durch Form oder Inhalt besonders verletzende Äußerung der Missachtung, wobei das besonders Verletzende entweder in der Rohheit des Ausdrucks oder inhaltlich in dem Vorwurf eines schimpflichen Verhaltens oder Zustandes liegen kann.	Tr/Fi[53], § 130 Rn. 11 i.V.m. § 90a Rn. 4
Beschimpfung ist jede durch Form oder Inhalt besonders verletzende rohe Äußerung der Missachtung. Sie kann sowohl in der Behauptung schimpflicher Tatsachen wie auch in abfälligen Werturteilen bestehen.	S/S[26], § 130 Rn. 5d i.V.m. § 90a Rn. 5
Beschimpfen ist eine nach Form oder Inhalt besonders verletzende Missachtenskundgebung, wobei das besonders Verletzende entweder äußerlich in der Rohheit des Ausdrucks oder inhaltlich im Vorwurf eines schimpflichen Verhaltens liegen kann.	La/Kü[25], § 130 Rn. 6 i.V.m. § 90a Rn. 6
Verächtlich machen bedeutet, dass etwas durch Werturteil oder Tatsachenbehauptung als der Achtung der Staatsbürger unwert oder unwürdig hingestellt wird.	Tr/Fi[53], § 130 Rn. 10 i.V.m. § 90a Rn. 5
Unter **Verächtlichmachen** ist jede Kundgebung zu verstehen, die das betreffende Schutzobjekt als unvernünftig, zweckwidrig und als der Achtung der Staatsbürger unwürdig erscheinen lässt.	S/S[26], § 130 Rn. 5d i.V.m. § 90a Rn. 7

Verächtlichmachen bedeutet, den Angriffsgegenstand als der Achtung der Bürger unwert und unwürdig hinstellen; es kommt darauf an, wie ein Unbefangener die Äußerung versteht.

La/Kü[25], § 130 Rn. 6
i.V.m. § 90a Rn. 6

Verleumden ist in Anlehnung an § 187 als das Aufstellen oder Verbreiten unwahrer Tatsachenbehauptungen zu verstehen, die das Ansehen des Bevölkerungsteiles herabsetzen, und zwar wider besseres Wissen des Täters.

Tr/Fi[53], § 130 Rn. 11

Beim **Verleumden** geht es um die Dritten gegenüber bewusst wahrheitswidrig aufgestellte Behauptung von Tatsachen, die geeignet sind, die betroffene Gruppe in ihrer Geltung und ihrem Ansehen herabzuwürdigen.

S/S[26], § 130 Rn. 5d

Verleumdung. Es muss feststehen, dass die behauptete Tatsache unwahr ist. Dabei kommt es auf den wesentlichen Kern an; geringfügige Abweichungen oder Übertreibungen sind unschädlich.

La/Kü[25], § 130 Rn. 6
i.V.m. § 187 Rn. 1

Der Angriff bezieht sich hier anders als in § 187 nicht auf bestimmte Einzelpersonen, was jedoch im Hinblick auf den Inhalt des Verleumdungsbegriffs keinen Unterschied begründet.

La/Kü[25], § 130 Rn. 6

Öffentlicher Frieden meint den Zustand allgemeiner Rechtssicherheit wie auch das Bewusstsein der Bevölkerung, in Ruhe und Frieden zu leben.

Tr/Fi[53], § 130 Rn. 2a
i.V.m. § 126 Rn. 2

Öffentlicher Frieden ist sowohl der Zustand allgemeiner Rechtssicherheit und des befriedeten Zusammenlebens der Bürger als auch das im Vertrauen der Bevölkerung in die Fortdauer dieses Zustands begründete Sicherheitsgefühl.

S/S[26], § 130 Rn. 1a
i.V.m. § 126 Rn. 1

Öffentlicher Frieden meint den Zustand eines von der Rechtsordnung gewährleisteten, frei von Furcht voreinander verlaufenden Zusammenlebens der Bürger und das Vertrauen in der Bevölkerung, mindestens einer nicht unbeträchtlichen Personenzahl, in die Fortdauer dieses Zustandes.

La/Kü[25], § 130 Rn. 1
i.V.m. § 126 Rn. 1

Der **öffentliche Frieden** ist hier zunächst **Gestört**, wenn offene oder latente Gewaltpotentiale geschaffen werden, ein Zusammenleben ohne Furcht um Leib und Leben, Hab und Gut usw. nicht mehr möglich ist und damit in dem angegriffenen Bevölkerungsteil das Vertrauen in die öffentliche Rechtssicherheit erschüttert wird. Wie die Nr. 3

S/S[26], § 130 Rn. 10

zeigt, ist eine Friedensstörung hier aber auch in der noch im Vorfeld von Aggressionsbereitschaft und entsprechenden Ängsten liegenden Vergiftung des öffentlichen Klimas zu sehen, die darin besteht, dass bestimmte Bevölkerungsgruppen ausgegrenzt und entsprechend behandelt werden, indem ihren Angehörigen pauschal der sittliche, personale oder soziale Geltungswert abgesprochen wird und sie bei § 130 mit dem hier erforderlichen Angriff auf die Menschenwürde darüber hinaus als »Unperson« abgestempelt werden.

Eine konkrete **Eignung zur Störung des öffentlichen Friedens** liegt vor, wenn unter Zugrundelegung aller gegenwärtig gegebenen Umstände aus der Sicht eines objektiven Betrachters die begründete Befürchtung bestehen muss, dass es nach dem voraussehbaren Geschehensablauf zu einer solchen Störung kommen kann.

S/S[26], § 130 Rn. 11 i.V.m. § 126 Rn. 9

In einer Weise, die geeignet ist, den öffentlichen Frieden zu stören. Dass der öffentliche Frieden konkret gefährdet wurde, ist nicht unbedingt notwendig; es genügt vielmehr, dass Art und Inhalt der Handlung unter den Umständen ihrer Vornahme die konkrete Besorgnis rechtfertigen, der Angriff werde den Friedenszustand oder das Vertrauen in seine Fortdauer erschüttern, sei es auch nur in den Teilen der Bevölkerung, die durch den Angriff bedroht erscheinen oder deren Neigung zu Rechtsbrüchen angereizt werden kann.

La/Kü[25], § 130 Rn. 10 i.V.m. § 126 Rn. 4

Böswillig handelt der Täter, wenn er trotz Kenntnis des Unrechts aus bewusst feindlicher Gesinnung handelt, wenn er hartnäckig Erkenntnisquellen, die seine Behauptungen widerlegen, oder Möglichkeiten zu weniger anstößigen Formulierungen ausschlägt. Die Böswilligkeit kann sich unmittelbar aus dem widerwärtigen Wortlaut einer beschimpfenden Parole ergeben.

Tr/Fi[53], § 130 Rn. 11 i.V.m. § 90a Rn. 5

Böswillig ist das Handeln des Täters, wenn er trotz Kenntnis des Unrechts aus einem verwerflichen Beweggrund unternommen wird, ihm namentlich eine feindselige Gesinnung zugrunde liegt.

S/S[26], § 130 Rn. 5d i.V.m. § 90a Rn. 9

Böswillig handelt, wer trotz Kenntnis des Unrechts aus unrechter, feindseliger Gesinnung handelt.

La/Kü[25], § 130 Rn. 6 i.V.m. § 90a Rn. 6

Schrift ist eine Zusammenstellung von verkörperten Zei-

Tr/Fi[53], § 130 Rn. 18

chen, die durch Augen oder Tastsinn wahrnehmbar sind und unmittelbar Worte, mittelbar Gedanken darstellen.

i.V.m. § 11 Rn. 34

Unter **Schriften** sind solche stofflichen Zeichen zu verstehen, in denen eine Gedankenäußerung durch Buchstaben, Bilder oder Zeichen verkörpert ist und damit vor allem durch Gesichts- oder Tastsinn wahrgenommen werden kann; auch Geheim-, Kurz- oder Bilderschriften kommen dafür in Betracht.

S/S[26], § 130 Rn. 14
i.V.m. § 11 Rn. 78

Schriften sind sinnlich wahrnehmbare, auf einige Dauer angelegte Verkörperungen von gedanklichen Inhalten durch Buchstaben, Bilder oder andere stoffliche Zeichen, die geeignet sind, die Vorstellung eines Sinnzusammenhangs zu erwecken (auch Geheim-, Kurz- und Bilderschriften).

La/Kü[25], § 130 Rn. 7
i.V.m. § 11 Rn. 27

Verbreiten bedeutet, an einen anderen, und zwar vielleicht nur an eine einzelne Person, mit dem Ziele weitergeben, sie dadurch einem größeren Personenkreis zugänglich zu machen.

Tr/Fi[53], § 130 Rn. 21
i.V.m. § 74d Rn. 4

Verbreiten von Schriften bedeutet die mit einer körperlichen Weitergabe der Schrift verbundene Tätigkeit, die darauf gerichtet ist (finales Element), diese ihrer Substanz nach – also nicht nur bezüglich ihres Inhalts durch bloßes Vorlesen, Anschlagen, Ausstellen, Anbringen von Aufklebern usw. – einem größeren Personenkreis zugänglich zu machen, wobei dieser nach Zahl und Individualität unbestimmt oder jedenfalls so groß sein muss, dass er für den Täter nicht mehr kontrollierbar ist.

S/S[26], § 130 Rn. 15
i.V.m. § 184 Rn. 57

Verbreiten bedeutet, die Schrift einem größeren, nicht notwendig unbestimmten Personenkreis zugänglich machen, und zwar der Substanz nach.

La/Kü[25], § 130 Rn. 7
i.V.m. § 184 Rn. 5
i.V.m. § 74d Rn. 5

Öffentlich bedeutet, ohne dass es auf die Öffentlichkeit des Ortes ankommt, in einer Weise, dass die Aufforderung von unbestimmt welchen und unbestimmt vielen, also nicht durch persönliche Beziehungen verbundenen anderen wahrgenommen werden kann, die in den Fällen verbaler Aufforderung auch anwesend sein müssen.

Tr/Fi[53], § 130 Rn. 21
i.V.m. § 111 Rn. 5

Öffentlich wird die Schrift ausgestellt, wenn sie von einem größeren, individuell nicht feststehenden oder jedenfalls durch persönliche Beziehungen nicht verbundenen Personenkreis wahrgenommen werden kann.

S/S[26], § 130 Rn. 15
i.V.m. § 184 Rn. 58
i.V.m. § 184 Rn. 32

Öffentlich ist die Tat, wenn sie für einen nach Zahl und Individualität unbestimmten Kreis oder für einen nicht durch persönliche Beziehungen innerlich verbundenen größeren bestimmten Kreis von Personen unmittelbar wahrnehmbar ist.

La/Kü[25], § 130 Rn. 8
i.V.m. § 80 a Rn. 2

Zugänglich machen bedeutet, dass der Täter unmittelbar oder durch einen bös- oder gutgläubigen Dritten, entgeltlich oder nicht, die konkrete Möglichkeit unmittelbarer Kenntnisnahme von dem Inhalt der Darstellung (bei Ton- und Bildträgern kommt es insoweit auf die einzelnen Umstände an) für kurze oder längere Zeit eröffnet, wobei es gleichgültig ist, ob der andere von der Möglichkeit Gebrauch macht, bloße Inserate genügen hier nicht.

Tr/Fi[53], § 130 Rn. 21
i.V.m. § 184 Rn. 10

Ein **Zugänglichmachen** kann auf zweierlei Weise erfolgen. Es umfasst zunächst die Fälle, in denen der Täter bewirkt, dass das Erzeugnis seiner Substanz nach derart in den Wahrnehmungs- oder Herrschaftsbereich einer Person gelangt, dass dieser die unmittelbare Zugriffsmöglichkeit auf die Sache selbst und damit auch die Möglichkeit der Kenntnisnahme von dem Inhalt erlangt, ferner die Übergabe einer unverschlossenen Schrift an eine Person zum Transport oder zur Aufbewahrung, nicht dagegen das Auslegen einer Schrift, wenn die Person nur in rechtswidriger Weise Kenntnis von der Darstellung erlangen kann. Die andere Form des Zugänglichmachens besteht darin, dass die Person zwar nicht die Zugriffsmöglichkeit auf die Sache selbst erlangt, dass ihm aber sonst die Möglichkeit gegeben wird, von dem Inhalt der Darstellung Kenntnis zu nehmen.

S/S[26], § 130 Rn. 15
i.V.m. § 184 Rn. 9

Zugänglichmachen erfordert, dass einem anderen, sei es auch nur durch bloßes Auslegen in einem Raum oder durch Angebot im Btx-Verfahren, die Möglichkeit eröffnet wird, sich durch sinnliche Wahrnehmung vom Inhalt der Schrift Kenntnis zu verschaffen.

La/Kü[25], § 130 Rn. 7
i.V.m. § 184 Rn. 5

Ausstellen bedeutet, den Blicken zugänglich machen.

Tr/Fi[53], § 130 Rn. 21
i.V.m. § 74d Rn. 6

Ausstellen ist nur ein Beispiel für Zugänglichmachen.

La/Kü[25], § 130 Rn. 7
i.V.m. § 184 Rn. 5

Anschlagen. Z.B. von Plakaten, auch nur in einem Stück, Führen von Aufklebern.

Tr/Fi[53], § 130 Rn. 21
i.V.m. § 74d Rn. 6

Anschlagen ist nur ein Beispiel für Zugänglichmachen.	La/Kü[25], § 130 Rn. 7 i.V.m. § 184 Rn. 5
Vorführen. Z.B. von Filmen oder Abbildungen oder das Abspielenlassen von Schallplatten.	Tr/Fi[53], § 130 Rn. 21 i.V.m. § 74d Rn. 6
Vorführen ist nur ein Beispiel für Zugänglichmachen.	La/Kü[25], § 130 Rn. 7 i.V.m. § 184 Rn. 5
Anbieten bedeutet, feilbieten oder sich zu unentgeltlicher Überlassung bereit zeigen.	Tr/Fi[53], § 130 Rn. 21 i.V.m. § 184 Rn. 10
Beim **Anbieten** genügen hier i.S. eines bloßen Feilbietens auch entsprechende Erklärungen an das Publikum.	S/S[26], § 130 Rn. 15 i.V.m. § 184 Rn. 30
Überlassen bedeutet das Übertragen des Besitzes zu eigener Verfügung und damit auch Kenntnisnahme.	Tr/Fi[53], § 130 Rn. 21 i.V.m. § 184 Rn. 10
Überlassen ist die Verschaffung des Besitzes zu eigener Verfügung oder zu eigenem, auch nur vorübergehendem Gebrauch (z.B. Verleihen).	S/S[26], § 130 Rn. 15 i.V.m. § 184 Rn. 8
Herstellen in das Anfertigen von Schriften usw., die entweder selbst oder als »Mutterstück« für eine Verwendung vorgesehen sind.	S/S[26], § 130 Rn. 15 i.V.m. § 184 Rn. 43
Herstellen umfasst das gesamte von Menschen bewirkte Geschehen, das ohne weiteres oder in fortschreitender Entwicklung ein bestimmtes (im Tatbestand beschriebenes) Endprodukt hervorbringt.	La/Kü[25], § 130 Rn. 7 i.V.m. § 184 Rn. 5
Beziehen ist das Erlangen tatsächlicher eigener Verfügungsgewalt durch abgeleiteten Erwerb (also nicht eigenmächtiges Sichverschaffen) von einem anderen, gleichgültig, ob dies entgeltlich oder unentgeltlich geschieht.	S/S26, § 130 Rn. 15 i.V.m. § 184 Rn. 44
Liefern ist der entsprechende Vorgang auf der Gegenseite von Beziehen und bedeutet die Übergabe der Sache zur eigenen Verfügungsgewalt des Bestellers.	S/S[26], § 130 Rn. 15 i.V.m. § 184 Rn. 45
Vorrätighalten ist das Bereithalten, u.U. nur eines Stücks oder als mittelbarer Besitzer, zum Verkaufen, Vermieten, Verschenken oder zu sonstiger Abgabe.	La/Kü[25], § 130 Rn. 7 i.V.m. § 184 Rn. 5
Ankündigen ist jede Kundgebung, durch die auf die Gelegenheit zum Bezug aufmerksam gemacht wird.	S/S[26], § 130 Rn. 15 i.V.m. § 184 Rn. 30
Das **Ankündigen**, das auch im Hinweis auf eine Bezugsmöglichkeit bestehen kann, braucht nicht selbst gewalttä-	La/Kü[25], § 130 Rn. 7 i.V.m. § 184 Rn. 5

tig zu sein, muss aber auf einen gewalttätigen Gegenstand, der nicht nur fälschlicherweise als solcher bezeichnet wird, hinweisen und dessen gewalttätigen Charakter in demselben Maße wie beim Anbieten gegenüber einem unbestimmten Personenkreis erkennbar machen.

Anpreisen ist die lobende und empfehlende Erwähnung und Beschreibung eines bestimmten Erzeugnisses, das Hervorheben seiner Vorzüge usw.	S/S[26], § 130 Rn. 15 i.V.m. § 184 Rn. 30
Das **Anpreisen** braucht nicht selbst gewalttätig zu sein, muss aber auf einen gewalttätigen Gegenstand, der nicht nur fälschlicherweise als solcher bezeichnet wird, hinweisen und dessen gewalttätigen Charakter in demselben Maße wie beim Anbieten gegenüber einem unbestimmten Personenkreis erkennbar machen.	La/Kü[25], § 130 Rn. 7 i.V.m. § 184 Rn. 5
Unternehmen, vgl. § 11 I Nr. 6.	Tr/Fi[53], § 130 Rn. 21 i.V.m. § 184 Rn. 15
Einführen, vgl. § 4 II Nr. 4 AWG (Außenwirtschaftsgesetz).	Tr/Fi[53], § 130 Rn. 21 i.V.m. § 184 Rn. 15
Ausführen bedeutet aus der BRep über deren Grenzen in ein beliebiges Land (auch bei Durchfuhr).	Tr/Fi[53], § 184 Rn. 22
Darbietung i.S.v. II umfasst die sog. Live-Sendung und darüber hinaus auch die Ausstrahlung einer Bild- oder Tonaufzeichnung.	La/Kü[25], § 130 Rn. 7 i.V.m. § 184 Rn. 7
Durch Rundfunk bedeutet durch Fernseh- oder Hörfunk über Funk, Leitung oder Satellit, gleichgültig, ob durch öffentlich-rechtliche Anstalten oder private Sender; nach hM aber nicht durch Amateurfunk.	Tr/Fi[53], § 130 Rn. 19 i.V.m. § 184c Rn. 4
Billigen bedeutet das ausdrückliche oder konkludente Gutheißen der fraglichen Handlung, dies ebenso wie in § 140 mit der von der Rspr. mit Recht gemachten Einschränkung, »dass die zustimmende Kundgebung aus sich heraus verständlich sein muss«.	S/S[26], § 130 Rn. 18
Billigen heißt eine konkrete Tat – auch die eigene – nach ihrer Begehung gutheißen.	La/Kü[25], § 130 Rn. 8
Leugnen ist das Bestreiten, Inabredestellen oder Verneinen der historischen Tatsache einer unter der NS-Herrschaft begangenen Katalogtat iS des § 220a.	S/S[26], § 130 Rn. 19

Leugnen ist das bloße Bestreiten, das mehr ein Infragestellen ist.

La/Kü[25], § 130 Rn. 8

Verharmlosen ist sowohl das Herunterspielen des fraglichen Geschehens in tatsächlicher Hinsicht als auch das Bagatellisieren oder Relativieren in seinem Unwertgehalt.

S/S[26], § 130 Rn. 21

Verharmlosen ist das der wirklichen Bedeutung widersprechende Bagatellisieren der Wertwidrigkeit, der Gefährlichkeit und der Folgen von Gewalttätigkeiten.

La/Kü[25], § 130 Rn. 8

Konkurrenzen

§ 130 steht in Idealkonkurrenz zu §§ 111, 140, 184 III, 185-187a.

§ 130a. Anleitung zu Straftaten

Überblick

- *Typ:* vorsätzliches Begehungsdelikt. Gefährdungsdelikt, abstraktes. § 111 in Betracht ziehen.

- *Versuch* ist nicht strafbar (Vergehen).

- Abs. 1 stellt bei ansonsten gleicher Begehung wie Abs. 2 Nr. 1 auf die objektive Eignung einer Schrift ab, Abs. 2 Nr. 1 auf eine entsprechende Absicht des Täters. Bezugspunkt ist immer eine Tat nach § 126 I (sog. Katalog-Tat).

- Abs. 3 (mit Verweis auf § 86 III – sog. *Adäquanzklausel*) hat als möglicher **Tatbestandsausschluss** (vgl. S/S[26], § 86 Rn. 17) keine praktische Bedeutung. Für Abs. 2 folgt dies daraus, dass die dort genannten Handlungen per se sozialinadäquat sind, für Abs. 1, dass die dort genannten Schriften mit ihrer Bestimmtheitsrichtung sozialinadäquat sind.

- *Schutzgut* ist der öffentliche Frieden. Dem Entstehen eines »psychischen« Klimas soll entgegengewirkt werden, in dem schwere sozialschädliche Gewalttaten gedeihen können (Tr/Fi[53], § 130a Rn. 2; La/Kü[25], § 130a Rn. 1). Daneben dient die Vorschrift aber auch dem Schutz individueller Rechtsgüter (Tr/Fi[53], § 130a Rn. 2).

Aufbau Abs. 1

I. **Tatbestand**
    1. Objektiver Tatbestand:
       a. Tatobjekt: Eine Schrift (§ 11 III), die

          aa. geeignet ist,
- als Anleitung zu dienen, für
- eine in § 126 I genannte rechtswidrige (nicht notwendig schuldhafte) Tat *und*

          bb. (objektiv) bestimmt ist
- nach ihrem Inhalt
- die Bereitschaft anderer,
- eine solche Tat zu begehen
- zu fördern oder zu wecken

          cc. nicht den folgenden Zwecken (des § 86 III) dient (§ 130a III):
- staatsbürgerliche Aufklärung, Abwehr verfassungswidriger Bestrebungen, Kunst oder Wissenschaft, Forschung oder Lehre, Berichterstattung über Vorgänge des Zeitgeschehens oder der Geschichte
- ähnlichen Zwecken.

    b. Tathandlung:
        aa. Verbreiten *oder*
        bb. öffentlich (vgl. § 74d IV)
            Ausstellen oder Anschlagen oder Vorführen oder sonst Zugänglichmachen

2. Subjektiver Tatbestand:
- Vorsatz, mindestens bedingter,

II. Rechtswidrigkeit: keine Besonderheiten.

III. Schuld: keine Besonderheiten.

Aufbau Abs. 2

I. Tatbestand

1. Objektiver Tatbestand:
    a. Tatobjekt:
        aa. (Nr. 1) eine Schrift (§ 11 III), die geeignet ist,
- als Anleitung zu dienen, für
- eine in § 126 I genannte rechtswidrige (nicht notwendig schuldhafte) Tat

        bb. (Nr. 2) eine Anleitung für
- eine in § 126 I genannte rechtswidrige (nicht notwendig schuldhafte) Tat

    b. Tathandlung:
        aa. (Nr. 1) Verbreiten *oder*
        bb. (Nr. 1) öffentlich (vgl. § 74d IV)
            Ausstellen oder Anschlagen oder Vorführen oder sonst Zugänglichmachen *oder*
        cc. (Nr. 2) Geben
- öffentlich *oder*
- in einer Versammlung

2. Subjektiver Tatbestand:
    a. Vorsatz, mindestens bedingter,
    b. zusätzlich: Absicht,
        aa. die Bereitschaft anderer
        bb. eine solche Tat zu begehen
        cc. zu fördern oder zu wecken.

3. Schrift oder Anleitung dient nicht den folgenden Zwecken (des § 86 III – § 130a III):

- staatsbürgerliche Aufklärung, Abwehr verfassungswidriger Bestrebungen, Kunst oder Wissenschaft, Forschung oder Lehre, Berichterstattung über Vorgänge des Zeitgeschehens oder der Geschichte
- ähnlichen Zwecken.

II. Rechtswidrigkeit: keine Besonderheiten.

III. Schuld: keine Besonderheiten.

Definitionen / Erläuterungen

Schrift ist eine Zusammenstellung von verkörperten Zeichen, die durch Augen oder Tastsinn wahrnehmbar sind und unmittelbar Worte, mittelbar Gedanken darstellen.

Tr/Fi[53], § 130a Rn. 5
i.V.m. § 11 Rn. 34

Schriften sind sinnlich wahrnehmbare, auf einige Dauer angelegte Verkörperungen von gedanklichen Inhalten durch Buchstaben, Bilder oder andere stoffliche Zeichen, die geeignet sind, die Vorstellung eines Sinnzusammenhangs zu erwecken (auch Geheim-, Kurz- und Bilderschriften).

La/Kü[25], § 130a Rn. 3
i.V.m. § 11 Rn. 27

Von den Darbietungen im Rundfunk gehören nur Ausstrahlungen von Bild- oder Tonaufzeichnungen hierher. Äußerungen in Live-Sendungen können unter Abs. 2 Nr. 2 fallen.

La/Kü[25], § 130a Rn. 3
i.V.m. § 184 Rn. 7

Unter **Anleitung** ist eine Kenntnisse vermittelnde, unterrichtende Schilderung über Möglichkeiten zur Tatausführung oder ihrer Vorbereitung zu verstehen. Solche Informationen, meist über anzuwendende Techniken, müssen tendenziell die Tatbegehung fördern, ohne dass damit schon die Merkmale des Billigens oder Aufforderns vorzuliegen brauchen.

Tr/Fi[53], § 130a Rn. 8

Anleiten zu einer Tat erfordert, dass über die Möglichkeiten der Tatausführung einschließlich ihrer Vorbereitung, namentlich durch Hinweise technischer Art, Informationen mit der Tendenz zur Förderung der Tatbegehung gegeben werden.

La/Kü[25], § 130a Rn. 2

Geeignet ist zu dienen. Erforderlich ist zunächst ein erkennbarer Bezug gerade zu einer der in § 126 I genannten Taten.

S/S[26], § 130a Rn. 4

Obwohl sich das nicht schon aus dem Wortlaut der Eignungsklausel ergibt – »als Anleitung dienen« kann auch etwas, was nicht als solche geschrieben ist –, muss der

Schrift ferner die Tendenz zur Verwirklichung des Darge-
stellten zu entnehmen sein.

Geeignet ist zu dienen. Dieses Merkmal bedarf zur Wahrung der Meinungsfreiheit (Art. 5 GG) einschränkender
Auslegung. Es ist nicht schon dann erfüllt, wenn die
Schrift als Informationsquelle für die Planung einer Katalogstat benutzt werden kann. Erforderlich und zugleich
ausreichend ist vielmehr, dass sie spezielle unterweisende
Ausführungen enthält, die gerade für die Vorbereitung
oder Ausführung von Gewalt- oder Zerstörungsakten der
in den Katalogstatbeständen beschriebenen Art hilfreich
sein sollen.

La/Kü[25], § 130a Rn. 4

Ob die Schrift **bestimmt** ist, hängt ausschließlich von dem
in ihr objektivierten Inhalt ab, allerdings auch, soweit er
erkennbar zwischen den Zeilen steht oder sich erst aus
anderen Schriften, auf die verwiesen wird, voll erschließt.
Erforderlich ist danach mindestens eine auf Förderung der
Bereitschaft gerichtete Tendenz, die im Inhalt wenigstens
ansatzweise zum Ausdruck kommt.

La/Kü[25], § 130a Rn. 5

Eine **Förderung** der Bereitschaft liegt vor, wenn bei anderen der Wille zur Tatbegehung verursacht oder bestärkt
wird.

La/Kü[25], § 130a Rn. 5

Geweckt worden ist die Bereitschaft, wenn bei anderen
der Wille zur Tatbegehung verursacht oder bestärkt wird.

La/Kü[25], § 130a Rn. 5

Dienen bedeutet, vorwiegend diesen Zweck fördern und
sich dabei im Rahmen der durch die verfassungsmäßige
Ordnung der BRep. und der durch sie für die politische
Handlungsfreiheit gezogenen Grenzen halten.

Tr/Fi[53], § 86 Rn. 17

Verbreiten bedeutet, an einen anderen, und zwar vielleicht nur an eine einzelne Person, mit dem Ziele weitergeben, sie dadurch einem größeren Personenkreis zugänglich zu machen.

Tr/Fi[53], § 130a Rn. 15
i.V.m. § 184 Rn. 16
i.V.m. § 74d Rn. 4

Verbreiten von Schriften bedeutet die mit einer körperlichen Weitergabe der Schrift verbundene Tätigkeit, die
darauf gerichtet ist (finales Element), diese ihrer Substanz
nach – also nicht nur bezüglich ihres Inhalts durch bloßes
Vorlesen, Anschlagen, Ausstellen, Anbringen von Aufklebern usw. – einem größeren Personenkreis zugänglich zu

S/S[26], § 130a Rn. 6
i.V.m. § 184 Rn. 57

machen, wobei dieser nach Zahl und Individualität unbestimmt oder jedenfalls so groß sein muss, dass er für den Täter nicht mehr kontrollierbar ist.

Verbreiten bedeutet, die Schrift einem größeren, nicht notwendig unbestimmten Personenkreis zugänglich machen, und zwar der Substanz nach.	La/Kü[25], § 130a Rn. 6 i.V.m. § 184 Rn. 5 i.V.m. § 74d Rn. 5
Öffentlich bedeutet, ohne dass es auf die Öffentlichkeit des Ortes ankommt, in einer Weise, dass die Aufforderung von unbestimmt welchen und unbestimmt vielen, also nicht durch persönliche Beziehungen verbundenen anderen wahrgenommen werden kann, die in den Fällen verbaler Aufforderung auch anwesend sein müssen.	Tr/Fi[53], § 130a Rn. 15 i.V.m. § 184 Rn. 16 i.V.m. § 111 Rn. 5
Öffentlich wird die Schrift ausgestellt, wenn sie von einem größeren, individuell nicht feststehenden oder jedenfalls durch persönliche Beziehungen nicht verbundenen Personenkreis wahrgenommen werden kann.	S/S[26], § 130 Rn. 6 i.V.m. § 184 Rn. 58 i.V.m. § 184 Rn. 32
Ausstellen bedeutet, den Blicken zugänglich machen.	Tr/Fi[53], § 74d Rn. 6
Ausstellen liegt vor, wenn, ohne dass die Sache selbst weitergegeben wird, deren gedanklicher oder bildlicher Inhalt optisch wahrnehmbar und damit der Kenntnisnahme zugänglich gemacht wird.	S/S[26], § 130 Rn. 6 i.V.m. § 184 Rn. 58 i.V.m. § 184 Rn. 15
Ausstellen ist nur ein Beispiel für Zugänglichmachen.	La/Kü[25], § 130a Rn. 6 i.V.m. § 184 Rn. 5
Anschlagen. Z.B. von Plakaten, auch nur in einem Stück, Führen von Aufklebern.	Tr/Fi[53], § 74d Rn. 6
Anschlagen liegt vor, wenn ohne Weitergabe der Sache selbst der gedankliche oder bildliche Inhalt optisch wahrnehmbar und damit der Kenntnisnahme zugänglich gemacht wird.	S/S[26], § 130a Rn. 6 i.V.m. § 184 Rn. 58 i.V.m. § 184 Rn. 15
Anschlagen ist nur ein Beispiel für Zugänglichmachen.	La/Kü[25], § 130a Rn. 6 i.V.m. § 184 Rn. 5
Vorführen. Z.B. von Filmen oder Abbildungen oder das Abspielenlassen von Schallplatten.	Tr/Fi[53], § 74d Rn. 6
Vorführen liegt vor, wenn ohne Weitergabe der Sache selbst der gedankliche oder bildliche Inhalt optisch wahrnehmbar und damit der Kenntnisnahme zugänglich gemacht wird. **Vorführen** umfasst darüber hinaus auch die akustische Weitergabe.	S/S[26], § 130a Rn. 6 i.V.m. § 184 Rn. 58 i.V.m. § 184 Rn. 15

Vorführen ist nur ein Beispiel für Zugänglichmachen.	La/Kü[25], § 130a Rn. 6 i.V.m. § 184 Rn. 5
Öffentliches Zugänglichmachen. Mit öffentlich ist wie bei § 111 und § 183a die Möglichkeit der Wahrnehmung durch bestimmt viele Personen gemeint, auch wenn sie zunächst ein Eintrittsgeld oder einen Mitgliedsbeitrag zu zahlen haben oder einem bestimmten größeren Personenkreis angehören.	Tr/Fi[53], § 74d Rn. 6
Zugänglichmachen kann auf zweierlei Weise erfolgen. Es umfasst zunächst die Fälle, in denen der Täter bewirkt, dass das pornographische Erzeugnis seiner Substanz nach derart in den Wahrnehmungs- oder Herrschaftsbereich gelangt, dass die Person unmittelbare Zugriffsmöglichkeiten auf die Sache selbst und damit auch die Möglichkeit der Kenntnisnahme von dem Inhalt hat.	S/S[26], § 130a Rn. 6 i.V.m. § 184 Rn. 9
Die andere Form des **Zugänglichmachens** besteht darin, dass die Person zwar nicht die Zugriffsmöglichkeiten auf die Sache selbst erlangt, dass ihm aber sonst Möglichkeit gegeben wird, von dem Inhalt Kenntnis zu nehmen.	
Zugänglichmachen erfordert, dass einem anderen, sei es auch nur durch bloßes Auslegen in einem Raum oder durch Angebot im Btx-Verfahren, die Möglichkeit eröffnet wird, sich durch sinnliche Wahrnehmung vom Inhalt der Schrift Kenntnis zu verschaffen.	La/Kü[25], § 130a Rn. 6 i.V.m. § 184 Rn. 5
Versammlung ist jede räumlich zu einem bestimmten Zweck vereinigte Personenmehrheit.	Tr/Fi[53], § 130a Rn. 18 i.V.m. § 80a Rn. 2
Unter **Versammlung** ist ein nicht nur zufälliges Beisammensein einer größeren Zahl von Personen zu einem gemeinsamen Zweck zu verstehen. Dieser braucht kein politischer zu sein, auch eine künstlerische oder wissenschaftliche Veranstaltung ist Versammlung i.S. des § 90; das Zusammenkommen zu rein persönlichen Zwecken genügt jedoch nicht.	S/S[26], § 130a Rn. 8 i.V.m. § 90 Rn. 5
Versammlung ist das Beisammensein einer größeren Zahl von Menschen zur Verfolgung eines bestimmten Zwecks.	La/Kü[25], § 130a Rn. 8 i.V.m. § 80a Rn. 2
Öffentlich ist die Anleitung erfolgt, wenn sie von einem größeren, nach Zahl und Individualität unbestimmten oder durch nähere Beziehung nicht verbundenen Personenkreis unmittelbar wahrgenommen werden kann.	S/S[26], § 130a Rn. 8 i.V.m. § 186 Rn. 19

Konkurrenzen

§ 130a I steht zu § 130a II in (innertatbestandlicher) Idealkonkurrenz. § 130a (I oder II) steht in Idealkonkurrenz zu §§ 83, 84, 125, 129, 130, 140. Verhältnis zu § 111 ist str. (Idealkonkurrenz: La/Kü[25], § 130a Rn. 13; Vorrang § 111: Tr/Fi[53], § 130a Rn. 24).

§ 131. Gewaltdarstellung

Überblick

- *Typ:* vorsätzliches Begehungsdelikt. Gefährdungsdelikt, abstraktes. Abs. 1 Nr. 4 ist außerdem teilweise noch Unternehmensdelikt.

- Der *Versuch* ist nicht strafbar (Vergehen). Bei den Unternehmensdeliktteilen gilt § 11 I Nr. 6.

- Abs. 1 enthält den eigentlichen *Tatbestand.* Wegen § 11 III werden auch Videos erfasst.

- Abs. 2 enthält eine *Tatbestandserweiterung,* die praktisch nur für Live-Sendungen Relevanz hat, da sonstige Wiedergaben schon von Abs. 1 Nr. 2 erfasst werden. Soweit im Hinblick auf Internetinhalte früher noch Zweifel bestanden haben mögen, sind diese durch die aktuelle Fassung ausgeräumt. Bei Prüfung des Abs. 2 Obersatz erweitern (§ 131 I, II).

- Abs. 3 enthält das sog. *Berichterstatterprivileg.* Str. ist, ob es tatbestandsausschließend wirkt (so La/Kü[25], § 131 Rn. 11) oder rechtfertigend (so Tr/Fi[53], § 131 Rn. 15). Wenn ein Standort strittig ist, muss man am frühest möglichen prüfen (hier also im TB) und dabei zunächst die Standortfrage klären, wenn es darauf ankommt.

- Abs. 4 S. 1 enthält das sog. *Erzieherprivileg,* das *tatbestandsausschließend* wirkt. S. 2 enthält eine Ausnahme von der Ausschließung.

- *Schutzgut* ist der öffentliche Frieden (La/Kü[25], § 131 Rn. 1) und der Schutz der Gesellschaft vor sozialschädlicher Aggression und Hetze und damit der innere Frieden, aber auch der Jugendschutz (Tr/Fi[53], § 131 Rn. 2).

Aufbau

I.   **Tatbestand**
  1. Objektiver Tatbestand:
    a. Tatobjekt: Schriften i.S.v. § 11 III (also auch Ton- und Bildträger, Abbildungen und andere Darstellungen), die
      - schildern: grausame oder sonst unmenschliche Gewalttätigkeiten, in einer Art

    - die eine Verherrlichung oder Verharmlosung solcher Gewalttätigkeiten ausdrückt *oder*

    - die das Grausame oder Unmenschliche des Vorgangs in einer die Menschenwürde verletzenden Weise darstellt.

  b. Tathandlung:

    aa. (I Nr. 1) Verbreiten

    bb. (I Nr. 2) Öffentlich zugänglich machen durch

      - Ausstellen, Anschlagen, Vorführen *oder*

      - Sonstwie

    cc. (I Nr. 3)

      - Anwendbarkeit: Nr. 3 gilt nicht für Personensorgeberechtigte, Erzieherprivileg, IV S. 1, es sei denn, es liegt die Ausnahme des Abs. IV S. 2 vor.

      - einer Person unter 18 Jahren anbieten oder überlassen oder zugänglich machen.

    dd. (I Nr. 4)

      - Herstellen, Beziehen, Liefern, Vorrätighalten, Anbieten, Ankündigen, Anpreisen

      - es unternehmen, das Tatobjekt einzuführen oder auszuführen

    ee. (II) durch Rundfunk / Medien / Teledienste verbreiten

2. Subjektiver Tatbestand:

  a. Vorsatz, mindestens bedingter,

  b. Bei I Nr. 4 zusätzlich:

    aa. Absicht,

      - zur Verwendung i.S.v. I Nr. 1-3 durch Täter *oder*

      - zur Ermöglichung einer Verwendung i.S.v. Nr. 1-3 durch einen Dritten,

    bb. im Hinblick auf

      - die Schriften *oder*

      - daraus gewonnene Stücke.

3. Kein Ausschluss durch Berichterstatterprivileg, III.

  a. Ggf. Standortstreit (s.o.)

  b. Die Tathandlung diente der Berichterstattung über Vorgänge

    aa. des Zeitgeschehens *oder*

    bb. der Geschichte

II. Rechtswidrigkeit: keine Besonderheiten.

III. Schuld: keine Besonderheiten.

Definitionen / Erläuterungen

Schrift ist eine Zusammenstellung von verkörperten Zeichen, die durch Augen oder Tastsinn wahrnehmbar sind und unmittelbar Worte, mittelbar Gedanken darstellen.

Tr/Fi[53], § 131 Rn. 4 i.V.m. § 11 Rn. 33

Unter **Schriften** sind solche stofflichen Zeichen zu verstehen, in denen eine Gedankenäußerung durch Buchstaben, Bilder oder Zeichen verkörpert ist und damit vor allem durch Gesichts- oder Tastsinn wahrgenommen werden kann; auch Geheim-, Kurz- oder Bilderschriften kommen dafür in Betracht.

S/S[26], § 131 Rn. 4 i.V.m. § 11 Rn. 78

Schriften sind sinnlich wahrnehmbare, auf einige Dauer angelegte Verkörperungen von gedanklichen Inhalten durch Buchstaben, Bilder oder andere stoffliche Zeichen, die geeignet sind, die Vorstellung eines Sinnzusammenhangs zu erwecken (auch Geheim-, Kurz- und Bilderschriften).	La/Kü[25], § 131 Rn. 2 i.V.m. § 11 Rn. 27
Gewalttätigkeit ist enger als Gewalt die Entfaltung physischer Kraft unmittelbar gegen die Person, und zwar, wie der Ausdruck »Angegriffenen« zeigt, als aggressives Handeln.	Tr/Fi[53], § 131 Rn. 5 i.V.m. § 113 Rn. 29
Mit **Gewalttätigkeiten gegen Menschen** ist die Darstellung aggressiven, die körperliche Integrität unmittelbar verletzenden oder gefährdenden Verhaltens gemeint. Passives Geschehen-lassen oder pflichtwidriges Unterlassen reichen nicht aus.	Tr/Fi[53], § 131 Rn. 5
Gewalttätigkeiten gegen Menschen meint ein aggressives, aktives Tun, durch das unter Einsatz oder Ingangsetzen physischer Kraft unmittelbar oder mittelbar auf den Körper eines Menschen in einer dessen leibliche oder seelische Unversehrtheit beeinträchtigenden oder konkret gefährdenden Weise eingewirkt wird, wobei dies hier auch durch ein einverständliches Handeln – z.B. bei sadomasochistischen Exzessen – geschehen kann.	S/S[26], § 131 Rn. 6
Gewalttätigkeiten gegen Menschen setzen den Einsatz physischer (nicht lediglich psychischer) Kraft durch aggressives positives Tun (nicht bloßes Unterlassen) voraus, mit dem unmittelbar auf den Körper eines anderen (nicht auf Tiere oder Sachen) in einer die körperliche Unversehrtheit konkret gefährdenden Weise eingewirkt wird.	La/Kü[25], § 131 Rn. 4
Grausam handelt, wer seinem Opfer in gefühlloser, unbarmherziger Gesinnung Schmerzen oder Qualen körperlicher oder seelischer Art zufügt, die nach Stärke oder Dauer über das für die Handlung erforderliche Maß hinausgehen.	Tr/Fi[53], § 131 Rn. 7 i.V.m. § 211 Rn. 23
Grausam ist eine Gewalttätigkeit, wenn sie unter Zufügung besonderer Schmerzen oder Qualen körperlicher oder seelischer Art erfolgt und außerdem eine brutale, unbarmherzige Haltung dessen erkennen lässt, der sie begeht.	S/S[26], § 131 Rn. 7
Grausam handelt, wer dem Opfer besonders starke	La/Kü[25], § 131 Rn. 4

Schmerzen oder Qualen körperlicher oder seelischer Art aus gefühlloser, unbarmherziger Gesinnung zufügt. Dabei muss die Grausamkeit nicht notwendig in der eigentlichen Ausführungshandlung liegen; sie kann sich auch aus Umständen ergeben, unter denen nach dem Tatplan die Gewalttätigkeit eingeleitet oder vollzogen wird.

i.V.m. § 211 Rn. 10

Unmenschliche Gewalttätigkeit liegt vor, wenn in ihr eine menschenverachtende und rücksichtslose Tendenz zum Ausdruck kommt, etwa wenn ein Mensch einen anderen »nur zum Spaß« abknallt.

Tr/Fi[53], § 131 Rn. 7

Unmenschlich ist die Gewalttätigkeit, wenn sie – auch ohne grausam zu sein – Ausdruck einer menschenverachtenden und rücksichtslosen Gesinnung ist, so z.B. das Erschießen eines anderen, nur weil es dem Täter »Spaß« macht, aber auch das völlig bedenkenlose, kaltblütige und sinnlose Niederschießen von Menschen.

S/S[26], § 131 Rn. 7

Unmenschlich ist eine Gewalttätigkeit, wenn sie eine menschenverachtende Tendenz des Gewalttäters zum Ausdruck bringt, z.B. wenn jemand aus roher und unbarmherziger Gesinnung oder einfach deshalb, weil es ihm Spaß macht, völlig bedenkenlos Menschen erschießt.

La/Kü[25], § 131 Rn. 4

Schildern bedeutet die unmittelbar optische und/oder akustische Wiedergabe einer Gewalttätigkeit oder einen auf dieselbe Weise vermittelnden Bericht hierüber.

Tr/Fi[53], § 131 Rn. 8

Das **Schildern** grausamer usw. Gewalttätigkeiten kann sowohl durch deren unmittelbare Wiedergabe in Wort und Bild, als auch durch eine berichtende oder beschreibende Darstellung erfolgen. Es muss dabei – für den durchschnittlichen Leser, Betrachter usw. erkennbar – gerade das Grausame bzw. Unmenschliche des Vorgangs den wesentlichen Inhalt der Schilderung der Gewalttätigkeit ausmachen.

S/S[26], § 131 Rn. 8

Schildern heißt, mit Hilfe des verwendeten Mediums die Vorstellung von einem Vorgang zu vermitteln.

La/Kü[25], § 131 Rn. 5

Verherrlichung der Gewalttätigkeit bedeutet deren Berühmung als etwas Großartigem, Imponierendem oder Heldenhaftem.

Tr/Fi[53], § 131 Rn. 9

Verherrlichen der grausam usw. Gewalttätigkeiten ist ihre positive Wertung in dem Sinn, dass sie als in besonderer

S/S[26], § 131 Rn. 9

Weise nachahmungswert erscheint, z.B. dadurch, dass sie als etwas Großartiges, besonders Männliches oder Heldenhaftes, als billigenswerte Möglichkeit zur Erreichung von Ruhm, Ansehen usw., als die richtige Form der Lösung von Konflikten usw. dargestellt wird.

Verherrlichen bedeutet, die Gewalttätigkeiten mit einem positiven Wertakzent versehen, d.h. sie als Ausfluss einer anerkennenswerten Grundhaltung erscheinen lassen; z.B. dadurch, dass sie als verdienstvoll, als erstrebenswertes Abenteuer, als Bewährungsprobe für männliche Tugenden oder Fähigkeiten oder als billigenswerte Möglichkeiten zur Erlangung von Ruhm, Anerkennung oder Auszeichnung dargestellt werden.

La/Kü[25], § 131 Rn. 6

Verharmlosung der Gewalttätigkeit bedeutet ihre Bagatellisierung als eine im menschlichen Leben übliche Form des Verhaltens oder mindestens als »nicht verwerfliche Möglichkeit zur Lösung von Konflikten«.

Tr/Fi[53], § 131 Rn. 10

Verharmlosen solcher Gewalttätigkeiten ist ihre Bagatellisierung als eine übliche, jedenfalls aber akzeptable oder nicht verwerfliche Form menschlichen Verhaltens oder gesellschaftlicher Auseinandersetzung.

S/S[26], § 131 Rn. 9

Verharmlosen ist das der wirklichen Bedeutung widersprechende Bagatellisieren der Wertwidrigkeit, der Gefährlichkeit und der Folgen von Gewalttätigkeiten. Es wird i.d.R. darin bestehen, dass die Gewalt in dem konkreten Zusammenhang zu Unrecht als akzeptable oder wenigstens nicht verwerfliche Möglichkeit der Konfliktlösung hingestellt wird.

La/Kü[25], § 131 Rn. 6 i.V.m. § 130 Rn. 8

In einer die Menschenwürde verletzenden Weise. Mit dieser Kernaussage werden exzessive Gewaltdarstellungen auch dann erfasst, wenn es an der gewaltverherrlichenden oder der gewaltverharmlosenden Tendenz der Darstellung fehlt, sie aber gleichwohl dadurch auf Jugendliche verrohend und verwildernd wirkt.

Tr/Fi[53], § 131 Rn. 12

Ein **Angriff** gegen die **Menschenwürde** (vgl. Art. 1 I S. 1 GG) liegt nicht schon dann vor, wenn der Täter einzelne Persönlichkeitsrechte anderer, z.B. deren Ehre, angreift. Beleidigung ist noch kein Angriff gegen die Menschenwürde, auch nicht eine abqualifizierende Äußerung über den Soldatenberuf oder eine bloße Diskriminierung.

Tr/Fi[53], § 131 Rn. 12 i.V.m. § 130 Rn. 12

Grundsätzlich ist vorausgesetzt, dass der Angriff gegen den unverzichtbaren und unableitbaren Persönlichkeitskern des anderen, gegen dessen Menschsein als solches gerichtet ist, ihn als minderwertiges Wesen behandelt und ihm das Lebensrecht als gleichwertige Persönlichkeit der staatlichen Gemeinschaft abspricht.

Der Begriff der **Menschenwürde** (Art. 1 I GG) wird hier nicht auf eine bestimmte Person bezogen, sondern als abstrakter Rechtswert verstanden.

Tr/Fi[53], § 131 Rn. 13

Die Menschenwürde verletzende Darstellung. Maßgeblich ist, ob unabhängig von der dem geschilderten Vorgang bereits als solchen anhaftenden Menschenwürdeverletzung auch die Art und Weise, wie dieser dargestellt wird, darauf angelegt ist, Menschen unter Missachtung ihres fundamentalen Wert.- u. Achtungsanspruchs zum bloßen Objekt zu machen.

S/S[26], § 130a Rn. 11

Das Merkmal einer die **Menschenwürde verletzenden Darstellungsart** ist in hohem Maße unbestimmt und deshalb im Hinblick auf Art. 103 II GG problematisch. Da es nach dem Sachzusammenhang nur als objektiver, von bestimmten Individuen abstrahierter Maßstab verstehbar ist, kommt es darauf an, ob die Art und Weise der Darstellung unabhängig von der Grausamkeit oder Unmenschlichkeit der ihr zugrundeliegenden Vorgänge darauf angelegt ist, beim Betrachter eine Einstellung zu fördern, die den »fundamentalen Wert- und Achtungsanspruch leugnet, der jedem Menschen zukommt« (BVerfG); so etwa, wenn solche Vorgänge dargestellt werden, um ein sadistisches Vergnügen an dem Geschehen zu vermitteln oder um Personen oder Gruppen als menschenunwert erscheinen zu lassen.

La/Kü[25], § 131 Rn. 7

Darstellung ist nur als körperlicher Gegenstand zu verstehen; infolgedessen sind Live-Darbietungen außerhalb des Rundfunks tatbestandslos, so dass dasselbe Gewaltverherrlichungsstück, das II dem Rundfunk verbietet, auf einer Schaubühne wochenlang volle Häuser machen darf.

Tr/Fi[53], § 131 Rn. 4

Verbreiten bedeutet, an einen anderen, und zwar vielleicht nur an eine einzelne Person, mit dem Ziele weitergeben, sie dadurch einem größeren Personenkreis zugänglich zu machen.

Tr/Fi[53], § 131 Rn. 15
i.V.m. § 74d Rn. 4

Verbreiten von Schriften bedeutet die mit einer körperli-

S/S[26], § 131 Rn. 12

chen Weitergabe der Schrift verbundene Tätigkeit, die   i.V.m. § 184 Rn. 57
darauf gerichtet ist (finales Element), diese ihrer Substanz
nach – also nicht nur bezüglich ihres Inhalts durch bloßes
Vorlesen, Anschlagen, Ausstellen, Anbringen von Aufklebern usw. – einem größeren Personenkreis zugänglich zu
machen, wobei dieser nach Zahl und Individualität unbestimmt oder jedenfalls so groß sein muss, dass er für den
Täter nicht mehr kontrollierbar ist.

Verbreiten bedeutet, die Schrift einem größeren, nicht   La/Kü[25], § 131 Rn. 9
notwendig unbestimmten Personenkreis zugänglich ma-   i.V.m. § 184 Rn. 5
chen, und zwar der Substanz nach.   i.V.m. § 74d Rn. 5

Öffentlich bedeutet, ohne dass es auf die Öffentlichkeit   Tr/Fi[53], § 131 Rn. 14
des Ortes ankommt, in einer Weise, dass die Aufforderung   i.V.m. § 111 Rn. 5
von unbestimmt welchen und unbestimmt vielen, also
nicht durch persönliche Beziehungen verbundenen anderen wahrgenommen werden kann, die in den Fällen verbaler Aufforderung auch anwesend sein müssen.

Öffentlich wird die Schrift ausgestellt, wenn sie von ei-   S/S[26], § 131 Rn. 12
nem größeren, individuell nicht feststehenden oder jeden-   i.V.m. § 184 Rn. 58
falls durch persönliche Beziehungen nicht verbundenen   i.V.m. § 184 Rn. 32
Personenkreis wahrgenommen werden kann.

Zugänglich machen bedeutet, dass der Täter unmittelbar   Tr/Fi[53], § 131 Rn. 14
oder durch einen bös- oder gutgläubigen Dritten, entgelt-   i.V.m. § 184 Rn. 33
lich oder nicht, die konkrete Möglichkeit unmittelbarer
Kenntnisnahme von dem Inhalt der Darstellung (bei Ton-
und Bildträgern kommt es insoweit auf die einzelnen Umstände an) für kurze oder längere Zeit eröffnet, wobei es
gleichgültig ist, ob der andere von der Möglichkeit
Gebrauch macht, bloße Inserate genügen hier nicht.

Ein **Zugänglichmachen** kann auf zweierlei Weise erfolgen.   S/S[26], § 131 Rn. 12
Es umfasst zunächst die Fälle, in denen der Täter bewirkt,   i.V.m. § 184 Rn. 9
dass das Erzeugnis seiner Substanz nach derart in den
Wahrnehmungs- oder Herrschaftsbereich einer Person ge-
langt, dass dieser die unmittelbare Zugriffsmöglichkeit auf
die Sache selbst und damit auch die Möglichkeit der
Kenntnisnahme von dem Inhalt erlangt, ferner die Über-
gabe einer unverschlossenen Schrift an eine Person zum
Transport oder zur Aufbewahrung, nicht dagegen das
Auslegen einer Schrift, wenn die Person nur in rechtswidriger Weise Kenntnis von der Darstellung erlangen kann.
Die andere Form des Zugänglichmachens besteht darin,

dass die Person zwar nicht die Zugriffsmöglichkeit auf die Sache selbst erlangt, dass ihm aber sonst die Möglichkeit gegeben wird, von dem Inhalt der Darstellung Kenntnis zu nehmen.

Zugänglichmachen erfordert, dass einem anderen, sei es auch nur durch bloßes Auslegen in einem Raum oder durch Angebot im Btx-Verfahren, die Möglichkeit eröffnet wird, sich durch sinnliche Wahrnehmung vom Inhalt der Schrift Kenntnis zu verschaffen.	La/Kü[25], § 131 Rn. 9 i.V.m. § 184 Rn. 5
Ausstellen bedeutet, den Blicken zugänglich machen.	Tr/Fi[53], § 131 Rn. 14 i.V.m. § 74d Rn. 6
Ausstellen ist nur ein Beispiel für Zugänglichmachen.	La/Kü[25], § 131 Rn. 9 i.V.m. § 184 Rn. 5
Anschlagen. Z.B. von Plakaten, auch nur in einem Stück, Führen von Aufklebern.	Tr/Fi[53], § 131 Rn. 14 i.V.m. § 74d Rn. 6
Anschlagen liegt vor, wenn ohne Weitergabe der Sache selbst der gedankliche oder bildliche Inhalt optisch wahrnehmbar und damit der Kenntnisnahme zugänglich gemacht wird.	S/S[26], § 131 Rn. 12 i.V.m. § 184 Rn. 58 i.V.m. § 184 Rn. 15
Anschlagen ist nur ein Beispiel für Zugänglichmachen.	La/Kü[25], § 131 Rn. 9 i.V.m. § 184 Rn. 5
Vorführen. Z.B. von Filmen oder Abbildungen oder das Abspielenlassen von Schallplatten.	Tr/Fi[53], § 131 Rn. 14 i.V.m. § 74d Rn. 6
Ein Ton- und Bildträger wird vorgeführt, wenn seine Speicherung für andere hörbar bzw. sichtbar gemacht wird.	Tr/Fi[53], § 131 Rn. 12
Vorführen liegt vor, wenn ohne Weitergabe der Sache selbst der gedankliche oder bildliche Inhalt optisch wahrnehmbar und damit der Kenntnisnahme zugänglich gemacht wird. Vorführen umfasst darüber hinaus auch die akustische Weitergabe.	S/S[26], § 131 Rn. 12 i.V.m. § 184 Rn. 58 i.V.m. § 184 Rn. 15
Vorführen ist nur ein Beispiel für Zugänglichmachen.	La/Kü[25], § 131 Rn. 9 i.V.m. § 184 Rn. 5
Anbieten bedeutet, feilbieten oder sich zu unentgeltlicher Überlassung bereit zeigen.	Tr/Fi[53], § 131 Rn. 14 i.V.m. § 184 Rn. 10
Beim **Anbieten** genügen hier i.S. eines bloßen Feilbietens auch entsprechende Erklärungen an das Publikum.	S/S[26], § 131 Rn. 12 i.V.m. § 184 Rn. 30
Überlassen bedeutet das Übertragen des Besitzes zu eigener Verfügung und damit auch Kenntnisnahme.	Tr/Fi[53], § 131 Rn. 14 i.V.m. § 184 Rn. 10

Überlassen ist die Verschaffung des Besitzes zu eigener Verfügung oder zu eigenem, auch nur vorübergehendem Gebrauch (z.B. Verleihen).

S/S[26], § 131 Rn. 6 i.V.m. § 184 Rn. 8

Herstellen in das Anfertigen von Schriften usw., die entweder selbst oder als »Mutterstück« für eine Verwendung vorgesehen sind.

S/S[26], § 131 Rn. 12 i.V.m. § 184 Rn. 43

Herstellen umfasst das gesamte von Menschen bewirkte Geschehen, das ohne weiteres oder in fortschreitender Entwicklung ein bestimmtes (im Tatbestand beschriebenes) Endprodukt hervorbringt.

La/Kü[25], § 131 Rn. 9 i.V.m. § 184 Rn. 5

Beziehen ist das Erlangen tatsächlicher eigener Verfügungsgewalt durch abgeleiteten Erwerb (also nicht eigenmächtiges Sichverschaffen) von einem anderen, gleichgültig, ob dies entgeltlich oder unentgeltlich geschieht.

S/S[26], § 131 Rn. 12 i.V.m. § 184 Rn. 44

Liefern ist der entsprechende Vorgang auf der Gegenseite von Beziehen und bedeutet die Übergabe der Sache zur eigenen Verfügungsgewalt des Bestellers.

S/S[26], § 131 Rn. 12 i.V.m. § 184 Rn. 45

Das **Vorrätighalten**, das dem Herstellen oder Beziehen zeitlich vielfach nachfolgen wird, bezeichnet das Besitzen zu einem bestimmten Verwendungszweck. Ein »Vorrat« ist nicht erforderlich; es genügt, dass einzelne Stücke zur Disposition stehen. Hinzukommen muss jedoch, dass der Täter eigene Verfügungsgewalt besitzt, d.h. über den Absatz jedenfalls mitbestimmen kann. Das bloße Verwahren ist kein Vorrätighalten.

S/S[26], § 131 Rn. 12 i.V.m. § 184 Rn. 46

Vorrätighalten ist das Bereithalten, u.U. nur eines Stücks oder als mittelbarer Besitzer, zum Verkaufen, Vermieten, Verschenken oder zu sonstiger Abgabe.

La/Kü[25], § 131 Rn. 9 i.V.m. § 184 Rn. 5

Ankündigen ist jede Kundgebung, durch die auf die Gelegenheit zum Bezug aufmerksam gemacht wird.

S/S[26], § 131 Rn. 12 i.V.m. § 184 Rn. 30

Das **Ankündigen**, das auch im Hinweis auf eine Bezugsmöglichkeit bestehen kann, braucht nicht selbst gewalttätig zu sein, muss aber auf einen gewalttätigen Gegenstand, der nicht nur fälschlicherweise als solcher bezeichnet wird, hinweisen und dessen gewalttätigen Charakter in demselben Maße wie beim Anbieten gegenüber einem unbestimmten Personenkreis erkennbar machen.

La/Kü[25], § 131 Rn. 9 i.V.m. § 184 Rn. 5

Anpreisen ist die lobende und empfehlende Erwähnung und Beschreibung eines bestimmten Erzeugnisses, das Hervorheben seiner Vorzüge usw.	S/S²⁶, § 131 Rn. 12 i.V.m. § 184 Rn. 30
Das **Anpreisen** braucht nicht selbst gewalttätig zu sein, muss aber auf einen gewalttätigen Gegenstand, der nicht nur fälschlicherweise als solcher bezeichnet wird, hinweisen und dessen gewalttätigen Charakter in demselben Maße wie beim Anbieten gegenüber einem unbestimmten Personenkreis erkennbar machen.	La/Kü²⁵, § 131 Rn. 9 i.V.m. § 184 Rn. 5

Unternehmen, vgl. § 11 I Nr. 6.

Einführen, vgl. § 4 II Nr. 4 AWG (Außenwirtschaftsgesetz).	Tr/Fi⁵³, § 184 Rn. 15
Ausführen bedeutet aus der BRep über deren Grenzen in ein beliebiges Land (auch bei Durchfuhr).	Tr/Fi⁵³, § 184 Rn. 22
Mit **Darbietung** i.S.v. II ist eine Live-Szene gemeint.	Tr/Fi⁵³, § 131 Rn. 14 i.V.m. § 184c Rn. 3
Darbietung i.S.v. II umfasst die sog. Live-Sendung und darüber hinaus auch die Ausstrahlung einer Bild- oder Tonaufzeichnung.	La/Kü²⁵, § 131 Rn. 3 i.V.m. § 184c Rn. 3
Durch Rundfunk bedeutet durch Fernseh- oder Hörfunk über Funk, Leitung oder Satellit, gleichgültig, ob durch öffentlich-rechtliche Anstalten oder private Sender; nach hM aber nicht durch Amateurfunk.	Tr/Fi⁵³, § 184c Rn. 4
Das sog. **Berichterstatterprivileg** erfasst jede Form der Nachrichtenübermittlung oder Dokumentation, die – sei es auch in gestellten Szenen oder in fiktiver Nachgestaltung – auf die Reproduktion wirklicher Vorgänge des Zeitgeschehens oder der Geschichte gerichtet ist. (...) Auf den Wahrheitsgehalt des Berichtes im Einzelnen kommt es nur (zw.) insoweit an, als die Berichtsform nicht zum Vorwand für erdichtete Schilderungen genommen werden darf.	La/Kü²⁵, § 131 Rn. 11
Zur Sorge für die Person Berechtigte sind für das eheliche Kind i.d.R. die Eltern (§§ 1626 BGB auch i.V.m. 1754 BGB), ein Elternteil (§§ 1671, 1680 BGB), für das nichteheliche Kind die Mutter (§ 1705 BGB); aber in beiden Fällen evtl. auch ein Vormund (§ 1793 BGB), oder Pfleger (§§ 1630 III, 1671 V, 1680 II S. 2 BGB), d.h. möglicherweise das Jugend-	Tr/Fi⁵³, § 131 Rn. 17 i.V.m. § 180 Rn. 10

amt (§§ 1791b, 1791c, 1915 BGB).

Konkurrenzen

§ 131 steht in Idealkonkurrenz mit §§ 86, 86a, 130, 140, 184 III, 185 ff.

§ 132. Amtsanmaßung

Überblick

- *Typ:* vorsätzliches Begehungsdelikt – Tätigkeitsdelikt. Eigenhändiges Delikt (str., Rspr.), daher keine mittelbare oder Mittäterschaft möglich.

- *Versuch* ist nicht strafbar (Vergehen!).

- Var. 1 enthält einen Spezialfall der Var. 2. Bei Var. 1 liegt der Schwerpunkt auf dem Amt, bei Var. 2 auf der Handlung.

- *Schutzgut* ist die staatliche Autorität und die seiner Behörden (La/Kü[25], § 132 Rn. 1), die staatliche Organisation und die Staatsgewalt (Tr/Fi[53], § 132 Rn. 2).

Aufbau

I. **Tatbestand**
   1. Objektiver Tatbestand:
     a. Tatsubjekt – jeder (auch Beamte);
     b. Tathandlung (Var. 1) – Ausübung eines öffentlichen Amtes (§ 11 Nr. 2-4) durch Vornahme einer (»Amts-«) Handlung;
     c. Tathandlung (Var. 2) – Vornahme einer (»Amts-«) Handlung, die nur kraft eines öffentlichen Amtes vorgenommen werden darf (auch ohne Anmaßung des Amtes selbst).
     d. Für beide Varianten: Unbefugtes Verhalten (= hier TB-Merkmal).
   2. Subjektiver Tatbestand: Vorsatz, mindestens bedingter.
II. **Rechtswidrigkeit und**
III. **Schuld: keine Besonderheiten.**

Definitionen / Erläuterungen

Mit der Ausübung eines öffentlichen Amtes befasst sich, wer sich durch Vornahme der entsprechenden Amtshandlung als Inhaber eines öffentlichen Amtes aufführt.
          Tr/Fi[53], § 132 Rn. 3

Mit der Ausübung eines Amtes befasst sich unbefugt,
          S/S[26], § 132 Rn. 5

wer sich als Inhaber eines öffentlichen Amtes ausgibt, das er in Wirklichkeit nicht bekleidet, und aufgrund dieser Vortäuschung eine dem angemaßten oder einem anderen Amt entsprechende Handlung vornimmt.

Der Täter **befasst sich mit der Ausübung eines öffentlichen Amtes**, d.h. er gebärdet sich (ausdrücklich oder stillschweigend) als Inhaber eines solchen (nicht notwendig wirklich existierenden) Amtes und nimmt eine Handlung vor, die sich als Ausübung des angemaßten oder eines anderen Amtes darstellt.

La/Kü[25], § 132 Rn. 2

Handlung, welche nur kraft eines öffentlichen Amtes vorgenommen werden darf. Hier braucht der Täter nicht als (angeblicher) Amtsträger zu handeln: die Strafbarkeit wird hier durch die Vornahme der Handlung selbst begründet.

Tr/Fi[53], § 132 Rn. 10

Handlung, welche nur kraft eines öffentlichen Amtes vorgenommen werden darf. Daher werden hier nicht nur rechtlich zulässige Amtshandlungen, sondern auch rechtlich unzulässige erfasst. Entscheidend ist, ob die Handlung einem objektiven Beobachter als hoheitliches Handeln erscheint.

S/S[26], § 132 Rn. 8

Handlung, welche nur kraft eines öffentlichen Amtes vorgenommen werden darf. Erforderlich und zugleich ausreichend ist, dass sich das Verhalten nach den äußeren Umständen als Amtshandlung darstellt, bei der die wesentlichen Erfordernisse erfüllt erscheinen; dabei braucht der Täter nicht unbedingt als Urheber der Handlung in Erscheinung zu treten.

La/Kü[25], § 132 Rn. 3

Unbefugt setzt voraus, dass der Täter nicht durch eine amtliche Stellung oder eine Erlaubnis zur Vornahme der Amtshandlung legitimiert worden ist.

S/S[26], § 132 Rn. 11

Unbefugt handelt, wer nicht durch seine Amtsstellung oder aus anderem Grunde zur Vornahme der Handlung berechtigt ist.

La/Kü[25], § 132 Rn. 5

Konkurrenzen

§ 132 steht in Idealkonkurrenz zu §§ 242, 253, 263, 331 ff. (wenn sich ein Beamter ein Amt anmaßt, das er nicht innehat). Die beiden Fälle des § 132 können untereinander ebenfalls in Idealkonkurrenz stehen (str, vgl. S/S²⁶ § 132 Rn. 16: 1. Var. als lex specialis zur 2. Var.; zusammenfassend La § 132 Rn. 10).

§ 132a. Missbrauch von Titeln, Berufsbezeichnungen und Abzeichen

Überblick

- *Typ:* vorsätzliches Begehungsdelikt – Tätigkeitsdelikt. Eigenhändiges Delikt, daher keine mittelbare oder Mittäterschaft möglich.

- *Versuch* ist nicht strafbar (Vergehen!).

- Abs. 2 und 3 enthalten *Tatbestandserweiterungen* für die Tatobjekte, Abs. 4 enthält eine Rechtsfolgenvorschrift (klausurmäßig bedeutungslos).

- *Schutzgut* ist das Vertrauen der Allgemeinheit vor dem Auftreten von Personen, die sich durch den unbefugten Gebrauch falscher Bezeichnungen den Schein besonderer Funktion, Fähigkeiten und Vertrauenswürdigkeit geben (Tr/Fi⁵³, § 132a Rn. 3).

Aufbau (Abs. 1)

I. **Tatbestand**
    1. Objektiver Tatbestand:
       a. Tatsubjekt – jeder (auch Beamte);
       b. Tatobjekt -
          aa. (Nr. 1) inländische oder ausländische (Amts- oder Dienstbezeichnungen oder akademische Grade oder Titel oder öffentliche Würden) oder
          bb. (Nr. 2) die Berufsbezeichnung Arzt oder Zahnarzt oder Psychologischer Psychotherapeut oder Kinder- bzw. Jugendlichenpsychotherapeut oder Psychotherapeut oder Tierarzt oder Apotheker oder Rechtsanwalt oder Patentanwalt oder Wirtschaftsprüfer oder vereidigter Buchprüfer oder Steuerberater oder Steuerbevollmächtigter oder
          cc. (Nr. 3) die Bezeichnung öffentlich bestellter Sachverständiger oder
          dd. (Nr. 4) inländische oder ausländische (Uniformen oder Amtskleidungen oder Amtsabzeichen);
       c. Tathandlung – (Nr. 1-3) Führen oder (Nr. 4) Tragen, unbefugt (= hier TB-Merkmal).
    2. Subjektiver Tatbestand: Vorsatz, mindestens bedingter.
II. **Rechtswidrigkeit und**
III. **Schuld: keine Besonderheiten.**

Aufbau (Abs. 2 und 3)

Begriffserweiterungen werden in den Tatbestand durch Verweis auf den jeweiligen Absatz integriert. Der Obersatz wird um den jeweiligen Absatz erweitert (§§ 132a I Nr. 4, II).
- Begriffserweiterung (Abs. 2): Tatobjekt – Bezeichnungen oder Kleidungen, die denen aus Abs. 1 zum Verwechseln ähnlich sind;
- Begriffserweiterung (Abs. 3): Tatobjekt – kirchliche oder religionsgemeinschaftliche Bezeichnungen oder Kleidungen.

Definitionen / Erläuterungen

Amtsbezeichnung ist die gesetzlich, d.h. förmlich festgesetzte Bezeichnung für ein übertragbares öffentliches Amt. Sie ergibt sich aus der Ernennungsurkunde.

Tr/Fi[53], § 132a Rn. 5

Amtsbezeichnungen sind die Kennzeichnung staatlicher oder kommunaler Ämter, wie Richter am Landgericht, Professor, Bürgermeister, Landrat, Gemeinderat, Notar, Studienrat. Kennzeichnend ist, dass es sich um Berufe mit öffentlich-rechtlichen Befugnissen handelt, die aufgrund von Vorschriften des Staats- oder Gemeinderechts erworben werden.

S/S[26], § 132a Rn. 5

Amts- und Dienstbezeichnungen umfassen nur die förmlichen Kennzeichnungen von Ämtern- und Dienststellungen im Staat, in den Gemeinden oder in öffentlich-rechtlichen Körperschaften.

La/Kü[25], § 132a Rn. 2

Dienstbezeichnungen sind nach § 9 BLV Beamten während des Beamtenverhältnisses auf Probe bis zu ihrer Anstellung vorbehalten.

Tr/Fi[53], § 132a Rn. 6

Dienstbezeichnungen beinhalten die Kennzeichnung von Berufen, die ohne Verbindung mit einem Amt nur aufgrund öffentlich-rechtlicher Zulassung ausgeübt werden können, z.B. Referendar, vereidigter Landmesser, Fleischbeschauer. Kennzeichnend ist, dass es sich um Berufe mit öffentlich-rechtlichen Befugnissen handelt, die aufgrund von Vorschriften des Staats- oder Gemeinderechts erworben werden.

S/S[26], § 132a Rn. 5

Amts- und Dienstbezeichnungen umfassen nur die förmlichen Kennzeichnungen von Ämtern und Dienststellungen im Staat, in den Gemeinden oder in öffentlich-

La/Kü[25], § 132a Rn. 2

rechtlichen Körperschaften.

Akademische Grade sind einem Hochschulabsolventen von einer deutschen staatlichen oder kirchlichen Hochschule oder Fachhochschule verliehene.	Tr/Fi[53], § 132a Rn. 8
Akademische Grade sind die von einer deutschen Hochschule verliehenen Titel, Bezeichnungen oder Ehrungen.	S/S[26], § 132a Rn. 7
Titel ist eine von einer Amts- oder Dienststellung unabhängige, nach Maßgabe des OrdenG verliehene Ehrenbezeichnung.	Tr/Fi[53], § 132a Rn. 9
Titel i.S. des § 132a sind die ohne Amt als Ehrung verliehenen Bezeichnungen wie Justizrat, Sanitätsrat, Professor, soweit es sich nicht um eine Amtsbezeichnung handelt.	S/S[26], § 132a Rn. 8
Titel sind zur Ehrung verliehene persönliche Bezeichnungen, z.B. Justizrat, Sanitätsrat, Titularprofessor.	La/Kü[25], § 132a Rn. 2
Öffentliche Würde ist eine auf öffentlich-rechtlichen Vorschriften beruhende Ehrenstellung.	Tr/Fi[53], § 132a Rn. 10
Würden sind auf öffentlichem Recht beruhende Ehrungen, die meist in der Form der Zugehörigkeit zu einer Gemeinschaft ehrenhalber verliehen werden, wie z.B. Ehrenbürger einer Universität oder Gemeinde.	S/S[26], § 132a Rn. 9
Öffentliche Würden sind auf öffentlichem Recht beruhende Ehrungen, z.B. Ehrenbürger, Ehrensenator.	La/Kü[25], § 132a Rn. 2
Führen der Bezeichnung bedeutet die sich gegenüber der Umwelt äußernde aktive Inanspruchnahme des Titels für sich im sozialen Leben, wobei die Interessen der Allgemeinheit tangiert werden können.	Tr/Fi[53], § 132a Rn. 21
Geführt werden die Bezeichnungen dann, wenn der Täter sie für sich selbst in Anspruch nimmt; dazu gehört ein aktives Verhalten des Täters, eine bloße Duldung der Anrede durch Dritte genügt nicht. Das Führen muss jedoch in einer Weise geschehen, die die Interessen der Allgemeinheit berührt.	S/S[26], § 132a Rn. 17
Führen ist aktive Äußerung des Täters gegenüber seiner Umwelt, mit der er die Bezeichnung in einer die geschützten Interessen berührenden Weise und Intensität in Anspruch nimmt. Bloßes Dulden der Anrede genügt daher nicht.	La/Kü[25], § 132a Rn. 7

Unter einem öffentlich bestellten Sachverständigen versteht man einen auf Grund öffentlich-rechtlicher Vorschriften des Staats- oder Kommunalrechts für bestimmte Sachgebiete auf Zeit bestellten Sachverständigen.

Tr/Fi[53], § 132a Rn. 14

Die Bezeichnung »**öffentlich bestellter Sachverständiger**« bezieht sich auf solche Personen, die aufgrund öffentlich-rechtlicher Vorschriften für bestimmte Sachgebiete als Sachverständige bestellt sind.

S/S[26], § 132a Rn. 11

Öffentlich bestellte Sachverständige sind solche, die durch Verwaltungsakt als Sachverständige für ein bestimmtes Sachgebiet bestellt sind.

La/Kü[25], § 132a Rn. 4

Uniformen. Nur staatliche Uniformen sind gemeint, nicht Phantasieuniformen. Bloße Uniformstücke gehören nicht hierher, wohl aber die Sonderkleidung für Taxichauffeure und Dienstmänner, ebenso Dienstgradabzeichen.

Tr/Fi[53], § 132a Rn. 15

Uniform ist jede aufgrund öffentlich-rechtlicher Bestimmungen eingeführte Tracht, sofern die Befugnis zum Anlegen dieser Tracht durch öffentlich-rechtliche Vorschriften geregelt ist.

S/S[26], § 132a Rn. 12

Uniformen sind die aufgrund öffentlich-rechtlicher Bestimmung eingeführten Kleidungen.

La/Kü[25], § 132a Rn. 5

Amtskleidungen sind solche, die nicht ständig getragen werden, sondern aus bestimmtem dienstlichen Anlass (Robe eines Richters). Sie müssen öffentlicher Art sein.

Tr/Fi[53], § 132a Rn. 15

Amtskleidung ist jede durch öffentlich-rechtliche Vorschriften eingeführte Tracht, die im Gegensatz zur Uniform nicht ständig beim Dienst, sondern nur bei bestimmten Amtshandlungen getragen wird.

S/S[26], § 132a Rn. 12

Amtsabzeichen dienen zum Ausweis, dass der Träger eine entsprechende Funktion hat; so das Brustschild, die Dienstmütze, das Jagdschutzabzeichen. Sie müssen öffentlicher Art sein.

Tr/Fi[53], § 132a Rn. 15

Amtsabzeichen sind Zeichen, die, ohne zur Kleidung zu gehören, den Träger als Inhaber eines bestimmten Amtes kenntlich machen.

S/S[26], § 132a Rn. 12

Militärische Dienstabzeichen sind nicht als Amtsabzeichen anzusehen.

Amtsabzeichen sind Zeichen, die den Träger als Inhaber

La/Kü[25], § 132a Rn. 5

eines bestimmten öffentlichen Amtes und wohl auch als
Träger eines militärischen Dienstgrades kenntlich machen.

Unbefugtes Tragen der Uniform liegt vor, wenn nach außen der Eindruck entstehen kann, als ob die Uniform dem Träger zustehe.	Tr/Fi[53], § 132a Rn. 22
Das **Tragen einer Uniform** usw. liegt jedenfalls dann vor, wenn der Täter sich in ihr öffentlich – wenn auch nur einmal – zeigt.	S/S[26], § 132a Rn. 18
Unbefugt. Das Merkmal hat hier den Tatbestand zu begrenzen, weil sonst jede Titelführung, jedes Uniformtragen usw., auch soweit es durch einen hierzu Berechtigten geschieht, den Tatbestand erfüllen würde. Maßgeblich für die Befugnis sind die entsprechenden öffentlich-rechtlichen Vorschriften.	S/S[26], § 132a Rn. 19
Tragen setzt ebenso wie das Führen voraus, dass die in der Uniform usw. zum Ausdruck kommende Amtseigenschaft in einer die geschützten Interessen berührenden Weise in Anspruch genommen wird.	La/Kü[25], § 132a Rn. 8
Zum Verwechseln ähnlich setzt voraus, dass nach dem Gesamteindruck eines durchschnittlichen, nicht genau prüfenden Beurteilers Verwechslung möglich ist. Bei den Bezeichnungen kommt es nicht so sehr auf die sprachliche Ähnlichkeit als vielmehr darauf an, ob der Anschein der Zugehörigkeit zu der jeweiligen Gruppe erweckt wird.	La/Kü[25], § 132a Rn. 9

Konkurrenzen

§ 132a steht in Idealkonkurrenz mit §§ 132, 263, die Nummern 1, 2 können mit Nr. 4 in Idealkonkurrenz stehen.

§ 133.   Verwahrungsbruch

Überblick

- *Typ:* vorsätzliches Begehungsdelikt. In Abs. 3 Sonderdelikt, unechtes Amtsdelikt (können (in Abs. 1 und 2) auch Nicht-Amtsträger begehen).
- *Versuch* ist nicht strafbar (Vergehen).

- Abs. 1 enthält den eigentlichen *(Grund-) Tatbestand,* Abs. 2 enthält *TB-Erweiterung* auf andere Objekte.

- Abs. 3 enthält *Qualifikation* für bestimmten Täterkreis. Prüfung immer mit dem Grunddelikt (Obersatz: § 133 I, (II,) III) und zwar entweder hinter subjektivem Tatbestand oder hinter Schuld des Grunddeliktes.

- *Schutzgut* ist die staatliche Gewalt über Sachen in dienstlichem Verwahrungsbesitz und das Vertrauen in deren sichere Aufbewahrung (La/Kü[25], § 133 Rn. 1), der amtliche Verwahrungsbesitz (Tr/Fi[53], § 133 Rn. 2).

Aufbau Abs. 1 (Abs. 2)

I. **Tatbestand**
   1. Objektiver Tatbestand:
      a. Tatobjekt: Schriftstücke oder andere bewegliche Sachen, die
         aa. (Abs. 1 Var. 1) sich in dienstlicher Verwahrung befinden *oder*
         bb. (Abs. 1 Var. 2) dienstlich in Verwahrung gegeben wurden
            - dem Täter *oder*
            - einem anderen.
         cc. (Abs. 2 Var. 1) sich in amtlicher Verwahrung
            - einer Kirche *oder*
            - einer anderen Religionsgesellschaft des öffentlichen Rechts befinden oder
         dd. (Abs. 2 Var. 2) amtlich in Verwahrung gegeben wurden (von Kirche oder einer anderen Religionsgesellschaft des öffentlichen Rechts)
            - dem Täter *oder*
            - einem anderen.
      b. Tathandlung:
         aa. Zerstören oder
         bb. Beschädigen oder
         cc. Unbrauchbarmachen oder
         dd. der dienstlichen Verfügung entziehen.
   2. Subjektiver Tatbestand: Vorsatz, mindestens bedingter.
II. **Rechtswidrigkeit: keine Besonderheiten.**
III. **Schuld: keine Besonderheiten.**

Aufbau Qualifikation Abs. 3

I. **Tatbestand**
   1. Objektiver Tatbestand:
      - Tatsubjekt: Täter ist
         aa. Amtsträger (**§ 11 Nr. 2**) *oder*
         bb. für öffentlichen Dienst besonders Verpflichteter (§ 11 Nr. 4).
         cc. In dieser Eigenschaft ist ihm das Tatobjekt
            - anvertraut worden
            - zugänglich geworden.
   2. Subjektiver Tatbestand: Vorsatz, mindestens bedingter.
II. **Rechtswidrigkeit: keine Besonderheiten.**

III. Schuld: keine Besonderheiten.

Definitionen / Erläuterungen

Unter **Schriftstücke** sind hier Schriftstücke jeder Art gemeint, auch solche, die keine Urkunden sind, weil ihnen die Beweiserheblichkeit fehlt.

Tr/Fi[53], § 133 Rn. 3

Die **Schriftstücke** brauchen keine Urkunden zu sein; ihnen kann daher die Beweiserheblichkeit fehlen, sie müssen aber zumindest einen gedanklichen Inhalt haben, um dem Merkmal Schriftstück im Gegensatz zu den anderen beweglichen Sachen zu unterfallen.

S/S[26], § 133 Rn. 4

Sache ist jeder körperliche Gegenstand (gleich welchen Aggregatzustandes).

Tr/Fi[53], § 133 Rn. 3
i.V.m. § 242 Rn. 3

Auch vertretbare und verbrauchbare Sachen fallen hierunter.

Tr/Fi[53], § 133 Rn. 3

Beweglich im natürlichen Sinne muss die Sache sein; so auch Teile von unbeweglichen Sachen, die zum Zwecke der Wegnahme losgelöst werden.

Tr/Fi[53], § 133 Rn. 3
i.V.m. § 242 Rn. 4

Sachen sind körperliche Gegenstände.

S/S[26], § 133 Rn. 4
i.V.m. § 242 Rn. 9

Dienstlich ist die **Verwahrung**, wenn sie durch eine Behörde, eine Dienststelle der BWehr, eine Körperschaft des öffentlichen Rechts, einen Amtsträger oder für den öffentlichen Dienst besonders Verpflichteten so ausgeübt wird, dass »sich in dem Gewahrsam die besondere dienstliche Herrschafts- und Verfügungsgewalt äußert, die den jeweiligen staatlichen Aufgaben der verwahrenden Dienststelle entspringt«.

Tr/Fi[53], § 133 Rn. 4

Dienstliche Verwahrung setzt voraus, dass der Gegenstand durch eine Behörde, eine Körperschaft oder Anstalt des öffentlichen Rechts, die Bundeswehr, einen Richter, Amtsträger, für den öffentlichen Dienst besonders Verpflichteten oder ein Organ der Selbstverwaltung in Besitz genommen wurde, um ihn als solchen, d.h. in seiner Individualität, zu erhalten und vor unbefugtem Zugriff zu bewahren.

S/S[26], § 133 Rn. 6

Nicht verwahrt werden das behördliche Inventar sowie die von der Behörde selbst zu verbrauchenden Gegen-

S/S[26], § 133 Rn. 7

stände wie Vorräte an Holz, Kohlen, Formulare.

Dienstliche Verwahrung setzt voraus, dass fürsorgliche Hoheitsgewalt (i.d.R. eine Behörde, aber z.B. auch eine militärische Dienststelle) den Gegenstand in Gewahrsam genommen hat, um ihn für bestimmte, über das bloße Funktionsinteresse der Behörde hinausgehende Zwecke zu erhalten und vor unbefugtem Zugriff zu bewahren.

La/Kü[25], § 133 Rn. 3

Dienstlich in Verwahrung gegeben. Ist derjenige, der die Sache erhalten hat, Amtsträger oder für den öffentlichen Dienst besonders Verpflichteter, so tritt mit der Übergabe dienstliche Verwahrung ein. Die Alternative bezieht sich also nur auf Fälle, dass ein Dritter die Sache erhalten hat, etwa eine Bank zur Verwahrung im Stahlfach für eine Dienststelle. Die Übergabe muss auf eine dienstliche Anordnung zurückgehen und muss erkennen lassen, dass der andere die Sache dienstlich zur Verwahrung erhalten hat.

Tr/Fi[53], § 133 Rn. 5

Dienstlich in Verwahrung gegeben. Dies setzt voraus, dass dem Empfänger dienstliche Herrschaftsgewalt übertragen wird. Nach dem Wortlaut der Vorschrift ist nicht erforderlich, dass der Empfänger ein Amtsträger oder für den öffentlichen Dienst besonders Verpflichteter ist. Hat der Empfänger nicht diese Eigenschaften, so muss bei der Übergabe allerdings erkennbar sein, dass dienstlich verwahrt werden soll.

S/S[26], § 133 Rn. 10

Dienstlich (heißt aufgrund dienstlicher Anordnung und zu dienstlichen Zwecken) **in Verwahrung gegeben** ist ein Gegenstand dann, wenn dem Empfänger dienstliche Herrschaftsgewalt übertragen wurde; daran fehlt es beim Schuldner oder Gläubiger, dem der Gerichtsvollzieher eine nach §§ 808 II, 809 ZPO gepfändete Sache im Besitz belässt. Es muss erkennbar sein, dass dienstlich verwahrt werden soll.

La/Kü[25], § 133 Rn. 4

Unter **Kirchen** werden die traditionellen christlichen Religionsgemeinschaften verstanden; dazu zählen neben den Großkirchen wie der evangelischen und der römisch-katholischen Kirche auch z.B. die altkatholische Kirche, die evangelisch-methodistische Kirche, der Bund evangelisch-freikirchlicher Gemeinden (Baptisten) und die russisch-orthodoxe Kirche.

S/S[26], § 133 Rn. 12
i.V.m. § 132a Rn. 15

Zu den übrigen **Religionsgemeinschaften des öffentli-**

S/S[26], § 133 Rn. 12

chen **Rechts** gehören z.B. die israelischen Kultusgemein-
den, die Mennoniten und die Heilsarmee, nicht dagegen
die Zeugen Jehovas und die Buddhisten, da diese in privater Rechtsform organisiert sind.

i.V.m. § 132a Rn. 15

**Gegenstände, die sich in amtlicher Verwahrung einer
Kirche oder anderen Religionsgemeinschaften des öffentlichen Rechts befinden.** Wichtig sind vor allem Kir-
chenbücher und kirchenamtliche Personenstandsurkun-
den.

Tr/Fi[53], § 133 Rn. 8

Zerstören ist eine so weitgehende Beschädigung einer Sache, dass ihre Gebrauchsfähigkeit völlig aufgehoben wird.

Tr/Fi[53], § 133 Rn. 9
i.V.m. § 303 Rn. 14

Zerstört ist eine Sache, wenn sie so wesentlich beschädigt
wird, dass sie ihre Gebrauchsfähigkeit verliert. Der Begriff
der Zerstörung umfasst hier auch den der Vernichtung,
d.h. der völligen Beseitigung der Sachsubstanz.

S/S[26], § 133 Rn. 14

Zerstören ist nur ein stärkerer Grad des Beschädigens, d.h.
eine Einwirkung mit der Folge, dass die bestimmungsmäßige Brauchbarkeit der Sache völlig aufgehoben wird.

La/Kü[25], § 133 Rn. 6
i.V.m. § 303 Rn. 7

Beschädigung ist eine nicht ganz unerhebliche Verletzung
der Substanz, der äußeren Erscheinung oder der Form einer Sache, durch welche die Brauchbarkeit der Sache zu
ihrem bestimmten Zweck beeinträchtigt wird.

Tr/Fi[53], § 133 Rn. 9
i.V.m. § 303 Rn. 6

Das **Beschädigen** erfordert keine Verletzung oder Veränderung der Substanz; es genügt eine Minderung der
Brauchbarkeit; diese kann bei Urkunden durch Durch-
streichen, Radieren, Überkleben oder sonstiges Fälschen
geschehen.

S/S[26], § 133 Rn. 14

Beschädigen ist nach der Rspr. Des BGH jede nicht ganz
unerhebliche körperliche Einwirkung auf die Sache, durch
die ihre stoffliche Zusammensetzung verändert oder ihre
Unversehrtheit derart aufgehoben wird, dass die Brauchbarkeit für ihre Zwecke gemindert ist.

La/Kü[25], § 133 Rn. 6
i.V.m. § 303 Rn. 3

Unbrauchbarmachen ist eine Einwirkung auf die Sache,
welche ihre ordnungsgemäße Verwendungsfähigkeit aufhebt.

Tr/Fi[53], § 133 Rn. 9
i.V.m. § 303b Rn. 14

Unbrauchbar machen bedeutet, eine Sache so zu verändern, dass sie ihren eigentlichen Zweck nicht mehr erfüllen kann, etwa durch Ausschalten ihrer Wirkungsweise,

S/S[26], § 133 Rn. 14

ohne dass es zu einer Substanzverletzung kommt.

Unbrauchbarmachen bedeutet Ausschalten der Wir- La/Kü[25], § 133 Rn. 6
kungsweise, u.U. auch ohne Substanzverletzung. i.V.m. § 87 Rn. 2

Der dienstlichen Verfügung entziehen. Diese General- Tr/Fi[53], § 133 Rn. 9
klausel, die jede Handlung deckt, mit der die unmittelbare
Verwendung der Sache der verwahrenden Stelle, dem
Vorgesetzten des Täters oder einem Mitberechtigten unmöglich gemacht wird, umfasst auch die Fälle des in § 133
I, § 348 II a.F. genannten Beiseiteschaffens, so die räumliche Entfernung in einer Weise, dass die jederzeitige Bereitschaft für den bestimmungsgemäßen Gebrauch wenn auch
nur vorübergehend aufgehoben oder erheblich erschwert
ist.

Der **dienstlichen Verfügung entzieht**, wer dem Berechtig- S/S[26], § 133 Rn. 15
ten die Möglichkeit des Zugriffs auf die Sache nimmt. Die-
ses Tatbestandsmerkmal umfasst sowohl Fälle, in denen
die Verfügungsmöglichkeit des Berechtigten über die Sache durch deren räumliche Entfernung beseitigt wurde,
wie auch die Fälle, in denen dies ohne eine Ortsveränderung geschieht.

Der **dienstlichen Verfügung entziehen** bedeutet, dem La/Kü[25], § 133 Rn. 6
dienstlich Berechtigten die Möglichkeit jederzeitiger Verfügung über die Sache im Sinne ihrer bestimmungsmäßi-
gen Verwendung – sei es auch nur vorübergehend oder
ohne Ortsveränderung – zu nehmen oder erheblich zu erschweren.

Amtsträger, vgl. § 11 I Nr. 2.

Den **Amtsträgern** ist gemeinsam, dass sie in einem be- S/S[26], § 133 Rn. 18
stimmten Dienst- oder Auftragsverhältnis zu einer öffent- i.V.m. § 11 Rn. 16
lichen Stelle stehen und diese Bestellung auf deutschem
Recht beruht.

Für den öffentlichen Dienst besonders Verpflichteter,
vgl. § 11 Nr. 4.

Anvertraut ist die Sache dem Täter, wenn er die Verfü- Tr/Fi[53], § 133 Rn. 14
gung über sie kraft dienstlicher (allgemeiner oder beson-
derer) Anordnung erhält in dem Vertrauen, dass er kraft
seines Amtes für deren Verbleib, Gebrauchsfähigkeit und
inhaltliche Richtigkeit sorge. Das gilt auch für ein dienstliches Schriftstück, das der Täter selbst hergestellt hat, selbst

dann, wenn er sich insgeheim vorgenommen hat, es nur privat zu verwenden.

Dienstlich anvertraut ist die Sache dann, wenn der Täter die Verfügung darüber aufgrund allgemeiner oder spezieller Anordnung erhält und kraft seiner dienstlichen Aufgabe verpflichtet ist, für deren Verbleib, Gebrauchsfähigkeit oder Bestandserhaltung zu sorgen.

S/S[26], § 133 Rn. 21

Anvertraut ist die Sache dem Täter als Amtsträger, wenn er aufgrund dienstlicher (allg. oder für den Einzelfall gegebener) Anordnung Verfügungsmacht über sie hat und kraft seines Amtsverhältnisses verpflichtet ist, für ihre Erhaltung und Gebrauchsfähigkeit zu sorgen; auch ein amtliches Schriftstück, das der Täter in amtlicher Eigenschaft zum Missbrauch für private Zwecke hergestellt hat, kann anvertraut sein. Die in der Privatwohnung angenommene Sache ist meist erst anvertraut, wenn der Amtsträger usw sie in die Dienststelle bringt.

La/Kü[25], § 133 Rn. 10

Zugänglich ist die Sache dem Täter, wenn er dienstlich zu ihr gelangen kann, also auch, wenn sie sich in einem verschlossenen Schrank befindet, in dem aber der Schlüssel steckt; anders wenn er einen Nachschlüssel benutzen muss. Hingegen kann ein verschlossenes Schreiben dem Täter als solches zugänglich sein. Zugänglich kann eine Urkunde dem Täter auch sein, wenn er sie selbst fälschlich angefertigt hat.

Tr/Fi[53], § 133 Rn. 15

Dienstlich zugänglich ist dem Beamten eine Sache, wenn er infolge seiner dienstlichen Eigenschaft die tatsächliche Möglichkeit hat, zu ihr zu gelangen, wie z.B. die Möglichkeit des Behördenchefs der staatlichen Münze, den Tresor mit alten Prägestempeln betreten zu können. Ein eigener Gewahrsam des Beamten ist nicht erforderlich.

S/S[26], § 133 Rn. 22

Zugänglich sind Sachen im Dienstraum des Amtsträgers usw. auch außerhalb der Dienststunden; nicht aber solche Gegenstände, die sich dort in einem verschlossenen Behältnis befinden, das der Amtsträger mit einem Nachschlüssel öffnet.

La/Kü[25], § 133 Rn. 10

Konkurrenzen

§ 133 steht in Idealkonkurrenz mit §§ 132, 136, 148 II, 242, 246, 263, 267, 268, 274 I 1, 303, 348, 354 I, II Nr. 1.

§ 134.   Verletzung amtlicher Bekanntmachungen

Überblick

- *Typ:* vorsätzliches Begehungsdelikt.

- *Versuch* ist nicht strafbar (Vergehen).

- *Schutzgut* ist die öffentliche Wirksamkeit amtlicher Kundmachungen (La/Kü[25], § 134 Rn. 1).

Aufbau

I. **Tatbestand**
  1. Objektiver Tatbestand:
    a. Tatobjekt: ein Schriftstück
      aa. dienstliches
      bb. zur Bekanntmachung
      cc. öffentlich angeschlagen oder ausgelegt.
    b. Tathandlung:
      aa. Zerstören *oder*
      bb. Beseitigen *oder*
      cc. Verunstalten *oder*
      dd. Unkenntlichmachen *oder*
      ee. Sinnentstellen
  2. Subjektiver Tatbestand: Vorsatz, direkter, (= dolus directus 2. Grades = Wissentlichkeit). Bedingter Vorsatz genügt hier nicht.
II. **Rechtswidrigkeit: keine Besonderheiten.**
III. **Schuld: keine Besonderheiten.**

Definitionen / Erläuterungen

Unter **Schriftstücke** sind hier Schriftstücke jeder Art gemeint, auch solche, die keine Urkunden sind, weil ihnen die Beweiserheblichkeit fehlt.

Tr/Fi[53], § 134 Rn. 3
i.V.m. § 133 Rn. 3

Dienstlich ist jedes Schriftstück, das für Mitteilungszwecke einer Behörde, sonstiger Dienststellen, öffentlich-rechtlicher Körperschaften und Anstalten, z.B. Gemeinden

S/S[26], § 134 Rn. 3

und Universitäten, nicht jedoch kirchlicher Stellen angefertigt wurde. Nicht erforderlich ist, dass das Schriftstück hoheitliche Anordnungen enthält; es genügen Schriftstücke mitteilenden Charakters, wie z.B. das Aufgebot des Standesamtes oder die Urliste der Schöffen.

Dienstlich ist jedes im Rahmen von Behörden oder anderen Dienststellen öffentlich-rechtlicher Körperschaften gefertigte Schriftstück, das dienstlichen Inhalt hat, aber nicht notwendig hoheitliche Anordnungen enthält, und Mitteilungszwecken dient.

La/Kü[25], § 134 Rn. 2

Öffentlich bedeutet, ohne dass es auf die Öffentlichkeit des Ortes ankommt, in einer Weise, dass die Aufforderung von unbestimmt welchen und unbestimmt vielen, also nicht durch persönliche Beziehungen verbundenen anderen wahrgenommen werden kann, die in den Fällen verbaler Aufforderung auch anwesend sein müssen.

Tr/Fi[53], § 134 Rn. 3
i.V.m. § 111 Rn. 5

Angeschlagen bedeutet, mit einer anderen Sache, z.B. einer Anschlagsäule verbunden.

Tr/Fi[53], § 134 Rn. 3;
S/S[26] § 134 Rn. 5

Ausgelegt. Wie z.B. eine Wahlliste.

Tr/Fi[53], § 134 Rn. 3

Bekanntmachung bedeutet Kenntnisnahme durch die Allgemeinheit oder einen bestimmten Personenkreis (Aufforderung zur Musterung).

Tr/Fi[53], § 134 Rn. 3

Zur Bekanntmachung öffentlich angeschlagen oder ausgelegt ist das dienstliche Schriftstück, wenn es durch Aushängen, Anheften oder in anderer Weise in eine Lage gebracht ist, die der Allgemeinheit die Möglichkeit gibt und geben soll, von seinem Inhalt Kenntnis zu nehmen.

La/Kü[25], § 134 Rn. 2

Zerstören ist eine so weitgehende Beschädigung einer Sache, dass ihre Gebrauchsfähigkeit völlig aufgehoben wird.

Tr/Fi[53], § 134 Rn. 4
i.V.m. § 303 Rn. 14

Zerstört ist eine Sache, wenn sie so wesentlich beschädigt wird, dass sie ihre Gebrauchsfähigkeit verliert. Der Begriff der Zerstörung umfasst hier auch den der Vernichtung, d.h. der völligen Beseitigung der Sachsubstanz.

S/S[26], § 134 Rn. 6 i.V.m.
§ 133 Rn. 14

Zerstören ist nur ein stärkerer Grad des Beschädigens, d.h. eine Einwirkung mit der Folge, dass die bestimmungsmäßige Brauchbarkeit der Sache völlig aufgehoben wird.

La/Kü[25], § 134 Rn. 4
i.V.m. § 303 Rn. 7

Beseitigen bedeutet, von seinem Platz entfernen (auch wenn es unten liegen bleibt).

Tr/Fi[53], § 134 Rn. 4

Beseitigt ist ein Schriftstück, wenn es von dem Ort, an dem es angeschlagen usw. ist, entfernt wird, also z.B. durch Abreißen von der Anschlagtafel.

S/S[26], § 134 Rn. 6

Beseitigen bedeutet, dem Berechtigten ohne dessen Willen durch Ortsveränderung entziehen.

La/Kü[25], § 134 Rn. 4

Verunstalten. z.B. durch Beschmieren.

Tr/Fi[53], § 134 Rn. 4

Verunstaltet ist ein Schriftstück, wenn es z.B. beschmiert, durch verändernde Zusätze karikiert oder sonst in einer Weise verändert wird, durch welche die Missachtung gegenüber dem dienstlichen Schriftstück oder dessen mangelnde Ernstlichkeit dokumentiert wird.

S/S[26], § 134 Rn. 6

Verunstalten ist z.B. durch karikierende Veränderungen an ausgehängten Fotos in Suchmeldungen möglich.

La/Kü[25], § 134 Rn. 4

Unkenntlichmachen bedeutet, die Möglichkeit, vom gedanklichen Inhalt Kenntnis zu nehmen, z.B. durch Überkleben oder Beschädigen, zu beseitigen.

Tr/Fi[53], § 134 Rn. 4

Ein **Unkenntlichmachen** liegt nicht nur dann vor, wenn der Inhalt des Schriftstücks überhaupt nicht mehr, sondern auch, wenn er nur teilweise nicht mehr zur Kenntnis genommen werden kann oder in seinem Sinn entstellt ist, z.B. durch Überkleben, teilweise zerstören usw.

S/S[26], § 134 Rn. 6

Unkenntlichmachen ist durch Überkleben möglich.

La/Kü[25], § 134 Rn. 4

Sinn entstellen bedeutet, z.B. durch Einfügen oder Entfernen von Teilen, den gedanklichen Inhalt zu verändern.

Tr/Fi[53], § 134 Rn. 4

Wissentlichkeit liegt vor, wenn der Täter davon überzeugt ist, dass er ein dienstliches, zur öffentlichen Bekanntmachung angeschlagenes oder ausgelegtes Schriftstück zerstört, beseitigt usw.

S/S[26], § 134 Rn. 7

Wissentlichkeit liegt vor, wenn der Täter handelt, obwohl er weiß oder als sicher voraussieht, dass er den Tatbestand verwirklicht. Hier folgt der unbedingte Verwirklichungswille aus dem Handeln trotz Gewissheitsvorstellung.

La/Kü[25], § 134 Rn. 5 i.V.m. § 15 Rn. 21

Der Täter muss sicher wissen oder davon überzeugt sein, dass es sich um ein Schriftstück der bezeichneten Art handelt.

La/Kü[25], § 134 Rn. 5

Konkurrenzen

§ 134 steht in Idealkonkurrenz mit §§ 267, 274 I Nr. 1.

§ 134 verdrängt § 303 im Wege der Gesetzeskonkurrenz (Spezialität).

§ 135. (Aufgehoben durch 1. StÄG.)

§ 136. Verstrickungsbruch; Siegelbruch

Überblick

- *Typ:* vorsätzliches Begehungsdelikt.

- *Versuch* ist nicht strafbar (Vergehen).

- Abs. 1 enthält den *TB des Verstrickungsbruches*, Abs. 2 den *TB des Siegelbruchs*. Abs. 3 ist an § 113 III angelehnt. Er enthält Rechtsfolgen fehlender Rechtmäßigkeit. Die Einordnung ist wie bei § 113 III sehr umstritten. Zwischen **Tatbestandsausschluss** und *Rechtfertigung* wird alles vertreten. Abs. 4 enthält durch den Verweis auf § 113 IV den Spezialfall eines Verbotsirrtums (Prüfung damit in der Schuld), vgl. Formulierungen von Abs. 4 mit § 17.

- *Schutzgut* ist die durch Beschlagnahme oder Siegelung begründete innerstaatliche Herrschaftsgewalt über Sachen (auch unbewegliche) gegen unbefugte Eingriffe (La/Kü[25], § 136 Rn. 1). Für den Schutz der Gläubiger dient dagegen § 289.

Aufbau Abs. 1 (Verstrickungsbruch)

I. **Tatbestand**
   1. Objektiver Tatbestand:
      a. Tatobjekt: eine Sache, die verstrickt ist durch
         aa. Pfändung *oder*
         bb. sonstige dienstliche Inbeschlagnahme.
      b. Tathandlung: der Verstrickung entziehen, ganz oder teilweise, durch
         aa. Zerstören *oder*
         bb. Beschädigen *oder*
         cc. Unbrauchbarmachen *oder*
         dd. eine andere Weise
   2. Subjektiver Tatbestand: Vorsatz, mindestens bedingter.
   3. Tatbestandsannex (obj.) Bedingung der Strafbarkeit (sehr str.):
      - Rechtmäßigkeit der Verstrickungshandlung, § 136 III S. 1
      - Irrige Annahme der Rechtmäßigkeit durch den Täter ist unbeachtlich, § 136 III S. 2.
II. **Rechtswidrigkeit: keine Besonderheiten.**
III. **Schuld: Abs. 4 i.V.m. § 113 IV.**

Aufbau Abs. 2 (Siegelbruch)

I. **Tatbestand**
    1. Objektiver Tatbestand:
        a. Tatobjekt:
            aa. ein Siegel, das angelegt ist, um Sachen
                - in Beschlag zu nehmen *oder*
                - dienstlich zu verschließen oder
                - zu bezeichnen,
            bb. ein durch ein solches Siegel bewirkter Verschluss.
        b. Tathandlung:
            aa. das Siegel
                - Beschädigen *oder*
                - Ablösen oder
                - Unkenntlichmachen oder
            bb. den Verschluss ganz oder teilweise unwirksam machen.
    2. Subjektiver Tatbestand: Vorsatz, mindestens bedingter.
    3. Tatbestandsannex (obj.) Bedingung der Strafbarkeit (sehr str.):
        a. Rechtmäßigkeit der Siegelungshandlung, § 136 III S. 1
        b. Irrige Annahme der Rechtmäßigkeit durch den Täter ist unbeachtlich, § 136 III S. 2.
II. **Rechtswidrigkeit: keine Besonderheiten.**
III. **Schuld: Abs. 4 i.V.m. § 113 IV.**

Definitionen / Erläuterungen

Sachen sind hier nur körperliche Gegenstände, einschließlich der unbeweglichen (nicht dagegen Forderungen und sonstige Rechte).	Tr/Fi[53], § 136 Rn. 2
Unter **Sachen** sind hier alle gegenständlichen Bestandteile des Vermögens zu verstehen. Es ist unerheblich, ob sie beweglich oder unbeweglich, herrenlos oder in jemandes Eigentum stehend sind.	S/S[26], § 136 Rn. 5
Die **Pfändung**, einschl. der Arrestvollziehung muss sich auf Sachen beziehen; die Pfändung eines Herausgabeanspruchs gehört nicht hierher. Die Pfändung geschieht durch Inbesitznahme der Sache, welche im Besitze des Schuldners, des Gläubigers oder eines zur Herausgabe bereiten Dritten sich befindet. Es genügt, dass der Gerichtsvollzieher nach pflichtgemäßer Prüfung annimmt, die Sache sei im Besitze des Schuldners, nicht eines Dritten.	Tr/Fi[53], § 136 Rn. 6
Pfändung i.S. des § 136 ist die Beschlagnahme, die zur Befriedigung oder Sicherung vermögensrechtlicher Ansprüche vorgenommen wird. Da lediglich das öffentliche Ge-	S/S[26], § 136 Rn. 8

waltverhältnis geschützt werden soll, ist nur erforderlich, dass unter Beachtung der wesentlichen Förmlichkeiten ein ordnungsgemäßer Verstrickungszustand herbeigeführt ist; ohne Bedeutung ist, ob für den Gläubiger ein Pfandrecht begründet wird. Die Pfändung beweglicher Sachen muss durch Inbesitznahme vollzogen werden (§ 808 I ZPO), wobei der Gerichtsvollzieher die Sachen entweder aus dem Gewahrsam des Schuldners wegschaffen oder die Pfändung der beim Schuldner belassenen Sachen kenntlich machen muss (§ 808 II ZPO).

Die **Pfändung** ist ein Spezialfall der Beschlagnahme zur Sicherung oder Verwirklichung eines vermögensrechtlichen Anspruchs.

La/Kü[25], § 136 Rn. 3

Dienstlich ist die **Beschlagnahme**, wenn sie durch eine Behörde, eine Dienststelle der BWehr, eine Körperschaft des öffentlichen Rechts, einen Amtsträger oder für den öffentlichen Dienst besonders Verpflichteten so ausgeübt wird, dass »sich in der Beschlagnahme die besondere dienstliche Herrschafts- und Verfügungsgewalt äußert, die den jeweiligen staatlichen Aufgaben der verwahrenden Dienststelle entspringt«.

Tr/Fi[53], § 136 Rn. 4
i.V.m. § 133 Rn. 3

Dienstliche Beschlagnahme setzt voraus, dass fürsorgliche Hoheitsgewalt (i.d.R. eine Behörde, aber z.B. auch eine militärische Dienststelle) den Gegenstand in Beschlag genommen hat, um ihn für bestimmte, über das bloße Funktionsinteresse der Behörde hinausgehende Zwecke zu erhalten und vor unbefugtem Zugriff zu bewahren.

La/Kü[25], § 136 Rn. 3
i.V.m. § 133 Rn. 3

Die **Beschlagnahme** ist gegenüber der Pfändung der allgemeinere Begriff. Sie bedeutet die zwangsweise Bereitstellung einer Sache zur Verfügung einer Behörde zur Sicherung privater oder öffentlicher Belange.

Tr/Fi[53], § 136 Rn. 5

Beschlagnahme bedeutet die zwangsweise Bereitstellung einer Sache zur Verfügung einer Behörde, um öffentliche oder private Belange zu sichern.

S/S[26], § 136 Rn. 7

Beschlagnahme ist zwangsweise Sicherstellung einer Sache zur behördlichen Verfügung.

La/Kü[25], § 136 Rn. 3

Zerstören ist eine so weitgehende Beschädigung einer Sache, dass ihre Gebrauchsfähigkeit völlig aufgehoben wird.

Tr/Fi[53], § 136 Rn. 7
i.V.m. § 303 Rn. 14

Zerstört ist eine Sache, wenn sie vernichtet oder wesent-

S/S[26], § 136 Rn. 11

lich beeinträchtigt wurde, so dass sie für ihren Zweck völlig unbrauchbar ist.

Zerstören ist nur ein stärkerer Grad des Beschädigens, d.h. eine Einwirkung mit der Folge, dass die bestimmungsmäßige Brauchbarkeit der Sache völlig aufgehoben wird.

La/Kü[25], § 136 Rn. 4 i.V.m. § 303 Rn. 7

Beschädigung ist eine nicht ganz unerhebliche Verletzung der Substanz, der äußeren Erscheinung oder der Form einer Sache, durch welche die Brauchbarkeit der Sache zu ihrem bestimmten Zweck beeinträchtigt wird.

Tr/Fi[53], § 136 Rn. 7 i.V.m. § 303 Rn. 6

Der Täter **beschädigt** eine Sache, wenn er ihre Substanz nicht unerheblich verletzt oder auf sie körperlich derart einwirkt, dass dadurch die bestimmungsgemäße Brauchbarkeit der Sache mehr als nur geringfügig beeinträchtigt oder der Zustand der Sache mehr als nur belanglos verändert wird.

S/S[26], § 136 Rn. 11 i.V.m. § 303 Rn. 8

Beschädigen ist nach der Rspr. des BGH jede nicht ganz unerhebliche körperliche Einwirkung auf die Sache, durch die ihre stoffliche Zusammensetzung verändert oder ihre Unversehrtheit derart aufgehoben wird, dass die Brauchbarkeit für ihre Zwecke gemindert ist.

La/Kü[25], § 136 Rn. 4 i.V.m. § 303 Rn. 3

Unbrauchbarmachen bedeutet, so verändern, dass ihr Zweck nicht mehr erfüllt werden kann, z.B. Löschen eines Tonbands.

Tr/Fi[53], § 136 Rn. 7 i.V.m. § 133 Rn. 10

Unbrauchbar gemacht ist eine Sache, wenn sie so verändert wird, dass sie für ihren Zweck nicht mehr brauchbar ist; eine Einwirkung auf die Substanz der Sache ist nicht erforderlich.

S/S[26], § 136 Rn. 11

Unbrauchbarmachen bedeutet Ausschalten der Wirkungsweise, u.U. auch ohne Substanzverletzung.

La/Kü[25], § 136 Rn. 4 i.V.m. § 87 Rn. 2

Ganz oder zum Teil der **Verstrickung entzogen** ist eine Sache insb. dann, wenn sie beiseite geschafft wird. Dies ist dann der Fall, wenn die Sache in eine Lage gebracht wird, in der der Zugriff der Behörde, wenn auch nur vorübergehend, vereitelt oder erschwert wird.

S/S[26], § 136 Rn. 12

Der Verstrickung entziehen bedeutet, die Verfügungsgewalt der Behörde vollständig oder teilweise, dauernd oder vorübergehend ausschalten, jedoch nicht lediglich in ganz unerheblichem Maße; vorübergehende Benutzung des gepfändeten Kraftfahrzeugs kann genügen. Entziehung ist

La/Kü[25], § 136 Rn. 4

auch durch Täuschung möglich, nicht aber durch bloß verpflichtenden Vertrag, der den Zugriff der Behörde nicht beeinträchtigt.

Unter die Generalklausel des **Entziehens auf andere Weise** fällt es, wenn der Täter die Sachen z.B. beiseiteschafft, etwa durch Verbringen in eine andere Wohnung, Verstecken u. dgl. In Betracht kommen auch Täuschung des Gerichtsvollziehers, Ersetzen der Pfandsache durch eine minderwertige andere, Einbau beschlagnahmter Hölzer.

Tr/Fi[53], § 136 Rn. 7

Unter **Siegel** ist hier der Siegelabdruck zu verstehen. Es macht keinen Unterschied, aus welchem Material er besteht. In Betracht kommen z.B. Bahnplomben, die Plomben eines städtischen Elektrizitätswerks oder Feuermelders, Siegelmarken, ferner auch die mit dem Siegel des Gerichtsvollziehers versehene und am Verwahrungsort der Pfandobjekte angebrachte Pfandanzeige.

S/S[26], § 136 Rn. 20

Siegel ist eine von einer Behörde oder einem Amtsträger herrührenden Kennzeichnung mit Beglaubigungscharakter. Danach scheiden Siegel ausländischer Stellen grundsätzlich aus, es sei denn, dass der ausländischen Siegelung aufgrund völkerrechtlicher Vereinbarung innerstaatliche Wirkung beigelegt ist.

La/Kü[25], § 136 Rn. 5

Das **dienstliche Siegel** muss von einer Behörde, einem Amtsträger oder sonst dienstlich angelegt sein. Der Anlegende muss dazu im Allgemeinen sachlich und örtlich zuständig sein. Nicht nötig ist, dass im Einzelfalle die tatsächlichen oder rechtlichen Voraussetzungen der Siegelung gegeben waren, so auch bei Siegelung vor Zustellung des Vollstreckungstitels. Die Siegelung kann mittels Siegellack, Siegelmarke, Plombe oder am Breitbandkabelnetz, einer aufgeklebten Oblate, mittels Dienststempels und dgl. geschehen. Unter Umständen auch ausländische Siegel, wenn völkerrechtliche Verträge ausländische Rechtsgüter den inländischen gleichstellen, z.B. ausländische Zollplomben.

Tr/Fi[53], § 136 Rn. 9

Dienstliches Siegel bedeutet hier Amtssiegel.

S/S[26], § 136 Rn. 20

Dienstlich bedeutet aufgrund dienstlicher Anordnung und zu dienstlichen Zwecken.

La/Kü[25], § 136 Rn. 3 i.V.m. § 133 Rn. 4

Unter **Anlegen** von Siegeln ist die mechanische Verbindung des Siegels mit dem Gegenstand zu verstehen.

S/S[26], § 136 Rn. 21

Das Siegel ist **angelegt**, wenn es mit einer Sache verbunden, sei es auch nur mit einer Stecknadel befestigt, nicht aber, wenn es nur hingelegt ist.	La/Kü[25], § 136 Rn. 5a
Um Sachen in Beschlag zu nehmen. Z.B. beim Siegel des Gerichtsvollziehers, dann liegt aber gleichzeitig Abs. 1 vor.	Tr/Fi[53], § 136 Rn. 8
Dienstlich bedeutet aufgrund dienstlicher Anordnung und zu dienstlichen Zwecken.	La/Kü[25], § 136 Rn. 3 i.V.m. § 133 Rn. 4
Zu verschließen. Z.B. Lebensmittelproben.	Tr/Fi[53], § 136 Rn. 8
Verschluss bedeutet eine dienstliche Sperre, die durch das Siegel gebildet wird.	La/Kü[25], § 136 Rn. 6
Zu Bezeichnen. Z.B. das vom Fleischbeschauer untersuchte Fleisch.	Tr/Fi[53], § 136 Rn. 8
Eine **Beschädigung** des Siegels liegt vor, wenn eine nicht ganz unerhebliche Verletzung seiner Substanz, der äußeren Erscheinung oder der Form, durch welche die Brauchbarkeit des Siegels zu seinem bestimmten Zweck beeinträchtigt wird, gegeben ist.	Tr/Fi[53], § 136 Rn. 10 i.V.m. § 303 Rn. 5
Das Siegel ist **beschädigt**, wenn es in seiner Substanz so weit beeinträchtigt wird, dass es die ihm obliegende Funktion einer Kennzeichnung des beschlagnahmten Gegenstandes nicht mehr erfüllen kann; Minimalbeeinträchtigungen, die die Zweckerfüllung unberührt lassen, reichen daher nicht aus.	S/S[26], § 136 Rn. 24
Ablösen bedeutet, ohne oder mit Beschädigung entfernen.	Tr/Fi[53], § 136 Rn. 10
Im **Ablösen** des Siegels liegt eine Beschädigung, weil auf diese Weise die Verbindung zwischen dem Siegel und den beschlagnahmten Sachen usw. zerstört wird.	S/S[26], § 136 Rn. 24
Ablösen ist die Beseitigung des Siegels im Ganzen.	La/Kü[25], § 136 Rn. 6
Unkenntlich machen, z.B. durch Überkleben des Siegels; Überdecken eines Verbotsschildes.	Tr/Fi[53], § 136 Rn. 10
Unkenntlich ist ein Siegel, wenn es ohne Substanzverletzung seiner Zweckbestimmung entzogen wird, z.B. durch Überkleben.	S/S[26], § 136 Rn. 24
Verschluss ganz oder zum Teil unwirksam machen, z.B.	Tr/Fi[53], § 136 Rn. 10/11

dadurch, dass ohne Veränderung des Siegels an einer versiegelten Baustelle weiter gebaut wird. Ein Siegelbruch ist
aber in diesen Fällen nur solange möglich, als das Siegel
z.Z. des Weiterbaus noch angelegt ist. Unwirksam machen
kann auch gegeben sein, wenn ein Gegenstand aus einer
versiegelten Umschnürung entfernt wird oder jemand
durch das Fenster in einen Raum einsteigt, dessen Tür ver-
siegelt ist.

Verschluss ganz oder zum Teil unwirksam machen; da-   S/S[26], § 136 Rn. 25
bei kann das Siegel unversehrt an seiner Stelle bleiben.
Entscheidend ist, dass durch die Tat die räumlichen Fixie-
rung oder Kennzeichnung eines Gegenstandes, der die
Anlegung des Siegels dient, beseitigt wird. Es muss sich
immer um eine Tätigkeit handeln, durch die ein dienstlicher Verschluss beseitigt wird.

Unwirksammachen des Verschlusses ist Missachtung der   La/Kü[25], § 136 Rn. 6
dienstlichen Sperre, die durch das Siegel gebildet wird.

Rechtmäßige Diensthandlung. Der Begriff der Rechtmä-   S/S[26], § 136 Rn. 28-32
ßigkeit ist hier nicht im materiell-rechtlichen Sinne zu ver-
stehen, es handelt sich vielmehr um eine bloße formelle
Rechtmäßigkeit der Diensthandlung.

Beachte: Vgl. zur Rechmäßigkeit der Diensthandlung auch   Verf.
Anmerkungen zu § 113.

Konkurrenzen

§ 136 I steht zu § 136 II in Idealkonkurrenz. Mehrere Verwirklichungen innerhalb von
I oder innerhalb von II bilden jeweils nur eine einzige Tat.

§ 136 steht in Idealkonkurrenz zu §§ 113, 133, 242, 246, 263, 274 I Nr. 1, 288, 289, 304.

§ 137.   (Aufgehoben durch Art. 19 Nr. 52 EGStGB.)

§ 138.   Nichtanzeige geplanter Straftaten

Überblick

- *Typ:* echtes Unterlassungsdelikt. In Abs. 1 und 2 vorsätzlich. In Abs. 3 fahrlässig
  (in Form von Leichtfertigkeit).

- *Versuch* ist nicht strafbar (Vergehen).

- Abs. 1 enthält den *Katalog der anzuzeigenden Straftaten.* Abs. 2 erweitert ihn durch Verweis auf die Straftat des § 129a effektiv in einigen Details im Bereich der gemeingefährlichen Delikte, vgl. § 129a I Nr. 3 mit § 138 I Nr. 9. Abs. 1 und Abs. 2 unterscheiden sich im Übrigen nur dadurch, dass in Abs. 2 eine Anzeige *an die Behörde* zwingend ist und dass Abs. 1 *rechtzeitige,* Abs. 2 aber *unverzügliche* Anzeige fordert. Bis auf § 129a III und § 311b (in I Nr. 9) sind alle anzuzeigenden Delikte Verbrechen.

- Der Bedrohte selbst ist *nicht anzeigepflichtig,* gleiches gilt für Täter, Anstifter, Gehilfen der geplanten Tat (Tr/Fi[53], § 138 Rn. 17/18, La/Kü[25], § 138 Rn. 6). Prüfungsstandort für letztere: Zumutbarkeit (einer Selbstanzeige). Nach h.M. gilt das auch für Beteiligte, die (straflos) Vorbereitungshandlungen vorgenommen haben (La/Kü[25], § 138 Rn. 6).

- Wie bei allen Unterlassungsdelikten gehören die pflichtbegründenden Umstände in den TB (Irrtum darüber ist TB-Irrtum), die Pflicht(widrigkeit) selbst gehört zur Rechts(pflicht)widrigkeit. Irrt der Täter über seine Anzeigepflicht liegt daher ein in der Schuld zu prüfender Gebotsirrtum vor. Dies gilt auch in der Fahrlässigkeitsvariante, in der (auch) die Sorgfalts(pflicht)widrigkeit allgemein zum TB gezählt wird.

- § 139 gewährt in Abs. 2 und Abs. 3 S. 2 *Rechtfertigungsgründe* (für Abs. 2 h.M., aber str., a.A. S/S[26], § 139 Rn. 2: Tatbestandsausschluss). § 139 Abs. 1 ist (nur) *Strafabsehungs-,* Abs. 3 S. 1 und Abs. 4 sind (nur) persönliche **Strafaufhebungsgründe.**

- *Schutzgut* ist die staatliche Rechtspflege und das durch die geplante Tat bedrohte Gut (beides: Tr/Fi[53], § 138 Rn. 3; nur das letztere: La/Kü[25], § 138 Rn. 1; str.).

Aufbau Abs. 1 (Vorsatz)

I. **Tatbestand**
  1. Objektiver Tatbestand:
    a. Tatobjekt: Vorhaben der Ausführung einer
       aa. Straftat,
       bb. rechtswidrige, nicht notwendig schuldhafte
       cc. nach Nr. 1-9
    b. Tathandlung = Tatunterlassung: Nichtanzeige, rechtzeitige, bei
       aa. Behörde *oder*
       bb. Bedrohtem.
    c. Ungeschriebene Unterlassungsmerkmale:
       aa. Möglichkeit der Anzeige
       bb. Zumutbarkeit der Anzeige
  2. Subjektiver Tatbestand:
    a. glaubhaftes Erfahren vom Tatobjekt
    b. Vorsatz, mindestens bedingter bez. unterl. Anzeige.
II. **Rechtswidrigkeit: insbesondere § 139 Abs. 2 und Abs. 3 S. 2.**

III. Schuld: Irrtum über Anzeigepflicht ist Gebotsirrtum (§ 17).
IV. Besonderheiten:
   1. Strafabsehungsgrund, § 139 I.
      a. Straftat ist nicht versucht worden.
      b. Straftat ist versucht, aber infolge Rücktritts straffrei geworden (La/Kü[25], § 139 Rn. 1, a.A.: Tr/Fi[53], § 139 Rn. 2).
   2. Strafaufhebungsgründe:
      a. § 139 III S. 1
      b. § 139 IV.

Aufbau Abs. 2 (Vorsatz)

I.   **Tatbestand**
   1. Objektiver Tatbestand:
      a. Tatobjekt: Vorhaben der Ausführung einer
         aa. Straftat,
         bb. rechtswidrige, nicht notwendig schuldhafte
         cc. nach § 129a I Nr. 1-3 und III i.V.m. I
      b. Tathandlung = Tatunterlassung: Nichtanzeige, unverzügliche, bei
         -   Behörde
      c. Ungeschriebene Unterlassungsmerkmale:
         aa. Möglichkeit der Anzeige
         bb. Zumutbarkeit der Anzeige
   2. Subjektiver Tatbestand:
      a. glaubhaftes Erfahren vom Tatobjekt
      b. zu einer Zeit, zu der noch abgewendet werden kann
         aa. die Ausführung *oder*
         bb. der Erfolg.
      c. Vorsatz, mindestens bedingter bez. unterl. Anzeige.
II. **Rechtswidrigkeit: insbesondere § 139 Abs. 2 und Abs. 3 S. 2.**
III. **Schuld: Irrtum über Anzeigepflicht ist Gebotsirrtum (§ 17).**
IV. **Besonderheiten:**
   1. Strafabsehungsgrund, § 139 I.
      a. Straftat ist nicht versucht worden.
      b. Straftat ist versucht, aber infolge Rücktritts straffrei geworden (La/Kü[25], § 139 Rn. 1, a.A.: Tr/Fi[53], § 139 Rn. 2).
   2. Strafaufhebungsgründe:
      a. § 139 III S. 1
      b. § 139 IV.

Aufbau Abs. 3 (Fahrlässigkeit) i.V.m. Abs. 1 (bzw. 2)

I.   **Tatbestand**
   1. Objektiver Tatbestand:
      a. Tatobjekt: Vorhaben der Ausführung einer
         aa. Straftat,
         bb. rechtswidrige, nicht notwendig schuldhafte
         cc. nach Abs. 1 Nr. 1-9 *oder*

cc. nach § 129a I Nr. 1-3 und III i.V.m. I
- b. Tathandlung = Tatunterlassung: Nichtanzeige, rechtzeitige (Abs. 1) bzw. unverzügliche (Abs. 2) bei
  - aa. Behörde (i.V.m. Abs. 1 oder Abs. 2)
  - bb. dem Bedrohten (nur i.V.m. Abs. 1)
- c. Ungeschriebenes Fahrlässigkeitsmerkmal:
  - Nichtanzeige als objektive Sorgfaltspflichtverletzung, besonders grobe: Leichtfertigkeit.
- d. Ungeschriebene Unterlassungsmerkmale:
  - aa. Möglichkeit der Anzeige
  - bb. Zumutbarkeit der Anzeige
2. Subjektiver Tatbestand:
   - a. glaubhaftes Erfahren vom Tatobjekt
   - b. zu einer Zeit, zu der noch abgewendet werden kann
     - aa. die Ausführung *oder*
     - bb. der Erfolg.
   - c. Wissen (bewusste F.) oder Nichtwissen (unbewusste F.), aber kein (billigendes) Wollen bez. unterl. Anzeige.

II. Rechtswidrigkeit: insbesondere § 139 Abs. 2 und Abs. 3 S. 2.

III. Schuld:
1. Nichtanzeige als subjektive Sorgfaltspflichtverletzung, besonders grobe: Leichtfertigkeit.
2. Irrtum über Anzeigepflicht selbst ist auch hier Gebotsirrtum (§ 17).

IV. Besonderheiten:
1. Strafabsehungsgrund, § 139 I.
   - a. Straftat ist nicht versucht worden.
   - b. Straftat ist versucht, aber infolge Rücktritts straffrei geworden (La/Kü[25], § 139 Rn. 1, a.A.: Tr/Fi[53], § 139 Rn. 2).
2. Strafaufhebungsgründe:
   - a. § 139 III S. 1
   - b. § 139 IV.

Definitionen / Erläuterungen

Das **Vorhaben** ist so anzuzeigen, dass sich die Ausführung oder der Erfolg verhüten lässt. Nur insoweit ist die Angabe des Namens des voraussichtlichen Täters erforderlich. Seinen eigenen Namen braucht der Anzeigende nicht zu nennen, falls die Anzeige auch so hinreichend ernst genommen wird.

Tr/Fi[53], § 138 Rn. 6

Vorhaben ist jeder ernstliche Plan. Dieser setzt voraus, dass der Täter seine verbrecherische Absicht hinsichtlich bestimmter Personen oder Objekte konkretisiert und die Art seines Vorgehens wenigstens in den Grundzügen bereits festgelegt hat. Es reicht aus, wenn die Tat nur unter gewissen Bedingungen begangen werden soll oder wenn

S/S[26], § 138 Rn. 4

späterer Bestimmung überlassen bleibt, welche von mehreren Personen sie ausführt.

Während der **Ausführung** bedeutet, wenn die Straftat bereits begonnen worden ist.	S/S[26], § 138 Rn. 6
Die **Ausführung** ist so anzuzeigen, dass sich die Ausführung oder der Erfolg verhüten lässt. Nur insoweit ist die Angabe des Namens des voraussichtlichen Täters erforderlich. Seinen eigenen Namen braucht der Anzeigende nicht zu nennen, falls die Anzeige auch so hinreichend ernst genommen wird.	Tr/Fi[53], § 138 Rn. 7
Behörde ist ein ständiges, von der Person des Inhabers unabhängiges, in das Gefüge der öffentlichen Verwaltung eingeordnetes Organ der Staatsgewalt mit der Aufgabe, unter öffentlicher Autorität nach eigener Entschließung für Staatszwecke tätig zu sein.	Tr/Fi[53], § 138 Rn. 23 i.V.m. § 11 Rn. 29
Als Behörde kommt meistens die Polizei in Betracht, jedenfalls eine Behörde, die einschreiten kann.	Tr/Fi[53], § 138 Rn. 23
Als **Behörde** kommt hier jede Dienststelle des Staates in Betracht, zu deren Aufgabenkreis ein verhütendes Einschreiten gehört, also in der Regel, aber nicht ausschließlich, die Polizei.	S/S[26], § 138 Rn. 13
Bedrohter ist derjenige, gegen den sich der Angriff unmittelbar richten soll.	S/S[26], § 138 Rn. 13
Die **Anzeige** braucht nur die Tat, nicht auch den Täter zu bezeichnen, es sei denn, dass sonst die Verhinderung nicht möglich ist; der Anzeigende kann anonym bleiben.	S/S[26], § 138 Rn. 10
Anzeigen muss der Täter lediglich die Tat, den Täter nur, wenn Verhütung sonst nicht möglich wäre. Anonyme Anzeige genügt, es sei denn, dass die Gefahr besteht, sie werde nicht ernst genommen.	La/Kü[25], § 138 Rn. 5
Rechtzeitig bedeutet zur rechten Zeit, so dass die Ausführung der geplanten Tat oder der Erfolg der geplanten Tat noch abgewendet werden kann.	Tr/Fi[53], § 138 Rn. 24
Die Anzeige ist **zur rechten Zeit** gemacht, wenn die Verhütung der Straftat oder ihres Erfolges noch möglich ist.	S/S[26], § 138 Rn. 12
Rechtzeitig ist die Anzeige, wenn die Ausführung oder (bei Kenntniserlangung erst nach Tatbeginn) der Erfolg	La/Kü[25], § 138 Rn. 5

noch abgewendet werden kann.

Glaubhaft erfahren. Die bloße Möglichkeit des Erkennens oder bloße unverbürgte Gerüchte genügen für einen Privatmann nicht; doch können sie einen Amtsträger zur Nachforschung verpflichten. Wer den Gerüchten (selbst grob fahrlässig) keinen Glauben schenkt oder nicht damit rechnet, dass das Vorhaben zur Verwirklichung kommt, braucht auch keine Anzeige zu machen.	Tr/Fi[53], § 138 Rn. 9
Für die **glaubhafte Kenntnis** genügt nicht, dass der Täter glaubt, jemand plane ernstlich eine Tat der genannten Art oder führe sie schon aus, vielmehr muss die Straftat tatsächlich geplant oder in Ausführung begriffen sein.	S/S[26], § 138 Rn. 8
Glaubhaft erfahren hat der Täter, wenn objektiv die Tat – sei es auch nur bedingt – ernstlich geplant oder wenn sie ausgeführt wird und wenn subjektiv der Täter mindestens mit der Möglichkeit ihrer Verübung (u.U. auch nur weiteren Ausführung) rechnet, also nicht schon dann, wenn er nur damit rechnen muss. Die Kenntnis braucht sich nur auf die Tat, nicht auf die Person des Täters zu beziehen.	La/Kü[25], § 138 Rn. 3
Zu einer Zeit, zu der die Ausführung oder der Erfolg noch abgewendet werden kann. Ob dies zutrifft, ist nach der objektiven Sachlage zu beurteilen, nicht nach der subjektiven Auffassung des Täters. Bei der Brandstiftung ist eine Anzeige noch zu machen, wenn die Kenntnis erst nach vollendeter Inbrandsetzung erlangt wird, aber das Löschen noch möglich ist.	Tr/Fi[53], § 138 Rn. 9
Zu einer Zeit, zu der die Ausführung oder der Erfolg noch abgewendet werden kann. Ob das der Fall ist, ist nach der wirklichen Sachlage zu entscheiden.	S/S[26], § 138 Rn. 9
Unverzüglich bedeutet, dass der Verpflichtete sofort nach Erlangung der Kenntnis von dem Vorhaben oder der Ausführung der Bildung einer solchen Vereinigung Anzeige erstatten muss.	S/S[26], § 138 Rn. 15
Leichtfertig bedeutet einen gesteigerten Grad von Fahrlässigkeit. Sie muss sich beziehen auf das Unterlassen der Anzeige, so z.B. wenn der Täter die Absendung des Anzeigebriefes vergisst oder zu spät Anzeige erstattet.	S/S[26], § 138 Rn. 25
Leichtfertig ist ein erhöhter Grad von Fahrlässigkeit. Sie entspricht objektiv der groben Fahrlässigkeit des bürgerli-	La/Kü[25], § 138 Rn. 7 i.V.m. § 15 Rn. 55

chen Rechts; vorauszusetzen ist danach, dass der Täter die
sich ihm aufdrängende Möglichkeit der Tatbestandsver-
wirklichung aus besonderem Leichtsinn oder besonderer
Gleichgültigkeit außer Acht lässt. Subjektiv sind die persönlichen Fähigkeiten und Kenntnisse des Täters zugrun-
dezulegen.

Konkurrenzen

§ 138 besteht in einem Nichtstun. Er kann deshalb bestenfalls mit anderem Nichtstun
konkurrieren. In Betracht kommt dabei allenfalls Gesetzeskonkurrenz (Konsumtion)
zu einem unechten Unterlassungsdelikt aus dem Katalog des § 138 (z.B. Totschlag
durch Unterlassen, §§ 212, 13), hinter dem § 138 zurückträte.

§ 139.   Straflosigkeit der Nichtanzeige geplanter Straftaten

Überblick

- *Typ:* Strafabsehungsgrund (Abs. 1), Strafaufhebungsgrund (Abs. 3 S. 1, Abs. 4),
  Rechtfertigungsgrund (Abs. 2 (str.), Abs. 3 S. 2) für § 138. **Prüfungstechnischer
  Einbau** s. § 138.

Aufbau Abs. 1 (Strafabsehungsgrund)

- Objektive Voraussetzungen:
  Die Tat ist nicht versucht worden.

Aufbau Abs. 2 (Rechtfertigungsgrund)

1. Objektive Voraussetzungen:
   a. Täter ist Geistlicher
   b. Täter ist sein Wissen (§ 138 subj. TB) anvertraut worden
   c. in seiner Eigenschaft als Seelsorger
2. Subjektive Voraussetzungen:
   - Kenntnis der objektiven Voraussetzungen.

Aufbau Abs. 3 S. 2 (Rechtfertigungsgrund)

1. Objektive Voraussetzungen:

a. Bei der geplanten Straftat handelt es sich nicht um eine aus dem Katalog des § 139 III S. 1 Nr. 1-3.
b. Täter ist Rechtsanwalt, Verteidiger, Arzt, Psychotherapeut
c. Täter ist sein Wissen (§ 138 subj. TB) anvertraut worden,
d. in seiner Eigenschaft als Rechtsanwalt, Verteidiger, Arzt, Psychotherapeut.
e. Täter hat sich bemüht, ernsthaft,
   aa. den (potentiellen) Dritt-Täter von der Tat abzuhalten *oder*
   bb. den Erfolg abzuwenden.
2. Subjektive Voraussetzungen:
- Kenntnis der objektiven Voraussetzungen.

Aufbau Abs. 3 S. 1 (persönlicher Strafaufhebungsgrund)

1. Objektive Voraussetzungen:
a. Bei der geplanten Straftat handelt es sich nicht um eine aus dem Katalog des § 139 III S. 1 Nr. 1-3.
b. Täter ist Angehöriger des (potentiellen) Dritt-Täters.
c. Täter hat sich bemüht, ernsthaft,
   aa. den (potentiellen) Dritt-Täter von der Tat abzuhalten *oder*
   bb. den Erfolg abzuwenden.
2. Subjektive Voraussetzungen:
- Kenntnis der objektiven Voraussetzungen.

Aufbau Abs. 4 (persönlicher Strafaufhebungsgrund)

- Objektive Voraussetzungen:
a. Die Ausführung oder der Erfolg der geplanten Straftat ist unterblieben.
b. Der Täter hat dies bewirkt (IV S. 1),
   - anders als durch Anzeige.
c. Der Täter hat dies nicht bewirkt (IV S. 2), aber
   aa. sich bemüht,
   bb. den Erfolg abzuwenden,
   bb. ernsthaft.

Definitionen / Erläuterungen

Nicht versucht. Versuch ist schon gegeben trotz tätiger Reue bei Brandstiftung (§ 310) und trotz Rücktritt nach § 24, da es sich nur um persönliche Strafaufhebungsgründe handelt. Bei § 129a schließt ein Versuch der Gründung oder der Versuch eines Rädelsführers oder Hintermannes Absehen von Strafe aus.   Tr/Fi[53], § 139 Rn. 3

Beachte: Die Nichtanwendung bei Rücktritt ist str., vgl.   Verf.

La/Kü25, § 139 Rn. 1.

Unter **Geistliche** sind solche einer staatlich anerkannten Religionsgemeinschaft zu verstehen.	Tr/Fi[53], § 139 Rn. 4
Geistliche meint Religionsdiener, die von einer Religionsgemeinschaft zu gottesdienstlichen Verrichtungen bestellt sind, den Vorrang des Beichtgeheimnisses vor der Anzeigepflicht an.	S/S[26], § 139 Rn. 2
Eigenschaft als Seelsorger anvertraut. Hierzu zählt auch, was dem Geistlichen außerhalb des Beichtgeheimnisses anvertraut worden ist. Nicht unter Abs. 2 fällt hingegen, was dem Geistlichen als Seelsorger lediglich bekannt geworden ist oder was er lediglich bei Gelegenheit der Ausübung der Seelsorge erfahren hat.	Tr/Fi[53], § 139 Rn. 4
Anvertrauen ist das Einweihen in ein Geheimnis unter Umständen, aus denen sich eine Pflicht zur Verschwiegenheit ergibt. Ein gültiger Vertrag braucht nicht zugrunde zu liegen; auch ein Geisteskranker kann anvertrauen. Der Anvertrauende und der Geheimnisgeschützte brauchen nicht personengleich zu sein.	Tr/Fi[53], § 139 Rn. 4 i.V.m. § 203 Rn. 8
Anvertraut ist ein Geheimnis dem Täter als Seelsorger usw., wenn es ihm in innerem Zusammenhang mit der Ausübung seines Berufs mündlich, schriftlich oder auf sonstige Weise unter Umständen mitgeteilt worden ist, aus denen sich die Anforderung des Geheimhaltens ergibt.	S/S[26], § 139 Rn. 2 i.V.m. § 203 Rn. 13
Rechtsanwälte, hierzu gehören nicht die Notare und Rechtsberater, vgl. auch BRAO.	Tr/Fi[53], § 139 Rn. 8
Verteidiger, siehe § 138 StPO.	Tr/Fi[53], § 139 Rn. 8
Ärzte, hierzu gehören nicht die Zahnärzte.	Tr/Fi[53], § 139 Rn. 8
Ernsthaft bemühen bedeutet, nicht nur zum Schein alles zu tun, was nach der Tätervorstellung erforderlich ist, und die dem Täter bekannten Möglichkeiten auszuschöpfen.	Tr/Fi[53], § 139 Rn. 6 i.V.m. § 24 Rn. 36
Aktives Bemühen muss hier auch dann gefordert werden, wenn es keine Aussicht auf Erfolg zu haben scheint.	Tr/Fi[53], § 139 Rn. 6

Angehöriger, vgl. § 11 I Nr. 1

§ 140.   Belohnung und Billigung von Straftaten

Überblick

- *Typ:* vorsätzliches Begehungsdelikt. In Nr. 2 Gefährdungsdelikt, abstraktes (»geeignet«).

- Nach dem Sinnzusammenhang soll trotz des Wortlautes »in strafbarer Weise« auch der Versuch eines Schuldunfähigen erfasst werden, vgl. La/Kü[25], § 140 Rn. 2, str.

- *Schutzgut* ist der öffentliche Friede, namentlich soll der Entstehung eines »psychischen Klimas« um sich greifender Gewaltbereitschaft entgegengewirkt werden. (Tr/Fi[53], § 140 Rn. 1; La/Kü[25], § 140 Rn. 1).

Aufbau

I.   **Tatbestand**
   1. Objektiver Tatbestand
     a. Tatobjekt: Taten, rechtswidrige, nachdem sie
       aa. begangen *oder*
       bb. in strafbarer Weise versucht wurden.
     b. Tathandlung:
       aa. (Nr. 1) Belohnen
       bb. (Nr. 2) Billigen in einer Weise, die geeignet ist, den öffentlichen Frieden zu stören,
         - öffentlich *oder*
         - in einer Versammlung oder
         - durch Verbreitung von Schriften.
   2. Subjektiver Tatbestand: Vorsatz, mindestens bedingter.
II. **Rechtswidrigkeit: keine Besonderheiten.**
III. **Schuld: keine Besonderheiten.**

Definitionen / Erläuterungen

Begangen worden bedeutet, dass die Tat vollendet ist. Beendet oder abgeurteilt braucht sie nicht zu sein.	Tr/Fi[53], § 140 Rn. 3
Belohnen bedeutet, einem Tatbeteiligten unmittelbar oder mittelbar (wohl auch einer Vereinigung, die für die Tat verantwortlich ist oder sich für verantwortlich erklärt hat), nachträglich einen vorher nicht versprochenen Vorteil, der nicht materieller Art zu sein braucht wie z.B. eine Auszeichnung als Zeichen der Anerkennung zuwenden.	Tr/Fi[53], § 140 Rn. 6
Unter **Belohnung** ist die Zuwendung eines Vorteils jeder	S/S[26], § 140 Rn. 4

Art zu verstehen. Ideelle Vorteile wie Auszeichnungen reichen aus, nicht dagegen bloßes Versprechen von Vorteilen.

Belohnen ist Zuwenden eines Vorteils jeder, auch nicht-materieller, Art.

La/Kü[25], § 140 Rn. 3

Billigen bedeutet, durch eine auf die konkrete Tat, mag auch eine genaue Angabe von Ort und Zeit fehlen, erkennbar, bezogene und aus sich heraus verständliche Erklärung gutheißen; nur schlüssige Erklärungen oder Schweigen reichen hierzu nicht aus; wohl auch nicht ohne weiteres, sie für rechtmäßig zu erklären.

Tr/Fi[53], § 140 Rn. 7

Die rechtswidrige Tat **billigt**, wer seine Zustimmung dazu kundgibt, dass die Tat begangen worden ist und sich damit moralisch hinter den Täter stellt. Daraus folgt, dass es sich um eine höchstpersönliche Stellungnahme des Täters handeln muss. Aus dem Erfordernis der eigenen Billigung ergibt sich, dass ein bloßes Verbreiten billigender Erklärungen eines Dritten nicht genügt.

S/S[26], § 140 Rn. 5

Billigen heißt, eine konkrete Tat – auch die eigene – nach ihrer Begehung gutheißen. Erforderlich ist danach die eindeutige, aus sich heraus verständliche Kundgabe eigener Zustimmung, die nach dem Sinn der (u.U. nur schlüssigen) Erklärung, nicht nach der Verwendung bestimmter Worte zu beurteilen ist und sich auch schon aus der Form der Darstellung ergeben kann; bloßes Verbreiten fremder Erklärungen genügt allein nicht.

La/Kü[25], § 140 Rn. 4 i.V.m. § 130 Rn. 8

Öffentlicher Frieden meint den Zustand allgemeiner Rechtssicherheit wie auch das Bewusstsein der Bevölkerung, in Ruhe und Frieden zu leben.

Tr/Fi[53], § 140 Rn. 8 i.V.m. § 130 Rn. 13 i.V.m. § 126 Rn. 2/9

Öffentlicher Frieden meint den Zustand eines von der Rechtsordnung gewährleisteten, frei von Furcht voreinander verlaufenden Zusammenlebens der Bürger und das Vertrauen in der Bevölkerung, mindestens einer nicht unbeträchtlichen Personenzahl, in die Fortdauer dieses Zustandes.

La/Kü[25], § 140 Rn. 1 i.V.m. § 126 Rn. 1

In einer Weise, die geeignet ist, den öffentlichen Frieden zu stören. Zu einer Friedensstörung braucht es also nicht zu kommen; wohl aber muss die Drohung bekannt werden können.

Tr/Fi[53], § 140 Rn. 8 i.V.m. § 126 Rn. 9

Die **Eignung, den öffentlichen frieden zu stören,** kann

Tr/Fi[53], § 140 Rn. 8

durch Erschütterung des Vertrauens in die Rechtssicherheit oder durch Aufhetzung des psychischen Klimas gegeben sein.

i.V.m. § 126 Rn. 9
i.V.m. 130 Rn. 13

Eine **Störung des öffentlichen Friedens** liegt schon dann vor, wenn einzelne Bevölkerungsteile oder jedenfalls eine nicht unbeträchtliche Personenmehrzahl in ihrem Vertrauen auf die öffentliche Rechtssicherheit erschüttert und damit ihrem Sicherheitsgefühl beeinträchtigt werden.

S/S[26], § 140 Rn. 5 i.V.m. § 126 Rn. 8

Eine konkrete **Eignung zur Störung des öffentlichen Friedens** liegt vor, wenn unter Zugrundelegung aller gegenwärtig gegebenen Umstände aus der Sicht eines objektiven Betrachters die begründete Befürchtung bestehen muss, dass es nach dem voraussehbaren Geschehensablauf zu einer solchen Störung kommen kann.

S/S[26], § 140 Rn. 5 i.V.m. § 126 Rn. 9

In einer Weise, die geeignet ist, den öffentlichen Frieden zu stören. Dass der öffentliche Frieden konkret gefährdet wurde, ist nicht unbedingt notwendig; es genügt vielmehr, dass Art und Inhalt der Handlung unter den Umständen ihrer Vornahme die konkrete Besorgnis rechtfertigen, der Angriff werde den Friedenszustand oder das Vertrauen in seine Fortdauer erschüttern, sei es auch nur in den Teilen der Bevölkerung, die durch den Angriff bedroht erscheinen oder deren Neigung zu Rechtsbrüchen angereizt werden kann.

La/Kü[25], § 140 Rn. 4
i.V.m. § 126 Rn. 4

Öffentlich ist die Billigung, wenn eine individuell nicht feststehende Anzahl von Personen die Möglichkeit hat, davon Kenntnis zu nehmen. Es kommt also nicht auf die Öffentlichkeit des Ortes, sondern die Unbestimmtheit des Zuhörerkreises an.

S/S[26], § 140 Rn. 6

Versammlung ist jede räumlich zu einem bestimmten Zweck vereinigte Personenmehrheit.

Tr/Fi[53], § 140 Rn. 7
i.V.m. § 80a Rn. 2

Unter **Versammlung** ist ein nicht nur zufälliges Beisammensein einer größeren Zahl von Personen zu einem gemeinsamen Zweck zu verstehen. Dieser braucht kein politischer zu sein, auch eine künstlerische oder wissenschaftliche Veranstaltung ist Versammlung; das Zusammenkommen zu rein persönlichen Zwecken genügt jedoch nicht.

S/S[26], § 140 Rn. 6 i.V.m. § 90 Rn. 5

Versammlung ist das Beisammensein einer größeren Zahl von Menschen zur Verfolgung eines bestimmten Zwecks.

La/Kü[25], § 140 Rn. 4
i.V.m. § 80a Rn. 2

Schrift ist eine Zusammenstellung von verkörperten Zeichen, die durch Augen oder Tastsinn wahrnehmbar sind und unmittelbar Worte, mittelbar Gedanken darstellen.

Tr/Fi[53], § 140 Rn. 7 i.V.m. § 11 Rn. 33

Unter **Schriften** sind solche stofflichen Zeichen zu verstehen, in denen eine Gedankenäußerung durch Buchstaben, Bilder oder Zeichen verkörpert ist und damit vor allem durch Gesichts- oder Tastsinn wahrgenommen werden kann; auch Geheim-, Kurz- oder Bilderschriften kommen dafür in Betracht.

S/S[26], § 140 Rn. 4 i.V.m. § 11 Rn. 78

Schriften sind sinnlich wahrnehmbare, auf einige Dauer angelegte Verkörperungen von gedanklichen Inhalten durch Buchstaben, Bilder oder andere stoffliche Zeichen, die geeignet sind, die Vorstellung eines Sinnzusammenhangs zu erwecken (auch Geheim-, Kurz- und Bilderschriften).

La/Kü[25], § 140 Rn. 4 i.V.m. § 11 Rn. 27

Verbreiten bedeutet, an einen anderen, und zwar vielleicht nur an eine einzelne Person, mit dem Ziele weitergeben, sie dadurch einem größeren Personenkreis zugänglich zu machen.

Tr/Fi[53], § 140 Rn. 7 i.V.m. § 111 Rn. 5 i.V.m. § 74d Rn. 4

Verbreiten von Schriften bedeutet, die mit einer körperlichen Weitergabe der Schrift verbundene Tätigkeit, die darauf gerichtet ist (finales Element), diese ihrer Substanz nach – also nicht nur bezüglich ihres Inhalts durch bloßes Vorlesen, Anschlagen, Ausstellen, Anbringen von Aufklebern usw. – einem größeren Personenkreis zugänglich zu machen, wobei dieser nach Zahl und Individualität unbestimmt oder jedenfalls so groß sein muss, dass er für den Täter nicht mehr kontrollierbar ist.

S/S[26], § 140 Rn. 6 i.V.m. § 184 Rn. 57

Verbreiten bedeutet, die Schrift einem größeren, nicht notwendig unbestimmten Personenkreis zugänglich machen, und zwar der Substanz nach.

La/Kü[25], § 140 Rn. 4 i.V.m. § 74d Rn. 5

Konkurrenzen

§ 140 steht in Idealkonkurrenz mit §§ 83, 86, 89, 130, 130a, 131, 189, 257 f.

§ 140 tritt im Wege der Gesetzeskonkurrenz (Konsumtion) zurück, wenn Belohnung oder Billigung deshalb Teilnahme an der Tat sind, weil sie vorher zugesagt wurden (psychische Beihilfe).

§ 141.   (Weggefallen)

§ 142.   Unerlaubtes Entfernen vom Unfallort

Überblick

- *Typ:* vorsätzliches Begehungsdelikt – Unterlassungsdelikt, echtes. Sonderdelikt: nur Unfallbeteiligte können Täter sein (wichtig für mittelbare und Mittäterschaft). Abstraktes (Vermögens-) Gefährdungsdelikt.

- *Versuch* ist nicht strafbar (Vergehen!).

- Abs. 1 enthält den *Ausgangstatbestand,*

- Abs. 2 ergänzt Abs. 1 in bestimmten Fällen (*Zusatztatbestand*),

- Abs. 3 S. 1 enthält eine *Inhaltsbestimmung* für Abs. 2, Abs. 3 S. 2 enthält eine Einschränkung zu S. 1.

- Abs. 4 enthält einen zwingenden *Strafmilderungsgrund* und einen fakultativen (möglichen) *Strafabsehungsgrund.*

- Abs. 5 enthält Begriffsbestimmung (*Legaldefinition*) des Unfallbeteiligten.

- *Schutzgut* ist nur die Sicherung von privatrechtlichen Ersatzansprüchen und der Schutz vor unberechtigten Ansprüchen (Tr/Fi[53], § 142 Rn. 2; La/Kü[25], § 142 Rn. 1).

Aufbau Abs. 1

I. **Tatbestand**
    1. Objektiver Tatbestand:
        a. Tatsituation – Unfall im Straßenverkehr;
        b. Tatsubjekt – ein Unfallbeteiligter (Abs. 4);
        c. Tathandlung (= Unterlassen) Sich-Entfernen = Nicht-Dableiben vor Pflichterfüllung =
           aa. Nichterfüllung einer Pflicht, (Nr. 1) die Feststellung zu ermöglichen von
               - seiner Person und
               - seines Fahrzeuges und
               - die Art seiner Beteiligung, durch
               - seine Anwesenheit (passive Feststellungsduldungspflicht) und
               - die Angabe, an dem Unfall beteiligt zu sein (aktive Vorstellungspflicht), zugunsten
               - der anderen Unfallbeteiligten und
               - der Geschädigten; oder
           bb. Nichterfüllung einer Pflicht, (Nr. 2)
               - eine nach den Umständen angemessene Zeit zu warten,
               - ohne dass jemand bereit war, die Feststellungen zu treffen.
           cc. Ungeschriebene Unterlassungsmerkmale (Nr. 1 und 2):
               - Möglichkeit des gebotenen Tuns;

- Zumutbarkeit des gebotenen Tuns.
  2. Subjektiver Tatbestand: Vorsatz, mindestens bedingter.
II. **Rechtswidrigkeit und**
III. **Schuld: keine Besonderheiten.**
IV. **Besonderheit I: Abs. 2 greift nicht ein,**
1. wenn der Unfallbeteiligte bereits endgültig strafbar ist (rechtswidriger und schuldhafter Verstoß gegen Abs. 1 Nr. 1 oder Nr. 2) oder
2. wenn er endgültig nicht strafbar ist (Erfüllung der Pflicht aus Abs. 1 Nr. 1).
3. Daraus folgt, dass Abs. 1 immer vor Abs. 2 zu prüfen ist.
V. **Besonderheit II: Strafmilderungs- bzw. –absehungsgrund, Abs. 4**
1. der Unfall geschah außerhalb des fließenden Verkehrs
2. der Unfall hatte ausschließlich nicht bedeutenden Sachschaden zur Folge
3. der Unfallbeteiligte ermöglicht nachträglich die Feststellungen nach Abs. 3
   a. freiwillig
   b. innerhalb von 24 Stunden nach dem Unfall

Aufbau Abs. 2

I. Tatbestand
1. Objektiver Tatbestand:
   a. Tatsituation – Unfall aus Abs. 1;
   b. Tatsubjekt – Unfallbeteiligter (Abs. 4), der sich vom Unfallort entfernt hat,
      aa. (Nr. 1) nach Ablauf der Wartefrist aus I Nr. 2 oder
      bb. (Nr. 2) berechtigt oder entschuldigt;
   c. Tathandlung (= Unterlassen) Nichtermöglichen, nachträgliches, unverzügliches, der Feststellungen (aus Abs. 1) z.B. (auch andere Möglichkeiten sind denkbar) durch Verhalten nach Abs. 3 S. 1.
   d. Ungeschriebene Unterlassungsmerkmale (Nr. 1 und 2):
      aa. Möglichkeit des Ermöglichens;
      bb. Zumutbarkeit des Ermöglichens.
2. Subjektiver Tatbestand: Vorsatz, mindestens bedingter.
II. **Rechtswidrigkeit und**
III. **Schuld: keine Besonderheiten.**
IV. **Besonderheit I: Abs. 3 S. 2 bestimmt, dass ein formales Verhalten nach S. 1 nicht ausreicht, wenn absichtliche (dolus directus 1. Grades) Vereitelung vorliegt. Dies ist selbstverständlich, da dann eben keine Feststellung ermöglicht wurde. Dies führt dazu, dass die gebotene Handlung nicht vorgenommen wurde, dies führt zur Erfüllung des TB durch Unterlassen.**
V. **Besonderheit II: Strafmilderungs- bzw. –absehungsgrund, Abs. 4**
1. der Unfall geschah außerhalb des fließenden Verkehrs
2. der Unfall hatte ausschließlich nicht bedeutenden Sachschaden zur Folge
3. der Unfallbeteiligte ermöglicht nachträglich die Feststellungen nach Abs. 3
   a. freiwillig
   b. innerhalb von 24 Stunden nach dem Unfall

Definitionen / Erläuterungen

Unfall im Straßenverkehr ist ein plötzliches Ereignis in diesem Verkehr, das mit dessen typischen Gefahren zusammenhängt und unmittelbar zu einem nicht völlig belanglosen Personen- oder Sachschaden führt.

Tr/Fi[53], § 142 Rn. 7

Verkehrsunfall ist ein plötzliches Ereignis im öffentlichen Verkehr, das mit dessen Gefahren in ursächlichem Zusammenhang steht und einen Personen- oder Sachschaden zur Folge hat, der nicht ganz unerheblich ist.

S/S[26], § 142 Rn. 6

Unfall im Straßenverkehr ist ein plötzliches Ereignis im öffentlichen Verkehr auf Wegen oder Plätzen, das mit dessen Gefahren in ursächlichem Zusammenhang steht und zu einem nicht völlig belanglosen Personen- oder Sachschaden führt.

La/Kü[25], § 142 Rn. 5

Beachte: Besonderheiten ergeben sich nach dem Schutzzweck, wenn niemand außer dem Täter zu Schaden gekommen ist. Dann liegt kein Unfall i.S.d. § 142 vor.

Verf.

Streitig ist das Vorliegen eines Unfalls in Fällen der vorsätzlichen Herbeiführung durch einen Beteiligten, vgl. La/Kü25, § 142 Rn. 8.

Unfallbeteiligter ist jeder, dessen Verhalten nach den Umständen zur Verursachung des Unfalls beigetragen haben (Abs. 4), also eine Mitursache gesetzt haben kann, so dass insoweit die bloße Möglichkeit oder der nicht ganz unbegründete Verdacht genügt.

Tr/Fi[53], § 142 Rn. 15

Unfallbeteiligter ist jeder, dessen Verhalten nach den Umständen zur Verursachung des Unfalls beigetragen haben kann.

S/S[26], § 142 Rn. 21

Als **Unfallbeteiligter** kommt auch in Frage, wer nicht Verkehrsteilnehmer, aber beim aktuellen Unfallgeschehen mit der Möglichkeit unmittelbaren Eingreifens anwesend war.

La/Kü[25], § 142 Rn. 4

Der Unfallbeteiligte **entfernt sich**, wenn er den unmittelbaren Unfallbereich so weit verlassen hat, dass er entweder seine Pflicht, einem Berechtigten seine Unfallbeteiligung zu offenbaren, nicht mehr erfüllen kann oder sich außerhalb des Bereichs befindet, in dem feststellungsbereite Personen den Wartepflichtigen vermuten und ggf.

Tr/Fi[53], § 142 Rn. 21

durch Befragen ermitteln würden.

Für das **Sichentfernen** ist eine Ortsveränderung erforderlich, aber auch ausreichend, die über den Bereich des Unfallorts hinausgeht. Diese Voraussetzungen können nicht anhand einer metermäßigen Mindestdistanz bestimmt werden; entscheidend ist vielmehr, ob der Täter sich soweit von der Unfallstelle abgesetzt hat, dass ein Zusammenhang mit dem Unfall nicht mehr ohne weiteres erkennbar ist.

S/S[26], § 142 Rn. 43

Sich-Entfernen erfordert eine Ortsveränderung, die eine für die Durchführung sofortiger Feststellungen beeinträchtigende räumliche Trennung des Unfallbeteiligten vom Unfallort bewirkt.

La/Kü[25], § 142 Rn. 10

Als **Feststellungsinteressent** kommt jeder in Betracht, der sich am Unfallort befindet oder dorthin kommt, in erster Linie der andere Unfallbeteiligte oder Geschädigte, möglicherweise aber auch ein Unbeteiligter, der bereit ist, zugunsten der anderen Unfallbeteiligten und/oder der anderen Geschädigten, die nicht Unfallbeteiligte sind, d.h. der Berechtigten Feststellungen zu treffen und an den Interessenten weiterzugeben.

Tr/Fi[53], § 142 Rn. 24

Als **feststellungsbereite Personen** kommen nicht nur die Feststellungsberechtigten, sondern auch andere Personen in Betracht, die erkennbar bereit sind, ihre Erkenntnisse den anderen Unfallbeteiligten und Geschädigten mitzuteilen.

S/S[26], § 142 Rn. 32

Unfallort ist die Stelle, wo sich der Unfall ereignet hat und die beteiligten Fahrzeuge zum Stehen gekommen sind, samt der unmittelbaren Umgebung und eines etwa in unmittelbarer Nähe gelegenen, nicht verkehrsgefährdeten Platzes.

Tr/Fi[53], § 142 Rn. 20

Der **Unfallort** ist die Stelle, an der sich das schädigende Ereignis zugetragen hat, sowie der unmittelbare Umkreis, innerhalb dessen das unfallbeteiligte Fahrzeug durch den Unfall zum Stillstand gekommen ist, oder – unter Beachtung der den Fahrer bei geringfügigen Schäden gemäß § 34 I Nr. 2 StVO treffenden Pflicht, unverzüglich beiseite zu fahren – hätte angehalten werden können.

S/S[26], § 142 Rn. 42

Feststellung seiner Person ermöglichen bedeutet vor al-

Tr/Fi[53], § 142 Rn. 25

lem die Feststellung der Art seiner Beteiligung ermöglichen, und zwar so lange, wie erfolgversprechende Feststellungen es erfordern.

Feststellung. Der Täter muss folglich die Aufklärung aller Umstände, aber auch nur dieser, dulden, die nach der objektiven Sachlage zur Befriedigung des Aufklärungsinteresses des Feststellungsberechtigten erforderlich sind. Nicht vorausgesetzt wird, dass die Feststellungen tatsächlich getroffen werden.

S/S[26], § 142 Rn. 23

Die **Vorstellungspflicht**, die verfassungsrechtlich unbedenklich ist, fordert nur die Angabe, dass sich ein – sei es auch vom Geschädigten noch nicht entdeckter – Unfall ereignet hat und dass eigene (Mit-)Verursachung in Frage kommt.

La/Kü[25], § 142 Rn. 18

§ 142 begründet kein allgemeines Gebot, die Aufklärung zu fördern.

S/S[26], § 142 Rn. 29

Unter Durchbrechung des Grundsatzes, dass der Täter nicht durch aktives Verhalten an der Aufklärung des Unfalls mitwirken muss, statuiert das Gesetz eine minimale aktive **Mitwirkungspflicht** in der Form, zugunsten der Feststellungsberechtigten die Angabe zu machen, an dem Unfall beteiligt zu sein (sog. Vorstellungspflicht). Dieser Hinweis setzt im Rahmen des § 142 nicht voraus, dass der Täter seinen Namen nennt oder gar sich für (mit)schuldig an dem Unfall erklärt oder eine Darstellung des Unfallgeschehens gibt.

S/S[26], § 142 Rn. 30

Geschädigter ist jeder, der unmittelbar durch den Unfall psycho-physischen oder materiellen Schaden erlitten hat, ohne Rücksicht darauf, ob er anwesend ist oder Schadensersatzansprüche stellen kann.

Tr/Fi[53], § 142 Rn. 24

Geschädigter ist jeder, dem aus dem Unfall ein Schadensersatzanspruch erwachsen ist.

S/S[26], § 142 Rn. 25

Nach den Umständen angemessene Zeit: Es sind das sämtliche Umstände des Einzelfalls, die für die dem konkreten Unfall angemessene Wartefrist nach der Auffassung eines verständigen Beurteilers eine Rolle spielen können; so die Schwere des Unfalls und die Höhe des materiellen Schadens; der Unfallort; Tageszeit, Witterung, Verkehrsdichte; Alkoholisierung des Unfallbeteiligten.

Tr/Fi[53], § 142 Rn. 36

Nach den Umständen angemessene Zeit: Dies richtet sich nach den Umständen des Einzelfalles unter Beachtung des Maßstabs der Zumutbarkeit. Dabei ist nach den Grundsätzen der Güterabwägung das Interesse des Täters am Verlassen der Unfallstelle gegenüber dem Feststellungsinteresse der Geschädigten abzuwägen. Bei geringfügigen Schäden, bei einer relativ unkomplizierten und leicht rekonstruierbaren Unfallsituation wird die Wartepflicht weniger weit gehen, als wenn es sich um schwere Schäden oder eine komplizierte Unfallsituation handelt.

S/S[26], § 142 Rn. 36

Die **Länge der Wartefrist** bestimmt sich nach dem Grad des Feststellungsbedürfnisses und der Zumutbarkeit. Dafür sind namentlich Art und Schwere des Unfalls, die Verkehrsdichte, die Tageszeit, die Witterung und alle sonstigen Chancen wirksamer Aufklärung am Unfallort und die entgegenstehenden Interessen des Täters bedeutsam.

La/Kü[25], § 142 Rn. 19

Berechtigt entfernt sich, wem ein Rechtfertigungsgrund irgendwelcher Art zur Seite steht.

Tr/Fi[53], § 142 Rn. 45

Ein **berechtigtes Sichentfernen** vom Unfallort liegt jedenfalls vor, wenn für das Verhalten des Täters ein Rechtfertigungsgrund eingreift, so dass eine Strafbarkeit nach Abs. 1 entfällt.

S/S[26], § 142 Rn. 51

Berechtigtes Sich-Entfernen kann namentlich auf der Hilfspflicht nach § 323c, auf rechtfertigender Notlage nach §§ 32, 34 oder auf mutmaßlicher Einwilligung (vgl. §§ 33, 34) beruhen; jedoch befreien dringende geschäftliche Angelegenheiten oder die Befürchtung, wegen einer anderen Straftat verfolgt oder festgenommen zu werden, i.d.R. nicht von der Wartepflicht.

La/Kü[25], § 142 Rn. 23

Beachte: Der BGH stellt z.T. auch ein unvorsätzliches Entfernen vom Unfallort (also z.B. wenn der Täter erst wegen Schäden am Wagen zu Hause merkt, dass er einen Unfall hatte) dem berechtigten oder entschuldigten Entfernen gleich. Das ist umstritten, die Literatur lehnt die Gleichstellung ab, vgl. S/S26, § 142 Rn. 55.

Verf.

Unverzüglich bedeutet zunächst, »ohne jedes vorwerfbare Zögern«.

Tr/Fi[53], § 142 Rn. 54

Unverzüglich erfordert Handeln ohne vorwerfbares Zögern; welche Anforderungen im Einzelfall zu stellen sind,

La/Kü[25], § 142 Rn. 26

ist unter Berücksichtigung von Sinn und Zweck des § 142 nach den Umständen zu beurteilen und unterliegt daher tatrichterlicher, nur auf Rechtsfehler nachprüfbarer Würdigung.

Konkurrenzen

§ 142 I steht in Idealkonkurrenz mit §§ 113, 211 ff., 223 ff., 315a, 316, 323c (str. Tatmehrheit bezüglich der den Unfall verursachenden Tat, La/Kü[25], § 142 Rn. 42). § 142 II steht in Idealkonkurrenz mit §§ 263, 267, 145d I Nr. 1.

§ 143.   (Aufgehoben durch Art. 1 Nr. 8 des 4. StrRG.)

§ 144.   (Aufgehoben durch Art. 1 Nr. 16 des 6. StrRG.)

§ 145.   Missbrauch von Notrufen und Beeinträchtigung von Unfallverhütungs- und Nothilfemitteln

Überblick

- *Typ:* vorsätzliches Begehungsdelikt. Gefährdungsdelikt, abstraktes.
- *Versuch* ist nicht strafbar (Vergehen).
- Abs. 1 ist in *2 Varianten (Missbrauch und Vortäuschen)* ein Gegenstück zu § 323c. Abs. 2 richtet sich in *6 weiteren Varianten* gegen die Beeinträchtigung von Präventivmaßnahmen. Beiden gemeinsam ist, dass Eventualvorsatz nicht genügt. Abs. 2 letzter HS enthält eine *gesetzlich angeordnete Subsidiarität* des Abs. 2 den §§ 303 und 304 gegenüber. Er kommt erst in der Prüfung der Konkurrenzen zur Anwendung.
- *Schutzgut* ist das ungestörte und verlässliche Funktionieren der in I und II beschriebenen Zeichen und Einrichtungen, sowie die Hilfsbereitschaft anderer (Tr/Fi[53], § 145 Rn. 2).

Aufbau Abs. 1 Nr. 1 (Missbrauch)

I. **Tatbestand**
   1. Objektiver Tatbestand:
     a. Tatobjekt: Notrufe oder Notzeichen
     b. Tathandlung: Missbrauchen

2. Subjektiver Tatbestand:
    a. Vorsatz, direkter (= dolus directus 2. Grades) *oder*
    b. Absicht (= dolus directus 1. Grades)
II. Rechtswidrigkeit: keine Besonderheiten.
III. Schuld: keine Besonderheiten.

Aufbau Abs. 1 Nr. 2 (Vortäuschen)

I. Tatbestand
  1. Objektiver Tatbestand:
    a. Tatsituation:
      aa. Ein Unglücksfall oder gemeine Gefahr oder Not
      bb. macht die Hilfe anderer erforderlich
    b. Tathandlung: Vortäuschen der Tatsituation.
  2. Subjektiver Tatbestand:
    a. Vorsatz, direkter (= dolus directus 2. Grades) *oder*
    b. Absicht (= dolus directus 1. Grades)
II. Rechtswidrigkeit: keine Besonderheiten.
III. Schuld: keine Besonderheiten.

Aufbau Abs. 2 (Beeinträchtigung)

I. Tatbestand
  1. Objektiver Tatbestand:
    a. Tatobjekt: im Hinblick auf Unglücksfälle oder gemeine Gefahr
      aa. (Nr. 1) zur Verhütung dienenden Warn- oder Verbotszeichen,
      bb. (Nr. 2) zur Verhütung dienenden Schutzvorrichtungen oder zur Hilfeleistung bestimmten Rettungsgeräte oder andere Sachen.
    b. Tathandlung:
      aa. (Nr. 1) Beseitigen oder Unkenntlichmachen oder Sinnentstellen,
      bb. (Nr. 2) Beseitigen oder Verändern oder Unbrauchbarmachen.
  2. Subjektiver Tatbestand:
    a. Vorsatz, direkter (= dolus directus 2. Grades) *oder*
    b. Absicht (= dolus directus 1. Grades)
II. Rechtswidrigkeit: keine Besonderheiten.
III. Schuld: keine Besonderheiten.

Definitionen / Erläuterungen

Unter **Notrufe und Notzeichen** ist nicht nur der menschliche Ruf nach Hilfe, sondern alle akustischen (Sirenensignale, Feuerglocke), optischen (Flaggensignale) oder sonstigen Kurzäußerungen (Funk) gemeint, mit denen das Bestehen einer Notlage oder eine erhebliche Gefahr, nicht notwendig aber das Bedürfnis nach fremder Hilfe (so beim

Tr/Fi[53], § 145 Rn. 4

Zivilschutzalarm) angezeigt wird, ob sie nun vom Signal-
geber erdacht sind (Schwenken eines Tuches), auf Gesetz,
behördlicher Anordnung, Vereinbarung oder Übung
(SOS-Ruf; alpines Notsignal) beruhen oder verkörpert sind
(Notbremse; Feuermelder). Unter Notruf gehört auch der
Anruf bei der Polizeinotrufnummer 110.

Notrufe und Notzeichen sind akustisch oder optisch
wahrnehmbare Bekundungen, die auf das Vorhandensein
einer Not- oder Gefahrenlage und die Notwendigkeit
fremder Hilfe aufmerksam machen. Sie sind in ihren Voraussetzungen, ihrer Art und in ihrem Inhalt vielfach durch
Gesetz, behördliche Anordnung, Vereinbarung oder Ü-
bung festgelegt; es genügen aber auch sonstige, ad hoc er-
fundene Notrufe oder Notzeichen.

S/S[26], § 145 Rn. 4

Notrufe und Notzeichen sind in ihren Voraussetzungen
und der Art ihrer Ausführung durch Gesetz, behördliche
Anordnung, Vereinbarung oder Übung im Wesentlichen
festgelegte Rufe oder Zeichen, die auf das Bestehen einer
Not- oder schweren Gefahrenlage und meist auch auf das
Bedürfnis nach fremder Hilfe aufmerksam machen.

La/Kü[25], § 145 Rn. 3

Missbrauch ist gegeben, wenn die Not, die (absichtlich
oder wissentlich) angezeigt wird, nicht besteht oder der
Täter nach verwaltungsrechtlichen Vorschriften nicht berechtigt ist, das Signal zu verwenden.

Tr/Fi[53], § 145 Rn. 5

Missbraucht werden Notrufe oder Notzeichen, wenn auf
sie ohne Vorliegen ihrer Voraussetzungen zurückgegriffen
wird. Das ist namentlich der Fall bei Fehlen einer erheblichen Gefahrenlage, wie etwa bei falschem Feueralarm, o-
der fehlender Notwendigkeit fremder Hilfe.

S/S[26], § 145 Rn. 5

Missbrauch ist Anwendung des Notrufs oder des Zeichens trotz Fehlens der Voraussetzungen; Aufnahme
durch einen Empfänger ist nicht erforderlich.

La/Kü[25], § 145 Rn. 3

Wissentlichkeit. Direkter Vorsatz liegt vor, wenn der Täter sicheres Wissen davon hat, dass sein Verhalten die Voraussetzungen eines Strafgesetzes erfüllt. Dies kann zum
einen der Fall sein, wenn er den nicht beabsichtigten Erfolg als notwendige Nebenfolge seines Handelns voraussieht, die zwar nicht denknotwendig, so doch nach allgemeiner Lebenserfahrung eintritt. Zum anderen, wenn der
Täter von seinem Willen unabhängige Elemente der Tat

S/S[26], § 145 Rn. 6
i.V.m. § 15 Rn. 68

als sicher gegeben erkennt.

Wissentlichkeit liegt vor, wenn der Täter handelt, obwohl er weiß oder als sicher voraussieht, dass er den Tatbestand verwirklicht. Hier folgt der unbedingte Verwirklichungswille aus dem Handeln trotz Gewissheitsvorstellung.	La/Kü[25], § 145 Rn. 7 i.V.m. § 15 Rn. 21
Absichtlich missbraucht der Täter ein Notzeichen bereits, wenn er nicht gebotene Hilfsmaßnahmen erstrebt und nur mit der Möglichkeit rechnet, dass andere das Notzeichen wahrnehmen oder es für ernst halten.	S/S[26], § 145 Rn. 6
Unglücksfall ist ein plötzlich eintretendes Ereignis, das erhebliche Gefahr für ein Individualrechtsgut mit sich bringt.	Tr/Fi[53], § 145 Rn. 6 i.V.m. § 323c Rn. 2a
Unglücksfälle sind plötzlich eintretende Ereignisse, die erhebliche Gefahren für Menschen oder Sachen hervorrufen oder hervorzurufen drohen.	S/S[26], § 145 Rn. 8 i.V.m. § 323c Rn. 5
Unglücksfall ist ein plötzliches äußeres Ereignis, das eine erhebliche Gefahr für Personen oder Sachen bringt oder zu bringen droht; der Eintritt bloßer Sachgefahr kann danach genügen.	La/Kü[25], § 145 Rn. 2 i.V.m. § 323c Rn. 2
Gemeine Gefahr ist eine konkrete Gefahr für eine unbestimmte Zahl von Menschen oder zahlreiche Sachen von mindestens insgesamt hohem Wert.	Tr/Fi[53], § 145 Rn. 6 i.V.m. § 243 Rn. 21
Gemeingefahr bedeutet die Gefährdung einer größeren Anzahl von Menschenleben oder erheblicher Sachwerte.	S/S[26], § 145 Rn. 8 i.V.m. § 323c Rn. 8 i.V.m. vor § 306 Rn. 19
Gemeine Gefahr ist ein Zustand, bei dem die Möglichkeit eines erheblichen Schadens an Leib oder Leben oder an bedeutenden Sachwerten für unbestimmt viele Personen nahe liegt.	La/Kü[25], § 145 Rn. 2 i.V.m. § 323c Rn. 3
Gemeine Not ist eine die Allgemeinheit betreffende Notlage.	Tr/Fi[53], § 145 Rn. 6 i.V.m. § 323c Rn. 3c
Gemeine Not ist eine die Allgemeinheit betreffende Notlage.	S/S[26], § 145 Rn. 8 i.V.m. § 323c Rn. 8
Gemeine Not bedeutet Notlage der Allgemeinheit.	La/Kü[25], § 145 Rn. 2 i.V.m. § 323c Rn. 3
Hilfe anderer ist erforderlich bedeutet, dass (im Zusammenhang mit der Notlage) eine der Situationen des § 323c	Tr/Fi[53], § 145 Rn. 6

objektiv gegeben ist.

Erforderlich ist die Hilfeleistung dann, wenn ohne sie die Gefahr besteht, dass die § Unglückssituation sich zu einer nicht ganz unerheblichen Schädigung von Personen oder Sachen auswirkt.

S/S[26], § 145 Rn. 8 i.V.m. § 323c Rn. 13

Maßgebend für die **Erforderlichkeit** ist das Ex-ante-Urteil eines verständigen Beobachters, ob der Täter zur Zeit der möglichen Hilfe eine Chance hatte, drohenden Schaden abzuwenden.

La/Kü[25], § 145 Rn. 4 i.V.m. § 323c Rn. 5

Das **Vortäuschen** kann durch Worte oder Zeichen erfolgen, wie etwa in dem Beispiel einer telefonischen Mitteilung, in einem Flugzeug oder einem Warenhaus sei eine Bombe mit Zeitzünder versteckt. Es kann aber auch durch das Herstellen eines Zustandes geschehen, der scheinbar auf einen Unglücksfall und das Erfordernis fremder Hilfe deutet.

S/S[26], § 145 Rn. 8

Vortäuschen bedeutet, wahrheitswidrig den Anschein erwecken.

Tr/Fi[53], § 145 Rn. 6

Warn- und Verbotszeichen sind bildliche Zeichen und Symbole, aber auch schriftliche Kurzhinweise sowohl privater (Vorsicht Selbstschüsse!) wie vor allem öffentlicher Art, z.B. Hinweistafeln auf Glatteis, Verbotstafeln an Hochspannungsmasten, Maschinen oder Ablagerungsstellen von Giftabfällen.

Tr/Fi[53], § 145 Rn. 7

Für die **Warn- und Verbotszeichen** ist allein entscheidend, dass die Allgemeinheit auf eine Gefahrenlage aufmerksam gemacht wird, sei es durch Schriftzeichen, Lichtzeichen oder durch bildliche oder symbolische Darstellungen.

S/S[26], § 145 Rn. 14

Warn- und Verbotszeichen. Verkehrszeichen werden i.d.R., aber nicht ausnahmslos erfasst.

La/Kü[25], § 145 Rn. 5

Schutzvorrichtungen sind z.B. solche an Maschinen oder Geräten, aber auch Leitplanken an Straßen, Vorrichtungen und Schutzpflanzen gegen Bergrutsche und Lawinen, möglicherweise auch Geländer an gefährlichen Stellen, Drahtseile in den Bergen.

Tr/Fi[53], § 145 Rn. 8

Schutzvorrichtungen in diesem Sinne sind alle gegenständlichen Absicherungen einer Gefahrenstelle, ausgenommen die Warn- und Verbotszeichen.

S/S[26], § 145 Rn. 17

Rettungsgeräte sind z.B. Rettungsringe und -gürtel, Schwimmwesten, Rettungssäcke und -schläuche, aber auch Rettungsboote und Wurfleinen.

Tr/Fi[53], § 145 Rn. 8

Die **Rettungsgeräte** kommen nur in Betracht, wenn sie zur Hilfeleistung bei Unglücksfällen oder gemeiner Gefahr bestimmt sind. Eine solche Funktion, zu der auch die Benachrichtigung von Rettern gehört, kann ihnen von öffentlicher oder privater Seite beigelegt worden sein.

S/S[26], § 145 Rn. 18

Andere Sachen Bestimmt zur Hilfeleistung sind z.B. Gasmasken, Leuchtpistolen, Asbestanzüge, Schutzschilde, Feuermelder.

Tr/Fi[53], § 145 Rn. 8

Beseitigen bedeutet, von seinem Platz entfernen (auch wenn es unten liegen bleibt).

Tr/Fi[53], § 145 Rn. 8
i.V.m. § 134 Rn. 4

Ein **Beseitigen** liegt vor, wenn das Zeichen von seinem Platz derart entfernt worden ist, dass es seiner Aufgabe nicht mehr gerecht wird. Diese Voraussetzung erfüllt bereits das Ablegen eines abmontierten Schildes am Erdboden unmittelbar unterhalb des früheren Platzes.

S/S[26], § 145 Rn. 15

Um ein **Beseitigen** handelt es sich, wenn das Tatobjekt der Gebrauchsmöglichkeit entzogen, namentlich von seinem Platz so entfernt worden ist, dass es seiner Schutzfunktion nicht mehr gerecht werden kann bzw. nicht mehr ohne weiteres möglich ist, es bestimmungsgemäß zur Hilfeleistung einzusetzen.

S/S[26], § 145 Rn. 19

Beseitigen erfordert räumliche Entfernung.

La/Kü[25], § 145 Rn. 6

Unkenntlichmachen bedeutet, die Möglichkeit, vom gedanklichen Inhalt Kenntnis zu nehmen, z.B. durch Überkleben oder Beschädigen, zu beseitigen.

Tr/Fi[53], § 145 Rn. 7
i.V.m. § 134 Rn. 4

Unkenntlich gemacht ist ein Zeichen, wenn seine gedankliche Aussage nicht mehr ohne weiteres zur Kenntnis genommen werden kann.

S/S[26], § 145 Rn. 15

Sinn entstellen bedeutet, z.B. durch Einfügen oder Entfernen von Teilen, den gedanklichen Inhalt zu verändern.

Tr/Fi[53], § 145 Rn. 7
i.V.m. § 134 Rn. 4

Ein Zeichen wird in seinem **Sinn entstellt**, wenn seine Warn- oder Verbotsfunktion einen veränderten Inhalt erhält. Eine solche Veränderung kann durch Hinzufügen oder Entfernen einzelner Teile eines Zeichens erfolgen, aber auch durch das Drehen eines Schildes, so dass es in ei-

S/S[26], § 145 Rn. 15

ne falsche Richtung weist.

In seinem **Sinn entstellt** ist ein Richtungsweiser schon dann, wenn er in die falsche Richtung gedreht wird.	La/Kü[25], § 145 Rn. 6

Verändern bedeutet ein Herbeiführen eines von dem bisherigen abweichenden Zustandes.	Tr/Fi[53], § 145 Rn. 8 i.V.m. § 316b Rn. 6
Verändert wird ein Tatobjekt, wenn es einen Zustand erhält, der vom bisherigen abweicht und seine Funktionstauglichkeit herabsetzt, wie bei Entleeren des Inhalts eines Feuerlöschers.	S/S[26], § 145 Rn. 19

Unbrauchbarmachen heißt, die Funktionsfähigkeit oder Wirkungsweise aufheben.	Tr/Fi[53], § 145 Rn. 8
Ein **Unbrauchbarmachen** liegt vor, wenn die Funktionstauglichkeit des Tatobjekts gänzlich oder doch im Wesentlichen aufgehoben wird.	S/S[26], § 145 Rn. 19
Unbrauchbarmachen bedeutet Ausschalten der Wirkungsweise, u.U. auch ohne Substanzverletzung.	La/Kü[25], § 145 Rn. 6 i.V.m. § 87 Rn. 2

Konkurrenzen

§ 145 II erklärt sich selbst für im Wege der Gesetzeskonkurrenz (Subsidiarität) zurücktretend gegenüber §§ 303 und 304. Dies ohne Rücksicht auf den dort nötigen Strafantrag, § 303c (La/Kü[25], § 145 Rn. 9, a.A. Tr/Fi[53], § 145 Rn. 11).

§ 145 I steht in Idealkonkurrenz mit §§ 303, 304 und auch mit § 145 II.

§ 145 (I und II) stehen in Idealkonkurrenz mit §§ 222, 229, 242.

§ 145a. Verstoß gegen Weisungen während der Führungsaufsicht

Überblick

- *Typ:* vorsätzliches Begehungsdelikt. Sonderdelikt, echtes.
- *Versuch* ist nicht strafbar (Vergehen). *Antrag* nach §§ 145a S. 2, 68a.
- Gefährdung des Maßregelzwecks ist **TB-Merkmal** (h.M.), nicht nur objektive Bedingung der Strafbarkeit.
- *Schutzgut* ist die Wirksamkeit der Führungsaufsicht auch in den Fällen, in denen der Widerruf einer Straf- oder Maßregelaussetzung nicht mehr in Frage kommt (Tr/Fi[53], § 145a Rn. 1; La/Kü[25], § 145a Rn. 1).

Aufbau

I. **Tatbestand**
    1. Objektiver Tatbestand:
        a. Tatsubjekt:
            aa. Verurteilter,
            bb. der sich in Führungsaufsicht (§§ 68-68g) befindet.
        b. Tathandlung:
            aa. Verstoß gegen
            bb. bestimmte Weisung i.S.v. § 68 I
            cc. Weisung ist rechtlich zulässig, wirksam und bestimmt (La/Kü[25], § 145a Rn. 2)
        c. Taterfolg:
            - Gefährdung des Maßregelzwecks
    2. Subjektiver Tatbestand: Vorsatz, mindestens bedingter.
II. **Rechtswidrigkeit: keine Besonderheiten.**
III. **Schuld: keine Besonderheiten.**
IV. **Besonderheiten: Antrag nach S. 2.**

Definitionen / Erläuterungen

Ein **Verstoß** gegen eine Weisung der bezeichneten Art liegt vor, wenn der Verurteilte das ihm auferlegte nicht oder unvollkommen erfüllt.

S/S[26], § 145a Rn. 6

Konkurrenzen

Idealkonkurrenz ist mit allen Delikten möglich, gegen die mit dem Weisungsverstoß zugleich verstoßen wird.

§ 145b. (Weggefallen)

§ 145c. Verstoß gegen das Berufsverbot

Überblick

- *Typ:* vorsätzliches Begehungsdelikt.

- *Versuch* ist nicht strafbar.

- Tätigkeit durch einen Dritten ist *zur selbständigen Tat erhobene Teilnahme*; der Dritte ist Täter. Die Formulierung des § 145c ergibt *drei Möglichkeiten*: der Täter ist selbst verurteilt und verstößt direkt oder indirekt gegen das Verbot (Var. 1); der

Täter ist selbst nicht verurteilt, übt aber für einen Verurteilten aus (Var. 2); der Täter ist selbst nicht verurteilt, lässt aber einen Verurteilten für sich ausüben (Var. 3).

- *Schutzgut* ist die Durchsetzbarkeit des *strafrechtlichen* Berufsverbotes (§ 70 IV und II), nicht sonstiger verwaltungsrechtlicher (Tr/Fi[53], § 145c Rn. 1).

Aufbau Var. 1 (Verurteilter = Täter)

I.   **Tatbestand**
   1. Objektiver Tatbestand:
      (- Tatsubjekt: Täter mit Berufsverbot)
      a. Tatsituation:
         aa. Strafgerichtliche Untersagung
         bb. der Ausübung eines Berufes, Berufszweiges, Gewerbes oder Gewerbezweiges
         cc. gegen den Täter.
      b. Tathandlung:
         aa. (Selbst) Ausüben
         bb. Ausübenlassen (durch einen Dritten)
         des Berufes, Berufszweiges, Gewerbes oder Gewerbezweiges.
   2. Subjektiver Tatbestand: Vorsatz, mindestens bedingter.
II. **Rechtswidrigkeit: keine Besonderheiten.**
III. **Schuld: keine Besonderheiten.**

Aufbau Var. 2 (Täter für Verurteilten)

I.   **Tatbestand**
   1. Objektiver Tatbestand:
      (- Tatsubjekt: Täter ohne Berufsverbot)
      a. Tatsituation:
         aa. Strafgerichtliche Untersagung
         bb. der Ausübung eines Berufes, Berufszweiges, Gewerbes oder Gewerbezweiges
         cc. gegen einen anderen (Verurteilten).
      b. Tathandlung:
         - Ausübung des Berufes, Berufszweiges, Gewerbes oder Gewerbezweiges für den anderen (Verurteilten)
   2. Subjektiver Tatbestand:
      a. Vorsatz, mindestens bedingter,
II. **Rechtswidrigkeit: keine Besonderheiten.**
III. **Schuld: keine Besonderheiten.**

Aufbau Var. 3 (Täter durch Verurteilten)

I.   **Tatbestand**
   1. Objektiver Tatbestand:

(- Tatsubjekt: Täter ohne Berufsverbot)
a. Tatsituation:
    aa. Strafgerichtliche Untersagung
    bb. der Ausübung eines Berufes, Berufszweiges, Gewerbes oder Gewerbezweiges
    cc. gegen einen anderen (Verurteilten).
b. Tathandlung:
    - Ausübung des Berufes, Berufszweiges, Gewerbes oder Gewerbezweiges durch den anderen (Verurteilten)
2. Subjektiver Tatbestand:
    a. Vorsatz, mindestens bedingter,
II. Rechtswidrigkeit: keine Besonderheiten.
III. Schuld: keine Besonderheiten.

Definitionen / Erläuterungen

Untersagung bedeutet rechtskräftiges Berufsverbot nach § 70 IV StGB oder vorläufiges nach § 132a StPO.

Tr/Fi[53], § 145c Rn. 2

Untersagung. Es muss sich um ein Berufsverbot handeln, das ein Strafgericht angeordnet hat.

S/S[26], 145c Rn. 3

Beruf ist jede auf Dauer angelegte Tätigkeit, die auf die Schaffung und Erhaltung der Lebensgrundlage ausgerichtet und nicht schlechthin sozialschädlich ist.

Verf. (Standard-Def. zu Art. 12 GG)

Für sich selbst bedeutet selbständig und auf eigene Rechnung.

Tr/Fi[53], § 145c Rn. 3a

Ausüben bedeutet, entgeltlich eine entsprechende Tätigkeit entwickeln, wozu ein einmaliger Verstoß genügen kann, erforderlich ist aber, dass sich die Handlung als Ausfluss aus der früheren Berufstätigkeit darstellt.

Tr/Fi[53], § 145c Rn. 3b

Konkurrenzen

§ 145c steht in Idealkonkurrenz mit §§ 136, 266, 267. Ob auch mit § 263 ist str. (dafür: Tr/Fi[53], § 145c Rn. 7; La/Kü[25], § 145c Rn. 5).

§ 145d. Vortäuschen einer Straftat

Überblick

- *Typ:* vorsätzliches Begehungsdelikt. Gefährdungsdelikt, abstraktes.

- *Versuch* ist nicht strafbar (Vergehen). Bei Berichtigung nach Vollendung kann § 158 analog angewandt werden (str., La/Kü[25], § 145d Rn. 10).

- In den beiden Absätzen entsprechen sich jeweils die Nrn. 1 (vergangenheitsbezogen) und 2 (zukunftsbezogen). Abs. 1 ist situationsbezogen, Abs. 2 ist personenbezogen.

- *Schutzgut* ist in den Nrn. 1 der Absätze 1 und 2 die Rechtspflege gegen ungerechtfertigte Inanspruchnahme des inländischen staatlichen Verfolgungsapparates und der damit verbundenen Schwächung der Verfolgungsintensität. In diesem Bereich werden Lücken des § 164 geschlossen, der die Bezugnahme auf eine bestimmte Person verlangt. Durch die Nrn. 2 werden weitergehend auch die Präventivorgane des Staates gegen Inanspruchnahme zur Abwehr nur vorgetäuschter Gefahren geschützt. Sie ergänzen im Wesentlichen die §§ 126 II und 241 II (Tr/Fi[53], § 145d Rn. 2; La/Kü[25], § 145d Rn. 1).

Aufbau

I.   **Tatbestand**
   1. Objektiver Tatbestand:
     a. Tatobjekt:
       aa. Behörde *oder*
       bb. zur Entgegennahme von Anzeigen zuständige Stelle
     b. Tathandlung: Täuschung bez.
       aa. (Abs. 1 Nr. 1) der (bereits geschehenen) Begehung (irgendeiner) rechtswidrigen Tat,
       bb. (Abs. 1 Nr. 2) der bevorstehenden Verwirklichung einer rechtswidrigen Tat aus dem Katalog des § 126 I,
       cc. (Abs. 2) der Beteiligung an
         - (Nr. 1) der (bereits geschehenen) Begehung irgendeiner rechtswidrigen Tat,
         - (Nr. 2) der bevorstehenden Verwirklichung einer rechtswidrigen Tat aus dem Katalog des § 126 I.
   2. Subjektiver Tatbestand:
     a. Vorsatz, mindestens bedingter,
     b. zusätzlich: wider besseres Wissen (= direkter Vorsatz = dolus directus 2. Grades) im Hinblick auf die Täuschung.
II. **Rechtswidrigkeit: keine Besonderheiten.**
III. **Schuld: keine Besonderheiten.**
IV. **Besonderheiten: Analoge Anwendung von § 158 bei Berichtigung (str.).**

Definitionen / Erläuterungen

Behörde ist ein ständiges, von der Person des Inhabers unabhängiges, in das Gefüge der öffentlichen Verwaltung eingeordnetes Organ der Staatsgewalt mit der Aufgabe, unter öffentlicher Autorität nach eigener Entschließung für Staatszwecke tätig zu sein.

Tr/Fi[53], § 145d Rn. 3
i.V.m. § 11 Rn. 29

Behörden sind Organe der Staatsgewalt, die als eigene, vom Wechsel der für sie tätigen Personen unabhängige organisatorische Einheiten unter öffentlicher Autorität für staatliche Zwecke tätig sind.

S/S[26], § 145d Rn. 4
i.V.m. § 164 Rn. 25

Behörden sind ständige, von der Person ihres Trägers unabhängige Organe der inländischen (nach dem jeweiligen Schutzzweck u.U. auch ausländischen) Staatsgewalt, die dazu berufen sind, unter öffentlicher Autorität für die Erreichung der Zwecke des Staates tätig zu sein.

La/Kü[25], § 145d Rn. 2
i.V.m. § 11 Rn. 20

Zur Entgegennahme von Anzeigen zuständige Stelle. Hierzu zählt auch eine Dienststelle der BWehr, nicht aber ein parlamentarischer Untersuchungsausschuss.

Tr/Fi[53], § 145d Rn. 3

Zur Entgegennahme von Anzeigen zuständige Amtsträger (vgl. § 11 I Nr. 2) sind z.B. die Beamten der Staatsanwaltschaft und des Polizeidienstes (§ 158 StPO), ferner auch Disziplinarvorgesetzte jeder Art.

S/S[26], § 145d Rn. 4
i.V.m. § 164 Rn. 27

Zur Entgegennahme von Anzeigen zuständige Stellen ohne Behördencharakter sind ua bestimmte militärische Dienststellen und die Untersuchungsausschüsse der Parlamente. Regelmäßig genügt es, wenn die Tathandlung gegenüber einem in dienstlicher Eigenschaft tätigen Angehörigen der Behörde oder Stelle vorgenommen wird.

La/Kü[25], § 145d Rn. 2

Eine **Täuschungshandlung** liegt einmal vor, wenn durch Anzeige oder auf andere Weise der Behörde eine angeblich begangene Tat mitgeteilt wird. Zum anderen kann das Vortäuschen dadurch geschehen, dass scheinbare Verbrechensspuren geschaffen werden, die zur Kenntnis der Behörde kommen, oder Spuren anderer Art als Verbrechensspuren bezeichnet werden. Aber auch ein verdächtiges Verhalten, das auf eine andere Straftat deutet, kann genügen.

S/S[26], § 145d Rn. 9

Vortäuschen ist ein zur Irreführung bestimmtes Gesamtverhalten, das auf Erregung oder Unterhaltung des Irr-

La/Kü[25], § 145d Rn. 6
i.V.m. § 126 Rn. 3

tums gerichtet ist.

Das **Vortäuschen** eines strafrechtlich unerheblichen Verhaltens, das der Täter irrig für eine rechtswidrige Tat hält, reicht mangels Strafbarkeit des Versuchs nicht aus, auch nicht die unwahre Behauptung, in Notwehr getötet zu haben.	La/Kü[25], § 145d Rn. 4
Das **Vortäuschen** kann durch unrichtige Anzeige, auch durch Selbstanzeige, geschehen, mittelbar aber auch durch Inszenierung einer Scheintat, die der Behörde zur Kenntnis kommen soll.	La/Kü[25], § 145d Rn. 5
Beachte: Vortäuschen ist nicht unbedingt auch bereits das »Aufbauschen« eines wirklichen Geschehens, str, vgl. La/Kü24, § 145d Rn. 4.	Verf.
Unter **rechtswidrige Tat** fällt auch die Teilnahme, der Versuch gem. §§ 23, 30 und die mit Strafe bedrohte Vorbereitungshandlung. Ein strafloser Versuch, ein bloßer Disziplinarverstoß oder eine Ordnungswidrigkeit genügt nicht, ebensowenig ein angeblicher Selbstmordversuch.	S/S[26], § 145d Rn. 7
Rechtswidrige Tat. Voraussetzung ist stets eine tatbestandsmäßige und rechtswidrige Handlung.	La/Kü[25], § 145d Rn. 3 i.V.m. § 11 Rn. 18
Bereits geschehene rechtswidrige Tat. Nach dem Schutzzweck der Vorschrift ist dazu stets erforderlich, dass das Strafverfolgungsorgan auf eine konkrete falsche Spur gelenkt werden soll. Ein Hinweis, der dem Verdächtigen lediglich ein falsches Alibi verschaffen soll, reicht dazu nicht aus.	La/Kü[25], § 145d Rn. 7
Bevorstehen heißt, dass der Täter Begehung, die unmittelbar oder in naher Zukunft zu erwarten ist, ja vielleicht schon in der Ausführung begriffen ist, vorspiegelt.	Tr/Fi[53], § 145d Rn. 6 i.V.m. § 126 Rn. 8
Bevorstehend bedeutet, dass die Äußerung den Anschein erwecken muss, die angekündigte Tat sei sofort, alsbald oder jedenfalls in Kürze zu erwarten.	S/S[26], § 145d Rn. 18
Beteiligten bedeutet Täter oder Teilnehmer.	La/Kü[25], § 145d Rn. 7
Vortäuschen einer angeblich begangenen rechtswidrigen Tat. (Nicht einer Ordnungswidrigkeit.) So, wenn jemand eine ihm gegenüber begangene Raubtat unbekannter Täter erfindet und vorspiegelt, wenn ein Defraudant Beraubung	Tr/Fi[53], § 145d Rn. 5-5b

vorspiegelt oder jemand einen Überfall, um einen Waffen-
schein zu erhalten; einen Scheinschmuggel, um dem Zoll-
streifendienst einen Streich zu spielen, oder die Vorspiegelung, eine Bombe gelegt zu haben. Nicht hingegen die
Vorspiegelung, einen anderen in Notwehr getötet zu haben, es sei denn, dass der Angriff des anderen eine Straftat
gewesen wäre.

Vortäuschen der bevorstehenden Verwirklichung. Als
Täuschungshandlung kommt in erster Linie eine Mittei-
lung an eine Behörde usw. durch Anzeige oder auf andere
Weise in Betracht.

S/S[26], § 145d Rn. 19

Zum **Vortäuschen des Bevorstehens** kommt hier in Frage,
dass die Behörde durch Zuspielen irreführenden Materials
zu dem Schluss veranlasst wird, eine der genannten Taten
stehe bevor.

La/Kü[25], § 145d Rn. 6

**Über einen Beteiligten an einer rechtswidrigen Tat zu
täuschen.** Eine Täuschungshandlung liegt vor, wenn ein
Unbeteiligter als Täter oder Teilnehmer einer begangenen
Tat hingestellt wird. Das kann nicht nur durch unrichtige
Angaben geschehen, wie z.B. bei falscher Selbstbezichti-
gung als Täter eines tatsächlich begangenen Delikts, sondern auch durch Herstellen einer falschen, einen anderen
verdächtigenden Beweislage, so etwa, wenn der Dieb, um
nicht gefasst zu werden, gestohlene Sachen einem anderen
in die Tasche steckt.

S/S[26], § 145d Rn. 14

Wissen. Hier weiß der Täter oder sieht als sicher voraus,
dass er den Tatbestand verwirklicht. Da er die Handlung
will, will er auch, was er als deren sichere Folge ansieht.
Hier, wo der Täter die Verwirklichung für sicher hält, ist
es gleichgültig, ob sie der Täter anstrebt.

Tr/Fi[53], § 145d Rn. 13
i.V.m. § 15 Rn. 7

Wider besseres Wissen liegt vor, wenn der Täter weiß,
dass die behauptete rechtswidrige Tat nicht begangen
worden ist, ihre Verwirklichung nicht bevorsteht oder die
Angabe über die Person eines Tatbeteiligten nicht der
Wahrheit entspricht.

S/S[26], § 145d Rn. 21

Wider besseres Wissen ist sichere Kenntnis der Unwahrheit; dass der Täter diese nur für möglich hält, genügt
nicht, wohl aber, dass er von der Unwahrheit einer aus der
Luft gegriffenen Behauptung überzeugt ist.

La/Kü[25], § 145d Rn. 9
i.V.m. § 187 Rn. 1

Wider besseres Wissen schließt bedingten Vorsatz nur insoweit aus, als der Täter mindestens davon überzeugt sein muss, dass eine rechtswidrige Tat nicht vorliegt oder bevorsteht oder dass die Angaben über den Beteiligten unwahr sind. Die Motive des Täters sind unerheblich.

La/Kü[25], § 145d Rn. 9

Konkurrenzen

§ 145d ordnet sich selbst als subsidiär (also zurücktretend im Wege der Gesetzeskonkurrenz) an im Verhältnis zu §§ 164, 258 und 258a. Dies gilt aber nur, wenn danach Strafbarkeit vorliegt, also nicht in den Fällen von § 258 V oder VI.

§ 145d steht in Idealkonkurrenz mit §§ 100a, 142, 246, 239, 257, 263, 267. Idealkonkurrenz auch zwischen § 145d I Nr. 2, II Nr. 2 und §§ 126, 241.

Achter Abschnitt.
Geld- und Wertzeichenfälschung (Nicht bearbeitet)

Neunter Abschnitt.
Falsche uneidliche Aussage und Meineid

§ 153.   Falsche uneidliche Aussage

Überblick

- *Typ:* vorsätzliches Begehungsdelikt – Tätigkeitsdelikt. Eigenhändiges Delikt: keine mittelbare und Mittäterschaft möglich. Abs. 1 enthält das Delikt, Abs. 2 lediglich eine Tatbestandserweiterung.
- *Versuch* ist nicht strafbar (Vergehen!).
- *Grundtatbestand,* wenn es um die Aussage von Zeugen und Sachverständigen geht (Qualifikation in § 154).
- *Schutzgut* ist allein die Rechtspflege (Tr/Fi[53], vor § 153 Rn. 2; La/Kü[25], Vor § 153 Rn. 1). (Keine Einwilligungen möglich.)

Aufbau

I.   **Tatbestand**
    1. Objektiver Tatbestand:
      - Tathandlung -
        aa. Aussage, falsche, uneidliche,
        bb. als Zeuge oder Sachverständiger,
        cc. vor einer zur eidlichen Vernehmung von Zeugen und Sachverständigen zuständigen Stelle (insbesondere vor einem Gericht) oder vor einem Untersuchungsausschuss eines Gesetzgebungsorganes (Abs. 2).
    2. Subjektiver Tatbestand: Vorsatz, mindestens bedingter, bez. obj. TB.
II. **Rechtswidrigkeit und**
III. **Schuld: keine Besonderheiten.**

Definitionen / Erläuterungen

Eine **Aussage** ist in den Fällen der Zeugen- und Parteiaussage sowie der eidesstattlichen Versicherung die Wiedergabe von Tatsachen, im Gegensatz zu bloßen Schlussfolgerungen und Vermutungen.

Tr/Fi[53], § 153 Rn. 3

Eine Aussage ist **abgeschlossen**, wenn der Aussagende nichts mehr bekunden und kein Verfahrensbeteiligter mehr Fragen an ihn stellen will, spätestens mit dem Schluss der Verhandlung im jeweiligen Rechtszug.

Tr/Fi[53], § 153 Rn. 11

Aussage ist der Bericht des Vernommenen oder seine Antwort auf bestimmte Fragen.

S/S[26], § 153 Rn. 3

Gegenstand der **Aussage** können äußere oder innere Tatsachen, bei Sachverständigengutachten auch Werturteile sein.

La/Kü[25], Vor § 153 Rn. 4

Tatsachen sind vergangene oder gegenwärtige Ereignisse oder Zustände in der Außenwelt oder im Inneren von Menschen, wobei einfache und allgemein bekannte Rechtsbegriffe sowie im Alltag übliche Bewertungen (ehewidrige Beziehungen) hierzu zählen.

Tr/Fi[53], § 153 Rn. 3

Falsch ist eine Aussage immer dann, wenn sie der Wahrheit nicht entspricht, wenn ihr Erklärungsgehalt objektiv nicht mit der Wirklichkeit übereinstimmt (objektive Theorie).

Tr/Fi[53], § 153 Rn. 4/5

Falsch ist eine Aussage, wenn das, was ausgesagt wird (Aussageinhalt), mit dem, worüber ausgesagt wird (Aussagegegenstand), nicht übereinstimmt.

S/S[26], vor § 153 Rn. 4

Eine Aussage ist **falsch**, wenn sie mit ihrem Gegenstand inhaltlich nicht übereinstimmt.

La/Kü[25], Vor § 153 Rn. 3

Beachte: Über das Merkmal »falsch« herrscht Streit, vgl. Darstellung bei S/S[26] vor §§ 153 ff. Rn. 4 ff.:

Verf.

Nach der *objektiven Theorie* (h.M.) ist »falsch« der Widerspruch zwischen Aussage und tatsächlichem Geschehen.

Nach der *subjektiven Theorie* ist »falsch« der Widerspruch zwischen Aussage und tatsächlichem Wissen des Aussagenden.

Nach der *modifiziert objektiven Theorie* ist »falsch« der Widerspruch zwischen Aussage und dem, was der Aussagende selbst vom tatsächlichen Geschehen wahrgenommen hat *oder* hätte wahrnehmen können.

Nach der *Pflichtwidrigkeitstheorie* ist »falsch« der Widerspruch zwischen Aussage und dem vom Zeugen im Prozess reproduzierbaren Erlebnisbild.

Eid ist begrifflich die Versicherung der Wahrheit in besonders feierlicher Form.

Tr/Fi[53], § 154 Rn. 4

Die Ausgestaltung im Einzelnen erfolgt durch besondere Landes- und Bundesgesetze. Religiöse Form ist nicht vorgeschrieben, unschädlich sind konfessionelle Zusätze. Das Erheben der rechten Hand ist nicht zwingend. Die Worte »Ich schwöre« gehören aber grundsätzlich dazu. Eine fehlende Belehrung über das Eidesverweigerungsrecht ist unschädlich, ebenso sonstige reine Verfahrensmängel (str.).

Zuständige Stelle kann neben den Gerichten auch eine Behörde sein.

Tr/Fi[53], § 153 Rn. 8
i.V.m. § 154 Rn. 18

Gerichte sind alle mit Richtern besetzte Organe der Rechtsprechung, also alle Zivil-, Straf-, Verwaltungsgerichte usw. einschließlich der Dienststrafgerichte, nicht aber private Schiedsgerichte.

S/S[26], § 153 Rn. 5
i.V.m. § 154 Rn. 7

Behörde ist ein ständiges, von der Person des Inhabers unabhängiges, in das Gefüge der öffentlichen Verwaltung eingeordnetes Organ der Staatsgewalt mit der Aufgabe, unter öffentlicher Autorität nach eigener Entschließung für Staatszwecke tätig zu sein.

Tr/Fi[53], § 153 Rn. 8
i.V.m. § 154 Rn. 18
i.V.m. § 164 Rn. 8
i.V.m. § 11 Rn. 29

Die Staatsanwaltschaft und die Polizei gehören nicht dazu (vgl. § 161a I S. 3 StPO), ausländische Gerichte, private Schiedsgerichte, Spruchausschüsse des Arbeitsamtes ebenfalls nicht.

Tr/Fi[53], § 153 Rn. 8

Ob jemand **Partei, Beschuldigter, Zeuge, Sachverständiger** ist, bestimmt sich nach dem jeweiligen Verfahrensrecht; einen davon unabhängigen Zeugen- bzw. Sachverständigenbegriff des StGB gibt es nicht.

S/S[26], § 153 Rn. 4

Konkurrenzen

§ 153 steht in Idealkonkurrenz mit §§ 145d, 163, 164, 186, 187, 257, 263.

§ 154. Meineid

Überblick

- *Typ:* vorsätzliches Begehungsdelikt – Tätigkeitsdelikt. Eigenhändiges Delikt: keine mittelbare und Mittäterschaft möglich.

- *Versuch* ist strafbar (Verbrechen!).

- *Qualifikation* zur uneidlichen Falschaussage, wenn es um die Aussage von Zeugen und Sachverständigen geht. Prüfung immer mit dem Grunddelikt (Obersatz: §§ 153, 154 I) und zwar entweder hinter subjektivem Tatbestand oder hinter Schuld des Grunddeliktes.

- *Eigenständiges Delikt*, wenn es um sonstige Personen geht (z.B. vereidigte Parteien). Prüfung dann alleine (Obersatz: § 154 I).

- (Unbenannter minder schwerer Fall in Abs. 2 – klausurmäßig bedeutungslos.)

- *Schutzgut* ist allein die Rechtspflege (vgl. bei § 153).

Aufbau

I. **Tatbestand**
   1. Objektiver Tatbestand:
      - Tathandlung -
        aa. Aussage, falsche,
        bb. bekräftigt mit Schwur (= Eid),
        cc. vor einer zur Abnahme von Eiden zuständigen Stelle (insbesondere vor einem Gericht).
   2. Subjektiver Tatbestand: Vorsatz, mindestens bedingter, bez. obj. TB.
II. **Rechtswidrigkeit und**
III. **Schuld: keine Besonderheiten.**

Definitionen / Erläuterungen

Beachte: Im Strafverfahren (§§ 59 S. 1, 79 II StPO) wird *erst* die Aussage gemacht und *hinterher* – nach Abschluss der Aussage – diese Aussage beeidigt (sog. Nacheid). Im Zivilverfahren wird der Zeuge und die Partei durch Nacheid (§ 392 und § 452 I S. 1 ZPO), der Sachverständige durch Vor- oder Nacheid (§ 410 I S. 1 ZPO) vereidigt. Regelfall ist also der Nacheid.

Verf.

Eine **Aussage** ist in den Fällen der Zeugen- und Parteiaussage sowie der eidesstattlichen Versicherung die Wieder-

Tr/Fi[53], § 153 Rn. 3

gabe von Tatsachen, im Gegensatz zu bloßen Schlussfolgerungen und Vermutungen.

Eine Aussage ist **abgeschlossen**, wenn der Aussagende
nichts mehr bekunden und kein Verfahrensbeteiligter
mehr Fragen an ihn stellen will, spätestens mit dem
Schluss der Verhandlung im jeweiligen Rechtszug.

Tr/Fi[53], § 154 Rn. 6
i.V.m. § 153 Rn. 11

Aussage ist der Bericht des Vernommenen oder seine
Antwort auf bestimmte Fragen.

S/S[26], § 154 Rn. 3
i.V.m. § 153 Rn. 3

Gegenstand der **Aussage** können äußere oder innere Tatsachen, bei Sachverständigengutachten auch Werturteile
sein.

La/Kü[25], Vor § 153 Rn.
4

Tatsachen sind vergangene oder gegenwärtige Ereignisse
oder Zustände in der Außenwelt oder im Inneren von
Menschen, wobei einfache und allgemein bekannte
Rechtsbegriffe sowie im Alltag übliche Bewertungen (e-
hewidrige Beziehungen) hierzu zählen.

Tr/Fi[53], § 153 Rn. 3

Falsch ist eine Aussage immer dann, wenn sie der Wahrheit nicht entspricht, wenn ihr Erklärungsgehalt objektiv
nicht mit der Wirklichkeit übereinstimmt (objektive Theorie).

Tr/Fi[53], § 153 Rn. 4/5

Beachte: Zum Streit um das Merkmal »falsch« vgl.oben
§ 153 StGB

Verf.

Eid ist die Versicherung der Wahrheit in besonders feierlicher Form.

Tr/Fi[53], § 154 Rn. 4

Die Ausgestaltung im Einzelnen erfolgt durch besondere
Landes- und Bundesgesetze. Religiöse Form ist nicht vorgeschrieben, unschädlich sind konfessionelle Zusätze. Das
Erheben der rechten Hand ist nicht zwingend. Die Worte
»Ich schwöre« gehören aber grundsätzlich dazu. Eine fehlende Belehrung über das Eidesverweigerungsrecht ist unschädlich, ebenso sonstige reine Verfahrensmängel (str.).

Tr/Fi[53], § 154 Rn. 4

Der Versuch des § 154 beginnt beim Nacheid mit dem Anfang der Eidesleistung als solcher; beim Voreid mit dem
Anfang der Aussage. Bis zu diesem Zeitpunkt ist Rücktritt
nach § 24 möglich; danach gilt § 158. Vollendet ist die Tat
beim Voreid mit dem Abschluss der Aussage, beim Nacheid mit der Beendigung des Schwurs.

Tr/Fi[53], § 154 Rn. 13

Vollendet ist der Meineid im Fall des Nacheids mit dem vollständigen Leisten der Eidesformel, beim Voreid mit dem Abschluss der Aussage. Der Versuch beginnt beim Nacheid nicht schon mit dem Beginn der Aussage, sondern erst, wenn mit der Eidesleistung selbst der Anfang gemacht ist.

S/S[26], § 154 Rn. 15

Zuständige Stelle kann neben den Gerichten auch eine Behörde sein.

Tr/Fi[53], § 154 Rn. 5

Zuständige Stellen sind z.B. die Prüfungsstelle und Patentabteilung des Patentamts, der Untersuchungsführer im Disziplinarverfahren, Notare in den Grenzen des § 22 I BNotarO, ferner parlamentarische Untersuchungsausschüsse bei einer entsprechenden gesetzlichen Ermächtigung, diese jedoch nur, soweit sie sich bei ihren Ermittlungen in den durch den Einsetzungsbeschluss gezogenen Grenzen halten und dieser durch die allgemeine Kontrollkompetenz des Parlaments gedeckt ist.

S/S[26], § 154 Rn. 11

Behörde ist ein ständiges, von der Person des Inhabers unabhängiges, in das Gefüge der öffentlichen Verwaltung eingeordnetes Organ der Staatsgewalt mit der Aufgabe, unter öffentlicher Autorität nach eigener Entschließung für Staatszwecke tätig zu sein.

Tr/Fi[53], § 154 Rn. 5
i.V.m. § 164 Rn. 8
i.V.m. § 11 Rn. 29

Die Staatsanwaltschaft und die Polizei gehören nicht dazu (vgl. § 161a I S. 3 StPO), ausländische Gerichte, private Schiedsgerichte, Spruchausschüsse des Arbeitsamtes ebenfalls nicht.

Tr/Fi[53], § 153 Rn. 8

Zur Begrenzung des Tatbestandes ist auch für das Gericht die **Zuständigkeit** zur Eidesabnahme zu verlangen, wobei diese nicht schon deshalb gegeben ist, weil Gerichte »im allgemeinen« zur eidlichen Vernehmung von Zeugen usw. befugt sind. § Erforderlich ist vielmehr, dass es sich gerade bei dem fraglichen Verfahren um ein solches handelt, bei dem ein Eid dieser Art vom Gesetz überhaupt vorgesehen ist.

S/S[26], § 154 Rn. 8

Das **falsche Schwören** ist das Beschwören einer falschen Aussage.

S/S[26], § 154 Rn. 3

Konkurrenzen

§ 154 I verdrängt § 153 im Wege der Gesetzeskonkurrenz (Spezialität). § 154 I steht in Idealkonkurrenz mit §§ 145d, 163, 164, 186, 187, 257, 263.

§ 155.   Eidesgleiche Bekräftigungen

Überblick

- *Typ:* Begriffsbestimmung, Erweiterung des Eidesbegriffs aus § 154.
- Prüfung immer zusammen mit § 154 (Obersatz entweder: §§ 153, 154 I, 155 oder: §§ 154 I, 155, s. § 154).
- Im objektiven Tatbestand von § 154 anstelle des Merkmals Eid: Bekräftigung, die den Eid ersetzt, oder Berufung auf einen früheren Eid oder eine frühere Bekräftigung (die den Eid ersetzt).

Definitionen / Erläuterungen

Berufung erfordert eine entsprechende Erklärung des sich Berufenden; eine bloße Verweisung des Richters auf den früher geleisteten Eid (Protokollvermerk: »allgemein vereidigt«) genügt nicht. Die Berufung ersetzt die Beeidigung nicht, wenn im konkreten Fall eine förmliche Eidesleistung erforderlich gewesen wäre.

Tr/Fi[53], § 155, Rn. 3

Erforderlich ist für die **Berufung** nach Nr. 2 eine eigene Erklärung des Zeugen usw. (wenn auch nicht notwendig mit den Worten des Gesetzes); der bloße Hinweis des Richters auf den früheren Eid genügt nicht.

S/S[26], § 155 Rn. 5

Berufung auf einen früheren Eid oder eine frühere Bekräftigung ist nicht nur die Berufung auf einen in derselben Sache früher geleisteten Partei-, Zeugen- oder Sachverständigeneid oder eine entsprechende frühere Bekräftigung, sondern auch die Berufung eines allgemein vereidigten Sachverständigen auf den von ihm geleisteten Eid und die Berufung eines Beamten auf seinen Diensteid; ist in dem jeweiligen Verfahren die Berufung auf den früheren Eid überhaupt vorgesehen, so kommt es auf die prozessuale Zulässigkeit der Berufung im konkreten Fall nicht an.

La/Kü[25], § 155 Rn. 3

§ 156.   Falsche Versicherung an Eides Statt

Überblick

- *Typ:* vorsätzliches Begehungsdelikt – Tätigkeitsdelikt. Eigenhändiges Delikt: keine mittelbare und Mittäterschaft möglich.

- **Versuch** ist nicht strafbar (Vergehen!).

- **Schut***zgut* ist allein die Rechtspflege (vgl. bei § 153).

Aufbau

I.   **Tatbestand**
   1. Objektiver Tatbestand:
     - Tathandlung -
      aa. Abgabe einer Versicherung an Eides Statt, falscher, oder
      bb. Aussage, falsche, unter Berufung auf eine Versicherung an Eides Statt;
      cc. vor einer zur Abnahme einer solchen Versicherung zuständigen Behörde.
   2. Subjektiver Tatbestand: Vorsatz, mindestens bedingter, bez. obj. TB.
II. **Rechtswidrigkeit und**
III. **Schuld: keine Besonderheiten.**

Definitionen / Erläuterungen

Versicherung an Eides Statt ist eine förmliche, vom Eid unterschiedene Beteuerung der Richtigkeit einer Angabe. Ihre besondere Beweiswirkung entfaltet sie nur in den gesetzlich vorgesehenen Fällen; nur in diesen Fällen sind Falschangaben daher von § 156 erfasst; daher z.B. nicht bei privatschriftlichen »eidesstattlichen Versicherungen«.	Tr/Fi[53], § 156 Rn. 2
Die **Versicherung an Eides Statt** ist eine selbständige, vom Eid und den eidesgleichen Beteuerungen des § 155 verschiedene Bekräftigungsform minderen Gewichts.	S/S[26], § 156 Rn. 1/2
Wesentlich für die **Versicherung an Eides Statt** ist eine den Erklärenden sofort bindende Bekräftigung der Wahrheit, wobei der Inhalt der Erklärung den Willen erkennen lassen muss, dass sie an Eides Statt abgegeben wird. Das bloße Erbieten, etwas unter Eid oder an Eides Statt erklären zu wollen, genügt nicht.	S/S[26], § 156 Rn. 4

Falsch ist die Versicherung immer dann, wenn sie der Wahrheit nicht entspricht, wenn ihr Erklärungsgehalt ob-	Tr/Fi[53], § 153 Rn. 4/5

jektiv nicht mit der Wirklichkeit übereinstimmt (objektive Theorie).

Die eidesstattliche Versicherung ist dann falsch, wenn sie wörtlich genommen der Wahrheit nicht widerspricht, aber Wesentliches verschweigt, so dass das Verschwiegene das Ausgesagte entscheidend verändern würde. Eine unter falschem Namen abgegebene Versicherung ist stets falsch, auch bei sachlich richtigem Inhalt.

Tr/Fi[53], § 156 Rn. 11

Die eidesstattliche Versicherung ist **falsch**, wenn sie eine falsche Aussage bekräftigt.

S/S[26], § 156 Rn. 5

Beachte: Zum Streit um das Merkmal »falsch« vgl.oben § 153 StGB

Verf.

Abgabe liegt bei mündlichen Versicherungen vor, sobald die Erklärung vor der Behörde abgeschlossen ist. Bei Schriftlichkeit durch den Eingang der Urschrift, auch wenn ein Dritter sie mit Einwilligung des Erklärenden überreicht, oder einer notariellen Ausfertigung, der die Kenntnisnahme ermöglicht, selbst wenn sie nicht eingesehen wird

Tr/Fi[53], § 156 Rn. 4

Vor der Behörde abgegeben ist die eidesstattliche Versicherung im Fall der Mündlichkeit, wenn sie vor einer zur Vertretung der Behörde in solchen Angelegenheiten befugten Person mit deren Einverständnis erklärt worden ist.

S/S[26], § 156 Rn. 19

Eine schriftliche Versicherung ist i.S. des § 156 abgegeben, wenn sie mit Willen des Erklärenden der zuständigen Behörde zugegangen ist.

Eine **Aussage** ist in den Fällen der Zeugen- und Parteiaussage sowie der eidesstattlichen Versicherung die Wiedergabe von Tatsachen, im Gegensatz zu bloßen Schlussfolgerungen und Vermutungen.

Tr/Fi[53], § 153 Rn. 3

Tatsachen sind vergangene oder gegenwärtige Ereignisse oder Zustände in der Außenwelt oder im Inneren von Menschen, wobei einfache und allgemein bekannte Rechtsbegriffe sowie im Alltag übliche Bewertungen (ehewidrige Beziehungen) hierzu zählen.

Tr/Fi[53], § 153 Rn. 3

Falsch ist eine Aussage immer dann, wenn sie der Wahrheit nicht entspricht, wenn ihr Erklärungsgehalt objektiv

Tr/Fi[53], § 153 Rn. 4/5

nicht mit der Wirklichkeit übereinstimmt (objektive Theorie).

Falsch ist eine Aussage, wenn das, was ausgesagt wird (Aussageinhaltinhalt), mit dem, worüber ausgesagt wird (Aussagegegenstand), nicht übereinstimmt. — S/S[26], § 156 Rn. 5 i.V.m. Vor § 153 Rn. 4

Eine Aussage ist **falsch**, wenn sie mit ihrem Gegenstand inhaltlich nicht übereinstimmt. — La/Kü[25], Vor § 153 Rn. 3

Eine Aussage ist **abgeschlossen**, wenn der Aussagende nichts mehr bekunden und kein Verfahrensbeteiligter mehr Fragen an ihn stellen will, spätestens mit dem Schluss der Verhandlung im jeweiligen Rechtszug. — Tr/Fi[53], § 153 Rn. 11

Eine **Berufung** erfordert eine entsprechende Erklärung des sich Berufenden; eine bloße Verweisung des Richters auf den früher geleisteten Eid (Protokollvermerk: »allgemein vereidigt«) genügt nicht. Die Berufung ersetzt die Beeidigung nicht, wenn im konkreten Fall eine förmliche Eidesleistung erforderlich gewesen wäre, es kommt dann nur untauglicher Versuch in Betracht. — Tr/Fi[53], § 155 Rn. 3

Eine **Berufung** liegt vor, wenn die neue Aussage unter die frühere Bekräftigung gestellt wird, wobei es auf den Gebrauch bestimmter Worte nicht ankommt. Nicht ausreichend ist es, wenn die Behörde auf die frühere Versicherung lediglich hinweist oder wenn sich der Täter auf die bloße Wiedergabe ihres Tatsachengehalts beschränkt. — S/S[26], § 156 Rn. 20

Zuständige Stelle ist neben den Gerichten (vgl. § 11 I Nr. 7) eine Behörde. — Tr/Fi[53], § 156 Rn. 4

Zuständige Stelle. Die Zuständigkeit zur Abnahme eidesstattlicher Versicherungen setzt nach h.M. voraus: 1. die Befugnis der Behörde, überhaupt eidesstattliche Versicherungen entgegenzunehmen (sog. allgemeine Zuständigkeit); 2. die Befugnis, eidesstattliche Versicherungen gerade in diesem Verfahren und über diesen Gegenstand abzunehmen (besondere Zuständigkeit); 3. dass die eidesstattliche Versicherung rechtlich nicht völlig wirkungslos ist. — S/S[26], § 156 Rn. 8

Behörde ist ein ständiges, von der Person des Inhabers unabhängiges, in das Gefüge der öffentlichen Verwaltung eingeordnetes Organ der Staatsgewalt mit der Aufgabe, unter öffentlicher Autorität nach eigener Entschließung für — Tr/Fi[53], § 156 Rn. 4 i.V.m. § 11 Rn. 29

Staatszwecke tätig zu sein.

Hierzu gehören auch die Gerichte (§ 11 I Nr. 7). Tr/Fi[53], § 153 Rn. 4

Neben einer allgemeinen Zuständigkeit zur Entgegen- Tr/Fi[53], § 156 Rn. 4
nahme eidesstattlicher Versicherungen muss hinzu kom-
men, dass das Gesetz eine Versicherung der geleisteten
Art für das konkrete Verfahren überhaupt zulässt (z.B.
nicht der Fall für Beschuldigte im Strafverfahren).

Behörde. Immerhin dürfte aber diesen verschiedenartigen S/S[26], § 156 Rn. 7 i.V.m.
Behörden soviel gemeinsam sein, dass es sich jeweils um § 11 Rn. 59
eine von der Person des Inhabers unabhängige, mit bestimmten Mitteln für eine gewisse Dauer ausgestattete
Einrichtung handeln muss, die unter (unmittelbarer oder
mittelbarer) staatlicher Autorität für öffentliche Zwecke tätig wird.

Behörden sind ständige, von der Person ihres Trägers un- La/Kü[25], § 156 Rn. 2
abhängige Organe der inländischen (nach dem jeweiligen i.V.m. § 11 Rn. 20
Schutzzweck u.U. auch ausländischen) Staatsgewalt, die
dazu berufen sind, unter öffentlicher Autorität für die Erreichung der Zwecke des Staates tätig zu sein.

Zuständigkeit der Behörde setzt nicht nur allgemeine Zu- La/Kü[25], § 156 Rn. 2
ständigkeit zur Abnahme eidesstattlicher Versicherungen
voraus, sondern darüber hinaus, dass die konkrete Versicherung über den Gegenstand, auf den sie sich bezieht,
und in dem Verfahren, zu dem sie eingereicht wird, abge-
nommen werden darf und dass sie nicht rechtlich völlig
wirkungslos ist.

Konkurrenzen

§ 156 verdrängt § 163 im Wege der Gesetzeskonkurrenz (Konsumtion). § 156 steht in
Idealkonkurrenz mit §§ 145d, 164, 186, 187, 257, 263, 267.

§ 157. Aussagenotstand

Überblick

- *Typ:* Strafmilderungs-, bzw. -aufhebungsgrund.

- *Standort:* Nach der Schuld (Abs. 1: »Hat ein Zeuge (...) sich schuldig gemacht.«) von § 153 oder § 154.

- § 157 gilt nicht für § 156.

Aufbau

I.   **Voraussetzungen:**
    1. Objektiv:
        a. Täter hat als Zeuge oder Sachverständiger
        b. § 153 oder § 154 (versucht oder vollendet) verwirklicht.
    2. Subjektiv:
        - Täter hat gehandelt, um die Gefahr (von sich oder einem Angehörigen) abzuwenden, bestraft oder einer Maßnahme unterzogen zu werden.
II. **Vorher zu prüfen: (Aussage-) Notstand nach § 34 (in der Rechtswidrigkeit) und § 35 (in der Schuld).**
    Unterschied zu § 157 liegt in der Art der Gefahr, die droht, und den davon betroffenen Personen.
    § 157 erfasst nur die Gefahr der Strafverfolgung und nur für den Täter und Angehörige.
    §§ 34 und 35 erfassen darüber hinaus alle Gefahren für alle Rechtsgüter (§ 34), bzw. solche für Leben, Leib oder Freiheit (§ 35), für alle Personen (§ 34), bzw. für Täter, Angehörige oder sonstige nahestehende Personen (§ 35).

Definitionen / Erläuterungen

Für **Gefahr einer Strafverfolgung etc.** ist nicht die objektive Sachlage maßgebend, sondern die Meinung des Täters über die Gefahr im Augenblick der Aussage.

Tr/Fi[53], § 157 Rn. 4

Gefahr einer Strafverfolgung etc. Hierfür genügt die Absicht, sich nur eine mildere Bestrafung zu sichern, und bei schon rechtskräftiger Aburteilung die Absicht, nachteilige Vollstreckungsfolgen abzuwenden. Die Gefahr der Ahndung wegen einer Ordnungswidrigkeit oder eines Dienstvergehens scheidet dagegen aus. Bei Tatsachenzweifeln am Vorliegen der Absicht gilt der Grundsatz in dubio pro reo.

La/Kü[25], § 157 Rn. 2

An einer Gefahr fehlt es, wenn der Bestrafung oder Maßregelung ein Verfolgungshindernis entgegensteht.

La/Kü[25], § 157 Rn. 4

§ 158.   Berichtigung einer falschen Angabe

Überblick

- *Typ:* Strafmilderungs-, bzw. -aufhebungsgrund.
- *Standort:* Nach der Schuld von § 153, § 154 und § 156.

Aufbau

I.   **Voraussetzungen:**
  - Objektiv:
    - a. Täter hat § 153 oder § 154 (versucht oder vollendet) oder § 156 verwirklicht.
    - b. Täter berichtigt die falsche Angabe rechtzeitig (auf Freiwilligkeit kommt es nach h.M. nicht an!).

II. **Abgrenzung bei versuchtem § 154 zum Rücktritt (§ 24). Dieser ist jedenfalls vorher zu prüfen, da nach § 24 die Strafbarkeit zwingend ganz entfällt.**

Definitionen

Berichtigung liegt dann vor, wenn der Täter nicht nur die Unwahrheit der früheren Aussage zugibt (= Widerruf), sondern darüberhinaus zugleich den richtigen Sachverhalt angibt und zwar wahrheitsgemäß in allen wesentlichen Punkten, soweit er dazu in der Lage ist.

Tr/Fi[53], § 158 Rn. 3

Berichtigung ist die nicht formbedürftige, mündliche oder schriftliche, in der Regel ausdrückliche Erklärung, mit der eine ganz oder teilweise falsche Aussage durch eine richtige Darstellung ersetzt wird.

S/S[26], § 158 Rn. 5

Berichtigen heißt, die eingestanden falsche Aussage in allen nicht völlig nebensächlichen Punkten durch die Mitteilung der Wahrheit zu ersetzen; dabei muss der Täter die Unrichtigkeit der früheren Aussage eindeutig zu erkennen geben.

La/Kü[25], § 158 Rn. 2

Für die **Rechtzeitigkeit** ist der Eingang maßgebend. Dazu kann Einwurf in den Briefkasten genügen, selbst vor Kenntnisnahme durch die Beamten. Die Zäsur für die Anwendbarkeit des § 158 bildet bei der uneidlichen Falschaussage das Ende der Bekundung, beim Nacheid das vollständige Leisten der Eidesformel. Danach kommt es darauf an, ob einer die Rechtzeitigkeit ausschließenden

Tr/Fi[53], § 158 Rn. 7

Umstände *objektiv* (nicht nur nach den Vorstellungen des Täters) gegeben ist.

Die **Rechtzeitigkeit** ist an eine dreifache Voraussetzung geknüpft, indem das Gesetz in Abs. 2 die Berechtigung in drei Fällen als verspätet bezeichnet. Ist objektiv keiner dieser die Rechtzeitigkeit ausschließenden Umstände gegeben, so ist ihre irrige Annahme für den Täter unschädlich; handelt er dagegen umgekehrt in Unkenntnis eines Sachverhalts, nach dem die Berechtigung i.S. des Abs. 2 verspätet ist, so ist nach den bei anderen Rücktrittsvorschriften geltenden und bei § 158 analog anzuwendenden Grundsätzen zu unterscheiden.

S/S²⁶, § 158 Rn. 7

Die **Rechtzeitigkeit** bestimmt sich nach dem Eingang der Berichtigung bei der Stelle, der gegenüber berichtigt werden kann.

La/Kü²⁵, § 158 Rn. 3

§ 159.   Versuch der Anstiftung zur Falschaussage

Überblick

- *Typ:* Vorverlagerung der Strafbarkeit einer (nach den allgemeinen Regeln des § 30 eigentlich nicht strafbaren) versuchten Anstiftung zu §§ 153 und 156 (= Vergehen), aber nicht: zu § 154 (= Verbrechen).

- *Erweiterung des § 30 I* (gilt nur für versuchte Anstiftung zu einem Verbrechen).

- *Obersatz:* §§ 153, 159, 30 I, bzw. §§ 156, 159, 30 I (oder: §§ 153, 26, 22, 159, 30 I, bzw. §§ 156, 26, 22, 159, 30 I).

Aufbau (wie bei Versuch)

Vorprüfung:
  1. Es liegt keine vollendete Anstiftung vor, weil es an einer vorsätzlich, rechtswidrigen Haupttat fehlt: kein vollendeter § 153 und kein vollendeter § 156 (Versuch dieser beiden ist nicht strafbar).
  2. Der Versuch der Anstiftung ist strafbar: §§ 159 i.V.m. 30 I.
I. Tatbestand
  1. Subjektiver (!) Tatbestand (Tatentschluss – »Doppelvorsatz«):
     a. Vorsatz, mindestens bedingter, bez. der Verwirklichung des obj. TB von § 153 oder § 156 (= Haupttat) durch einen Anzustiftenden;
     b. Vorsatz bez. Bestimmen zu dieser Verwirklichung.
  2. Objektiver Tatbestand: Unmittelbares Ansetzen zum Bestimmen.
II. Rechtswidrigkeit und
III. Schuld: keine Besonderheiten.

IV. **Strafaufhebungsgründe: Kein Rücktritt nach § 24, aber nach §§ 159 I, 31 I Nr. 1, II.**

Definitionen / Erläuterungen

Beachte: Abgrenzung zu § 160:

- Bei § 159 soll jemand zu einer vorsätzlichen Falschaussage gebracht werden, es kommt zu gar keiner Falschaussage.

- Bei § 160 I soll jemand zu einer unvorsätzlichen Falschaussage verleitet werden, es kommt zu dieser unvorsätzlichen Aussage.

- Bei § 160 II soll jemand zu einer unvorsätzlichen Falschaussage verleitet werden, es fehlt etwas entweder (schon) beim Verleiten oder (erst) bei der Falschaussage.

§ 160. Verleitung zur Falschaussage

Überblick

- *Typ:* Spezieller Fall der mittelbaren Täterschaft (§ 25 I 2. Var.), die es bei den Aussagedelikten (eigentlich) nicht gibt, weil es sich um *eigenhändige Delikte* handelt (Ausfüllen einer Strafbarkeitslücke).

- *Versuch* ist strafbar, Abs. 2.

- § 160 ist ein *selbständiges Delikt* (Obersatz: § 160 I) mit 3 Var.

- Wegen der geringen Strafandrohung ist § 160 I immer erst nach einer Anstiftung (§§ 153, 26; 154, 26; 156, 26), bzw. nach einer versuchten Anstiftung (§§ 153, 159, 30 I; 156, 159, 30 I; 154, 30 I) zu prüfen.

Aufbau

I. **Tatbestand**
   1. Objektiver Tatbestand:
      a. Tathandlung – Verleiten; führt kausal zum:
      b. Taterfolg -
         aa. Ableistung eines falschen Eides (= falsche Aussage in Verbindung mit Na-cheid oder Voreid) (1. Var.) oder
         bb. falsche Versicherung an Eides Statt (2. Var.) oder
         cc. falsche uneidliche Aussage (3. Var.) eines anderen
         dd. und jede Variante entweder unvorsätzlich oder vorsätzlich (str.).
   2. Subjektiver Tatbestand:
      a. Vorsatz, mindestens bedingter, bez. obj. TB, zusätzlich:
      b Vorsatz, mindestens bedingter, den anderen zu einem unvorsätzlichen Verhalten zu bewegen.
II. **Rechtswidrigkeit und**

III. **Schuld:** keine Besonderheiten.

Definitionen / Erläuterungen

Verleiten bedeutet das Beeinflussen des Willens eines anderen.	Tr/Fi[53], § 160 Rn. 3
Verleiten bedeutet hier die Einwirkung auf einen anderen, eine Aussage usw. zu machen, die dieser – wenn auch fahrlässig – für richtig hält.	S/S[26], § 160 Rn. 7
Verleiten ist hier das Bestimmen eines anderen zur unvorsätzlichen Tat. Anders als im Falle des § 159 will der Täter, dass die Beweisperson gutgläubig (wenn auch vielleicht fahrlässig) falsch aussagt und auch sonst den äußeren Tatbestand eines Aussagedelikts erfüllt.	La/Kü[25], § 160 Rn. 2
Eine **Aussage** ist in den Fällen der Zeugen- und Parteiaussage sowie der eidesstattlichen Versicherung die Wiedergabe von Tatsachen, im Gegensatz zu bloßen Schlussfolgerungen und Vermutungen.	Tr/Fi[53], § 153 Rn. 3
Eine Aussage ist **abgeschlossen**, wenn der Aussagende nichts mehr bekunden und kein Verfahrensbeteiligter mehr Fragen an ihn stellen will, spätestens mit dem Schluss der Verhandlung im jeweiligen Rechtszug.	Tr/Fi[53], § 160 Rn. 3 i.V.m. § 153 Rn. 11
Tatsachen sind vergangene oder gegenwärtige Ereignisse oder Zustände in der Außenwelt oder im Inneren von Menschen, wobei einfache und allgemein bekannte Rechtsbegriffe sowie im Alltag übliche Bewertungen (ehewidrige Beziehungen) hierzu zählen.	Tr/Fi[53], § 153 Rn. 3
Falsch ist eine Aussage immer dann, wenn sie der Wahrheit nicht entspricht, wenn ihr Erklärungsgehalt objektiv nicht mit der Wirklichkeit übereinstimmt (objektive Theorie).	Tr/Fi[53], § 153 Rn. 4/5
Eine Aussage ist **falsch**, wenn sie mit ihrem Gegenstand inhaltlich nicht übereinstimmt.	La/Kü[25], § 160 Rn. 2 i.V.m. Vor § 153 Rn. 3
Beachte: Zum Streit um das Merkmal »falsch« vgl. oben § 153 StGB	Verf.
Eid ist die Versicherung der Wahrheit in besonders feierlicher Form.	Tr/Fi[53], § 154 Rn. 4

Die Ausgestaltung im Einzelnen erfolgt durch besondere Landes- und Bundesgesetze. Religiöse Form ist nicht vorgeschrieben, unschädlich sind konfessionelle Zusätze. Das Erheben der rechten Hand ist nicht zwingend. Die Worte »Ich schwöre« gehören aber grundsätzlich dazu. Eine fehlende Belehrung über das Eidesverweigerungsrecht ist unschädlich, ebenso sonstige reine Verfahrensmängel (str.).

Tr/Fi[53], § 154 Rn. 4

Im Strafverfahren (§§ 59 S. 1, 79 II StPO) wird erst die Aussage gemacht und hinterher – nach Abschluss der Aussage – diese Aussage beeidet (sog. Nacheid). Im Zivilverfahren wird der Zeuge und die Partei durch Nacheid (§ 392 und § 452 I S. 1 ZPO), der Sachverständige durch Vor- oder Nacheid (§ 410 I S. 1 ZPO) vereidigt. Regelfall ist also der Nacheid.

Versicherung an Eides Statt ist eine förmliche, vom Eid unterschiedene Beteuerung der Richtigkeit einer Angabe. Ihre besondere Beweiswirkung entfaltet sie nur in den gesetzlich vorgesehenen Fällen; nur in diesen Fällen sind Falschangaben daher von § 156 erfasst; daher z.B. nicht bei privatschriftlichen »eidesstattlichen Versicherungen«.

Tr/Fi[53], § 160 Rn. 2
i.V.m. § 156 Rn. 2

Falsch ist eine Versicherung immer dann, wenn sie der Wahrheit nicht entspricht, wenn ihr Erklärungsgehalt objektiv nicht mit der Wirklichkeit übereinstimmt (objektive Theorie).

Tr/Fi[53], § 153 Rn. 4/5

Sie ist immer falsch, wenn sie unter falschen Namen abgegeben wurde, auch bei sachlich richtigem Inhalt.

Tr/Fi[53], § 160 Rn. 2
i.V.m. § 156 Rn. 11

Abgabe liegt bei mündlichen Versicherungen vor, sobald die Erklärung vor der Behörde abgeschlossen ist. Bei Schriftlichkeit durch den Eingang der Urschrift, auch wenn ein Dritter sie mit Einwilligung des Erklärenden überreicht, oder einer notariellen Ausfertigung, der die Kenntnisnahme ermöglicht, selbst wenn sie nicht eingesehen wird.

Tr/Fi[53], § 160 Rn. 2
i.V.m. § 156 Rn. 15

Beachte: Erforderlich ist also für alle drei Varianten, dass der objektive Tatbestand der jeweilig in Bezug genommenen Variante vorliegt (§ 153 oder § 154 oder § 156). Ob dies auch *vorsätzlich* geschehen sein darf, ist strittig (h.M. (+)). *Zweifel* bestehen vor allem deshalb, weil der Täter des § 160 bei vorsätzlicher Begehung des »Verleiteten« keine

Verf.

Tatherrschaft (Willensherrschaft kraft überlegenen Wissens) mehr hat, da der »Verleitete« selbst alles überblickt. Dann liegt aber auch das *Typische der mittelbaren Täterschaft* nicht mehr vor. *Für* eine Strafbarkeit aus § 160 spricht, dass die gewollt unvorsätzliche Tat als »Minus« in der verwirklichten vorsätzlichen Tat enthalten ist, vgl. La/Kü[25], § 160 Rn. 4.

Nach der Mindermeinung ist aber mangels Willensherrschaft des »Verleiters« in solchen Fällen nur wegen Versuchs des § 160 zu bestrafen, Abs. 2.

§§ 161, 162.   (Aufgehoben durch Art. 1 Nr. 45 des 1. StrRG und Art. 1 Nr. 20 des 3. StÄG.)

§ 163.   Fahrlässiger Falscheid; fahrlässige Versicherung an Eides Statt

Überblick

- *Typ:* Fahrlässiges Begehungsdelikt, Tätigkeitsdelikt.
- Gilt nur für Handlungen nach §§ 154 – 156, aber *nicht für § 153*.
- *Strafaufhebung* nach § 158 II und III analog möglich, Abs. 2.
- Verbindung der objektiven Elemente der §§ 154 – 156 mit dem Fahrlässigkeitsaufbau ergibt drei Fälle (Obersatz: §§ 154, 163 I bzw. §§ 154, 155, 163 I bzw. 156, 163 I).
- Da bei den Aussagedelikten *kein* Erfolg eintreten muss, entfallen die darauf bezogenen Fahrlässigkeitsmerkmale ersatzlos (obj. Vorhersehbarkeit eines Erfolges, obj. Pflichtwidrigkeitszusammenhang, Schutzzweck der Sorgfaltspflicht, subj. Vorhersehbarkeit).

Aufbau Var. 1 (§§ 154, 163 I)

I. **Tatbestand**
  1. Objektiver Tatbestand:
     - Tathandlung -
       aa. Aussage, falsche,
       bb. bekräftigt mit Schwur (= Eid),
       cc. vor einer zur Abnahme von Eiden zuständigen Stelle (insbesondere vor einem Gericht),
       dd. obj. Sorgfaltspflichtverletzung.

2. Subjektiver Tatbestand: Falschaussage gesehen (bewusste F.) oder nicht gesehen (unbewusste F.).

II. Rechtswidrigkeit.

III. Schuld: Subj. Sorgfaltspflichtverletzung.

Aufbau Var. 2 (§§ 154, 155, 163 I)

I. Tatbestand
   1. Objektiver Tatbestand:
      - Tathandlung -
         aa. Aussage, falsche,
         bb. Bekräftigung, die den Eid ersetzt, oder
         cc. Berufung auf einen früheren Eid oder eine frühere Bekräftigung (die den Eid ersetzt),
         dd. vor einer zur Abnahme von Eiden zuständigen Stelle (insbesondere vor einem Gericht),
         ee. obj. Sorgfaltspflichtverletzung.
   2. Subjektiver Tatbestand: Falschaussage gesehen (bewusste F.) oder nicht gesehen (unbewusste F.).

II. Rechtswidrigkeit.

III. Schuld: Subj. Sorgfaltspflichtverletzung.

Aufbau Var. 3 (§§ 156, 163 I)

I. Tatbestand
   1. Objektiver Tatbestand:
      - Tathandlung -
         aa. Abgabe einer Versicherung an Eides Statt, falscher, oder
         bb. Aussage, falsche, unter Berufung auf eine Versicherung an Eides Statt;
         cc. vor einer zur Abnahme einer solchen Versicherung zuständigen Behörde,
         dd. obj. Sorgfaltspflichtverletzung.
   2. Subjektiver Tatbestand: Falschaussage gesehen (bewusste F.) oder nicht gesehen (unbewusste F.).

II. Rechtswidrigkeit.

III. Schuld: Subj. Sorgfaltspflichtverletzung.

Definitionen / Erläuterungen

Eine **Aussage** ist in den Fällen der Zeugen- und Parteiaussage sowie der eidesstattlichen Versicherung die Wiedergabe von Tatsachen, im Gegensatz zu bloßen Schlussfolgerungen und Vermutungen.

Tr/Fi[53], § 153 Rn. 3

Eine Aussage ist **abgeschlossen**, wenn der Aussagende nichts mehr bekunden und kein Verfahrensbeteiligter

Tr/Fi[53], § 163 Rn. 2
i.V.m. § 153 Rn. 11

mehr Fragen an ihn stellen will, spätestens mit dem Schluss der Verhandlung im jeweiligen Rechtszug.

Tatbestandsmäßig sind nur solche Aussagen, die Gegenstand der Vernehmung sind und der Pflicht zur wahrheitsgemäßen Aussage unterliegen.

Tr/Fi[53], § 161 Rn. 2 i.V.m. § 154 Rn. 10

Die Aussagen von Parteien gehören dazu (Parteimeineid).

Tatsachen sind vergangene oder gegenwärtige Ereignisse oder Zustände in der Außenwelt oder im Inneren von Menschen, wobei einfache und allgemein bekannte Rechtsbegriffe sowie im Alltag übliche Bewertungen (ehewidrige Beziehungen) hierzu zählen.

Tr/Fi[53], § 153 Rn. 3

Falsch ist eine Aussage immer dann, wenn sie der Wahrheit nicht entspricht, wenn ihr Erklärungsgehalt objektiv nicht mit der Wirklichkeit übereinstimmt (objektive Theorie).

Tr/Fi[53], § 153 Rn. 4/5

Falsch ist eine Aussage, wenn das, was ausgesagt wird (Aussageinhalt), mit dem, worüber ausgesagt wird (Aussagegegenstand), nicht übereinstimmt.

S/S[26], § 163 Rn. 2 i.V.m. § 154 Rn. 3 i.V.m. Vor § 153 Rn. 4

Beachte: Zum Streit um das Merkmal »falsch« vgl. oben § 153 StGB

Verf.

Eid ist die Versicherung der Wahrheit in besonders feierlicher Form.

Tr/Fi[53], § 154 Rn. 4

Die Ausgestaltung im Einzelnen erfolgt durch besondere Landes- und Bundesgesetze. Religiöse Form ist nicht vorgeschrieben, unschädlich sind konfessionelle Zusätze. Das Erheben der rechten Hand ist nicht zwingend. Die Worte »Ich schwöre« gehören aber grundsätzlich dazu. Eine fehlende Belehrung über das Eidesverweigerungsrecht ist unschädlich, ebenso sonstige reine Verfahrensmängel (str.).

Tr/Fi[53], § 154 Rn. 4

Im Strafverfahren (§§ 59 S. 1, 79 II StPO) wird erst die Aussage gemacht und hinterher – nach Abschluss der Aussage – diese Aussage beeidigt (sog. Nacheid). Im Zivilverfahren wird der Zeuge und die Partei durch Nacheid (§ 392 und § 452 I S. 1 ZPO), der Sachverständige durch Vor- oder Nacheid (§ 410 I S. 1 ZPO) vereidigt. Regelfall ist also der Nacheid.

Versicherung an Eides Statt ist eine förmliche, vom Eid

Tr/Fi[53], § 163 Rn. 2

unterschiedene Beteuerung der Richtigkeit einer Angabe. Ihre besondere Beweiswirkung entfaltet sie nur in den gesetzlich vorgesehenen Fällen; nur in diesen Fällen sind Falschangaben daher von § 156 erfasst; daher z.B. nicht bei privatschriftlichen »eidesstattlichen Versicherungen«.

i.V.m. § 156 Rn. 2

Die **Versicherung an Eides Statt** ist eine selbständige, vom Eid und den eidesgleichen Beteuerungen des § 155 verschiedene Bekräftigungsform minderen Gewichts.

S/S[26], § 163 Rn. 10
i.V.m. § 156 Rn. ½

Wesentlich für die **Versicherung an Eides Statt** ist eine den Erklärenden sofort bindende Bekräftigung der Wahrheit, wobei der Inhalt der Erklärung den Willen erkennen lassen muss, dass sie an Eides Statt abgegeben wird. Das bloße Erbieten, etwas unter Eid oder an Eides Statt erklären zu wollen, genügt nicht.

S/S[26], § 163 Rn. 10
i.V.m. § 156 Rn. 4

Falsch ist die Versicherung immer dann, wenn sie der Wahrheit nicht entspricht, wenn ihr Erklärungsgehalt objektiv nicht mit der Wirklichkeit übereinstimmt (objektive Theorie).

Tr/Fi[53], § 153 Rn. 4/5

Sie ist immer falsch, wenn sie unter falschen Namen abgegeben wurde, auch bei sachlich richtigem Inhalt.

Tr/Fi[53], § 163 Rn. 2
i.V.m. § 156 Rn. 11

Die eidesstattliche Versicherung ist **falsch**, wenn sie eine falsche Aussage bekräftigt.

S/S[26], § 163 Rn. 10
i.V.m. § 156 Rn. 5

Abgabe liegt bei mündlichen Versicherungen vor, sobald die Erklärung vor der Behörde abgeschlossen ist. Bei Schriftlichkeit durch den Eingang der Urschrift, auch wenn ein Dritter sie mit Einwilligung des Erklärenden überreicht, oder einer notariellen Ausfertigung, der die Kenntnisnahme ermöglicht, selbst wenn sie nicht eingesehen wird.

Tr/Fi[53], § 163 Rn. 2
i.V.m. § 156 Rn. 15

Sorgfaltspflicht eines Aussagenden / Versichernden ist es, sein Gedächtnis anzustrengen, um sein Erinnerungsbild zu verbessern, eine Versicherung durchzulesen, bevor sie unterschrieben wird, beim Verlesen einer niedergeschriebenen Aussage aufzupassen, etc.

Tr/Fi[53], § 163 Rn. 5

Zuständige Stelle kann neben den Gerichten auch eine Behörde sein.

Tr/Fi[53], § 163 Rn. 2
i.V.m. § 154 Rn. 5

Zur Begrenzung des Tatbestandes ist auch für das Gericht die **Zuständigkeit** zur Eidesabnahme zu verlangen, wobei diese nicht schon deshalb gegeben ist, weil Gerichte »im allgemeinen« zur eidlichen Vernehmung von Zeugen usw. befugt sind. Erforderlich ist vielmehr, dass es sich gerade bei dem fraglichen Verfahren um ein solches handelt, bei dem ein Eid dieser Art vom Gesetz überhaupt vorgesehen ist.

S/S[26], § 154 Rn. 8

Behörde ist ein ständiges, von der Person des Inhabers unabhängiges, in das Gefüge der öffentlichen Verwaltung eingeordnetes Organ der Staatsgewalt mit der Aufgabe, unter öffentlicher Autorität nach eigener Entschließung für Staatszwecke tätig zu sein.

Tr/Fi[53], § 163 Rn. 2
i.V.m. § 154 Rn. 5
i.V.m. § 164 Rn. 8
i.V.m. § 11 Rn. 29

Die Staatsanwaltschaft und die Polizei gehören nicht dazu (vgl. § 161a I S. 3 StPO), ausländische Gerichte, private Schiedsgerichte, Spruchausschüsse des Arbeitsamtes ebenfalls nicht.

Tr/Fi[53], § 163 Rn. 2
i.V.m. § 153 Rn. 8

Eine **Berufung** erfordert eine entsprechende Erklärung des sich Berufenden; eine bloße Verweisung des Richters auf den früher geleisteten Eid (Protokollvermerk: »allgemein vereidigt«) genügt nicht. Die Berufung ersetzt die Beeidigung nicht, wenn im konkreten Fall eine förmliche Eidesleistung erforderlich gewesen wäre, es kommt dann nur untauglicher Versuch in Betracht.

Tr/Fi[53], § 163 Rn. 2
i.V.m. § 155 Rn. 3

Eine **Berufung** liegt vor, wenn die neue Aussage unter die frühere Bekräftigung gestellt wird, wobei es auf den Gebrauch bestimmter Worte nicht ankommt. Nicht ausreichend ist es, wenn die Behörde auf die frühere Versicherung lediglich hinweist oder wenn sich der Täter auf die bloße Wiedergabe ihres Tatsachengehalts beschränkt.

S/S[26], § 156 Rn. 20

Konkurrenzen

§§ 154, 163 I stehen in Idealkonkurrenz zu § 153.

Zehnter Abschnitt.
Falsche Verdächtigung

§ 164.   Falsche Verdächtigung

Überblick

- *Typ:* vorsätzliches Begehungsdelikt – Tätigkeitsdelikt.

- *Versuch* ist nicht strafbar (Vergehen!). Bei Berichtigung nach Vollendung kann § 158 analog angewandt werden (str., La/Kü[25], § 164 Rn. 10).

- Abs. 1 enthält die 1. Begehungsform (Obersatz: § 164 I),

- Abs. 2 enthält die 2. Begehungsform (Obersatz: § 164 II, I).

- *Doppelter Schutzzweck:* Rechtspflege einerseits (Rechtspflegetheorie), Individualrechtsgüter eines zu Unrecht Beschuldigten (Individualrechtsgutstheorie) andererseits (h.M., Alternativitätstheorie). Streit ist wichtig bei der Frage der Zulässigkeit von Einwilligungen durch den falsch Angezeigten.

Aufbau (1. Begehung, Abs. 1)

I. **Tatbestand**
    1. Objektiver Tatbestand:
        a. Verdächtigung eines anderen, objektiv falsche,
          aa. der Begehung einer rechtswidrigen Tat oder
          bb. der Verletzung einer Dienstpflicht,
        b. bei einer Behörde oder bei einem zur Entgegennahme von Anzeigen zuständigem Amtsträger oder öffentlich.
    2. Subjektiver Tatbestand:
        a. Vorsatz, mindestens bedingter, bez. obj. TB,
        b. zusätzlich: positive Kenntnis der Unrichtigkeit der Verdächtigung (= wider besseres Wissen),
        c. zusätzlich: Absicht, ein behördliches Verfahren oder andere behördliche Maßnahmen gegen den anderen herbeizuführen oder fortdauern zu lassen.
II. **Rechtswidrigkeit und**
III. **Schuld: keine Besonderheiten.**
IV. **Besonderheiten: Analoge Anwendung von § 158 bei Berichtigung (str.).**

Aufbau (2. Begehung, Abs. 2)

I. **Tatbestand**

1. Objektiver Tatbestand:
   a. Aufstellen einer Behauptung
      aa. über einen anderen, sonstigen,
      bb. objektiv falsche,
   b. bei einer Behörde oder bei einem zur Entgegennahme von Anzeigen zuständigem Amtsträger oder öffentlich,
   c. die geeignet ist, ein behördliches Verfahren oder andere behördliche Maßnahmen gegen den anderen
      aa. herbeizuführen oder
      bb. fortdauern zu lassen.
2. Subjektiver Tatbestand:
   a. Vorsatz, mindestens bedingter, bez. obj. TB,
   b. zusätzlich: positive Kenntnis der Unrichtigkeit der Behauptung (= wider besseres Wissen),
   c. zusätzlich: Absicht, ein behördliches Verfahren oder andere behördliche Maßnahmen gegen den anderen herbeizuführen oder fortdauern zu lassen.

II. Rechtswidrigkeit und

III. Schuld: keine Besonderheiten.

IV. Besonderheiten: Analoge Anwendung von § 158 bei Berichtigung (str.).

Definitionen / Erläuterungen

Verdächtigen ist das Hervorrufen, Verstärken oder Umlenken eines Verdachts durch das Behaupten (oder Sprechen lassen) von Tatsachen, die im konkreten Fall geeignet sind, einen in Wahrheit Unschuldigen der Gefahr behördlichen Einschreitens auszusetzen.

Tr/Fi[53], § 164 Rn. 3

Verdächtigen ist das Unterbreiten oder Zugänglichmachen von Tatsachenmaterial, das einen Verdacht gegen eine andere Person begründet oder einen bereits bestehenden Verdacht verstärkt.

S/S[26], § 164 Rn. 5

Verdächtigen bedeutet das Lenken eines Verdachts (auch Verstärken eines schon bestehenden Verdachts) auf einen anderen, sei es durch ausdrückliche oder stillschweigende Äußerung, durch sog. Beweismittelfiktion, d.h. durch versteckte Manipulation wie z.B. Vorlegen oder Unterschieben belastenden Beweismaterials, oder durch unechtes Unterlassen in Garantenstellung.

La/Kü[25], § 164 Rn. 4

Objektiv falsch bedeutet, dass die behaupteten Tatsachen, also solche, die den Verdacht ergeben sollen, der Wirklichkeit in objektiv richtiger Würdigung nicht entsprechen.

Tr/Fi[53], § 164 Rn. 6

Objektiv falsch. Erforderlich ist, dass die Verdächtigung in ihrem wesentlichen Inhalt unrichtig ist; die unrichtige

S/S[26], § 164 Rn. 17

Wiedergabe oder das Weglassen belangloser Nebensäch-
lichkeiten genügt nicht.

Bei der Verdächtigung setzt das Merkmal der **objektiven**
Unwahrheit nicht notwendig Unschuld des Betroffenen
voraus; da die Tat nach dem Schutzzweck der Vorschrift
als Täuschungs-(Behauptungs-)Delikt, nicht als Beschuldi-
gungsdelikt zu verstehen ist, kommt es auf den Wahrheits-
und Vollständigkeitsgehalt, den Tatsachenkern, des unter-
breiteten Materials an (h.M.). Eine Verdächtigung kann
daher schon falsch sein, wenn ein Verdacht, der nach dem
Grundsatz in dubio pro reo begründet ist und dem Täter
auch – sei es nur möglicherweise – begründet erscheint,
durch unwahre Tatsachenbehauptungen untermauert
wird. Andererseits muss sie noch nicht falsch sein, wenn
Behauptungen nur aufgebauscht oder in Einzelheiten unrichtig sind, im Wesentlichen Gehalt, der für die Begründung des Verdachts notwendig ist, aber wahr sind.

La/Kü[25], § 164 Rn. 7

Begehung einer rechtswidrigen Tat: siehe § 11 I Nr. 5. Die
Verdächtigung muss geeignet sein, einen sog. Anfangsverdacht zu begründen und damit ein Verfahren auszulösen oder aufrechtzuerhalten, das zu einer strafrechtlichen
Reaktion führen kann, so dass auch strafrechtliche Maßnahmen einbezogen sind, die keine Schuld voraussetzen.

Tr/Fi[53], § 164 Rn. 5

Eine rechtswidrige Tat ist nach § 11 I Nr. 5 nur eine solche, die den Tatbestand eines Strafgesetzes verwirklicht;
Ordnungswidrigkeiten scheiden hier deshalb aus.

S/S[26], § 164 Rn. 10

Verletzung einer Dienstpflicht: Die Verdächtigung muss
geeignet sein, einen sog. Anfangsverdacht zu begründen
und damit ein Verfahren auszulösen oder aufrechtzuerhalten, das zu einer Disziplinarmaßnahme führen kann.

Tr/Fi[53], § 164 Rn. 5a

Die Behauptung einer **Dienstpflichtverletzung** kommt in
Bezug auf Handlungen in Betracht, die disziplinarisch
ahndbar sind.

S/S[26], § 164 Rn. 11

Die **Verletzung der Dienstpflicht** muss disziplinarisch
ahndbar sein, was auch bei Soldaten in Frage kommt; bloße Standespflichten in Berufen mit Ehrengerichtsbarkeit,
z.B. Rechtsanwälte und Ärzte, gehören jedoch nicht hierher.

La/Kü[25], § 164 Rn. 5

Gegen einen anderen muss sich die Verdächtigung rich-

Tr/Fi[53], § 164 Rn. 7

ten; gemeint ist gegen einen noch lebenden identifizierbaren Dritten, welcher der inländischen Strafbarkeit unterworfen ist.

Gegen einen anderen. Die Fremdbezichtigung muss sich gegen eine bestimmte, lebende und erkennbare Person richten. Der Beschuldigte muss so genau bezeichnet oder beschrieben sein, dass seine Ermittlung möglich ist.	S/S²⁶, § 164 Rn. 22
Behörde ist auch ein Gericht, d.h. ein Organ der rechtsprechenden Gewalt in der BRep. Im Übrigen ist Behörde ein ständiges, von der Person des Inhabers unabhängiges, in das Gefüge der öffentlichen Verwaltung eingeordnetes Organ der Staatsgewalt mit der Aufgabe, unter öffentlicher Autorität nach eigener Entschließung für Staatszwecke tätig zu sein.	Tr/Fi⁵³, § 164 Rn. 8 i.V.m. § 11 Rn. 29
Behörden sind Organe der Staatsgewalt, die als eigene, vom Wechsel der für sie tätigen Personen unabhängige organisatorische Einheiten unter öffentlicher Autorität für staatliche Zwecke tätig sind.	S/S²⁶, § 164 Rn. 25
Zur **Entgegennahme von Anzeigen zuständige Amtsträger** sind die Beamten der Staatsanwaltschaft und der Polizei, sowie der Dienstvorgesetzte.	Tr/Fi⁵³, § 164 Rn. 8
Zur **Entgegennahme von Anzeigen zuständige Amtsträger** (vgl. § 11 I Nr. 2) sind z.B. die Beamten der Staatsanwaltschaft und des Polizeidienstes (§ 158 StPO), ferner auch Disziplinarvorgesetzte jeder Art.	S/S²⁶, § 164 Rn. 27
Öffentlich bedeutet vor einem größeren, durch persönliche Beziehung nicht zusammengehaltenen Personenkreis; diese Sachlage muss dem Täter bekannt sein.	Tr/Fi⁵³, § 164 Rn. 10
Öffentlich ist die Tat erfolgt, wenn sie von einem größeren, nach Zahl und Individualität unbestimmten oder durch nähere Beziehung nicht verbundenen Personenkreis unmittelbar wahrgenommen werden kann.	S/S²⁶, § 164 Rn. 28 i.V.m. § 186 Rn. 19
Wider besseres Wissen muss die Verdächtigung erhoben sein; sie muss objektiv falsch und außerdem vom Anzeigenden in Kenntnis ihrer Unrichtigkeit gemacht sein.	Tr/Fi⁵³, § 164 Rn. 12
Wider besseres Wissen handelt, wer sicher weiß, dass die Beschuldigung unwahr ist, und zwar im Zeitpunkt der Verdächtigung.	S/S²⁶, § 164 Rn. 30

Andere behördliche Maßnahmen = jedes dienstliche Vorgehen.	Tr/Fi[53], § 164 Rn. 11
Behördliche Verfahren und andere behördliche Maßnahmen sind nach Entstehungsgeschichte und ratio legis nur solche, in denen staatliche oder vom Staat abgeleitete Stellen dem Bürger als dem davon Betroffenen in Ausübung hoheitlicher Gewalt gegenübertreten. Hierher gehören z.B. Ehrengerichtsverfahren gegen Ärzte oder Anwälte, das Verfahren nach dem OWiG, die Entziehung von Konzessionen, Approbationen, akademischen Graden, die Schließung eines Geschäfts usw.	S/S[26], § 164 Rn. 13
Behördliche Verfahren oder andere behördliche Maßnahmen sind z.B. Sicherungsverfahren, Bußgeldverfahren und Verfahren zur Entziehung der Fahr- oder Gewerbeerlaubnis oder des Sorgerechts, nicht jedoch Maßnahmen im Zivilprozess.	La/Kü[25], § 164 Rn. 6
Herbeizuführen und **fortdauern**. Es genügt i.d.R. nicht, wenn jemand einer zwar rechtswidrigen, aber entschuldigten, sonst strafrechtlich nicht sanktionierten oder auch nur nicht verfolgbaren Tat verdächtigt wird.	La/Kü[25], § 164 Rn. 5
Aufstellen einer Behauptung. Es kommen nur solche Anschuldigungen in Betracht, die keine Straftat oder Dienstpflichtverletzung zum Gegenstand haben (denn dafür gilt Abs. 1).	S/S[26], § 164 Rn. 12
Geeignet ist die Behauptung dann, wenn die vorgetragenen Tatsachen einen Anlass zur Einleitung eines behördlichen Verfahrens geben.	S/S[26], § 164 Rn. 14

Konkurrenzen

§ 164 verdrängt § 145d im Wege der Gesetzeskonkurrenz (Subsidiarität). § 164 steht in Idealkonkurrenz mit §§ 153 ff., 185, 187.

§ 165.   Bekanntgabe der Verurteilung

Überblick

- *Typ:* Rechtsfolgenregelung (Nebenfolge) – klausurmäßig bedeutungslos.

Elfter Abschnitt.
Straftaten, welche sich auf Religion und Weltanschauung beziehen

§ 166. Beschimpfung von Bekenntnissen, Religionsgesellschaften und Weltanschauungsvereinigungen

Überblick

- *Typ:* vorsätzliches Begehungsdelikt – Gefährdungsdelikt, konkretes.

- *Versuch* ist nicht strafbar (Vergehen!).

- Abs. 1 und 2 enthalten **zwei *selbständige Tatbestände*** (Obersatz: § 166 I, bzw. § 166 II, I), wobei Abs. 2 (nur) im Hinblick auf den Strafrahmen Bezug auf Abs. 1 nimmt.

- *Schutzgut* ist der öffentliche Frieden (Tr/Fi[53], § 166 Rn. 2), nicht das Recht Einzelner (La/Kü[25], § 166 Rn. 1) (s. auch: § 130, § 185).

Aufbau Inhaltsbeschimpfung (Abs. 1)

I. **Tatbestand**
   1. Objektiver Tatbestand:
      a. Tatobjekt – Inhalt eines Bekenntnisses, religiöser oder weltanschaulicher Art;
      b. Tathandlung – Beschimpfen
         aa. öffentlich oder
         bb. durch Verbreiten von Schriften (Legaldefinition in § 11 Abs. 3);
         cc. Eignung der Beschimpfung zur Störung des öffentlichen Friedens (= konkrete Gefährdung durch Beschimpfung).
   2. Subjektiver Tatbestand: Vorsatz, mindestens bedingter.
II. **Rechtswidrigkeit und**
III. **Schuld: keine Besonderheiten.**

Aufbau Vereinigungsbeschimpfung (Abs. 2)

I. **Tatbestand**
   1. Objektiver Tatbestand:
      a. Tatobjekt – eine im Inland bestehende Vereinigung (Kirche oder andere Religionsgesellschaft oder Weltanschauungsvereinigung) oder deren Einrichtungen oder deren Gebräuche;
      b. Tathandlung – Beschimpfen

      aa. öffentlich oder
      bb. durch Verbreiten von Schriften (Legaldefinition in § 11 Abs. 3);
      cc. Eignung der Beschimpfung zur Störung des öffentlichen Friedens (= konkrete Gefährdung durch Beschimpfung).
    2. Subjektiver Tatbestand: Vorsatz, mindestens bedingter.
II. Rechtswidrigkeit und
III. Schuld: keine Besonderheiten.

Definitionen / Erläuterungen

Bekenntnis ist über die bloße Überzeugung hinaus das sich nach außen manifestierende Durchdrungensein von übergeordneten Vorstellungen, denen sich der Bekennende verpflichtet fühlt.	Tr/Fi[53], § 166 Rn. 4
Bekenntnis bedeutet die Zusammenfassung der Werte, an die der einzelne als etwas absolut Gültiges und ihn Verpflichtendes glaubt.	S/S[26], § 166 Rn. 4
Religiös ist das durch Glauben an einen Gott oder durch numinose Vorstellungen charakterisierte Bekenntnis.	Tr/Fi[53], § 166 Rn. 4
Um ein **religiöses** Bekenntnis handelt es sich, wenn sein wesentlicher Inhalt der Glaube an eine höheres göttliches Wesen ist, dessen vorgestellte Gebote der einzelne zur Maxime seines Handelns macht, wie immer er sich dieses göttliche Wesen auch denken mag, ob als Einheit (Monotheismus) oder als Vielheit (Polytheismus).	S/S[26], § 166 Rn. 5
Religiös ist ein Bekenntnis, wenn sein Inhalt durch den Glauben an ein höheres göttliches Wesen (oder an mehrere) geprägt ist.	La/Kü[25], § 166 Rn. 2
Weltanschaulich ist das durch eine von religiösen Kategorien abweichende Grundvorstellung von Mensch und Welt charakterisierte Bekenntnis.	Tr/Fi[53], § 166 Rn. 4
Das **weltanschauliche** Bekenntnis hat die Sinndeutung der Welt im Ganzen und die Stellung des Menschen in ihr ohne diesen religiösen Bezug zum Gegenstand.	S/S[26], § 166 Rn. 6
Weltanschaulich ist ein Bekenntnis, wenn es ohne Rückgriff auf ein göttliches Wesen die Welt im Ganzen zu begreifen und die Stellung des Menschen in der Welt zu bestimmen sucht.	La/Kü[25], § 166 Rn. 2
Beschimpfen, ist die durch Form oder Inhalt besonders	Tr/Fi[53], § 166 Rn. 12

verletzende Äußerung der Missachtung, wobei das besonders Verletzende entweder in der Rohheit des Ausdrucks
oder inhaltlich in dem Vorwurf eines schimpflichen Verhaltens oder Zustandes liegen kann.

i.V.m. § 90a Rn. 5

Beschimpfung ist jede durch Form oder Inhalt besonders
verletzende rohe Äußerung der Missachtung. Sie kann
sowohl in der Behauptung schimpflicher Tatsachen wie
auch in abfälligen Werturteilen bestehen.

S/S[26], § 166 Rn. 9 i.V.m.
§ 90a Rn. 5

Soweit das **Beschimpfen** im Behaupten schimpflicher Tatsachen besteht, sind damit auch besonders gravierende
Fälle einer Verleumdung erfasst.

S/S[26], § 166 Rn. 9

Beschimpfen ist eine nach Form oder Inhalt besonders
verletzende Missachtenskundgebung, wobei das besonders Verletzende entweder äußerlich in der Rohheit des
Ausdrucks oder inhaltlich im Vorwurf eines schimpflichen
Verhaltens liegen kann.

La/Kü[25], § 166 Rn. 4
i.V.m. § 90a Rn. 6

Öffentlich heißt, dass die Aufforderung von unbestimmt
welchen und unbestimmt vielen, also nicht durch persönliche Beziehungen verbundenen anderen wahrgenommen
werden kann.

Tr/Fi[53], § 166 Rn. 13
i.V.m. § 111 Rn. 5

Öffentlich ist die Beschimpfung erfolgt, wenn sie von einem größeren, nach Zahl und Individualität unbestimmten oder durch nähere Beziehung nicht verbundenen Personenkreis unmittelbar wahrgenommen werden kann.

S/S[26], § 166 Rn. 11
i.V.m. § 186 Rn. 19

Öffentlich ist die Beschimpfung, wenn sie für einen nach
Zahl und Individualität unbestimmten Kreis oder für einen nicht durch persönliche Beziehungen innerlich verbundenen größeren bestimmten Kreis von Personen unmittelbar wahrnehmbar ist oder zur unmittelbaren Wahrnehmung angeboten wird, und zwar unabhängig davon,
ob der Tatort ein öffentlicher ist.

La/Kü[25], § 166 Rn. 5
i.V.m. § 80a Rn. 2

Schriften (Legaldefinition in § 11 Abs. 3). Schrift ist eine
Zusammenstellung von verkörperten Zeichen, die durch
Augen oder Tastsinn wahrnehmbar sind und unmittelbare
Worte, mittelbar Gedanken darstellen.

Tr/Fi[53], 11 Rn. 33

Schriften sind sinnlich wahrnehmbare, auf einige Dauer
angelegte Verkörperungen von gedanklichem Inhalten
durch Buchstaben, Bilder oder andere stoffliche Zeichen,
die geeignet sind, die Vorstellung eines Sinnzusammenhangs zu erwecken (auch Geheim-, Kurz- und Bilderschrif-

La/Kü[25], § 166 Rn. 5
i.V.m. § 11 Rn. 27

ten).

Verbreiten bedeutet an einen anderen, und zwar vielleicht nur an eine einzelne Person, mit dem Ziele weitergeben, sie dadurch einem größeren Personenkreis zugänglich zu machen.

Tr/Fi[53], § 166 Rn. 13 i.V.m. § 74d Rn. 4

Verbreiten von Schriften bedeutet die mit einer körperlichen Weitergabe der Schrift verbundene Tätigkeit, die darauf gerichtet ist (finales Element), diese ihrer Substanz nach – also nicht nur bezüglich ihres Inhalts durch bloßes Vorlesen, Anschlagen, Ausstellen, Anbringen von Aufklebern usw. – einem größeren Personenkreis zugänglich zu machen, wobei dieser nach Zahl und Individualität unbestimmt oder jedenfalls so groß sein muss, dass er für den Täter nicht mehr kontrollierbar ist.

S/S[26], § 166 Rn. 11 i.V.m. § 184 Rn. 57

Verbreiten bedeutet, die Schrift einem größeren, nicht notwendig unbestimmten Personenkreis zugänglich machen, und zwar der Substanz nach.

La/Kü[25], § 166 Rn. 5 i.V.m. § 74d Rn. 5

Eignung liegt vor, wenn die Handlung bekannt werden kann, zu einer Friedensstörung braucht es nicht zu kommen.

Tr/Fi[53], § 166 Rn. 14 i.V.m. § 126 Rn. 9

Für die **konkrete Eignung** genügt es, wenn das Beschimpfen nach Inhalt und Art der Äußerung und nach den konkreten Fallumständen die begründete Befürchtung rechtfertigt, dass das Vertrauen der Betroffenen in die Respektierung ihrer religiösen oder weltanschaulichen Überzeugung erschüttert oder jedenfalls beeinträchtigt werden kann.

S/S[26], § 166 Rn. 12

Für die **Eignung** ist es nicht unbedingt notwendig, dass der öffentliche Frieden konkret gefährdet wurde; es genügt vielmehr, dass Art und Inhalt der Handlung unter den Umständen ihrer Vornahme die konkrete Besorgnis rechtfertigen, das Beschimpfen werde den Friedenszustand oder das Vertrauen in seine Fortdauer erschüttern, sei es auch nur in den Teilen der Bevölkerung, die durch das Beschimpfen bedroht erscheinen oder deren Neigung zu Rechtsbrüchen angereizt werden kann.

La/Kü[25], § 166 Rn. 6 i.V.m. § 126 Rn. 4

Zur Störung des öffentlichen Friedens genügt die konkrete Eignung zur Störung, nämlich das Vorliegen berechtigter Gründe für die Befürchtung ihres Eintritts.

Tr/Fi[53], § 166 Rn. 14

Öffentlicher Frieden ist sowohl der Zustand allgemeiner Rechtssicherheit und des befriedeten Zusammenlebens der Bürger als auch das im Vertrauen der Bevölkerung in die Fortdauer dieses Zustands begründete Sicherheitsgefühl.

S/S²⁶, § 166 Rn. 12 i.V.m. § 126 Rn. 1

Öffentlicher Frieden bezeichnet den Zustand eines von der Rechtsordnung gewährleisteten, frei von Furcht voreinander verlaufenden Zusammenlebens der Bürger und das Vertrauen in der Bevölkerung, mindestens einer nicht unbeträchtlichen Personenzahl, in die Fortdauer dieses Zustandes.

La/Kü²⁵, § 166 Rn. 1 i.V.m. § 126 Rn. 1

Eine **Störung des öffentlichen Friedens** liegt schon dann vor, wenn einzelne Bevölkerungsteile oder jedenfalls eine nicht unbeträchtliche Personenmehrzahl in ihrem Vertrauen auf die öffentliche Rechtssicherheit erschüttert und damit ihrem Sicherheitsgefühl beeinträchtigt werden.

S/S²⁶, § 166 Rn. 12 i.V.m. § 126 Rn. 8

Eine **Friedensstörung** ist nicht erst mit dem Entstehen eines Klimas offener oder latenter Feindschaft anzunehmen, das sich jederzeit in Gewalt und Gegengewalt entladen kann, sondern schon dann, wenn Menschen nicht mehr in einer Gesellschaft leben können, ohne befürchten zu müssen, um ihres Glaubens usw. willen diskriminiert zu werden und Schmähungen ausgesetzt zu sein, gegen die man sich letztlich nicht wehren kann.

S/S²⁶, § 166 Rn. 12

Im **Inland** umfasst die nunmehr in der Präambel des GG genannten Länder.

Tr/Fi⁵³, § 166 Rn. 5 i.V.m. § 3 Rn. 4

Der Begriff des **Inlands** umfasst einen unterschiedlich weiten Bereich, je nachdem, ob man ihn in seinem staatsrechtlichen Sinne oder nach seiner spezifisch strafrechtlichen Funktion versteht.

S/S²⁶, § 166 Rn. 20 i.V.m. Vor § 3 Rn. 26 ff.

Inland ist ein funktioneller Begriff. Er umfasst das Gebiet, in dem deutsches Strafrecht aufgrund hoheitlicher Staatsgewalt seine Ordnungsfunktion geltend macht. Seit Wirksamwerden des Beitritts der DDR deckt er sich mit dem staatsrechtlichen Inlandsbegriff und umfasst die in der Präambel des GG genannten Länder.

La/Kü²⁵, § 166 Rn. 3 i.V.m. vor § 3 Rn. 4

Kirche oder andere Religionsgesellschaften sind Vereinigungen, gleichgültig, ob sie Körperschaften des öffentlichen Rechtes sind (vgl. Art. 140 GG i.V.m. Art. 137 WRV). Darunter fallen also auch die anglikanische Kirche, die griechisch-orthodoxe, die altkatholische, die griechisch-

Tr/Fi⁵³, § 166 Rn. 6

katholische, sowie die Heilsarmee, die Baptisten oder die Mennoniten.

Kirche. Das Gesetz versteht die Kirchen – anders als im kirchlichen Sprachgebrauch – nur als Unterfall der Religionsgesellschaften, wobei eine eindeutige Abgrenzung nicht möglich, aber auch nicht notwendig ist. — S/S[26], § 166 Rn. 15

Eine **Religionsgesellschaft** ist der die Angehörigen desselben oder eines verwandten Glaubensbekenntnisses – wobei es sich um den Glauben an ein höheres göttliches Wesen handeln muss – zusammenfassende Verband zur allseitigen Erfüllung der dem gemeinsamen Bekenntnis dienenden Aufgaben. — S/S[26], § 166 Rn. 15

Weltanschauungsvereinigungen sind Vereinigungen, die sich die gemeinschaftliche Pflege einer Weltanschauung zur Aufgabe machen. — Tr/Fi[53], § 166 Rn. 7

Weltanschauungsvereinigungen sind, wie sich aus der Gleichstellung mit den Religionsgesellschaften ergibt, nur solche Gemeinschaften, die um eine umfassende Verwirklichung der durch eine bestimmte Gesamtschau der Welt gestellten Lebensaufgaben bemüht sind; dass nur Teilaspekte verfolgt werden, genügt nicht. — S/S[26], § 166 Rn. 16

Weltanschauungsvereinigung ist eine Vereinigung, die sich zu einer Weltanschauung bekennt und gemeinsame Erfüllung der daraus erwachsenden Aufgaben bezweckt. — La/Kü[25], § 166 Rn. 3

Einrichtungen sind die von ihren zuständigen Stellen geschaffenen Ordnungen für die äußere und innere Verfassung der Vereinigung sowie für die Pflege der Religion oder Weltanschauung. — Tr/Fi[53], § 166 Rn. 8

Einrichtungen der genannten Vereinigungen sind die von befugter Stelle geschaffenen Ordnungen und Formen für die innere und äußere Verfassung der Vereinigung und für die Ausübung des fraglichen Bekenntnisses. — S/S[26], § 166 Rn. 17

Einrichtungen sind die von befugten Stellen geschaffenen allgemeinen Ordnungen für die innere und äußere Verfassung und für die Religionsausübung. — La/Kü[25], § 166 Rn. 3

Gebräuche sind allgemeine, d.h. nicht nur im Einzelfall übliche, tatsächliche Übungen von Ordnungen der Vereinigungen. — Tr/Fi[53], § 166 Rn. 11

Gebräuche sind die in der jeweiligen Auffassung der Vereinigung begründeten und von ihr allgemein praktizierten tatsächlichen Übungen. Nur persönliche oder örtliche Gepflogenheiten genügen daher nicht.

S/S²⁶, § 166 Rn. 19

Gebräuche sind in der Gesellschaft oder Vereinigung allgemein anerkannte tatsächliche Übungen, z.B. das Kreuzzeichen.

La/Kü²⁵, § 166 Rn. 3

Konkurrenzen

§ 166 steht in Idealkonkurrenz mit §§ 130 (u.U., vgl. S/S²⁶, § 167 Rn. 23), 167 bis 168, 185, 304. Die beiden Absätze können untereinander ebenfalls in Idealkonkurrenz stehen.

§ 167.   Störung der Religionsausübung

Überblick

- *Typ:* vorsätzliches Begehungsdelikt – Tätigkeitsdelikt.

- *Versuch* ist nicht strafbar (Vergehen!).

- Abs. 1 enthält *zwei selbständige Tatbestände* (Handlungsstörung, Obersatz: § 167 I Nr. 1, und Unfug, Obersatz: § 167 I Nr. 2).

- Abs. 2 enthält eine *Begriffserweiterung* (Ergänzung des jeweiligen Obersatzes um II).

- *Schutzgut* ist der öffentliche Frieden, nicht das Recht Einzelner (s. auch: § 130, § 185).

Aufbau Handlungsstörung (Nr. 1)

I. **Tatbestand**
1. Objektiver Tatbestand:
   a. Tatobjekt – Gottesdienst oder gottesdienstliche Handlung einer im Inland bestehenden Vereinigung (Kirche oder andere Religionsgesellschaft – Abs. 1 – oder Weltanschauungsvereinigung – i.V.m. Abs. 2 –);
   b. Tathandlung – Störung in grober Weise.
2. Subjektiver Tatbestand:
   a. Vorsatz, mindestens bedingter bez. Tatobjekt,
   b. zusätzlich: Absicht (dolus directus I) bez. Störung, grober.
II. **Rechtswidrigkeit und**
III. **Schuld: keine Besonderheiten.**

Aufbau Unfug (Nr. 2)

I.   **Tatbestand**
  1. Objektiver Tatbestand:
    a. Tatobjekt – Ort, der gewidmet ist: einer im Inland bestehenden Vereinigung (Kirche oder andere Religionsgesellschaft – Abs. 1 – oder Weltanschauungsvereinigung – i.V.m. Abs. 2 –);
    b. Tathandlung – Verüben beschimpfenden Unfuges.
  2. Subjektiver Tatbestand: Vorsatz, mindestens bedingter.
II. **Rechtswidrigkeit und**
III. **Schuld: keine Besonderheiten.**

Definitionen / Erläuterungen

Gottesdienst ist die Vereinigung der Mitglieder einer Religionsgesellschaft zur religiösen Erbauung durch Verehrung und Anbetung Gottes nach den Vorschriften, Gebräuchen und Formen ihrer Gemeinschaft.

Tr/Fi[53], § 167 Rn. 2

Gottesdienste sind religiöse Veranstaltungen zur gemeinsamen Andacht, Verehrung und Anbetung Gottes nach den Vorschriften, Gebräuchen und Formen der jeweiligen Religionsgemeinschaft, gleichgültig, ob sie an einem eigens dazu gewidmeten Ort oder anderer Stelle stattfinden.

S/S[26], § 167 Rn. 4

Gottesdienst ist die Vereinigung von Mitgliedern einer Religionsgesellschaft zur religiösen Verehrung oder Anbetung Gottes nach den Vorschriften, Gebräuchen und Formen ihrer Gemeinschaft sowohl im geschlossenen Raum wie auch im Freien; nicht der religiöse Unterricht, mag er auch in einer Kirche stattfinden.

La/Kü[25], § 167 Rn. 2

Gottesdienstliche Handlungen sind dem Ritus nach Inhalt und Form entsprechende, in Assistenz eines Geistlichen erfolgende Akte der Religionsausübung, die außer dem eigentlichen Gottesdienst dem besonderen religiösen Bedürfnisse Einzelner zu dienen bestimmt sind.

Tr/Fi[53], § 167 Rn. 3

Gottesdienstliche Handlungen sind dem Ritus der jeweiligen Religionsgesellschaft entsprechende Akte der Religionsausübung, die neben dem eigentlichen Gottesdienst dem besonderen religiösen Bedürfnis einzelner dienen. Nicht erforderlich ist ein sakramentaler Charakter der Handlung.

S/S[26], § 167 Rn. 5

Gottesdienstliche Handlung ist eine auf dem religiösen

La/Kü[25], § 167 Rn. 2

Kult beruhende, i.d.R. vom Geistlichen vorgenommene Handlung, die außerhalb des Gottesdienstes der Gottesverehrung dient, z.B. Taufe, Trauung, Prozession.

Im **Inland** umfasst die nunmehr in der Präambel des GG genannten Länder.	Tr/Fi[53], § 3 Rn. 4
Der Begriff des **Inlands** umfasst einen unterschiedlich weiten Bereich, je nachdem, ob man ihn in seinem staatsrechtlichen Sinne oder nach seiner spezifisch strafrechtlichen Funktion versteht.	S/S[26], § 166 Rn. 20 i.V.m. Vor § 3 Rn. 26 ff.
Inland ist ein funktioneller Begriff. Er umfasst das Gebiet, in dem deutsches Strafrecht aufgrund hoheitlicher Staatsgewalt seine Ordnungsfunktion geltend macht. Seit Wirksamwerden des Beitritts der DDR deckt er sich mit dem staatsrechtlichen Inlandsbegriff und umfasst die in der Präambel des GG genannten Länder.	La/Kü[25], § 167 Rn. 1 i.V.m. vor § 3 Rn. 4

Kirche oder andere Religionsgesellschaften sind Vereinigungen, gleichgültig, ob sie Körperschaften des öffentlichen Rechtes sind (vgl. Art. 140 GG i.V.m. Art. 137 WRV). Darunter fallen also auch die anglikanische Kirche, die griechisch-orthodoxe, die altkatholische, die griechisch-katholische, sowie die Heilsarmee, die Baptisten oder die Mennoniten.	Tr/Fi[53], § 167 Rn. 2 i.V.m. § 166 Rn. 6
Kirche. Das Gesetz versteht die Kirchen – anders als im kirchlichen Sprachgebrauch – nur als Unterfall der Religionsgesellschaften, wobei eine eindeutige Abgrenzung nicht möglich, aber auch nicht notwendig ist.	S/S[26], § 167 Rn. 3 i.V.m. § 166 Rn. 15

Eine **Religionsgesellschaft** ist der die Angehörigen desselben oder eines verwandten Glaubensbekenntnisses – wobei es sich um den Glauben an ein höheres göttliches Wesen handeln muss – zusammenfassende Verband zur allseitigen Erfüllung der dem gemeinsamen Bekenntnis dienenden Aufgaben.	S/S[26], § 167 Rn. 3 i.V.m. § 166 Rn. 15

Weltanschauungsvereinigungen sind Vereinigungen, die sich die gemeinschaftliche Pflege einer Weltanschauung zur Aufgabe machen.	Tr/Fi[53], § 167 Rn. 2 i.V.m. § 166 Rn. 7
Entsprechende Feiern einer Weltanschauungsvereinigung. Dies sind nur solche Veranstaltungen, die der gemeinsamen kultischen Pflege der fraglichen Weltanschauung dienen, nicht dagegen z.B. bloße Diskussionsveran-	S/S[26], § 167 Rn. 6/7

staltungen. Nicht erfasst sind den gottesdienstlichen Handlungen entsprechende einzelne feierliche Akte der Weltanschauungsvereinigung.

Weltanschauungsvereinigung ist eine Vereinigung, die sich zu einer Weltanschauung bekennt und gemeinsame Erfüllung der daraus erwachsenden Aufgaben bezweckt.

La/Kü[25], § 167 Rn. 6 i.V.m. § 166 Rn. 3

Entsprechende Feiern sind nur solche, die der gemeinsamen kultischen Pflege eines Weltanschauungswertes dienen, nicht bloße Versammlungen und Diskussionsveranstaltungen.

La/Kü[25], § 167 Rn. 6

Störung eines einzelnen reicht nur aus, wenn sie zugleich zu einer allgemeinen Störung führt; andererseits brauchen nicht sämtliche Teilnehmer gestört zu werden.

Tr/Fi[53], § 167 Rn. 4

Störung ist jede Beeinträchtigung des vorgesehenen Ablaufs der bereits stattfindenden Veranstaltung (nicht dagegen die Verhinderung eines erst bevorstehenden Gottesdienstes), gleichgültig, in welcher Weise dies geschieht und ob es sich dabei um einen Eingriff von außen oder um eine Aktion aus dem Kreis der Teilnehmer handelt.

S/S[26], § 167 Rn. 8

Stören heißt, den Gottesdienst oder gottesdienstliche Handlung unmittelbar behindern oder erschweren.

La/Kü[25], § 167 Rn. 3

In grober Weise: Grobheit kann sich aus der Art der Störung, ihrem Zeitpunkt und ihrem Erfolg ergeben.

Tr/Fi[53], § 167 Rn. 4

In grober Weise stört jemand, wenn er eine besonders empfindliche und nachhaltige Beeinträchtigung ausübt. Hierbei kann sich die besondere Schwere aus der Art, der Dauer, dem Zeitpunkt als auch aus dem Erfolg der Störung ergeben.

S/S[26], § 167 Rn. 8

In grober Weise schränkt auf objektiv besonders schwerwiegende Störungen ein. Auf das Störungsmittel kommt es nicht an.

La/Kü[25], § 167 Rn. 3

Ort, der dem Gottesdienst gewidmet ist. Der Gottesdienst muss die wesentliche Bestimmung sein, vereinzelter Gottesdienst reicht, wenn der Ort sonst anderen Zwecken dient, nicht aus. Widmung zu gottesdienstlichen Handlungen oder religiösen Versammlungen genügt nicht. Beispiele: Kirchen mit allen ihren Räumen, auch dem unmittelbaren Zugang (Windfang), der Sakristei, den Türmen, den Kapellen (auch Privatkapellen).

Tr/Fi[53], § 167 Rn. 7

Gewidmet ist der Ort dem Gottesdienst usw., wenn er dazu bestimmt ist; eine tatsächliche, aus zufälliger Veranlassung erfolgende Verwendung hierfür genügt nicht. Bei Orten, die generell dem Gottesdienst gewidmet sind, genügt es, dass dies die überwiegende Zweckbestimmung ist; dass sie gelegentlich auch anderen Aufgaben dienen sollen, ist unerheblich.

S/S²⁶, § 167 Rn. 12

Ein **Ort ist gewidmet**, wenn er ausschließlich oder überwiegend dem Gottesdienst, also nicht lediglich religiösen Versammlungen oder ähnlichen Zwecken, zu dienen bestimmt ist.

La/Kü²⁵, § 167 Rn. 4

Verüben beschimpfenden Unfuges ist eine grob ungehörige, rohe Gesinnung zeigende Handlung, die sich trotz der notwendigen räumlichen Nähe nicht unmittelbar gegen den Ort selbst zu richten braucht, mit der aber doch die Missachtung gegenüber seinem herausgehobenen Charakter zum Ausdruck kommen muss.

Tr/Fi⁵³, § 167 Rn. 8

Verüben beschimpfenden Unfugs ist ein grob ungehöriges Verhalten, das die Missachtung der Heiligkeit oder entsprechenden Bedeutung des Orts in besonders roher Weise zum Ausdruck bringt. Da sich die Handlung gegen den Ort richten muss, ist unerheblich, ob sie von anderen Personen wahrgenommen wird.

S/S²⁶, § 167 Rn. 13

Beschimpfender Unfug ist eine grob ungehörige Missachtenskundgebung, die das religiöse Empfinden zu verletzen geeignet ist.

La/Kü²⁵, § 167 Rn. 5

Konkurrenzen

§ 167 steht in Idealkonkurrenz mit §§ 166, 168, 185, 304.

§ 167a. Störung einer Bestattungsfeier

Überblick

- *Typ:* vorsätzliches Begehungsdelikt – Tätigkeitsdelikt.
- *Versuch* ist nicht strafbar (Vergehen!).
- *Schutzgut* ist das Pietätsgefühl (La/Kü²⁵, § 167a Rn. 1, str.), a.A.: der öffentliche Frieden, (s. auch: § 130, § 185).

Aufbau

I.   **Tatbestand**
   1. Objektiver Tatbestand:
      a. Tatobjekt – Bestattungsfeier;
      b. Tathandlung – Störung.
   2. Subjektiver Tatbestand:
      a. Vorsatz, mindestens bedingter bez. Tatobjekt,
      b. zusätzlich: Absicht (dolus directus I oder II) bez. Störung.
II. **Rechtswidrigkeit und**
III. **Schuld: keine Besonderheiten.**

Definitionen / Erläuterungen

Bestattungsfeier umfasst Veranstaltungen jeder Art, sowohl eine Beerdigung als auch eine Einäscherung und auch den Leichenzug und eine im Trauerhaus abgehaltene Feier, nicht jedoch eine bloße Gedächtnisfeier.

Tr/Fi[53], § 167a Rn. 2

Bestattungsfeier ist jede Veranstaltung, bei der in feierlicher Form von einem Toten Abschied genommen wird.

S/S[26], § 167a Rn. 3

Bestattungsfeier umfasst Beerdigungen und Einäscherungen, und zwar nicht nur Feiern an einem dazu bestimmten Ort, sondern auch den Leichenzug und die im Trauerhaus abgehaltene Feier.

La/Kü[25], § 167a Rn. 2

Störung eines einzelnen reicht nur aus, wenn sie zugleich zu einer allgemeinen Störung führt; andererseits brauchen nicht sämtliche Teilnehmer gestört zu werden.

Tr/Fi[53], § 167a Rn. 2
i.V.m. § 167 Rn. 4

Störung ist jede Beeinträchtigung des vorgesehenen Ablaufs der bereits stattfindenden Veranstaltung, gleichgültig, in welcher Weise dies geschieht und ob es sich dabei um einen Eingriff von außen oder um eine Aktion aus dem Kreis der Teilnehmer handelt.

S/S[26], § 167a Rn. 4
i.V.m. § 167 Rn. 8

Stören heißt, den Gottesdienst oder gottesdienstliche Handlung unmittelbar behindern oder erschweren.

La/Kü[25], § 167a Rn. 2
i.V.m. § 167 Rn. 3

Konkurrenzen

§ 167a steht in Idealkonkurrenz mit §§ 167 I Nr. 1; 166, 168, 189, 240.

§ 168.   Störung der Totenruhe

Überblick

- *Typ:* vorsätzliches Begehungsdelikt.

- *Versuch* ist strafbar, Abs. 3.

- Abs. 1 enthält **zwei selbständige Tat**bestände (Wegnahme, Unfug).

- Abs. 2 enthält *zwei selbständige Tatbestände* (Zerstören/Beschädigen, Unfug), die durch den Verweis auf die Strafandrohung an Abs. 1 angekoppelt sind (Obersatz daher: §§ 168 II, I).

- Abs. 1 Var. 1 ist häufig *Auffangtatbestand* für Diebstahlsfälle, die an der Sach- oder Fremdheitseigenschaft der Leiche (und ihrer Teile) scheitern.

- *Schutzgut* ist das Pietätsgefühl nicht nur der Angehörigen des Verstorbenen, sondern auch das der Allgemeinheit, d.h. der allgemeine Achtungsanspruch, der mit dem Tod nicht endet (Tr/Fi[53], § 168 Rn. 2).

- Wichtige Änderung durch das 6. StRG (zum 1.4.1998): Die Einfügung der öffentlichen Totengedenkstätten als geschütztes Tatobjekt sollte bewirken, dass – neben dem Beschädigen und Zerstören – auch anderes grob ungehöriges Verhalten an Gedenkstätten für Opfer des Nationalsozialismus nach § 168 StGB strafbar ist und geahndet werden kann. Insoweit folgt der Entwurf dem erklärten Ziel des Verbrechensbekämpfungsgesetzes vom 28.10.1994 (BGBl. I S. 3186), rechtsextremistischen Ausschreitungen auch mit gesetzgeberischen Maßnahmen nachdrücklich zu begegnen

Aufbau (Abs. 1)

I.   **Tatbestand**
  1. Objektiver Tatbestand:
     a. Tatobjekt – Körper oder Teile des Körpers eines verstorbenen Menschen, eine tote Leibesfrucht, Teile einer solchen oder die Asche eines verstorbenen Menschen;
     b. Tathandlung
        aa. Var. 1: Wegnahme aus dem Gewahrsam des Berechtigten. (Unbefugt ist keine Tatbestandsmerkmal, sondern – überflüssiger – Hinweis auf die allgemeine Rechtswidrigkeit.)
        bb. Var. 2: Verüben beschimpfenden Unfuges
  2. Subjektiver Tatbestand: Vorsatz, mindestens bedingter.
II. **Rechtswidrigkeit und**
III. **Schuld: keine Besonderheiten.**

Aufbau (Abs. 2, 1)

I.   **Tatbestand**
1. Objektiver Tatbestand:
   a. Tatobjekt – Aufbahrungsstätte, Beisetzungsstätte oder öffentliche Totengedenkstätte;
   b. Tathandlung
      aa. Zerstören oder Beschädigen *oder*
      bb. Verüben beschimpfenden Unfuges
2. Subjektiver Tatbestand: Vorsatz, mindestens bedingter.
II. **Rechtswidrigkeit und**
III. **Schuld: keine Besonderheiten. (Vgl. auch: § 304.)**

Definitionen / Erläuterungen

Geschützt ist **der Körper eines toten Menschen** oder totgeborenen Kindes, solange die Individualität noch erkennbar ist, der körperliche Zusammenhalt noch nicht durch den Verwesungsprozess völlig aufgehoben oder der Körper nicht Gegenstand des Rechtsverkehrs geworden ist wie bei Anatomieleichen und Mumien.

Tr/Fi[53], § 168 Rn. 4

Um den **Körper** eines Verstorbenen handelt es sich, solange sein Zusammenhang noch nicht durch den Verwesungsprozess oder auf andere Weise völlig aufgehoben ist. Leiche ist auch der Körper eines totgeborenen Kindes.

S/S[26], § 168 Rn. 3

Leiche ist der Körper eines gestorbenen Menschen, auch der eines totgeborenen Kindes. Sie besteht als solche solange fort, wie der Zusammenhang ihrer Teile zur Einheit einer menschlichen Gestalt im Wesentlichen noch vorhanden, ihre Individualität noch erkennbar ist; jedoch entfällt der Strafschutz für Moorleiche, Mumien usw., die nicht mehr Gegenstand der Pietät sind (h.M).

La/Kü[25], § 168 Rn. 2

Teile des Körpers eines verstorbenen Menschen sind Teile des menschlichen Körpers, solange dieser noch in seiner Gesamtheit als Leiche anzusehen ist.

Tr/Fi[53], § 168 Rn. 5

Teile des toten menschlichen Körpers sind solche, solange dieser noch als Leiche anzusehen ist. Dazu gehören auch solche in den Körper eingefügten fremden Bestandteile, die mit diesem fest verbunden sind und nur mit Gewalt oder jedenfalls nicht ohne Verletzung der Körperintegrität wieder entfernt werden können.

S/S[26], § 168 Rn. 3

Keine Leichenteile sind dem Körper eingefügte fremde Bestandteile, wie z.B. Prothesen, Herzschrittmacher usw., wohl aber Leichenblut und von einem Verstorbenen entnommene Transplantate.

La/Kü[25], § 168 Rn. 2

Leibesfrucht ist die menschliche Frucht vom Zeitpunkt der Einnistung an, nicht die extrakorporal befruchtete Eizelle.

Tr/Fi[53], § 168 Rn. 6

Um eine **Leibesfrucht** handelt es sich nur bei vorherigem Bestehen einer Schwangerschaft i.S. eines symbiotischen Verhältnisses zwischen Embryo und werdender Mutter.

S/S[26], § 168 Rn. 3

Leibesfrucht ist die menschliche Frucht vom Zeitpunkt der Einnistung an. Regelmäßig wird sie aus einem Schwangerschaftsabbruch herrühren.

La/Kü[25], § 168 Rn. 2

Asche sind die Verbrennungsreste eines Verstorbenen, auch wenn sie nicht vollständig sind.

Tr/Fi[53], § 168 Rn. 7

Zur **Asche** des Verstorbenen gehören auch die mit einem Körper fest verbundenen fremden Bestandteile, die nicht verbrennbar sind (z.B. Goldzähne). Die Asche des Verstorbenen ist auch dann Tatobjekt, wenn sie nicht vollständig ist.

S/S[26], § 168 Rn. 3

Wegnahme ist die Entziehung aus dem Gewahrsam des Berechtigten, die ohne Begründung neuen Gewahrsams möglich ist.

Tr/Fi[53], § 168 Rn. 8

Wegnahme bedeutet hier den Bruch des Obhutsverhältnisses, d.h. dessen Aufhebung ohne Willen des Berechtigten; auf die Begründung eines neuen Gewahrsams kommt es hier nicht an.

S/S[26], § 168 Rn. 4

Wegnahme ist hier Bruch des Gewahrsams, nicht notwendig Begründung neuen Gewahrsams (h.M.).

La/Kü[25], § 168 Rn. 3

Gewahrsam ist hier, da die Leiche keine Sache ist, nicht als Sachherrschaft i.S. des § 242 zu verstehen, sondern als Obhutsverhältnis.

Tr/Fi[53], § 168 Rn. 8

Gewahrsam bedeutet hier die tatsächliche Obhut über die Leiche.

S/S[26], § 168 Rn. 6

Gewahrsam setzt keine Sachherrschaft im Sinne des § 242 voraus; es genügt ein weniger konkretisiertes tatsächliches Obhutsverhältnis, das über Leichen i.d.R. von den nächs-

La/Kü[25], § 168 Rn. 3

ten Angehörigen als den gewohnheitsrechtlich Berechtigten ausgeübt wird.

Beachte: Bei § 168 gilt ein von § 242 verschiedener Weg-
nahme- bzw. Gewahrsamsbegriff! Vgl. auch § 289 mit e-
benfalls eigenem Gewahrsamsbegriff!

Verf.

Berechtigt zum Gewahrsam ist vor der der Bestattung der
zur Totensorge Berechtigte, in der Regel der nächste Angehörige in erster Linie (auch bei Ortsabwesenheit) und
erst dann der zufällige Gewahrsamsinhaber (Altersheim,
Krankenhaus- oder Friedhofsverwaltung). Falls der Ver-
storbene zu Lebzeiten eine Verfügung getroffen hat, so
geht diese vor.

Tr/Fi[53], § 168 Rn. 9

Berechtigter ist, soweit es sich um sterbliche menschliche
Überreste handelt, wem das Totenfürsorgerecht zusteht,
das kein eigennütziges, sondern ein sog. Pflichtrecht ist.
Berechtigte sind deshalb in erster Linie die Angehörigen,
die nicht notwendig auch Erben sein müssen; entscheidend ist die Nähe der seelischen Beziehung zu dem Toten.
Nach der Bestattung ist Berechtigter jedenfalls auch die
Gemeinde usw., die den Friedhof unterhält, weshalb auch
eigenmächtige Umbettungen durch Angehörige unter
§ 168 fallen können. Bei der toten Leibesfrucht ist, entsprechend dem Totenfürsorgerecht, Berechtigter derjenige, der
für ihre »hygienisch einwandfreie und dem sittlichen
Empfinden entsprechende Beseitigung« zu sorgen hat.
Dazu gehören zunächst die Eltern, an deren Stelle, wenn
sie ihr Recht nicht wahrnehmen können und wollen, aber
auch ein anderer treten kann. Bei einem klinisch erfolgten
Fruchtabgang ist Berechtigter daher i.d.R. die Kranken-
hausleitung.

S/S[26], § 168 Rn. 5

Beisetzungsstätte ist die der Ruhe und dem Andenken des
Toten dienende Stätte mit allem, was zu ihr gehört und
mit ihr verbunden ist.

Tr/Fi[53], § 168 Rn. 18

Aufbewahrungsstätte ist die gesamte, der Ruhe und dem
Andenken eines Verstorbenen dienende Stätte einschließlich Sarg und Leiche; sie umfasst nicht nur das Grab und
den Grabhügel, sondern alles, was mit der Ruhestätte
selbst in einem wesentlichen oder künstlichen Zusammenhang steht und dauernd mit ihr verbunden ist.

S/S[26], § 168 Rn. 12

Beisetzungsstätte ist nicht nur das Grab, der Grabhügel

La/Kü[25], § 168 Rn. 7

und die Aschenurne, sondern alles, was zu ihr gehört und mit ihr verbunden ist, namentlich auch das Grabdenkmal und die Umfriedung.

Verüben beschimpfenden Unfuges ist die grob ungehörige, rohe Gesinnung zeigende Handlung, mit der dem Gegenstand oder dem Verstorbenen ein Schimpf angetan wird.	Tr/Fi[53], § 168 Rn. 16
Verüben beschimpfenden Unfugs setzt hier eine besonders rohe Missachtenskundgebung voraus, mit welcher dem Toten Verachtung bezeigt und ihm Schimpf angetan werden soll.	S/S[26], § 168 Rn. 13
Beschimpfender Unfug ist eine grob ungehörige Missachtenskundgebung, durch die der Täter dem Toten bewusst Verachtung bezeigen, d.h. ihm Schimpf antun will.	La/Kü[25], § 168 Rn. 5
Zerstören ist eine so weitgehende Beschädigung einer Sache, dass ihre Gebrauchsfähigkeit völlig aufgehoben wird.	Tr/Fi[53], § 168 Rn. 22 i.V.m. § 303 Rn. 14
Zerstört ist eine Sache, wenn sie so wesentlich beschädigt wurde, dass sie für ihren Zweck völlig unbrauchbar wird; eine teilweise Zerstörung, d.h. die funktionelle Ausschaltung eines wesentlichen Teiles, genügt.	S/S[26], § 168 Rn. 13 i.V.m. § 303 Rn. 11
Zerstören ist nur ein stärkerer Grad des Beschädigens, d.h. eine Einwirkung mit der Folge, dass die bestimmungsmäßige Brauchbarkeit der Sache völlig aufgehoben wird.	La/Kü[25], § 168 Rn. 8 i.V.m. § 303 Rn. 7
Beschädigung ist eine nicht ganz unerhebliche Verletzung der Substanz, der äußeren Erscheinung oder der Form einer Sache, durch welche die Brauchbarkeit der Sache zu ihrem bestimmten Zweck beeinträchtigt wird.	Tr/Fi[53], § 168 Rn. 22 i.V.m. § 303 Rn. 6
Der Täter **beschädigt** eine Sache, wenn er ihre Substanz nicht unerheblich verletzt oder auf sie körperlich derart einwirkt, dass dadurch die bestimmungsgemäße Brauchbarkeit der Sache mehr als nur geringfügig beeinträchtigt oder der Zustand der Sache mehr als nur belanglos verändert wird.	S/S[26], § 168 Rn. 13 i.V.m. § 303 Rn. 8
Beschädigen ist nach der Rspr. des BGH jede nicht ganz unerhebliche körperliche Einwirkung auf die Sache, durch die ihre stoffliche Zusammensetzung verändert oder ihre Unversehrtheit derart aufgehoben wird, dass die Brauchbarkeit für ihre Zwecke gemindert ist.	La/Kü[25], § 168 Rn. 8 i.V.m. § 303 Rn. 3

Konkurrenzen

§ 168, 2. Var. steht in Idealkonkurrenz mit §§ 166, 167, 167a; § 168 3. Var. steht in Idealkonkurrenz mit §§ 303, 304 (str.).

Zwölfter Abschnitt.
Straftaten gegen den Personenstand, die Ehe und die Familie

§ 169.   Personenstandsfälschung

Überblick

- *Typ:* vorsätzliches Begehungsdelikt.

- *Versuch* ist strafbar, Abs. 2.

- *Schutzgut* ist die das Allgemeininteresse an der Feststellbarkeit des Personenstandes, d.h. des familienrechtlichen Verhältnisses eines Menschen zu anderen, als der Grundlage von Rechten und Rechtsbeziehungen (Unterhalt, Erbrecht, Eheverbot etc.) desgl. des Abstammungsverhältnisses zwischen Adoptivkind und leiblichen Verwandten, daneben auch das Interesse der Betroffenen (Tr/Fi[53], § 169 Rn. 2).

Aufbau (Var. 1)

I.   **Tatbestand**
   1. Objektiver Tatbestand
     a. Tatobjekt: ein Kind
     b. Tathandlung: Unterschieben
   2. Subjektiver Tatbestand: Vorsatz, mindestens bedingter.
II. **Rechtswidrigkeit und**
III. **Schuld: keine Besonderheiten.**

Aufbau (Var. 2)

I.   **Tatbestand**
   1. Objektiver Tatbestand
     a. Tatobjekt: Personenstand eines anderen
     b. Tathandlung:
       aa. Falschangabe oder
       bb. Unterdrückung
         - gegenüber einer Behörde, die zuständig ist
           (a) zur Führung von Personenstandsbücher
           (b) zur Feststellung des Personenstandes
   2. Subjektiver Tatbestand: Vorsatz, mindestens bedingter.

II. **Rechtswidrigkeit: Die Einwilligung des Betroffenen rechtfertigt nicht (vgl. Schutz-gut).**

III. **Schuld: keine Besonderheiten.**

Definitionen/Erläuterungen

Kind ist eine Person, die infolge ihres geringen Alters noch keine richtigen Vorstellungen über ihren Personenstand hat.

La/Kü[25], § 169 Rn. 2

Kind i.S. des § 169 ist eine Person, die infolge ihres geringen Alterns noch keine zutreffenden Vorstellungen über ihren Personenstand hat.

S/S[26], § 169 Rn. 4

Das **Unterschieben** eines Kindes, das noch keine Vorstellung von seinem Personenstand hat, geschieht mittels Täuschung anderer (meist mit Ortsveränderung) mit dem Ziel, dass es der andere fälschlich für sein eigenes hält. Das kann auch die angebliche Mutter gegenüber dem getäuschten Vater tun. Auch das vorsätzliche Verwechseln eines Kindes, z.B. in der Entbindungsklinik, ist ein Unterschieben; das ist auch mit Zwillingen möglich.

Tr/Fi[53], § 169 Rn. 5

Das **Unterschieben** eines Kindes bedeutet seinem Wortlaut nach die Herbeiführung eines Zustandes, der ein Kind als das leibliche Kind einer Frau erscheinen lässt, die es nicht geboren hat, wobei Täterin auch die angebliche Mutter sein kann.

S/S[26], § 169 Rn. 4

Der Täter muss die Personenstandsfeststellung gefährden, hier dadurch, dass das Kind durch Täuschung anderer tatsächlich in eine – insbes. räumliche – Beziehung zu einer bestimmten Person gebracht wird, nach der es auch für die Behörde als deren leibliches Kind erscheinen muss.

Das Merkmal »**Unterschieben**« setzt zwar nicht voraus, dass der Täter gegenüber einer zuständigen Behörde handelt, jedoch muss er mindestens die behördliche Feststellung des Personenstandes dadurch gefährden, dass er das Kind mittels Täuschung anderer in eine solche tatsächliche, namentlich räumliche, Beziehung zu einer bestimmten Frau mit dem Ziel bringt, es nach der äußeren Sachlage als deren leibliches Kind auch für die Behörde erscheinen zu lassen.

La/Kü[25], § 169 Rn. 2

Der **Personenstand** ist das familienrechtliche Verhältnis, begründet ist durch Zeugung, Geburt oder Rechtsakt (Legitimation, Adoption, Ehe, Ehelichkeitserklärung nach §§ 1723, 1740a BGB, Vaterschaftsanerkennung nach § 1600a ff. BGB) begründet und geändert durch Scheidung, Tod oder Rechtsakt wie z.B. die Aufhebung der Adoption. veränderbar, Es erstreckt sich auch auf das Geschlecht und den Ehestand. Auch der Personenstand eines Verstorbenen ist geschützt, nicht aber der einer Fehlgeburt. Die nichteheliche Vaterschaft begründet einen Personenstand und Verwandtschaft.

Tr/Fi[53], § 169 Rn. 3

Personenstand ist das familienrechtliche Verhältnis einer lebenden oder verstorbenen Person zu einer anderen in allen seinen Beziehungen. Der Entstehungsgrund ist ohne Bedeutung; entscheidend ist nur, dass der Personenstand nach Zivilrecht rechtlichen Bestand hat.

S/S[26], § 169 Rn. 2

Personenstand ist der Familienstand, d.h. das familienrechtliche, auf Abstammung (auch nichtehelicher) oder Rechtsakt (z.B. Vaterschaftsanerkennung, Legitimation, Annahme als Kind, Ehelichkeitserklärung, Eheschließung) beruhende Verhältnis einer Person (u.U. auch einer schon verstorbenen, nicht aber eines totgeborenen Kindes) zu einer anderen Person; der lediglich aus Name, Stand und Staatsangehörigkeit folgende Personenstand ist nicht gemeint.

La/Kü[25], § 169 Rn. 1

Falsche Angabe bedeutet Abgabe einer Erklärung, nach der sich das familienrechtliche Verhältnis eines anderen anders darstellt als es in Wahrheit ist. Das bloße Schaffen eines irreführenden tatsächlichen Zustands genügt dafür nicht, weil keine »Angabe«.

S/S[26], § 169 Rn. 5

Falsches Angeben muss durch unwahre (ausdrückliche oder stillschweigende) Erklärung geschehen; die bloße Schaffung eines irreführenden, zur Kenntnis der Behörde bestimmten tatsächlichen Zustandes genügt nicht (h.M.).

La/Kü[25], § 169 Rn. 3

Unterdrücken ist das Herbeiführen eines Zustandes, der verhindert oder erschwert, dass der wirkliche Personenstand praktisch zur Geltung kommt; einer Täuschung bedarf es dazu nicht immer.

Tr/Fi[53], § 169 Rn. 7

Eine **Unterdrückung** des Personenstandes ist das Bewirken eines Zustands, in dem das Bekanntwerden des wah-

S/S[26], § 169 Rn. 8

ren Personenstandes verhindert oder wesentlich erschwert wird, wobei auch hier ein Handeln gegenüber den genannten Behörden notwendig ist.

Unterdrücken ist das Herbeiführen eines Zustandes, in dem die behördliche Feststellung verhindert oder wenigstens erschwert wird, z.B. durch Aufrechterhaltung eines Antrags auf Todeserklärung, wenn der Täter erfährt, dass der Betroffene noch lebt, oder durch Bewirken der Blutentnahme bei einem anderen im Feststellungsverfahren nach § 1600n BGB.

La/Kü[25], § 169 Rn. 3

Gegenüber einer zur Führung von Personenstandsbüchern zuständigen Behörde bedeutet gegenüber dem Standesamt (§§ 1, 2 PStG).

Tr/Fi[53], § 169 Rn. 6

zur Führung von Personenstandsbüchern sind die Standesämter zuständig (§§ 1, 2 PStG). Voraussetzung ist jedoch, dass sie im konkreten Fall die entsprechenden Feststellungen mit Außenwirkung zu treffen haben.

S/S[26], § 169 Rn. 6

Zur **Zuständigkeit zur Führung von Personenstandsbüchern** vgl. das PStG.

La/Kü[25], § 169 Rn. 4

Zur Feststellung des Personenstands zuständige Behörde, z.B. gegenüber Gerichten im Statusprozess nach § 1600n BGB.

Tr/Fi[53], § 169 Rn. 6

Zuständigkeit zur Feststellung des Personenstandes kommt auch solchen Behörden zu, die dazu berufen sind, mit Wirkung für und gegen jedermann speziell den Personenstand eines Menschen festzulegen. Voraussetzung ist jedoch, dass sie im konkreten Fall die entsprechenden Feststellungen mit Außenwirkung zu treffen haben.

S/S[26], § 169 Rn. 6

Zur **Feststellung des Personenstandes zuständig** sind diejenigen Behörden, die dazu berufen sind, durch Entscheidung von Rechtsangelegenheiten mit Wirkung für und gegen jedermann den Personenstand eines Menschen amtlich festzulegen oder zu verändern oder bei einer Veränderung amtlich mitzuwirken. IdR sind das der Standesbeamte, das in Statussachen (§ 640 ZPO) ständige Gericht und das Vormundschaftsgericht; jedoch kommt z.B. auch das für Todeserklärungen zuständige Gericht in Frage.

La/Kü[25], § 169 Rn. 4

Konkurrenzen

§ 169 steht in Idealkonkurrenz mit §§ 153 ff., 221 (str.), 235, 267, 271 (nur bei Angaben im Statusprozess nicht gegenüber dem Standesbeamten (Tr/Fi53, § 169 Rn. 10).

§ 170. Verletzung der Unterhaltspflicht

Überblick

- *Typ:* vorsätzliches Begehungsdelikt. Dauerdelikt. Gefährdungsdelikt (Abs. 1), konkretes (in Abs. 1 Var. 1), bzw. abstraktes (in Abs. 1 Var. 2) und Erfolgsdelikt in Abs. 2. Sonderdelikt (nur Unterhaltsverpflichtete können Täter sein). Soweit das Entziehen in einem Unterlassen besteht, ist die Leistungsfähigkeit des Täters ohnehin im Rahmen der tatsächlichen Möglichkeit der Leistung zu prüfen, ansonsten tritt es hinzu (vgl. Schema).

- *Versuch* ist nicht strafbar (Vergehen!).

- *Abs. 1* und *Abs. 2* enthalten zwei voneinander *selbständige Tatbestände*.

- *Schutzgut* ist sowohl der gesetzlich Unterhaltsberechtigte vor wirtschaftlicher Gefährdung als auch die Allgemeinheit vor ungerechtfertigter Inanspruchnahme öffentlicher Mittel. § 170b a.F. (= § 170) ist mit dem Grundgesetz vereinbar (BVerfGE 50, 142) und Schutzgesetz i.S. des § 823 II BGB (Tr/Fi53, § 170 Rn. 2). Abs. 2 wurde zum Schutz der Schwangeren gemäß den Anforderungen des BVerfG angefügt.

Aufbau (Abs. 1)

I.   **Tatbestand**
   1. Objektiver Tatbestand
     a. Tatsubjekt:
       aa. ein gesetzlich Unterhaltsverpflichteter, der
       bb. (ungeschrieben, Tr/Fi53, § 170 Rn. 8, vgl. aber auch schon § 1603 BGB): leistungsfähig ist.
     b. Tatobjekt: ein gesetzlich Unterhaltsberechtigter
     c. Tathandlung: sich der Unterhaltspflicht entziehen
     d. Taterfolg: der Lebensbedarf des Tatobjektes
       aa. ist gefährdet *oder*
       bb. wäre gefährdet ohne die Hilfe anderer
   2. Subjektiver Tatbestand: Vorsatz, mindestens bedingter.
II. **Rechtswidrigkeit und**
III. **Schuld: keine Besonderheiten.**

Aufbau (Abs. 2)

I. **Tatbestand**
    1. Objektiver Tatbestand
        a. Tatsubjekt:
            aa. ein gesetzlich Unterhaltsverpflichteter, der
            bb. (ungeschrieben, Tr/Fi[53], § 170 Rn. 8): leistungsfähig ist.
        b. Tatobjekt: eine Schwangere
        c. Tathandlung:
            aa. den Unterhalt vorenthalten
            bb. in verwerflicher Weise
        d. Taterfolg: Bewirken des Schwangerschaftsabbruchs
        e. Verbindung zwischen Tathandlung und Erfolg: Kausalität.
    2. Subjektiver Tatbestand: Vorsatz, mindestens bedingter.
II. **Rechtswidrigkeit und**
III. **Schuld: keine Besonderheiten.**

Definitionen/Erläuterungen

Gesetzliche Unterhaltspflicht bedeutet Unterhaltspflicht iS des bürgerlichen Rechts. Hauptfälle sind die Unterhaltspflicht gegenüber dem Ehegatten (§§ 1360 ff. BGB), auch dem getrennt lebenden oder geschiedenen (§§ 1569 ff. BGB), den Eltern, nichtehelichen, ehelichen und adoptierten Kindern (§§ 1600a, 1601 ff., 1615a ff., 1751, 1754, 1755 BGB).
Tr/Fi[53], § 170 Rn. 3-4

Zur **gesetzlichen Unterhaltspflicht** gehören alle Unterhaltspflichten iS des deutschen Bürgerlichen Rechts, wobei sich der Unterhaltsanspruch nach IPR aber auch aus einem ausländischen Gesetz ergeben kann.
S/S[26], § 170 Rn. 2

Ersatzansprüche eines Dritten, der für den Unterhaltsschuldner geleistet hat (vgl. §§ 1607 II, 1615b, 1584 BGB), fallen nicht unter § 170.
S/S[26], § 170 Rn. 16.

Die **gesetzliche Unterhaltspflicht** kann namentlich beruhen auf §§ 1360 ff., 1601 ff., 1615a ff., 1751 IV BGB. Verträge und Vergleiche reichen als solche nicht aus.
La/Kü[25], § 170 Rn. 2

Leistungsfähigkeit bedeutet, dass der Täter tatsächlich zu einer mindestens teilweisen Leistung imstande ist, ohne seine eigene Existenz oder die Ansprüche vorgehender Unterhaltsberechtigter zu gefährden.
Tr/Fi[53], § 170 Rn. 8

Das **Sichentziehen** kann durch Tun oder Unterlassen begangen werden, z.B. durch Arbeitsaufgabe, Wohnsitzwechsel, bloßes Nichtzahlen. Widerruf der Abtretung des Kindergeldes und dessen Verbrauch. Entziehen ist auch die unmittelbare Herbeiführung künftiger Leistungsunfähigkeit.

Tr/Fi[53], § 170 Rn. 9

Der Täter **entzieht** sich seiner Unterhaltspflicht, wenn er den gesetzlich geschuldeten Unterhalt ganz oder teilweise nicht gewährt.

S/S[26], § 170 Rn. 27

Das **Entziehen** ist im Kern echtes Unterlassen, weil es in der Nichtleistung von Unterhalt besteht. Jedoch kann positives Tun, z.B. unmittelbares Herbeiführen von Leistungsunfähigkeit durch leichtfertige Arbeitsaufgabe oder Verschwendung, einen zwingenden, dem Täter zurechenbaren Grund für das Unterlassen bilden. Das Entziehen setzt weder eine vorherige Abmahnung noch eine feindliche Einstellung voraus (str.); bewusste Nichterfüllung genügt.

La/Kü[25], § 170 Rn. 9

Lebensbedarf ist nicht nur der unbedingt notwendige, sondern der gesamte materielle Lebensbedarf, soweit er unterhaltsrechtlich zu beachten ist.

S/S[26], § 170 Rn. 28

Unter **Lebensbedarf** ist der angemessene, nicht nur der notwendige zu verstehen.

La/Kü[25], § 170 Rn. 10

Eine **Gefährdung** des Lebensbedarfs des Berechtigten liegt bei Wahrscheinlichkeit eines eintretenden Mangels vor, wobei der Lebensbedarf schlechthin, nicht etwa nur der notwendige gemeint ist. Gefährdung u.U. schon dann, wenn der Berechtigte über seine Kräfte hinaus arbeiten muss.

Tr/Fi[53], § 170 Rn. 10

Eine **Gefährdung** des Lebensbedarfs kann schon darin liegen, dass der Berechtigte notgedrungen selbst den Unterhalt durch eine Erwerbstätigkeit bestreitet, die ihm nur durch unzumutbare Anstrengungen möglich ist.

S/S[26], § 170 Rn. 29

Der Lebensbedarf ist u.U. schon **gefährdet**, wenn der Berechtigte übermäßig arbeiten muss.

La/Kü[25], § 170 Rn. 10

Hilfe anderer meint insbesondere die in der a.F. ausdrücklich genannte öffentliche Hilfe, in erster Linie Sozialhilfe nach dem BSHG; sowie Leistungen zum Unterhalt nach den §§ 38 bis 40, 42 SGB VIII.

Tr/Fi[53], § 170 Rn. 10

Vorenthalten wird der Unterhalt, wenn der Täter seiner Leistungspflicht ganz oder zum Teil nicht nachkommt (Unterlassen).	S/S[26], § 170 Rn. 34b
Vorenthalten entspricht dem Entziehen.	La/Kü[25], § 170 Rn. 13
In verwerflicher Weise: Gefordert ist ein Vorenthalten, das in besonderer Weise sozialethisch negativ zu beurteilen ist.	La/Kü[25], § 170 Rn. 13
Bewirken bedeutet das Verursachen durch den gegenüber der Leibesfrucht zugleich garantenpflichtigen Unterhaltsschuldner.	S/S[26], § 170 Rn. 34d

Konkurrenzen

§ 170 steht in Idealkonkurrenz mit §§ 171 (Tr/Fi[53], § 170d (!) a.F. Rn. 8), Abs. 2 kann mit § 240 in Idealkonkurrenz stehen.

§ 171.   Verletzung der Fürsorge- oder Erziehungspflicht

Überblick

- *Typ:* vorsätzliches Begehungsdelikt. Dauerdelikt. Gefährdungsdelikt, konkretes. Sonderdelikt (nur Fürsorge- und Erziehungsverpflichtete können Täter sein).

- *Versuch* ist nicht strafbar (Vergehen!).

- *Schutzgut* ist die gesunde körperliche und psychische Entwicklung von Menschen unter 16 Jahren, die zugleich Schutzgegenstand sind. Die Vorschrift ist weder geeignet noch dazu bestimmt, das Ausbleiben mütterlicher Zuwendung zu ahnden (Tr/Fi[53], § 171 Rn. 2).

Aufbau

I.   **Tatbestand**
   1. Objektiver Tatbestand
      a. Tatsubjekt: ein zur Fürsorge oder Erziehung Verpflichteter
      b. Tatobjekt: eine Person
         aa. unter 16 Jahren,
         bb. die dem Täter schutzbefohlen ist.
      c. Tathandlung: gröbliche Verletzung der Pflicht zur Fürsorge oder Erziehung
      d. Taterfolg: (konkrete) Gefahr

aa. einer erheblichen Schädigung der körperlichen oder psychischen Entwicklung des Tatobjektes *oder*

bb. der Führung eines kriminellen Lebenswandels *oder*

cc. der Prostitution.

2. Subjektiver Tatbestand: Vorsatz, mindestens bedingter.

II. Rechtswidrigkeit und

III. Schuld: keine Besonderheiten.

Definitionen/Erläuterungen

Die **Fürsorgepflicht** ist primär eine Schutzpflicht.	S/S²⁶, § 171 Rn. 3

Die **Fürsorgepflicht** ist primär eine Schutzpflicht. — S/S²⁶, § 171 Rn. 3

Der Inhalt der **Erziehungspflicht** erstreckt sich auf die richtige Anleitung des Jugendlichen in seiner körperlich-seelischen Entwicklung, wobei es sich von selbst versteht, dass dies keine Festlegung auf bestimmte Erziehungsinhalte oder -modelle bedeutet, sondern dass »richtig« in diesem Sinne alles ist, was im Rahmen eines vom Gesetz auch hier vorausgesetzten Grundkonsens nicht »vertretbar« ist. — S/S²⁶, § 171 Rn. 3

Die **Fürsorge- oder Erziehungspflicht** kann auf Gesetz (z.B. Eltern, Vormund, Pfleger), Vertrag (z.B. Pflegeeltern) oder öffentlich-rechtlichem Aufgabenbereich (z.B. Sozialarbeiter des Jugendamts), aber auch auf den tatsächlichen Gegebenheiten (z.B. Aufnahme in eine Wohngemeinschaft, in eine eheähnliche Lebensgemeinschaft) beruhen. — La/Kü²⁵, § 171 Rn. 2

Eine **gröbliche Verletzung** ist eine subjektiv und objektiv schwerwiegende, die zwar schon bei einer einmaligen Handlung möglich ist, in der Regel aber erst durch Wiederholung oder Dauer die vom Gesetz verlangte Folge haben kann. — Tr/Fi⁵³, § 171 Rn. 5

Die **Verletzung** der Fürsorge- oder Erziehungspflicht kann sowohl in einem Tun (z.B. Verführung zu Straftaten, übermäßiges Verabreichen von Alkohol, Überanstrengung des Jugendlichen durch Arbeiten, denen dieser körperlich nicht gewachsen ist, gesundheitsgefährdende Unterbringung usw.) als auch in einem Unterlassen bestehen (z.B. Nichtversorgen eines Kindes, Duldung von Alkohol- oder Rauschgiftmissbrauch). — S/S²⁶, § 171 Rn. 4

Gröblich ist die Pflichtverletzung, wenn die fragliche Handlung objektiv in einem besonders deutlichen Wider- — S/S²⁶, § 171 Rn. 4

spruch zu den Grundsätzen einer ordnungsgemäßen Erziehung steht und wenn sie subjektiv ein erhöhtes Maß an Verantwortungslosigkeit erkennen lässt.

Gröblich ist die Pflicht **verletzt**, wenn sie in erheblichem Umfang und in auffälligem Missverhältnis zur Leistungsfähigkeit des Täters, durch ein Tun oder Unterlassen verletzt wurde.

La/Kü[25], § 171 Rn. 2

Der Täter muss den Schutzbefohlenen in die **Gefahr** gebracht haben. Dafür genügt nicht schon jede Möglichkeit, dass das Kind Schaden nehmen könnte, erforderlich ist vielmehr eine konkrete Gefahr. **Gebracht** wird der Schutzbefohlene in eine solche Gefahr nicht nur, wenn sie vorher nicht bestanden hat, sondern auch dann, wenn eine bereits vorhandene Gefahr noch weiter intensiviert wird.

S/S[26], § 171 Rn. 5

Gefahr setzt die Herbeiführung eines Zustandes voraus, in dem nach den konkreten Umständen der Eintritt eines in den verschiedenen Tatbestandsalternativen beschriebenen Schadens nahe liegt; ob der Schaden dann eintritt, ist unerheblich.

La/Kü[25], § 171 Rn. 6

Eine **körperliche oder psychische erhebliche Schädigung der Entwicklung** des Schutzbefohlenen setzt eine deutliche Abweichung von seiner sonst voraussichtlichen Normalentwicklung voraus.

Tr/Fi[53], § 171 Rn. 7

Die Gefahr einer erheblichen **körperlichen Entwicklungsschädigung** besteht, wenn zu befürchten ist, dass der normale Ablauf des körperlichen Reifungsprozesses dauernd oder nachhaltig gestört wird.

S/S[26], § 171 Rn. 6

Eine **erhebliche Entwicklungsschädigung** liegt vor, wenn der normale Ablauf des körperlichen oder psychischen Reifungsprozesses dauernd und nachhaltig gestört ist.

La/Kü[25], § 171 Rn. 3

Die **körperliche Entwicklung** braucht nicht unbedingt durch eine unmittelbare Gesundheitsbeschädigung beeinträchtigt zu sein.

La/Kü[25], § 171 Rn. 3

Die Gefahr einer erheblichen **psychischen Entwicklungsschädigung** besteht, wenn zu befürchten ist, dass der Ablauf des normalen geistig-seelischen Reifungsprozesses dauernd oder nachhaltig gestört wird. Erfasst sind damit nicht nur Fehlentwicklungen, die mit medizinisch-psychologischen Kriterien zu erfassen sind. Geschützt

S/S[26], § 171 Rn. 7

werden soll durch § 170d der Entwicklungsprozess, in
dem sich die seelischen Fähigkeiten zur Bewältigung der
Lebensaufgaben herausbilden.

Für die **psychische Schädigung** kommt es nicht auf das
Verfehlen der Integration in ein sozialethisches Normen-
system als solches an, sondern auf die Beeinträchtigung
des biologischen Entwicklungsprozesses, in dem sich die
seelischen Fähigkeiten zur Bewältigung der Lebensaufgaben herausbilden; psychisch bedeutet daher dasselbe wie
»seelisch« in § 20.

La/Kü[25], § 171 Rn. 3

Ein **krimineller Lebenswandel** liegt vor, wenn der
Schutzbefohlene ein Leben führt, bei dem Straftaten von
einigem Gewicht eine wesentliche Rolle spielen. Dafür
reicht einmalige Aufforderung zum Stehlen nicht aus, vielleicht aber häufiges und möglicherweise schon in Einzel-
fällen erfolgreiches Bedrängen oder ständiges schlechtes
Beispiel.

Tr/Fi[53], § 171 Rn. 9

Krimineller Lebenswandel setzt die wiederholte Begehung nicht unerheblicher, vorsätzlicher Straftaten voraus,
wobei die Lebensführung insgesamt durch eine besondere
Affinität zum Verbrechen gekennzeichnet sein muss.

S/S[26], § 171 Rn. 9

Das Führen eines **kriminellen Lebenswandels** erfordert
einen Hang zu nicht nur unerheblichen Straftaten, die allerdings den »erheblichen Straftaten« im Sinne des § 66 I
Nr. 3 nicht gleichkommen müssen.

La/Kü[25], § 171 Rn. 4

Prostitution nachgehen bedeutet zu Erwerbszwecken
wiederholt an oder vor wechselnden Partnern sexuelle
Handlungen gegen Entgelt vornehmen oder an sich vornehmen lassen, wobei es ohne Bedeutung ist, wer das Entgelt kassiert und wo die Partner geworben werden.

Tr/Fi[53], § 171 Rn. 9
i.V.m. § 180a Rn. 3

Prostitution ist sowohl die hetero- als auch die homosexu-
elle Prostitution und bedeutet die gewerbsmäßige (entgelt-
liche) Vornahme sexueller Handlungen mit wechselnden
Partnern, wobei es sich freilich auch um einen festen Kun-
denstamm handeln kann.

S/S[26], § 171 Rn. 9 i.V.m.
§ 180a Rn. 5

Der Begriff »**nachgehen**« ist gleichbedeutend mit Ausübung der Prostitution und kann daher schon durch eine
Handlung verwirklicht werden. Dabei genügt es, dass sich
die betreffende Person zu entgeltlichen sexuellen Handlungen anbietet; dass es zu solchen tatsächlich kommt, ist

S/S[26], § 171 Rn. 9 i.V.m.
§ 180a Rn. 6

nicht erforderlich.

Der **Prostitution nachgehen** bedeutet nicht nur Prostitutionsausübung, sondern schon das unmittelbare Aufsuchen von Gelegenheiten dazu, z.B. öffentliches Anbieten auf dem Straßenstrich; Aufenthalt in Animierlokalen zur Kontaktaufnahme; telefonische Anbahnungsgespräche als Callgirl. Zu sexuellen Handlungen braucht es nicht zu kommen.

La/Kü[25], § 171 Rn. 5 i.V.m. § 180a Rn. 1a

Konkurrenzen

§ 171 steht in Idealkonkurrenz mit §§ 170, 174, 180, 221, 222 und §§ 26, 30 i.V.m. anderen Tatbeständen wie z.B. §§ 242, 263 (Tr/Fi[53], § 171 Rn. 11).

§ 172.   Doppelehe

Überblick

- *Typ:* vorsätzliches Begehungsdelikt. Kein Dauer-, sondern Zustandsdelikt.

- *Versuch* ist nicht strafbar (Vergehen!).

Aufbau

I.   **Tatbestand**
   1. Objektiver Tatbestand
     a. Tatsubjekt:
       aa. eine verheiratete Person (Var. 1) *oder*
       bb. eine unverheiratete Person (Var. 2)
     b. Tatobjekt:
       aa. eine unverheiratete Person (Var. 1) *oder*
       bb. eine verheiratete Person (Var. 2)
     c. Tathandlung: Eheschließung
   2. Subjektiver Tatbestand: Vorsatz, mindestens bedingter.
II. **Rechtswidrigkeit und**
III. **Schuld: keine Besonderheiten.**

Definitionen/Erläuterungen

Für ein **Verheiratet** sein, genügt eine formell gültige Ehe, wenn sie auch materiell nichtig oder aufhebbar ist. Die Ehe

Tr/Fi[53], § 172 Rn. 3

wird in der BRep. vor dem Standesbeamten geschlossen (§ 11 EheG); andernfalls ist sie eine Nichtehe und kann nicht zur Bestrafung nach § 171 führen.

Verheiratet ist, wer in formell gültiger, wenn auch materiell nichtiger oder aufhebbarer Ehe lebt. Formell gültig ist die Ehe, die gem. § 11 EheG vor einem zur Mitwirkung bereiten Standesbeamten geschlossen ist. S/S[26], § 172 Rn. 3

Verheiratet ist, wer in formell gültiger, sei es auch materiell nichtiger oder aufhebbarer, Ehe lebt, solange diese nicht durch den Tod oder rechtskräftige Scheidung (§ 1564 BGB) aufgelöst oder durch rechtskräftiges Urteil aufgehoben (§ 1313 BGB) ist. La/Kü[25], § 172 Rn. 2

Konkurrenzen

§ 172 steht in Idealkonkurrenz mit §§ 156, 169 (Tr/Fi[53], § 172 Rn. 9).

§ 173. Beischlaf zwischen Verwandten

Überblick

- *Typ:* vorsätzliches Begehungsdelikt.

- *Versuch* ist nicht strafbar (Vergehen!).

- *Abs. 1* enthält einen Tatbestand für Verwandtschaft absteigender Linie (Abkömmlinge), *Abs. 2* einen solchen für Verwandtschaft in aufsteigender Linie (S. 1) und für Verwandtschaft auf einer Ebene (S. 2, Geschwister). *Abs. 3* enthält einen persönlichen *Strafausschlussgrund* (kein TB-Ausschlussgrund!) für die Fälle des Abs. 2.

- *Schutzgut* ist nach der systematischen Einordnung Ehe und Familie, aber auch die psychische Integrität des missbrauchten *Partners* (sic!) (Tr/Fi[53], § 173 Rn. 2). Worin Tröndle hier das Partnerschaftliche sieht, bleibt sein Geheimnis.

Aufbau (Abs. 1)

I. **Tatbestand**
  1. Objektiver Tatbestand
     a. Tatobjekt: leiblicher Abkömmling
     b. Tathandlung: Vollzug des Beischlafs
  2. Subjektiver Tatbestand: Vorsatz, mindestens bedingter.

II. **Rechtswidrigkeit und**
III. **Schuld: keine Besonderheiten.**

Aufbau (Abs. 2)

I.   **Tatbestand**
   1. Objektiver Tatbestand
     a. Tatobjekt:
       aa. Leibliche Verwandte aufsteigender Linie (S. 1) *oder*
       bb. leibliche Geschwister
     b. Tathandlung: Vollzug des Beischlafs
   2. Subjektiver Tatbestand: Vorsatz, mindestens bedingter.
II. **Rechtswidrigkeit und**
III. **Schuld: keine Besonderheiten.**
IV. **Besonderheit: Strafausschlussgrund nach Abs. 3.**

Definitionen/Erläuterungen

Verwandtschaftsverhältnis erloschen. Das geschieht zivilrechtlich nach einer Adoption.	Tr/Fi[53], § 173 Rn. 3
Als **Geschwister** gelten alle Personen, die mindestens einen Elternteil gemeinsam haben.	S/S[26], § 173 Rn. 4 i.V.m. § 11 Rn. 7
Zum **Beischlaf** genügt Eindringen des männlichen Gliedes in den Scheidenvorhof.	Tr/Fi[53], § 173 Rn. 4 i.V.m. § 177 Rn. 62
Der **Beischlaf** erfordert eine Vereinigung der Geschlechtsteile in der Weise, dass das männliche Glied – wenn auch nur unvollständig – in die Scheide eingedrungen ist; bloße Berührung genügt nicht, ebensowenig das bloße Einführen des Glieds in den sog. Scheidenvorhof. Eine emissio oder immissio seminis ist nicht erforderlich; auch braucht der weibliche Partner noch nicht geschlechtsreif zu sein, wie überhaupt die Gefahr einer Empfängnis nicht zu bestehen braucht.	S/S[26], § 173 Rn. 3
Beischlaf ist das der Art nach zur Zeugung geeignete, sei es auch nur unvollständige, Eindringen des männlichen Gliedes in das weibliche Geschlechtsorgan	La/Kü[25], § 173 Rn. 3
Der Beischlaf ist **vollzogen**, sobald das Eindringen in das weibliche Geschlechtsorgan, nicht etwa erst in die eigentliche Scheide, seinen Anfang genommen hat.	La/Kü[25], § 173 Rn. 3

Konkurrenzen

§ 173 steht in Idealkonkurrenz mit §§ 171, 174 I Nr. 3, 177, 182 (Tr/Fi53, § 173 Rn. 8).

Dreizehnter Abschnitt.
Straftaten gegen die sexuelle Selbstbestimmung
(Nicht bearbeitet)

Vierzehnter Abschnitt.
Beleidigung

§ 185.   Beleidigung

Überblick

- *Typ:* vorsätzliches Begehungsdelikt – Tätigkeitsdelikt.

- *Versuch* ist nicht strafbar (Vergehen!).

- Var. 1 enthält den *Grundtatbestand*, Var. 2 eine *Qualifikation*. Prüfung immer mit dem Grunddelikt (Obersatz: § 185 Var. 1, 2) und zwar entweder hinter subjektivem Tatbestand oder hinter Schuld des Grunddeliktes.

- § 194 stellt *Antragserfordernis* auf.

- *Abgrenzung* zu §§ 186 und 187:

- § 185 behandelt die Kundgabe (täter-) eigener Missachtung. §§ 186 und 187 behandeln die Ermöglichung (täter-) fremder Missachtung.

- § 185 behandelt Werturteile und Tatsachen, §§ 186, 187 behandeln nur Tatsachen (Trennung de facto aber wohl kaum möglich.)

- *Schutzgut* ist die Ehre des Einzelnen (die innere: Stichwort Menschenwürde, und die äußere: Stichwort Guter Ruf) (sog. dualistischer Ehrbegriff, h.M.: Tr/Fi[53], § 185 Rn. 3 i.V.m. vor § 185 Rn. 3/4).

Aufbau (§ 185 Var. 1)

I.   **Tatbestand**
   1. Objektiver Tatbestand:
     - Tatobjekt: Person oder anderes beleidigungsfähiges Objekt (vgl. La/Kü[25], Vor § 185 Rn 2 ff)
     - Tathandlung – Beleidigung

        aa. Werturteil gegenüber dem Betroffenen selbst *oder*

        bb. Werturteil über den Betroffenen gegenüber einem Dritten *oder*

        cc. Tatsachenbehauptungen gegenüber dem Betroffenen (gegenüber Dritten wäre §§ 186, 187).

    - ungeschriebenes Tatbestandsmerkmal:

        aa. Unwahrheit der Tatsachenbehauptung *oder*

        bb. Unangemessenheit des Werturteils (str., vgl. S/S[26], § 185 Rn. 7)

  2. Subjektiver Tatbestand: Vorsatz, mindestens bedingter (Beleidigungsabsicht – ausländisch: »animus iniurandi«- nicht erforderlich).

II. Rechtswidrigkeit (§ 193 beachten) und

III. Schuld: keine Besonderheiten.

IV. Strafausschließungsgrund: Antrag nach § 194.

Aufbau (§ 185 Var. 1, 2)

I. **Tatbestand**

  1. Objektiver Tatbestand:

    - Tathandlung – Beleidigung geschah durch eine Tätlichkeit.

  2. Subjektiver Tatbestand: Vorsatz, mindestens bedingter.

II. Rechtswidrigkeit (§ 193 beachten) und

III. Schuld: keine Besonderheiten.

IV. Strafausschließungsgrund: Antrag nach § 194.

Definitionen / Erläuterungen

Beleidigung ist der rechtswidrige Angriff auf die Ehre eines anderen durch vorsätzliche Kundgebung der Missachtung oder Nichtachtung.	Tr/Fi[53], § 185 Rn. 4
Unter **Beleidigung** ist der Angriff auf die Ehre eines anderen durch die Kundgabe von Nicht-, Gering- oder Missachtung zu verstehen.	S/S[26], § 185 Rn. 1
Beleidigung ist ein Angriff auf die Ehre durch Kundgabe eigener Missachtung oder Nichtachtung.	La/Kü[25], § 185 Rn. 3

Missachtung oder Nichtachtung. Dem Betroffenen muss der sittliche, personale oder soziale Geltungswert durch das Zuschreiben negativer Qualitäten ganz oder teilweise abgesprochen werden.	S/S[26], § 185 Rn. 2
Eine Äußerung bringt **Missachtung oder Nichtachtung** zum Ausdruck, wenn sie dem Betroffenen den elementaren Menschenwert oder seinen ethischen oder sozialen Wert ganz oder teilweise abspricht und dadurch seinen grundsätzlich uneingeschränkten Achtungsanspruch ver-	La/Kü[25], § 185 Rn. 4

letzt.

Werturteil kann sein ein Urteil über den ethischen Wert eines anderen, den er nach außen infolge seines sittlichen Verhaltens hat, oder ein Urteil über den sozialen Wert, den jemand wegen seiner Leistungen und Eigenschaften für die Erfüllung seiner sozialen Sonderaufgaben hat.	Tr/Fi[53], § 185 Rn. 5
Werturteile sind subjektive Wertungen, die bloße Meinungen ausdrücken, ohne dass sie durch Tatsachen belegt werden.	Tr/Fi[53], § 186 Rn. 2
Ein **Werturteil** ist dann anzunehmen, wenn die Äußerung durch Elemente der subjektiven Stellungnahme, des Dafürhaltens oder Meinens geprägt ist und deshalb nicht wahr oder unwahr, sondern je nach persönlicher Überzeugung nur falsch oder richtig sein kann.	S/S[26], § 185 Rn. 1 i.V.m. § 186 Rn. 4
Kundgabe der Missachtung. Erforderlich ist deren Manifestation durch ein Verhalten mit einem entsprechenden Erklärungswert, gleichgültig, ob es sich um Äußerungen durch Wort, Schrift, Bild, Gesten, symbolische Handlungen oder Tätlichkeiten handelt.	S/S[26], § 185 Rn. 8
Kundgabe ist Äußerung der Miss-(Nicht-)achtung gegenüber einem anderen.	La/Kü[25], § 185 Rn. 7
Beachte: Problematisch ist es, wenn der Täter über einen anderen bei Familie / Anwalt / Freund »Dampf ablässt«. Man arbeitet hier mit der sog. *beleidigungsfreien Sphäre* im Rahmen einer *teleologischen Reduktion* des § 185, str., vgl. La/Kü[25], § 185 Rn. 9.	Verf.
Gegenüber dem Betroffenen selbst oder gegenüber einem Dritten. Die Kundgabe der Miss- oder Nichtachtung muss sich gegen einen anderen richten, der sie als Beleidigung auffasst, auch wenn sie nicht gerade für ihn bestimmt war. Die Person des Beleidigten muss erkennbar sein, wenn ihn auch der Täter nicht zu kennen braucht.	Tr/Fi[53], § 185 Rn. 6
Tatsachen sind nicht nur alle Sachverhalte, die Gegenstand sinnlicher Wahrnehmung sein könnten, sondern auch innere Sachverhalte (wie Charaktereigenschaften), sobald sie zu äußeren Erscheinungen in Beziehung treten.	Tr/Fi[53], § 185 Rn. 5 i.V.m. § 186 Rn. 2
Tatsachen sind konkrete Vorgänge oder Zustände der Vergangenheit oder Gegenwart, die sinnlich wahrnehm-	S/S[26], § 185 Rn. 1 i.V.m. § 186 Rn. 3

bar in die Wirklichkeit getreten und damit dem Beweis
zugänglich sind.

Tätlichkeit ist die unmittelbare körperliche Einwirkung auf den anderen.	Tr/Fi[53], § 185 Rn. 18
Unter einer **Tätlichkeit** ist eine unmittelbar gegen den Körper gerichtete Einwirkung, die nach ihrem objektiven Sinn eine besondere Missachtung des Geltungswerts des Betroffenen ausdrückt, zu verstehen.	S/S[26], § 185 Rn. 18
Das Merkmal **Tätlichkeit** erfordert neben ihrem beleidigenden Sinn eine unmittelbar gegen den Körper gerichtete Einwirkung; auch der fehlgehende, den Körper nicht berührende Angriff wird nach dem Schutzzweck der Vorschrift erfasst.	La/Kü[25], § 185 Rn. 13

Konkurrenzen

§ 185 steht in Idealkonkurrenz mit §§ 113, 223, u.U. mit §§ 174-174b, 176-179 (str., vgl. S/S26, § 185 Rn. 4: Beleidigung darf nicht zum »kleinen« Sexualdelikt werden).

§ 186. Üble Nachrede

Überblick

- *Typ:* vorsätzliches Begehungsdelikt – Tätigkeitsdelikt – Gefährdungsdelikt, abstraktes.

- *Versuch* ist nicht strafbar (Vergehen!).

- HS. 1 enthält den *Grundtatbestand*, HS. 2 eine *Qualifikation*. Prüfung immer mit dem Grunddelikt (Obersatz: § 186 HS. 1, 2) und zwar entweder hinter subjektivem Tatbestand oder hinter Schuld des Grunddeliktes.

- § 186 erfasst auch den Fall erweislicher Unwahrheit, in dem der Täter davon kein besseres Wissen (-> dann § 187) hat.

- § 194 stellt *Antragserfordernis* auf (gilt trotz Wortlaut »Beleidigung« nicht nur für § 185, sondern für alle Delikte des 14. Abschnitts, vgl. dessen Überschrift).

- *Abgrenzung* zu § 185:

- § 185 behandelt die Kundgabe (täter-) eigener Missachtung. § 186 behandelt die Ermöglichung (täter-) fremder Missachtung.

- § 185 behandelt Werturteile und Tatsachen, § 186 behandelt *nur* Tatsachen (Trennung de facto aber wohl kaum möglich.)

- *Schutzgut* ist die Ehre des Einzelnen (die innere: Stichwort Menschenwürde, und die äußere: Stichwort Guter Ruf).

Aufbau (HS. 1)

I. **Tatbestand**
   1. Objektiver Tatbestand:
      a. Tatobjekt – Tatsachen, die geeignet sind, einen anderen
         aa. verächtlich zu machen oder
         bb. in der öffentlichen Meinung herabzuwürdigen;
      b. Tathandlung – Behaupten oder Verbreiten in Beziehung auf einen anderen;
   2. Subjektiver Tatbestand: Vorsatz, mindestens bedingter.
   3. Tatbestandsannex (objektive Bedingung der Strafbarkeit, kein Vorsatz nötig!): Nichterweislichkeit oder Unwahrheit der Tatsache (a.A.: Strafausschließungsgrund bei Erweislichkeit, im Ergebnis egal).
II. **Rechtswidrigkeit** (§ 193 beachten) und
III. **Schuld: keine Besonderheiten. (Wenn Strafausschließungsgrund, dann nach der Schuld.)**
IV. **Strafausschließungsgrund: Antrag nach § 194.**

Aufbau (HS. 2)

I. **Tatbestand**
   1. Objektiver Tatbestand:
      - Tathandlung aus HS. 1 geschah öffentlich oder durch Verbreiten von Schriften;
   2. Subjektiver Tatbestand: Vorsatz, mindestens bedingter.
II. **Rechtswidrigkeit und**
III. **Schuld: keine Besonderheiten.**
IV. **Strafausschließungsgrund: Antrag nach § 194.**

Definitionen / Erläuterungen

Tatsachen sind nicht nur alle Sachverhalte, die Gegenstand sinnlicher Wahrnehmung sein könnten, sondern auch innere Sachverhalte, sobald sie zu äußeren Erscheinungen in Beziehung treten.

Tr/Fi[53], § 186 Rn. 2

Tatsachen sind konkrete Vorgänge oder Zustände der Vergangenheit oder Gegenwart, die sinnlich wahrnehmbar in die Wirklichkeit getreten und damit dem Beweis zugänglich sind.

S/S[26], § 186 Rn. 3

Eine **Tatsache** ist (im Gegensatz zu dem unter § 185 fallenden Werturteil) etwas Geschehenes oder Bestehendes, das in die Wirklichkeit getreten und daher dem Beweis

La/Kü[25], § 186 Rn. 3

zugänglich ist.

Verächtlich zu machen bedeutet, den anderen als eine Person hinstellen, die ihren sittlichen Pflichten nicht gerecht wird.	Tr/Fi[53], § 186 Rn. 4

Herabzuwürdigen bedeutet, den Ruf des anderen schmälern.	Tr/Fi[53], § 186 Rn. 4

Das **Verächtlichmachen und Herabwürdigen** erfasst alle Aspekte des Ehrbegriffs; eine exakte Abgrenzung beider Begriffe ist weder erforderlich noch möglich, wenngleich ersterer mehr auf die sittlich-personale, letztere mehr auf die soziale Komponente hindeutet. Ein qualitativer oder auch nur quantitativer Unterschied liegt darin aber nicht.	S/S[26], § 186 Rn. 5

Die **Eignung** der Tatsache zum **Herabwürdigen** oder Verächtlichmachen genügt (h.M.). Ein solcher Erfolg braucht nicht einzutreten.	La/Kü[25], § 186 Rn. 4

Öffentliche Meinung ist die Meinung eines größeren, nicht geschlossenen Teiles der Bevölkerung.	Tr/Fi[53], § 186 Rn. 4

Öffentliche Meinung. Hiermit wird lediglich klargestellt, dass es für die Ehrenrührigkeit nicht auf die Ansicht einzelner Kreise oder geschlossener Gruppen, sondern auf einen generellen Maßstab ankommt, wobei für diesen letztlich auch nicht die tatsächliche »öffentliche Meinung«, sondern die Wertung des Rechts maßgebend ist.	S/S[26], § 186 Rn. 5

Öffentliche Meinung ist die eines größeren, individuell unbestimmten Kreises.	La/Kü[25], § 186 Rn. 4

Behaupten heißt, etwas als nach eigener Überzeugung richtig hinstellen, auch wenn man es von dritten Personen erfahren und nicht selbst gesehen hat.	Tr/Fi[53], § 186 Rn. 8

Behaupten bedeutet, etwas als nach eigener Überzeugung geschehen oder vorhanden hinstellen.	S/S[26], § 186 Rn. 7

Behaupten heißt, eine Tatsache als nach eigener Überzeugung wahr hinstellen, selbst wenn man sie nur von dritter Seite erfahren hat.	La/Kü[25], § 186 Rn. 5

Verbreiten i.S. des § 186 heißt, eine Tatsache mitteilen, und zwar als von anderer Seite gehört, nicht als Gegenstand eigener Überzeugung; eine öffentliche Mitteilung ist nicht erforderlich; eine solche an einen einzigen ist ausreichend, und zwar auch dann, wenn er sie nicht weitergeben	Tr/Fi[53], § 186 Rn. 9

soll.

Verbreiten bedeutet die Mitteilung einer ehrenrührigen Tatsache als Gegenstand fremden Wissens und fremder Überzeugung durch Weitergabe von – wirklichen oder angeblichen – Tatsachenbehauptungen anderer, die sich der Täter nicht selbst zu Eigen macht und für deren Richtigkeit er daher auch nicht eintritt.

S/S[26], § 186 Rn. 8

Verbreiten ist Weitergeben einer fremden Äußerung; jedoch wird nach dem Schutzzweck der Vorschrift die Weitergabe vom Betroffenen selbst herrührender Mitteilungen nicht erfasst. Anders als in den Fällen des § 74d genügt es, wenn der Täter die Äußerung nur an eine Person gelangen lässt.

La/Kü[25], § 186 Rn. 5

In Beziehung auf einen anderen: der Beleidigte und der Empfänger der Mitteilung dürfen nicht personengleich sein.

Tr/Fi[53], § 186 Rn. 10

In Beziehung auf einen anderen erfordert nicht, dass dieser namentlich bezeichnet sein muss, aber nach Inhalt oder Umständen der Äußerung doch hinreichend sicher erkennbar sein muss.

S/S[26], § 186 Rn. 9

In Beziehung auf einen anderen erfordert, dass Empfänger der Kundgabe und Betroffener verschiedene Personen sind. Außerdem muss erkennbar sein, dass hinter der Äußerung ein anderer als der Betroffene als Urheber steht.

La/Kü[25], § 186 Rn. 6

Nichterweislichkeit / Unwahrheit: Die Strafbarkeit entfällt, falls die Tatsache als wahr erwiesen wird. Der Wahrheitsbeweis erfordert die Identität der behaupteten und bewiesenen Tatsache; es genügt, dass die Behauptung im Wesentlichen als richtig erwiesen wird.

Tr/Fi[53], § 186 Rn. 11 i.V.m. § 190 Rn. 1

Öffentlich ist eine Beleidigung dann, wenn sie eine größere, nicht durch nähere Beziehungen zueinander verbundene Anzahl von Personen zur Kenntnis nehmen kann.

Tr/Fi[53], § 186 Rn. 16

Öffentlich ist die üble Nachrede erfolgt, wenn sie von einem größeren, nach Zahl und Individualität unbestimmten oder durch nähere Beziehung nicht verbundenen Personenkreis unmittelbar wahrgenommen werden kann.

S/S[26], § 186 Rn. 19

Öffentlich ist die Aufforderung, wenn sie für einen nach Zahl und Individualität unbestimmten Kreis oder für einen nicht durch persönliche Beziehungen innerlich ver-

La/Kü[25], § 186 Rn. 9 i.V.m. § 80a Rn. 2

bundenen größeren bestimmten Kreis von Personen unmittelbar wahrnehmbar ist oder zur unmittelbaren Wahrnehmung angeboten wird, und zwar unabhängig davon, ob der Tatort ein öffentlicher ist.

Schriften, vgl. § 11 Abs. 3. Schrift ist eine Zusammenstellung von verkörperten Zeichen, die durch Augen oder Tastsinn wahrnehmbar sind und unmittelbare Worte, mittelbar Gedanken darstellen	Tr/Fi[53], § 186 Rn. 16 i.V.m. § 11 Rn. 34
Unter **Schriften** sind solche stofflichen Zeichen zu verstehen, in denen eine Gedankenäußerung durch Buchstaben, Bilder oder Zeichen verkörpert ist und damit vor allem durch Gesichts- oder Tastsinn wahrgenommen werden kann; auch Geheim-, Kurz- oder Bilderschriften kommen dafür in Betracht.	S/S[26], § 186 Rn. 20 i.V.m. § 11 Rn. 78
Schriften sind sinnlich wahrnehmbare, auf einige Dauer angelegte Verkörperungen von gedanklichen Inhalten durch Buchstaben, Bilder oder andere stoffliche Zeichen, die geeignet sind, die Vorstellung eines Sinnzusammenhangs zu erwecken (auch Geheim-, Kurz- und Bilderschriften).	La/Kü[25], § 186 Rn. 9 i.V.m. § 11 Rn. 27
Verbreiten bedeutet an einen anderen, und zwar vielleicht nur an eine einzelne Person, mit dem Ziele weitergeben, um sie dadurch einem größeren Personenkreis zugänglich zu machen).	Tr/Fi[53], § 186 Rn. 9 i.V.m. § 74d Rn. 4
Verbreiten von Schriften bedeutet, die mit einer körperlichen Weitergabe der Schrift verbundene Tätigkeit, die darauf gerichtet ist (finales Element), diese ihrer Substanz nach – also nicht nur bezüglich ihres Inhalts durch bloßes Vorlesen, Anschlagen, Ausstellen, Anbringen von Aufklebern usw. – einem größeren Personenkreis zugänglich zu machen, wobei dieser nach Zahl und Individualität unbestimmt oder jedenfalls so groß sein muss, dass er für den Täter nicht mehr kontrollierbar ist.	S/S[26], § 186 Rn. 20 i.V.m. § 184 Rn. 57
Verbreiten bedeutet, die Schrift einem größeren, nicht notwendig unbestimmten Personenkreis zugänglich machen, und zwar der Substanz nach.	La/Kü[25], § 186 Rn. 9 i.V.m. § 74d Rn. 5

Konkurrenzen

§ 186 verdrängt § 185 (nur grundsätzlich, nicht immer) im Wege der Gesetzeskonkurrenz. § 186 steht in Idealkonkurrenz mit §§ 90b, 130.

§ 187. Verleumdung

Überblick

- *Typ:* vorsätzliches Begehungsdelikt – Tätigkeitsdelikt – Gefährdungsdelikt, abstraktes.

- *Versuch* ist nicht strafbar (Vergehen!).

- HS. 1 enthält *zwei Tatbestände:* ein Angriff auf die Ehre (Var. 1) und ein Angriff auf das Vermögen (Var. 2).

- HS. 1 enthält den *Grundtatbestand*, HS. 2 eine *Qualifikation*. Prüfung immer mit dem Grunddelikt (Obersatz: § 187 HS. 1 Var. ..., HS. 2) und zwar entweder hinter subjektivem Tatbestand oder hinter Schuld des Grunddeliktes.

- § 187 erfasst nur den Fall erweislicher Unwahrheit, in dem der Täter davon besseres Wissen hat (wenn nicht -> § 186).

- § 194 stellt *Antragserfordernis* auf (gilt trotz Wortlaut »Beleidigung« nicht nur für § 185, sondern für alle Delikte des 14. Abschnitts, vgl. dessen Überschrift).

- *Abgrenzung* zu § 185:

- § 185 behandelt die Kundgabe (täter-) eigener Missachtung. § 187 behandelt die Ermöglichung (täter-) fremder Missachtung.

- § 185 behandelt Werturteile und Tatsachen, § 187 behandelt nur Tatsachen (Trennung de facto aber wohl kaum möglich.)

- *Schutzgut* ist die Ehre des Einzelnen (die innere: Stichwort Menschenwürde, und die äußere: Stichwort Guter Ruf).

Aufbau (HS. 1)

I.   **Tatbestand**
   1. Objektiver Tatbestand:
      a. Tatobjekt – Tatsachen, die geeignet sind,
         aa. einen anderen verächtlich zu machen oder in der öffentlichen Meinung herabzuwürdigen (= Var. 1) *oder*
         bb. dessen Kredit zu gefährden (= Var. 2),
         cc. Unwahrheit der Tatsache (= hier TB-Merkmal und kein Annex);
      b. Tathandlung – Behaupten oder Verbreiten;
   2. Subjektiver Tatbestand:

a. Vorsatz, mindestens bedingter im Hinblick auf obj. TB,
b. zusätzlich: Direkter Vorsatz (= besseres Wissen) bez. der Unwahrheit.
II. **Rechtswidrigkeit (§ 193 beachten) und**
III. **Schuld: keine Besonderheiten.**
IV. **Strafausschließungsgrund: Antrag nach § 194.**

Aufbau (HS. 2)

I. **Tatbestand**
   1. Objektiver Tatbestand:
      - Tathandlung aus HS. 1 geschah öffentlich oder in einer Versammlung oder durch Verbreiten von Schriften;
   2. Subjektiver Tatbestand: Vorsatz, mindestens bedingter.
II. **Rechtswidrigkeit und**
III. **Schuld: keine Besonderheiten.**
IV. **Strafausschließungsgrund: Antrag nach § 194.**

Definitionen / Erläuterungen

Tatsachen sind nicht nur alle Sachverhalte, die Gegenstand sinnlicher Wahrnehmung sein könnten, sondern auch innere Sachverhalte, sobald sie zu äußeren Erscheinungen in Beziehung treten.

Tr/Fi[53], § 187 Rn. 2
i.V.m. § 186 Rn. 2

Tatsachen sind konkrete Vorgänge oder Zustände der Vergangenheit oder Gegenwart, die sinnlich wahrnehmbar in die Wirklichkeit getreten und damit dem Beweis zugänglich sind.

S/S[26], § 187 Rn. 2 i.V.m.
§ 186 Rn. 3

Eine **Tatsache** ist (im Gegensatz zu dem unter § 185 fallenden Werturteil)etwas Geschehenes oder Bestehendes, das in die Wirklichkeit getreten und daher dem Beweis zugänglich ist.

La/Kü[25], § 187 Rn. 3
i.V.m. § 186 Rn. 3

Geeignet sind, verächtlich zu machen, bedeutet, den anderen als eine Person hinzustellen, die ihren sittlichen Pflichten nicht gerecht wird.

Tr/Fi[53], § 187 Rn. 3
i.V.m. § 186 Rn. 4

Herabzuwürdigen bedeutet, den Ruf des anderen schmälern.

Tr/Fi[53], § 187 Rn. 3
i.V.m. § 186 Rn. 4

Das **Verächtlichmachen und Herabwürdigen** erfasst alle Aspekte des Ehrbegriffs; eine exakte Abgrenzung beider Begriffe ist weder erforderlich noch möglich, wenngleich ersterer mehr auf die sittlich-personale, letztere mehr auf die soziale Komponente hindeutet. Ein qualitativer oder

S/S[26], § 187 Rn. 3 i.V.m.
§ 186 Rn. 5

auch nur quantitativer Unterschied liegt darin aber nicht.

Öffentliche Meinung ist die Meinung eines größeren, nicht geschlossenen Teiles der Bevölkerung	Tr/Fi[53], § 187 Rn. 3 i.V.m. § 186 Rn. 4
Öffentliche Meinung. Hiermit wird lediglich klargestellt, dass es für die Ehrenrührigkeit nicht auf die Ansicht einzelner Kreise oder geschlossener Gruppen, sondern auf einen generellen Maßstab ankommt, wobei für diesen letztlich auch nicht die tatsächliche »öffentliche Meinung«, sondern die Wertung des Rechts maßgebend ist.	S/S[26], § 187 Rn. 3 i.V.m. § 186 Rn. 5
Öffentliche Meinung ist die eines größeren, individuell unbestimmten Kreises.	La/Kü[25], § 187 Rn. 3 i.V.m. § 186 Rn. 4
Kredit ist das Vertrauen, das jemand hinsichtlich der Erfüllung seiner vermögensrechtlichen Verbindlichkeiten genießt.	Tr/Fi[53], § 187 Rn. 3
Kreditgefährdung bedeutet das Vertrauen in die Leistungsfähigkeit und -willigkeit zu beeinträchtigen, das dieser hinsichtlich der Erfüllung seiner vermögensrechtlichen Verbindlichkeiten genießt. Dass dieses Vertrauen tatsächlich erschüttert worden ist, ist nicht erforderlich.	S/S[26], § 187 Rn. 4
Die **Kreditgefährdung** schützt nicht die Ehre, sondern das Vertrauen, das jemand hinsichtlich der Erfüllung seiner vermögensrechtlichen Verbindlichkeiten genießt.	La/Kü[25], § 187 Rn. 2
Unwahrheit der Tatsache. Die Strafbarkeit entfällt, falls die Tatsache als wahr erwiesen wird. Der Wahrheitsbeweis erfordert die Identität der behaupteten und bewiesenen Tatsache; es genügt, dass die Behauptung im Wesentlichen als richtig erwiesen wird.	Tr/Fi[53], § 187 Rn. 3 i.V.m. § 186 Rn. 11 i.V.m. § 190 Rn. 1
Unwahr ist die Behauptung, wenn sie in ihren wesentlichen Punkten falsch ist; geringfügige Übertreibung oder die Unrichtigkeit von Nebensächlichkeiten genügen nicht. Eine Beweiserhebung bezüglich des wesentlichen Sachverhalts ist auch erforderlich, wenn die Unrichtigkeit bestimmter Einzelheiten bereits feststeht, weil erst dann darüber entschieden werden kann, ob diese für eine Verurteilung nach § 187 ausreichen.	S/S[26], § 187 Rn. 2
Unwahrheit der Tatsachen. Dabei kommt es auf den wesentlichen Kern an; geringfügige Abweichungen oder Übertreibungen sind unschädlich.	La/Kü[25], § 187 Rn. 1

Behaupten heißt, etwas als nach eigener Überzeugung richtig hinstellen, auch wenn man es von dritten Personen erfahren und nicht selbst gesehen hat.	Tr/Fi⁵³, § 187 Rn. 2 i.V.m. § 186 Rn. 8
Behaupten bedeutet, etwas als nach eigener Überzeugung geschehen oder vorhanden hinstellen.	S/S²⁶, § 187 Rn. 2 i.V.m. § 186 Rn. 7
Behaupten heißt, eine Tatsache als nach eigener Überzeugung wahr hinstellen, selbst wenn man sie nur von dritter Seite erfahren hat.	La/Kü²⁵, § 187 Rn. 3 i.V.m. § 186 Rn. 5

Verbreiten i.S. des § 186 heißt, eine Tatsache mitteilen, und zwar als von anderer Seite gehört, nicht als Gegenstand eigener Überzeugung; eine öffentliche Mitteilung ist nicht erforderlich; eine solche an einen einzigen ist ausreichend, und zwar auch dann, wenn er sie nicht weitergeben soll.	Tr/Fi⁵³, § 187 Rn. 2 i.V.m. § 186 Rn. 9
Verbreiten bedeutet die Mitteilung einer ehrenrührigen Tatsache als Gegenstand fremden Wissens und fremder Überzeugung durch Weitergabe von – wirklichen oder angeblichen – Tatsachenbehauptungen anderer, die sich der Täter nicht selbst zu Eigen macht und für deren Richtigkeit er daher auch nicht eintritt.	S/S²⁶, § 187 Rn. 2 i.V.m. § 186 Rn. 8
Verbreiten ist Weitergeben einer fremden Äußerung; jedoch wird nach dem Schutzzweck der Vorschrift die Weitergabe vom Betroffenen selbst herrührender Mitteilungen nicht erfasst. Anders als in den Fällen des § 74d genügt es, wenn der Täter die Äußerung nur an eine Person gelangen lässt.	La/Kü²⁵, § 187 Rn. 3 i.V.m. § 186 Rn. 5

Öffentlich ist eine Beleidigung dann, wenn sie eine größere, nicht durch nähere Beziehungen zueinander verbundene Anzahl von Personen zur Kenntnis nehmen kann.	Tr/Fi⁵³, § 187 Rn. 5 i.V.m. § 186 Rn. 16
Öffentlich ist die Verleumdung erfolgt, wenn sie von einem größeren, nach Zahl und Individualität unbestimmten oder durch nähere Beziehung nicht verbundenen Personenkreis unmittelbar wahrgenommen werden kann.	S/S²⁶, § 187 Rn. 7 i.V.m. § 186 Rn. 19
Öffentlich ist die Aufforderung, wenn sie für einen nach Zahl und Individualität unbestimmten Kreis oder für einen nicht durch persönliche Beziehungen innerlich verbundenen größeren bestimmten Kreis von Personen unmittelbar wahrnehmbar ist oder zur unmittelbaren Wahrnehmung angeboten wird, und zwar unabhängig davon,	La/Kü²⁵, § 187 Rn. 3 i.V.m. § 186 Rn. 9 i.V.m. § 80a Rn. 2

ob der Tatort ein öffentlicher ist.

Versammlung ist jede räumlich zu einem bestimmten Zweck vereinigte Personenmehrheit.	Tr/Fi[53], § 187 Rn. 5 i.V.m. § 80a Rn. 2
Unter **Versammlung** ist ein nicht nur zufälliges Beisammensein einer größeren Zahl von Personen zu einem gemeinsamen Zweck zu verstehen. Dieser braucht kein politischer zu sein, auch eine künstlerische oder wissenschaftliche Veranstaltung ist Versammlung i.S. des § 90; das Zusammenkommen zu rein persönlichen Zwecken genügt jedoch nicht.	S/S[26], § 187 Rn. 7 i.V.m. § 90 Rn. 5
Versammlung ist das Beisammensein einer größeren Zahl von Menschen zur Verfolgung eines bestimmten Zwecks.	La/Kü[25], § 187 Rn. 3 i.V.m. § 80a Rn. 2
Schriften, vgl. § 11 Abs. 3. Schrift ist eine Zusammenstellung von verkörperten Zeichen, die durch Augen oder Tastsinn wahrnehmbar sind und unmittelbare Worte, mittelbar Gedanken darstellen	Tr/Fi[53], § 11 Rn. 34.
Unter **Schriften** sind solche stofflichen Zeichen zu verstehen, in denen eine Gedankenäußerung durch Buchstaben, Bilder oder Zeichen verkörpert ist und damit vor allem durch Gesichts- oder Tastsinn wahrgenommen werden kann; auch Geheim-, Kurz- oder Bilderschriften kommen dafür in Betracht.	S/S[26], § 187 Rn. 7 i.V.m. § 186 Rn. 20 i.V.m. § 11 Rn. 78
Schriften sind sinnlich wahrnehmbare, auf einige Dauer angelegte Verkörperungen von gedanklichen Inhalten durch Buchstaben, Bilder oder andere stoffliche Zeichen, die geeignet sind, die Vorstellung eines Sinnzusammenhangs zu erwecken (auch Geheim-, Kurz- und Bilderschriften).	La/Kü[25], § 187 Rn. 3 i.V.m. § 186 Rn. 9 i.V.m. § 11 Rn. 27
Verbreiten bedeutet an einen anderen, und zwar vielleicht nur an eine einzelne Person, mit dem Ziele weitergeben, sie dadurch einem größeren Personenkreis zugänglich zu machen.	Tr/Fi[53], § 187 Rn. 2 i.V.m. § 186 Rn. 9 i.V.m. § 74d Rn. 4
Verbreiten von Schriften bedeutet die mit einer körperlichen Weitergabe der Schrift verbundene Tätigkeit, die darauf gerichtet ist (finales Element), diese ihrer Substanz nach – also nicht nur bezüglich ihres Inhalts durch bloßes Vorlesen, Anschlagen, Ausstellen, Anbringen von Aufklebern usw. – einem größeren Personenkreis zugänglich zu machen, wobei dieser nach Zahl und Individualität unbe-	S/S[26], § 187 Rn. 7 i.V.m. § 186 Rn. 20 i.V.m. § 184 Rn. 57

stimmt oder jedenfalls so groß sein muss, dass er für den Täter nicht mehr kontrollierbar ist.

Verbreiten bedeutet, die Schrift einem größeren, nicht notwendig unbestimmten Personenkreis zugänglich machen, und zwar der Substanz nach.

La/Kü[25], § 187 Rn. 3
i.V.m. § 186 Rn. 10
i.V.m. § 74d Rn. 5

Konkurrenzen

§ 187 verdrängt (nur grundsätzlich, nicht immer) § 185 im Wege der Gesetzeskonkurrenz. § 187 steht in Idealkonkurrenz mit §§ 164, 184, ausnahmsweise auch mit § 186.

§ 188.   Üble Nachrede und Verleumdung gegen Personen des politischen Lebens

Überblick

- *Typ:* Qualifikation zu §§ 186 HS. 1, bzw. 187 HS. 1.

- Prüfung immer mit dem Grunddelikt (Obersatz: §§ 186 HS. 1, 188 I, bzw. §§ 187 HS. 1, 188 I, II) und zwar entweder hinter subjektivem Tatbestand oder hinter Schuld des Grunddeliktes.

- *Schutzgut.* Die Vorschrift soll durch den verstärkten Ehrenschutz für einen bestimmten Personenkreis der Vergiftung des politischen Lebens entgegen wirken (La/Kü[25], § 188 Rn. 1). Schutzgut ist also die Person, nicht das Amt.

Aufbau

I.   **Tatbestand**
  1. Objektiver Tatbestand:
     a. Tatobjekt – Person, die im politischen Leben des Volkes steht;
     b. Tathandlung aus § 186 HS. 1, bzw. § 187 HS. 1, geschah öffentlich oder in einer Versammlung oder durch Verbreiten von Schriften;
     c. Taterfolg – Eignung der Tat, das öffentliche Wirken des Opfers erheblich zu erschweren.
  2. Subjektiver Tatbestand:
     a. Vorsatz, mindestens bedingter, zusätzlich:
     b. Absicht, die Stellung des Opfers im öffentlichen Leben aufzugreifen.
II. **Rechtswidrigkeit (§ 193 beachten) und**
III. **Schuld: keine Besonderheiten.**
IV. **Strafausschließungsgrund: Antrag nach § 194.**

Definitionen / Erläuterungen

Politisches Leben des Volkes: Es genügt das Betrautsein mit politischen Aufgaben, die auch ein öffentliches Wirken mit sich bringen.

Tr/Fi[53], § 188 Rn. 2

Personen, die im politischen Leben des Volkes stehen. Dazu gehören nur solche Personen, die sich für eine gewisse Dauer mit den grundsätzlichen, den Staat, seine Verfassung, Gesetzgebung, Verwaltung, internationale Beziehungen usw. unmittelbar berührenden Angelegenheiten befassen und auf Grund der ausgeübten Funktion das politische Leben maßgeblich beeinflussen.

S/S[26], § 188 Rn. 2

Im politischen Leben des Volkes stehen nur Personen, die sich für eine gewisse Dauer mit den grundsätzlichen, den Staat, seine Verfassung, Gesetzgebung und Verwaltung unmittelbar berührenden Angelegenheiten befassen und aufgrund der ausgeübten Funktion das politische Leben maßgeblich beeinflussen.

La/Kü[25], § 188 Rn. 2

Öffentlich bedeutet, ohne dass es auf die Öffentlichkeit des Ortes ankommt, eine Weise, dass die Tathandlung von unbestimmt welchen und unbestimmt vielen, also nicht durch persönliche Beziehungen verbundenen anderen wahrgenommen werden kann, die in den Fällen verbaler Tathandlung auch anwesend sein müssen.

Tr/Fi[53], § 188 Rn. 3 i.V.m. § 111 Rn. 5

Öffentlich ist die üble Nachrede erfolgt, wenn sie von einem größeren, nach Zahl und Individualität unbestimmten oder durch nähere Beziehung nicht verbundenen Personenkreis unmittelbar wahrgenommen werden kann.

S/S[26], § 188 Rn. 5 i.V.m. § 186 Rn. 19

Öffentlich ist die üble Nachrede, wenn sie für einen nach Zahl und Individualität unbestimmten Kreis oder für einen nicht durch persönliche Beziehungen innerlich verbundenen größeren bestimmten Kreis von Personen unmittelbar wahrnehmbar ist oder zur unmittelbaren Wahrnehmung angeboten wird, und zwar unabhängig davon, ob der Tatort ein öffentlicher ist.

La/Kü[25], § 188 Rn. 3 i.V.m. § 80a Rn. 2

Versammlung ist jede räumlich zu einem bestimmten Zweck vereinigte Personenmehrheit.

Tr/Fi[53], § 188 Rn. 3 i.V.m. § 80a Rn. 2

Unter **Versammlung** ist ein nicht nur zufälliges Beisammensein einer größeren Zahl von Personen zu einem gemeinsamen Zweck zu verstehen. Dieser braucht kein poli-

S/S[26], § 188 Rn. 5 i.V.m. § 90 Rn. 5

tischer zu sein, auch eine künstlerische oder wissenschaftliche Veranstaltung ist Versammlung i.S. des § 90; das Zusammenkommen zu rein persönlichen Zwecken genügt
jedoch nicht.

Versammlung ist das Beisammensein einer größeren Zahl
von Menschen zur Verfolgung eines bestimmten Zwecks.

La/Kü[25], § 188 Rn. 3
i.V.m. § 80a Rn. 2

Schriften: Schrift ist eine Zusammenstellung von verkörperten Zeichen, die durch Augen oder Tastsinn wahrnehmbar sind und unmittelbar Worte, mittelbar Gedanken darstellen.

Tr/Fi[53], § 11 Rn. 34

Unter **Schriften** sind solche stofflichen Zeichen zu verstehen, in denen eine Gedankenäußerung durch Buchstaben,
Bilder oder Zeichen verkörpert ist und damit vor allem
durch Gesichts- oder Tastsinn wahrgenommen werden
kann; auch Geheim-, Kurz- oder Bilderschriften kommen
dafür in Betracht.

S/S[26], § 188 Rn. 5 i.V.m.
§ 186 Rn. 20 i.V.m. § 11
Rn. 78

Schriften sind sinnlich wahrnehmbare, auf einige Dauer
angelegte Verkörperungen von gedanklichen Inhalten
durch Buchstaben, Bilder oder andere stoffliche Zeichen,
die geeignet sind, die Vorstellung eines Sinnzusammenhangs zu erwecken (auch Geheim-, Kurz- und Bilderschriften).

La/Kü[25], § 188 Rn. 3
i.V.m. § 11 Rn. 27

Verbreiten bedeutet an einen anderen, und zwar vielleicht
nur an eine einzelne Person, mit dem Ziele weitergeben,
sie dadurch einem größeren Personenkreis zugänglich zu
machen.

Tr/Fi[53], § 188 Rn. 3
i.V.m. § 74d Rn. 4

Verbreiten von Schriften bedeutet die mit einer körperlichen Weitergabe der Schrift verbundene Tätigkeit, die
darauf gerichtet ist (finales Element), diese ihrer Substanz
nach – also nicht nur bezüglich ihres Inhalts durch bloßes
Vorlesen, Anschlagen, Ausstellen, Anbringen von Aufklebern usw. – einem größeren Personenkreis zugänglich zu
machen, wobei dieser nach Zahl und Individualität unbestimmt oder jedenfalls so groß sein muss, dass er für den
Täter nicht mehr kontrollierbar ist.

S/S[26], § 188 Rn. 5 i.V.m.
§ 186 Rn. 20 i.V.m.
§ 184 Rn. 57

Verbreiten bedeutet, die Schrift einem größeren, nicht
notwendig unbestimmten Personenkreis zugänglich machen, und zwar der Substanz nach.

La/Kü[25], § 188 Rn. 3
i.V.m. § 74d Rn. 5

Eignung der Tat, das öffentliche Wirken erheblich zu er-

Tr/Fi[53], § 188 Rn. 3

schweren, bedeutet die abstrakte Eignung, die Folge selbst braucht nicht eingetreten zu sein.

Eignung der Tat, das öffentliche Wirken erheblich zu erschweren. Ob »die Tat« dazu geeignet ist – auf einen Erfolg kommt es nicht an –, bestimmt die h.M. allein nach dem Inhalt der aufgestellten Behauptung und ihrer abstrakten Eignung zu negativen Auswirkungen, während andere Umstände wie die Glaubwürdigkeit des Täters, die Art der Verbreitung und die Größe des erreichten Personenkreises dabei unberücksichtigt bleiben sollen.

S/S[26], § 188 Rn. 6

Eignung der Tat, das öffentliche Wirken erheblich zu erschweren. Die herrschende Meinung bezieht hierfür weder die Glaubwürdigkeit des Verbreiters noch die Art der Verbreitung und die Größe des angesprochenen Personenkreises ein, stellt vielmehr allein auf den Inhalt der Behauptung und deren abstrakte Eignung zu negativen Auswirkungen ab.

La/Kü[25], § 188 Rn. 3

Konkurrenzen

§ 188 steht in Idealkonkurrenz mit §§ 90a, 90b.

§ 189.   Verunglimpfung des Andenkens Verstorbener

Überblick

- *Typ:* vorsätzliches Begehungsdelikt – Tätigkeitsdelikt.

- *Obersatz* hängt von der Verbindung ab (§§ 189, 185 oder §§ 189, 186 oder §§ 189, 187 – jeweils mit HS. und Var.)

- § 194 stellt *Antragserfordernis* auf (gilt trotz Wortlaut »Beleidigung« nicht nur für § 185, sondern für alle Delikte des 14. Abschnitts, vgl. dessen Überschrift).

- *Schutzgut* ist das postmortale Persönlichkeitsrecht des Toten. Geschützt wird das Pietätsempfinden der Angehörigen (nicht der Familienehre) (str. vgl. Tr/Fi[53], § 189 Rn. 1, S/S[26], § 189 Rn. 1; La/Kü[25], § 189 Rn. 1).

Aufbau

I.   **Tatbestand**
   1. Objektiver Tatbestand:

- Tathandlung – Verunglimpfen in Form einer besonders schweren
  aa. Beleidigung, § 185 oder
  bb. üblen Nachrede, § 186 oder
  cc. Verleumdung, § 187.
  2. Subjektiver Tatbestand:
  a. Vorsatz, mindestens bedingter im Hinblick auf obj. TB (str., nach a.A. genügt bereits *jeder* Ehrverletzungsvorsatz, was bei Irrtümern über den Tod des Verunglimpften wichtig ist, vgl. S/S26, § 189 Rn. 3),
  b. zusätzliche Elemente je nach Form der Verunglimpfung (s.o.).
II. **Rechtswidrigkeit (§ 193 beachten) und**
III. **Schuld: keine Besonderheiten.**
IV. **Strafausschließungsgrund: Antrag nach § 194.**

Definitionen / Erläuterungen

Verunglimpfung des Andenkens. Dazu wird eine Verleumdung immer, eine üble Nachrede, wenn sie einiges Gewicht hat, und eine einfache Beleidigung nur dann ausreichen, falls sie unter besonders hässlichen Begleitumständen erfolgt. — Tr/Fi[53], § 189 Rn. 2

Das **Verunglimpfen** setzt eine besonders schwere Ehrenkränkung voraus. Die Schwere kann sich insbesondere aus dem Inhalt und der Form, daneben aber auch aus anderen Umständen, etwa dem erkennbar gewordenen Motiv oder der Gelegenheit der Äußerung ergeben. — S/S26, § 189 Rn. 2

Die **Verunglimpfung** des Andenkens erfordert, dass die Kränkung zur Kenntnis einer lebenden Person gelangt; eine nach außen hin nicht erkennbare Verunglimpfung eines Leichnams genügt nicht. — S/S26, § 189 Rn. 2

Verunglimpfen ist mehr als beleidigen; es setzt eine nach Form, Inhalt oder Motiv besonders schwere Kränkung voraus. Diese kann auch tätlich an dem Leichnam begangen werden. — La/Kü25, § 189 Rn. 3

Verstorbener i.S. des § 189 ist auch, wer als Verschollener nach dem VerschG für tot erklärt worden ist. — S/S26, § 189 Rn. 2

§ 190.   Wahrheitsbeweis durch Strafurteil

Überblick

- *Typ:* Begriffsbestimmung für die Beleidigungsdelikte.

- Ist nicht abschließend, weder für Wahrheit noch für Unwahrheit. (Man kann also sowohl die Wahrheit als auch die Unwahrheit auch auf anderem Wege beweisen, aber nicht mehr gegen ein Strafurteil.)

- *Prüfungsstandort* je nach Delikt:
  bei §§ 185 und 187 im jeweiligen Tatbestand,
  bei § 186 im Tatbestandsannex (bzw. beim Strafausschließungsgrund),
  bei § 189 je nach Verunglimpfungsart.

Definitionen / Erläuterungen

Der **Wahrheitsbeweis** erfordert die Identität der behaupte-   Tr/Fi[53], § 190 Rn. 2
ten und bewiesenen Tatsache; es genügt, dass die Behaup-
tung im Wesentlichen als richtig erwiesen wird.

§ 191.   (Aufgehoben durch Art. 19 Nr. 81 EGStGB.)

§ 192.   Beleidigung trotz Wahrheitsbeweises

Überblick

- *Typ:* Begriffsbestimmung.

- Gilt *für alle Beleidigungsdelikte* mit Tatsachenbehauptungen.

- *Funktion*: Führt nach der jeweiligen Feststellung der Wahrheit zu § 185.

- *Prüfung* immer erst nach der Feststellung der Wahrheit.

- *Standorte* damit (wie bei § 190) je nach Delikt:

- bei § 185 kann man direkt weiterprüfen oder aber einen neuen Obersatz unter dem Label §§ 185, 192 aufwerfen.

- bei § 187 muss man nach dem Tatbestand zu § 185 überwechseln,

- bei § 186 muss man nach dem Tatbestandsannex (bzw. beim Strafausschließungs-grund), zu § 185 überwechseln,

- bei § 189 ist je nach Verunglimpfungsart vorzugehen.

Definitionen / Erläuterungen

Aus der **Form** kann die Beleidigung hervorgehen; z.B. bei gehässiger Einkleidung.

La/Kü[25], § 192 Rn. 2

Aus den **Umständen** kann sich die Beleidigung z.B. ergeben bei unsachlicher Veröffentlichung einer weit zurückliegenden Verfehlung (sog. Publikationsexzess).

§ 193. Wahrnehmung berechtigter Interessen.

Überblick

- *Typ:* Rechtfertigungsgrund (h.M.).

- Formulierung (... nur ... strafbar ...) stammt aus der historischen Fassung von 1871, die noch nicht zwischen Strafausschließungs- und –aufhebungsgründen, zwischen Schuldaufhebungs- und Rechtfertigungsgründen differenzierte.

- Grundsätzliche *Geltung für alle Delikte von §§ 185-189*, bei § 187 und § 189 aber nur in seltenen Ausnahmefällen einschlägig.

- *Keine analoge Anwendung* außerhalb des 14. Abschnitts, vgl. S/S[26], § 193 Rn. 3

- § 193 enthält einen *Spezialfall der Interessenabwägung* (wie auch §§ 34 und 35). Insbesondere Art. 5 GG kann im Rahmen der Abwägung große Bedeutung erlangen, § 193 StGB ist verfassungskonform anzuwenden zur Herstellung praktischer Konkordanz widerstreitender Grundrechtsgüter (z.B. Ehre und Kunstfreiheit).

- Da § 193 immer *erst in der Rechtswidrigkeit* geprüft wird, ist vorher (im Tatbestand) schon eine objektive und subjektive Verletzung der Ehre des Opfers festgestellt worden.

- *Gemeinsamer Nenner* für alle Fälle des § 193 ist die Wahrnehmung berechtigter Interessen.

Aufbau

- **Voraussetzungen:**
   1. Objektive Voraussetzungen:
      a. ein konkretes Opfer-Interesse wird beeinträchtigt: Anspruch auf Ehre und Achtung der Persönlichkeit – schon im TB geprüft – und zwar durch:
         aa. Tadelnde Urteile über Leistungen (wissenschaftliche, künstlerische, gewerbliche) oder
         bb. Äußerungen zur Ausführung oder Verteidigung von Rechten oder
         cc. Vorhaltungen und Rügen der Vorgesetzten gegen ihre Untergebenen, dienstliche Anzeigen oder Urteile von Seiten eines Beamten oder

          dd. ähnliche Fälle;
- b. ein konkretes berechtigtes Täter-Interesse soll dadurch geschützt / verwirklicht werden: jedes von der Rechtsordnung als schutzwürdig anerkannte Interesse – und zwar:
  - aa. die Ausführung oder Verteidigung von Rechten oder
  - bb. sonstige berechtigte Interessen
- c. die Abwägung zwischen diesen Interessen ergibt, dass die Beeinträchtigung des Opferinteresses ein geeignetes, erforderliches und angemessenes (kurz: verhältnismäßiges) Mittel zum Schutz des Täterinteresses war.
- d. Form oder Umstände stellen sich nicht als (zusätzliche) Beleidigung dar.
2. Subjektive Voraussetzungen: Täter wusste um die obj. Voraussetzungen und wollte (auch) deshalb so handeln (h.M.: Absicht, zur Wahrnehmung berechtigter Interessen zu handeln).

Definitionen / Erläuterungen

Berechtigte Interessen sind rechtlich anerkannte.   Tr/Fi[53], § 193 Rn. 9

Wahrnehmung eines berechtigten Interesses bedeutet die Verfolgung eines vom Recht als schutzwürdig anerkannten öffentlichen oder privaten, ideellen oder materiellen Zwecks.   S/S[26], § 193 Rn. 9

Als **Interesse** kommt jedes öffentliche oder private, ideelle oder vermögensrechtliche Interesse in Frage, soweit es von der Rechtsordnung als schutzwürdig anerkannt ist; Belange, die dem Recht oder dem Sittengesetz zuwiderlaufen, sind daher ausgeschlossen.   La/Kü[25], § 193 Rn. 5

Das Interesse ist **berechtigt**, wenn es ein unmittelbares oder mittelbares eigenes Interesse des Täters ist. Es genügt, wenn es ihn so nahe berührt, dass er sich nach vernünftigem Ermessen zu seinem Verfechter aufwerfen darf.   La/Kü[25], § 193 Rn. 6

Tadelnde Urteile über Leistungen. Rein sachliche Kritik ist schon nicht tatbestandsmäßig, § 193 dehnt dies aus auf Angriffe gegen die Persönlichkeit wegen der Leistung.   Tr/Fi[53], § 193 Rn. 6

Tadelnde Urteile über Leistungen sind nicht nur Werturteile, sondern auch tatsächliche Äußerungen, so z.B. die Behauptung bestimmter Eigenschaften der fraglichen Leistung. Soweit sie über eine rein sachliche Kritik nicht hinausgehen, sind sie schon nicht tatbestandsmäßig; dasselbe gilt für an sich zwar abwertende, aber noch tatsachenadäquate Werturteile.   S/S[26], § 193 Rn. 5

Wissenschaftliche Leistungen sind nach h.M. z.B. auch   S/S[26], § 193 Rn. 5

richterliche Urteile.

Künstlerische. Z.B. künstlerisch gestaltete Karikaturen.	La/Kü[25], § 193 Rn. 14

Gewerbliche Leistungen sind z.B. auch die eines Berufs-sportlers, ebenso Äußerungen der Presse und anderer Massenmedien, soweit diese »Dienstleistungen« für das Informationsinteresse der Allgemeinheit sind.

S/S[26], § 193 Rn. 5

Äußerungen zur Ausführung oder Verteidigung von Rechten Die Verteidigung erfordert einen (mindestens erwarteten) Angriff. Der Adressat der Rechtswahrung kann ein anderer sein als die beleidigte Person. Hierher gehört die Geltendmachung von Rechten durch Klagen, Einlegung von Rechtsmitteln usw.

Tr/Fi[53], § 193 Rn. 7

Zur Ausführung von Rechten gehören nicht nur die die eigentliche Rechtsausübung enthaltenden Äußerungen, sondern auch solche, welche die Geltendmachung eines Rechts lediglich vorbereiten oder sichern sollen; zur Ver-teidigung von Rechten ist eine Äußerung gemacht, wenn sie der Abwehr eines erwarteten oder bereits eingeleiteten Rechtsangriffs dient.

S/S[26], § 193 Rn. 6

Vorhaltungen und Rügen des Vorgesetzten gegen ihre Untergebenen. Es sind beamtenrechtliche und sonstige Unterordnungen gemeint; doch zählen wegen der »ähnli-chen Fälle« auch entsprechende andere Verhältnisse hier-her; so bei Rüge des Beamten gegen Nichtuntergebene zur Wahrung der Ordnung, des Lehrers gegen die Schüler.

Tr/Fi[53], § 193 Rn. 40

Vorhaltungen und Rügen eines Vorgesetzten sind nur solche im Rahmen eines beamtenrechtlichen oder sonsti-gen Über- und Unterordnungsverhältnisses; jedenfalls als »ähnliche Fälle« sind aber z.B. auch die Rügen von Beam-ten gegenüber Nichtuntergebenen zur Wahrung der Ord-nung und solche von Lehrern gegenüber ihren Schülern anzusehen.

S/S[26], § 193 Rn. 7

Dienstliche Anzeigen oder Urteile von Seiten eines Beam-ten sind alle Erklärungen, die ein Beamter gemäß einer öf-fentlich-rechtlichen Pflicht angibt.

Tr/Fi[53], § 193 Rn. 40

Zu den **dienstlichen Anzeigen und Urteilen** eines Beam-ten gehören alle Erklärungen, die dieser in Erfüllung öf-fentlich-rechtlicher Aufgaben abgibt.

S/S[26], § 193 Rn. 7

§ 194.   Strafantrag

Überblick

- *Typ:* Strafausschließungsgrund – Strafverfolgungshindernis.
- Abs. 1 S. 1 enthält die *Grundregel* (Antrag erforderlich),
- Abs. 1 S. 2 und Abs. 2 S. 2 enthalten die *Ausnahmen* (kein Antrag erforderlich, Verfolgung von Amts wegen).
- Abs. 4 setzt an die Stelle eines Antrags eine *Ermächtigung*.
- Keine analoge Anwendung des § 230 I möglich.

§ 195.   (Aufgehoben durch 3. StrRG.)

§§ 196-198.   (Aufgehoben durch Art. 19 Nr. 83 EGStGB.)

§ 199.   Wechselseitig begangene Beleidigungen

Überblick

- *Typ:* Strafausschließungsgrund – klausurmäßig bedeutungslos.

§ 200.   Bekanntgabe der Verurteilung

Überblick

- *Typ:* Rechtsfolgenregelung (Nebenfolge) – klausurmäßig bedeutungslos.

Fünfzehnter Abschnitt.
Verletzung des persönlichen Lebens- und Geheimbereiches (Nicht bearbeitet)

Sechzehnter Abschnitt.
Straftaten gegen das Leben

§ 211.   Mord

Überblick

- *Typ:* vorsätzliches Begehungsdelikt.
- *Versuch* ist strafbar (Verbrechen!).
- *Qualifikation* zu § 212 I (h.L., a.A. die Rechtsprechung: eigenständiges Delikt). Prüfung immer mit dem Grunddelikt (Obersatz: §§ 212 I, 211 I, II Var. ...) und zwar entweder hinter subjektivem Tatbestand oder hinter Schuld des Grunddeliktes.
- Abs. 2 enthält *drei Gruppen*.
  Gruppe 1 (mit 4 Varianten) enthält täterbezogene,
  Gruppe 2 (mit 3 Varianten) enthält tatbezogene,
  Gruppe 3 (mit 2 Varianten) enthält täterbezogene Merkmale.
- Die Merkmale der 2. Gruppe sind unstreitig *Tatbestandsmerkmale*. Die Merkmale von Gruppe 1 und 3 werden herrschend als *Tatbestandsmerkmale* (Folge: Prüfung im TB, für Teilnehmer: § 28 II), teils auch als *Schuldmerkmale* (Folge: Prüfung in der Schuld, für Teilnehmer: § 29) angesehen.
- Gruppe 1 und 3 sind nur subjektiv, Gruppe 2 ist objektiv und subjektiv.

Aufbau Gruppe 1 (Obersatz: §§ 212 I, 211 I, II Var. 1-4)

I. **Tatbestand**
    1. Objektiver Tatbestand: entfällt.
    2. Subjektiver Tatbestand:
       a. aus niedrigen Beweggründen (Var. 4), insbesondere aus:

b. Mordlust (Var. 1) = Tötung aus Absicht (dolus directus I) oder
c. zur Befriedigung des Geschlechtstriebes (Var. 2) = Tötung auch mit bedingtem Vorsatz oder
d. aus Habgier (Var. 3).
II. **Rechtswidrigkeit und**
III. **Schuld: keine Besonderheiten.**

Aufbau Gruppe 2 (Obersatz: §§ 212 I, 211 I, II Var. 5-7)

I. **Tatbestand**
    1. Objektiver Tatbestand: Tötung des Grundtatbestandes geschah:
        a. heimtückisch (Var. 5) oder
        b. grausam (Var. 6) oder
        c. mit gemeingefährlichen Mitteln (Var. 7).
    2. Subjektiver Tatbestand: Vorsatz, mindestens bedingter.
II. **Rechtswidrigkeit und**
III. **Schuld: keine Besonderheiten.**

Aufbau Gruppe 3 (Obersatz: §§ 212 I, 211 I, II Var. 8-9)

I. **Tatbestand**
    1. Objektiver Tatbestand: entfällt.
    2. Subjektiver Tatbestand: Absicht (= dolus directus I),
        a. eine andere Straftat zu ermöglichen (Var. 8) oder
        b. zu verdecken (Var. 9).
II. **Rechtswidrigkeit und**
III. **Schuld: keine Besonderheiten.**

Definitionen / Erläuterungen

Niedrige Beweggründe sind solche, die als Motive einer Tötung nach allgemeiner sittlicher Anschauung verachtenswert sind und auf tiefster Stufe stehen.

Tr/Fi[53], § 211 Rn. 9

Niedrige Beweggründe. Maßstab dafür sind die in der Rechtsgemeinschaft als sittlich verbindlich anerkannten Anschauungen, wobei vom Standpunkt des unverbildeten Betrachters auszugehen ist. Danach muss sich die Motivation der Tat nicht nur als verwerflich darstellen, sondern auf tiefster Stufe stehen und als besonders verachtenswert erscheinen.

S/S[26], § 211 Rn. 18

Niedrig sind Beweggründe, die nach allgemeiner sittlicher Wertung auf tiefster Stufe stehen und deshalb beson-

La/Kü[25], § 211 Rn. 5

ders verwerflich, ja verächtlich sind.

Mordlust ist dann gegeben, wenn es dem Täter darauf ankommt, einen Menschen sterben zu sehen, wenn er aus
Mutwillen, aus Angeberei, aus Freude an der Vernichtung
eines Menschenlebens oder aus Zeitvertreib tötet, die Tötung als nervliches Stimulans oder »sportliches Vergnügen« betrachtet

Tr/Fi[53], § 211 Rn. 6

Aus **Mordlust** ist die Tat geschehen, wenn eine »prinzi-
pielle, vom individuellen Täter gelöste Missachtung fremden Lebens darin zum Ausdruck« kommt. Notwendige
äußere Bedingung wird regelmäßig sein, dass das Opfer
dem Täter keinerlei sozialen Anlass zur Tat gegeben hat.
Motivational verlangt der BGH, dass der Tod des Opfers
»als solcher der einzige Zweck der Tat ist«.

S/S[26], § 211 Rn. 15

Mordlust liegt vor, wenn der Tötungsvorgang als solcher
den alleinigen Tötungsantrieb bildet, wenn es also an einem in der Person des Opfers oder der Tötungssituation
liegenden Tatanlass und an einem über das Interesse am
Tötungsakt hinausgehenden Tatzweck fehlt; namentlich
Handeln aus Freude am Töten, aus Neugierde, einen Menschen sterben zu sehen, aus reinem Mutwillen und aus
Zeitvertreib kommt in Frage.

La/Kü[25], § 211 Rn. 4

Zur Befriedigung des Geschlechtstriebes (Lustmord), geschieht der Mord, wenn geschlechtliche Befriedigung in
der Tötung gesucht wird, diese zu diesem Zweck billigend
in Kauf genommen wird, oder wenn getötet wird, um sich
danach an der Leiche sexuell zu befriedigen. Es ist gleichgültig, ob Befriedigung eintritt.

Tr/Fi[53], § 211 Rn. 7

Tötung **zur Befriedigung des Geschlechtstriebes** ist un-
zweifelhaft dann anzunehmen, wenn sich der Täter durch
den Tötungsakt als solchen sexuelle Befriedigung verschaffen will. Über diesen »Lustmord« i.e.S. hinaus ist diese Motivation aber auch dort noch gegeben, wo das Opfer
getötet wird, um sich in nekrophiler Weise an seiner Leiche zu vergehen oder wo der Tod des Opfers als Folge der
Vergewaltigung zumindest billigend in Kauf genommen
wird. Nicht erforderlich ist, dass der Täter sein sexuelles
Ziel tatsächlich erreicht. Handelt er jedoch nicht zur Befriedigung, sondern lediglich zur Erregung des Geschlechtstriebes, so ist dies allenfalls als sonstiger niedriger
Beweggrund erfassbar.

S/S[26], § 211 Rn. 16

Zur Befriedigung des Geschlechtstriebs tötet, wer das Töten als Mittel zur geschlechtlichen Befriedigung benutzt; danach wird namentlich erfasst, wer in der Tötungshandlung selbst sexuelle Befriedigung sucht (»Lustmord«), wer tötet, um sich an der Leiche zu vergehen oder wer bei einer Vergewaltigung den Tod des Opfers billigend in Kauf nimmt.

La/Kü[25], § 211 Rn. 4

Aus **Habgier** bedeutet: aus einem noch über die Gewinnsucht hinaus gesteigerten abstoßenden Gewinnstreben um jeden Preis.

Tr/Fi[53], § 211 Rn. 8

Aus **Habgier** bedeutet: ein Gewinnstreben »um jeden Preis«, nämlich eine »Steigerung des Erwerbssinnes auf ein ungewöhnliches, ungesundes, sittlich anstößiges Maß«.

S/S[26], § 211 Rn. 17

Habgier erfordert ungewöhnliche, ungesunde und sittliche anstößige Steigerung des Erwerbssinns, die sich auch im Streben nach wirtschaftlicher Entlastung äußern kann (str.).

La/Kü[25], § 211 Rn. 4

Heimtückisch handelt, wer die Arg- und Wehrlosigkeit des Opfers bewusst zur Tat ausnutzt.

Tr/Fi[53], § 211 Rn. 16

Arglos ist, wer sich zur Tatzeit eines Angriffes nicht versieht.

Tr/Fi[53], § 211 Rn. 17

Heimtückisch handelt, wer die Arg- und Wehrlosigkeit des Opfers bewusst ausnützt, vorausgesetzt jedoch, dass dies in feindlicher Willensrichtung geschieht, ohne dass es aber dabei auf einen verwerflichen Vertrauensbruch ankäme.

S/S[26], § 211 Rn. 23

Arglos ist, wer sich im Zeitpunkt der Tat, d.h. bei Beginn des ersten mit Tötungsvorsatz geführten Angriffs, keines Angriffs von Seiten des Täters versieht.

S/S[26], § 211 Rn. 24

Wehrlos ist das Opfer, wenn es aufgrund der Arglosigkeit keine oder nur eine reduzierte Möglichkeit zur Verteidigung besitzt.

S/S[26], § 211 Rn. 24a

Heimtückisch tötet, wer in feindlicher Willensrichtung die objektiv gegebene (h.M.) Arg- und Wehrlosigkeit seines Opfers bewusst zur Tötung ausnutzt.

La/Kü[25], § 211 Rn. 6

Arglos ist, wer sich keines Angriffs von Seiten des Täters versieht, also die allgemeine Erwartung hegt, es werde ihm von dessen Seite nichts Arges zustoßen.

La/Kü[25], § 211 Rn. 7

Wehrlos ist, wer bei Beginn des Angriffs infolge seiner Arglosigkeit in seiner natürlichen Abwehrbereitschaft und -fähigkeit stark eingeschränkt ist.

La/Kü[25], § 211 Rn. 8

An der **feindlichen Willensrichtung** fehlt es, wenn der Täter zum Besten seines Opfers zu handeln glaubt.

La/Kü[25], § 211 Rn. 6°

Grausam tötet, wer seinem Opfer in gefühlloser, unbarmherziger Gesinnung Schmerzen oder Qualen körperlicher oder seelischer Art zufügt, die nach Stärke oder Dauer über das für die Tötung erforderliche Maß hinausgehen.

Tr/Fi[53], § 211 Rn. 23

Grausam tötet, wer dem Opfer Schmerzen oder Qualen körperlicher oder seelischer Art zufügt, die nach Stärke oder Dauer über das für die Tötung erforderliche Maß hinausgehen. Dazu verlangt die h.M. subjektiv ein Handeln aus einer gefühllosen, unbarmherzigen Gesinnung.

S/S[26], § 211 Rn. 27

Grausam tötet, wer dem Opfer besonders starke Schmerzen oder Qualen körperlicher oder seelischer Art aus gefühlloser, unbarmherziger Gesinnung zufügt.

La/Kü[25], § 211 Rn. 10

Mit gemeingefährlichen Mitteln: Gemeingefährlich ist ein Mittel, wenn es eine Gefahr für eine unbestimmte Anzahl anderer Personen mit sich bringt.

Tr/Fi[53], § 211 Rn. 24

Mit gemeingefährlichen Mitteln. Der Täter beherrscht die von ihm eingesetzten Mittel in der konkreten Tatsituation unter Berücksichtigung seiner persönlichen Fähigkeit nicht so, dass eine Gefährdung jedenfalls einer Mehrzahl von Personen an Leib oder Leben nicht ausgeschlossen erscheint.

S/S[26], § 211 Rn. 29

Gemeingefährlich sind **Mittel**, deren Wirkung auf Leib oder Leben einer Mehrzahl anderer Menschen der Täter nach den konkreten Umständen nicht in der Hand hat.

La/Kü[25], § 211 Rn. 11

Andere Straftat. Ordnungswidrigkeiten werden nicht erfasst.

Tr/Fi[53], § 211 Rn. 26

Andere Straftat. Es kommt nur eine kriminelle Handlung Isv § 11 I Nr. 5 in Betracht, also ein Verbrechen oder Vergehen, nicht dagegen eine bloße Ordnungswidrigkeit.

S/S[26], § 211 Rn. 32

Ermöglichen. Die Tötung muss nicht notwendiges Mittel zur Ermöglichung der Tat sein, es genügt, dass sich der Täter deshalb für die zum Tod führende Handlung entscheidet, weil er glaubt, auf diese Weise die andere Straftat

Tr/Fi[53], § 211 Rn. 27

schneller oder leichter begehen zu können, und dass ihm nicht der Tod des Opfers, sondern lediglich die Tötungshandlung als solche als Tatmittel geeignet erscheint.

Verdecken. Die Tötung muss das Mittel der Verdeckung und darf nicht nur die Folge eines anderen Mittels sein.

Tr/Fi[53], § 211 Rn. 29

Verdeckung der Täterschaft, die nach der Vorstellung des Täters den Strafverfolgungsbehörden noch unbekannt ist, bedeutet zugleich Verdeckung der (u.U. bereits bekannten) Tat.

La/Kü[25], § 211 Rn. 12

Spezialproblem restriktive Auslegung des § 211: Seit der Entscheidung des Bundesverfassungsgerichtes zur Verfassungsmäßigkeit der lebenslangen Freiheitsstrafe bei Mord ist jedenfalls im Hinblick auf die **Heimtücke** anerkannt, dass die Verfassungsmäßigkeit nur bei einer restriktiven Interpretation dieses Merkmals bejaht werden kann. Das Bundesverfassungsgericht hat dabei drei Möglichkeiten einer solchen restriktiven Interpretation aufgezeigt.

Einmal könnten Tatbestandsmerkmale enger ausgelegt werden (etwa über das Erfordernis eines *verwerflichen Vertrauensbruches*), zum zweiten könne eine Tatbestandskorrektur vorgenommen werden (etwa über das *Erfordernis einer besonderen Verwerflichkeit*), zuletzt sei ein dritter *eigenständiger* Weg möglich, der nicht näher benannt wurde.

Die neuere Rechtsprechung geht seitdem den Weg der sog. *Rechtsfolgenlösung*. Sie bejaht bei Vorliegen der Ausnutzung von Arg- und Wehrlosigkeit die Heimtücke im Tatbestand und berücksichtigt besondere Umstände (etwa Mitleid oder Provokationsfälle) bei der Strafzumessung, in der Rechtsfolge also.

Die frühere Rechtsprechung und Teile Literatur dagegen bevorzugen eine Tatbestandslösung. Die Einzelheiten sind dabei allerdings strittig. So soll Mord ausgeschlossen sein bei Vorliegen einer notstandsähnlichen Situation (Tyrannentötung), bei Fehlen einer feindlichen Willensrichtung (Mitnahmesuizid). Daneben wird bisweilen die positive Feststellung einer besonderen Verwerflichkeit ebenso gefordert (*positive Typenkorrektur*), damit ein Mord bejaht werden könne, wie die negative Prüfung, ob eine besondere Verwerflichkeit fehle (*negative Typenkorrektur*), damit ein Mord verneint werden könne. Zuletzt wird auch noch das

Vorliegen eines Vertrauensbruches zwischen Täter und Opfer verlangt.

Auflösung I: Eine Entscheidung kann dann dahinstehen, wenn nach allen Auffassungen das Merkmal der Heimtücke bejaht werden kann (wenn es verneint werden muss: Auflösung II).

Auflösung II: Die Tatbestandslösung verdient den Vorzug, da sie für die Fälle, in denen das Vorliegen der Ausnutzung von Arg- und Wehrlosigkeit nicht ausreicht, weil besondere Umstände dies verhindern, einen Schuldspruch wegen Mordes und damit eine entsprechende Stigmatisierung des Täters verhindert.

Ein ähnliches Problem gibt es beim Merkmal der **Verdeckungsabsicht**, da auch hier nach dem BVerfG eine restriktive Auslegung geboten ist. Auch hier wurden verschiedene Wege verfolgt:

Der BGH schlug zunächst vor, nur die *vorausgeplante* Tötung unter das Tatbestandsmerkmal zu subsumieren, gab diese Rspr. aber bald auf, da es bei den anderen Mordmerkmalen auch nicht gefordert würde.

Ein anderer Weg bot sich an über den Ausschluss der sog. *Spontantötung* aus dem Anwendungsbereich des § 211, also des nahtlosen Übergangs von einem Angriff auf Leib oder Leben des Opfers ohne zeitliche Zäsur in eine Tötungshandlung. Aber auch diese Ansicht hat der BGH weitestgehend wieder aufgegeben, da dies bei den »niedrigen Beweggründen«, die Oberbegriff auch für die Verdeckungsabsicht seinen, ebenfalls nicht verlangt werde und daher auch hier nicht gelten könne.

Eine andere Ansicht vertritt auch hier die Möglichkeit einer *neg. oder pos. Typenkorrektur*, vgl. dazu oben.

Nicht zuletzt wird auch hier die Anwendung der o.a. *Rechtsfolgenlösung* für möglich gehalten, vgl. dazu ebenfalls oben.

Auflösung I: Eine Entscheidung kann dann dahinstehen, wenn nach allen Auffassungen das Merkmal der Verdeckungsabsicht bejaht werden kann (wenn es verneint werden muss: Auflösung II).

Auflösung II: Die Tatbestandslösung über die Typenkorrektur verdient den Vorzug, da sie einen Schuldspruch wegen

Mordes und damit eine entsprechende Stigmatisierung des Täters verhindert.

Aufbauhinweis: Die logisch richtige Aufbaufolge diskutiert das Problem beim Tatbestandsmerkmal, da bei einer Entscheidung für die TB-Lösung hier eine Änderung erfolgt.

Konkurrenzen

§ 211 verdrängt § 212 und § 224 I Nr. 1 im Wege der Gesetzeskonkurrenz (§ 212 – Spezialität / § 224 I Nr. 1 Subsidiarität). § 211 steht in Idealkonkurrenz mit §§ 178, 218, 239a, 239b, 242, 249, 315b. Eine Körperverletzung ist als notwendiges Durchgangsstadium in einer Tötung enthalten. Sie tritt daher hinter einer vollendeten Tötung zurück (Gesetzeskonkurrenz – Subsidiarität). Eine vollendete Körperverletzung kann aber neben einer versuchten Tötung in Idealkonkurrenz stehen (str.).

§ 212. Totschlag

Überblick

- *Typ:* vorsätzliches Begehungsdelikt.
- *Versuch* ist strafbar (Verbrechen!).
- Abs. 1 enthält *Grundtatbestand* zur Qualifikation in § 211 und zu den Privilegierungen in §§ 213 und 216.
- (Unbenannter besonders schwerer Fall in Abs. 2 – klausurmäßig bedeutungslos.)
- *Schutzgut* der Tötungsdelikte ist das Leben (Tr/Fi[53], Vor § 211 Rn. 2; La/Kü[25], Vor § 211 Rn. 1).

Aufbau

I.   **Tatbestand**
     1. Objektiver Tatbestand:
        a. Tatobjekt – ein anderer (Mensch);
        b. Taterfolg: – Tod des Tatobjektes;
        c. Tathandlung: jedes beliebige kausale Tun des Täters.
     2. Subjektiver Tatbestand: Vorsatz, mindestens bedingter.
II. **Rechtswidrigkeit und**
III. **Schuld: keine Besonderheiten.**

Definitionen / Erläuterungen

Tod. Für die Feststellung des Todes kommt es weder auf den völligen Ausfall jeglicher biologischer Lebensregungen noch bereits auf den Stillstand von Herz- und Atmungstätigkeit an, sondern allein auf den sog. Hirntod. Damit ist der irreversible und totale Funktionsausfall des Gehirns gemeint.

S/S[26], Vorbem. § 211 Rn. 19

Tod. Als Todeszeitpunkt wird nach h.M. der Hirntod angesehen, d.h. das irreversible Erlöschen der gesamten Hirntätigkeit, also namentlich auch des Stammhirns.

La/Kü[25], § 212 Rn. 2 i.V.m. Vor § 211 Rn. 4

Konkurrenzen

§ 212 verdrängt § 224 I Nr. 1 im Wege der Gesetzeskonkurrenz (Subsidiarität). § 212 steht in Idealkonkurrenz mit §§ 178, 218, 239a, 239b, 242, 249, 315b. Eine Körperverletzung ist als notwendiges Durchgangsstadium in einer Tötung enthalten. Sie tritt daher hinter einer vollendeten Tötung zurück (Gesetzeskonkurrenz – Subsidiarität). Eine vollendete Körperverletzung kann aber neben einer versuchten Tötung in Idealkonkurrenz stehen (str., aber aus Klarstellungsgründen sinnvoll).

§ 213.   Minder schwerer Fall des Totschlags

Überblick

- *Typ:* Privilegierung zu § 212 I – kein eigenständiges Delikt, sondern Strafzumessungsvorschrift (also kein Tatbestand).

- *Kein Regelbeispiel* (wie § 243), sondern zwingende Milderung.

- (Unbenannter minder schwerer Fall in HS. 2 – klausurmäßig bedeutungslos.)

- Prüfung immer mit dem Grunddelikt (Obersatz: §§ 212 I, 213) und zwar hinter Schuld des Grunddeliktes.

- § 213 und § 211 sollen sich ausschließen, da im Fall des § 213 jedenfalls die besondere Verwerflichkeit fehlt, die bei § 211 immer vorliegen muss. Bei Bejahung von § 213 daher nur noch kurz und ablehnend zu § 211.

Aufbau

- **Voraussetzungen:**
  - Objektive Voraussetzung: Täter des § 212 I war

a. von dem Getöteten gereizt, durch
   aa. eine zugefügte Misshandlung oder
   bb. eine schwere Beleidigung,
b. jeweils entweder gegenüber
   aa. dem Täter oder
   bb. einem Angehörigen des Täters;
c. dies ohne eigene Schuld.
d. Täter hat hierdurch
e. auf der Stelle getötet.

Definitionen / Erläuterungen

Reizung zum Zorn. Zwei Fälle sind von Gesetzes wegen als Beispiele für minder schwere Fälle anzusehen: die Misshandlung und die schwere Beleidigung, falls sie von dem Getöteten dem Täter selbst zugefügt sind oder einem seiner Angehörigen.

Tr/Fi[53], § 213 Rn. 3

Zum Zorne gereizt ist der Täter nicht etwa durch Zornaffekte im engeren Sinne; ausreichend sind vielmehr alle sthenischen Antriebe, wie etwa Wut oder Empörung, darüber hinaus aber überhaupt jede zornnahe Erregung, sofern diese reaktiven Vorgänge bei der Tötung einen beherrschenden Einfluss ausgeübt haben und nicht lediglich persönlichkeitsbedingte Überreaktionen darstellen.

S/S[26], § 213 Rn. 8

Zum Zorn gereizt und zur Tat hingerissen schließt das Mitwirken anderer Motive nicht aus, es sei denn, dass diese den Affekt völlig überlagern. Nicht privilegiert ist jedoch der Täter, der auch ohne die Provokation zur Tat entschlossen war.

La/Kü[25], § 213 Rn. 6

Ohne eigene Schuld des Täters muss die Provokation erfolgt sein. Er darf zu ihr im gegebenen Augenblick keine genügende Veranlassung gegeben und selbst zur Verschärfung der Situation nicht beigetragen haben.

Tr/Fi[53], § 213 Rn. 8

Ohne eigene Schuld handelt der Täter, wenn er keinerlei Veranlassung zu einer Misshandlung oder Beleidigung durch das spätere Opfer gegeben hatte, ebenso wie umgekehrt die Privilegierung entfällt, wenn der Täter zunächst seinerseits schuldhaft das bis dahin friedfertige Opfer zu seiner provokatorischen Reaktion herausgefordert hatte.

S/S[26], § 213 Rn. 7

Eigene Schuld trifft den Täter, wenn er dem Getöteten im gegebenen Augenblick, unter Berücksichtigung allerdings

La/Kü[25], § 213 Rn. 5

auch früheren Verhaltens, schuldhaft genügenden Anlass
zu der Provokation gegeben hat.

Zugefügte Misshandlung Die körperliche Misshandlung ist ein übles, unangemessenes Behandeln, das entweder das körperliche Wohlbefinden oder die körperliche Unversehrtheit nicht nur unerheblich beeinträchtigt.	Tr/Fi[53], § 213 Rn. 4 i.V.m. § 223 Rn. 3a
Unter **Misshandlungen** sind nicht nur körperliche Beeinträchtigungen, sondern auch Misshandlungen seelischer Art zu verstehen, da letztere nicht stets als Beleidigung erfassbar sind.	S/S[26], § 213 Rn. 5
Als **Misshandlung** kommt körperliche oder seelische in Frage.	La/Kü[25], § 213 Rn. 2

Schwere Beleidigung. Unter Beleidigung sind nicht nur Ehrverletzungen i.S. der §§ 185 ff., sondern schwere Kränkungen jeglicher Art zu verstehen.	Tr/Fi[53], § 213 Rn. 5
Auch die **schwere Beleidigung** ist nicht auf Ehrverletzungen i.S. der §§ 185 ff. zu beschränken, sondern umfasst jede schwere Kränkung.	S/S[26], § 213 Rn. 5
Beleidigung ist nicht technisch zu verstehen; Kränkung durch Ehebruch oder durch Hausfriedensbruch kann genügen, Bedrohung mit künftigem Verhalten dagegen i.d.R. nicht. Ob die Beleidigung schwer ist, bestimmt sich nicht nach der Auffassung des Täters, sondern nach objektivem Maßstab, für den auch der Wahrheitsgehalt der Äußerung relevant sein kann.	La/Kü[25], § 213 Rn. 2

Angehörige: siehe § 11 I Nr. 1.

Auf der Stelle bedeutet nicht »Spontantat« im engeren Sinne, maßgebend ist vielmehr, ob der durch die Kränkung hervorgerufene Zorn noch angehalten und den Täter zur Tat hingerissen hat.	Tr/Fi[53], § 213 Rn. 9a
Das Merkmal **auf der Stelle** ist weniger räumlich oder zeitlich, sondern im Sinne eines motivationspsychologischen Zusammenhangs zu verstehen.	S/S[26], § 213 Rn. 9
Auf der Stelle setzt nicht unbedingt voraus, dass die Tat der Provokation unmittelbar folgt. Liegt zwischen beiden eine gewisse Zeitspanne, die zwar nicht allzu lange u.U. aber doch einige Stunden dauern kann, so muss der Täter beim Entschluss zur Tat und bei dessen Verwirklichung	La/Kü[25], § 213 Rn. 6

noch bestimmend unter dem Einfluss der vom Opfer aus-
gelösten Gemütsbewegung stehen.

Um zur Tat **hingerissen** zu sein, muss die Tötung auf dem   S/S²⁶, § 213 Rn. 10
Affekt und dieser seinerseits auf die Provokation rück-
führbar sein.

Konkurrenzen

Da § 213 kein Tatbestand, sondern eine Strafzumessungsregel ist, gibt es keine Konkurrenzen

§§ 214, 215.   (Weggefallen)

§ 216.   Tötung auf Verlangen.

Überblick

- *Typ:* Privilegierung zu § 212 I – kein eigenständiges Delikt, sondern unselbständi-
  ge Abwandlung (str., h.L., a.A. die Rechtsprechung: eigenständiges Delikt).
- *Versuch* ist strafbar, Abs. 2.
- Prüfung immer mit dem Grunddelikt (Obersatz: §§ 212 I, 216 I) und zwar hinter
  Schuld des Grunddeliktes.
- § 216 und § 211 schließen sich aus, da § 216 die *Sperrwirkung des milderen Delik-
  tes* entfaltet. Bei Bejahung von § 216 daher nur noch ein kurzer und ablehnender
  Hinweis zu § 211.
- *Hintergrund* der Strafmilderung ist eine Unrechtsminderung (Rechtsgutverzicht
  durch den Getöteten) und eine Schuldminderung (Mitleidskonflikt, Hilfsmotivati-
  on).

Aufbau

I.   **Tatbestand**
    1. Objektiver Tatbestand:
       a. Verlangen des Getöteten,
          aa. ausdrückliches und
          bb. ernsthaftes,
       b. hierdurch (Kausalität)
       c. Bestimmung des Täters zur Tat.

2. **Subjektiver Tatbestand:** Vorsatz, mindestens bedingter. Bei Irrtum weiterprüfen: § 16 II!

II. Rechtswidrigkeit und

III. Schuld: keine Besonderheiten.

Definitionen / Erläuterungen

Verlangen des Getöteten. Die Tötung muss auf opfereigenen Wunsch, wenn vielleicht auch auf Anregung des Tötenden geschehen, die bloße Einwilligung genügt nicht.	Tr/Fi[53], § 216 Rn. 7
Zum **Verlangen** gehört mehr als bloßes Einverständnis des Getöteten; über bloßes Erdulden der Tötung hinaus muss daher der Getötete auf den Willen des Täters eingewirkt haben. Dies bedeutet jedoch nicht, dass der Vorschlag oder die Initiative zur Tötung unbedingt vom Getöteten ausgegangen sein müsste; vielmehr muss schon ein »bestimmen« i.S. von § 26 genügen.	S/S[26], § 216 Rn. 5
Verlangen ist mehr als Einwilligung.	La/Kü[25], § 216 Rn. 2

Ausdrücklichkeit liegt auch bei eindeutigen Gebärden vor, nicht aber, wenn das Opfer nur bedingt mit dem Tode rechnete.	Tr/Fi[53], § 216 Rn. 8
Ausdrücklich ist das Verlangen dann, wenn es in eindeutiger, nicht misszuverstehender Weise gestellt worden ist.	S/S[26], § 216 Rn. 7
Ausdrücklich heißt in eindeutiger, nicht misszuverstehender Weise, sei es auch nur mit Bedingungen oder in Form einer Frage oder durch zweifelsfrei deutbare Gesten.	La/Kü[25], § 216 Rn. 2

Ernsthaft. Nur bei fehlerfreier Willensbildung eines Einsichts- und Urteilsfähigen ist Ernstlichkeit gegeben.	Tr/Fi[53], § 216 Rn. 9
Ernstlich ist das Verlangen, wenn es von freiem Willen getragen und zielbewusst auf Tötung gerichtet ist, und zwar nicht nur aus der Sicht des Täters, sondern aufgrund subjektiv freiverantwortlichen Entschlusses des Opfers.	S/S[26], § 216 Rn. 8
Ernstlich schließt unüberlegte Äußerungen aus und macht auch das Verlangen nicht frei verantwortlich Handelnder unbeachtlich.	La/Kü[25], § 216 Rn. 2

Bestimmung. Wie bei der Anstiftung ist dies ausgeschlossen, falls der Täter ohnehin zur Tat entschlossen war oder falls er nicht durch das Verlangen, sondern durch andere	Tr/Fi[53], § 216 Rn. 10

Umstände zur Tat veranlasst wurde.

Bestimmung. Wie bei Anstiftung ist dies ausgeschlossen, wenn er als omnimodo facturus ohnehin bereits zur Tat entschlossen war oder nicht durch das Verlangen, sondern durch andere Umstände zur Tat veranlasst wurde.

S/S[26], § 216 Rn. 9

Beachte: Die Tötungshandlung muss täterschaftlich sein, d.h. bei Mithilfe am Suizid eines anderen ist Täterschaft von Teilnahme abzugrenzen, vg. dazu La/Kü[25], § 216 Rn. 3.

Verf.

Konkurrenzen

§ 216 verdrängt § 212 im Wege der Gesetzeskonkurrenz (Spezialität). Daneben werden die Qualifizierungen des § 212 (§ 211) von der Sperrwirkung der Privilegierung ausgeschaltet.

§ 217.   (Aufgehoben durch Art. 1 Nr. 35 des 6. StrRG)

§ 218.   Abbruch der Schwangerschaft

Überblick

- *Typ:* vorsätzliches Begehungsdelikt.
- Abs. 4 S. 1 stellt *Versuch* unter Strafe, S. 2 nimmt die Schwangere davon aus (in der Vorprüfung, also vor dem Tatbestand, feststellen!).
- Abs. 1 enthält *Grundtatbestand.*
- Abs. 2 enthält *Regelbeispiele* = Strafzumessungsregeln, keine Tatbestande (vergleichbar mit § 243).
- Abs. 3 enthält *Strafmilderung* für die Schwangere (klausurmäßig: in den Obersatz mitaufnehmen, wenn Schwangere auf Strafbarkeit geprüft wird.).
- § 218a enthält speziellen *Tatbestandsausschließungsgrund und speziellen Rechtfertigungsgrund* (verfassungsrechtlich alles höchst umstritten).
- *Schutzgut* ist das ungeborene menschliche Leben (Tr/Fi[53], Vor § 218 Rn. 2; La/Kü[25], § 218 Rn. 1), ob darüberhinaus auch noch die Gesundheitsinteressen der Schwangeren, ist str.

Aufbau

I. **Tatbestand**
    1. Objektiver Tatbestand:
        a. Tatobjekt – Leibesfrucht (Beginn: Nidation, Ende: Eröffnungswehen);
        b. Tathandlung – Abbruch der Schwangerschaft i.S.v. Absterben der Leibesfrucht.
    2. Subjektiver Tatbestand: Vorsatz, mindestens bedingter.
II. **Rechtswidrigkeit: Rechtfertigungsgrund nach § 218a.**
III. **Schuld: keine Besonderheiten.**

Aufbau (Regelbeispiele, Abs. 2).

Prüfung immer mit dem Grunddelikt (Obersatz: §§ 218 I, II S. 1, S. 2, Nr. ...) und zwar hinter Schuld des Grunddeliktes.
- **Voraussetzungen**
    1. Objektive Elemente:
        a. Täter kann nur ein Dritter sein (nicht die Schwangere);
        b. spezielle Tathandlung (Nr. 1) gegen den Willen der Schwangeren oder
        c. spezieller Taterfolg (Nr. 2) Gefährdung des Lebens oder schwerer Gesundheitsschädigung der Schwangeren.
    2. Subjektive Elemente: Vorsatz, mindestens bedingter.

Definitionen / Erläuterungen

Als **Leibesfrucht** kommt nur eine lebende Frucht im weiblichen Schoß (nicht in einer Retorte) in Betracht.

Tr/Fi[53], § 218 Rn. 3

Als **Leibesfrucht** i.S. der §§ 218 ff. ist nicht schon das befruchtete, sondern erst das durch Nidation in die Gebärmutterschleimhaut eingenistete Ei anzusehen.

S/S[26], § 218 Rn. 6

Abbruch der Schwangerschaft. Abbrechen der Schwangerschaft ist jede nicht auf bloße Nidationshemmung angelegte Einwirkung auf die Schwangere oder die Frucht, die final darauf gerichtet ist, das Absterben der noch lebenden Frucht im Mutterleib oder den Abgang der Frucht in nicht lebensfähigem Zustand herbeizuführen, und diesen Erfolg erreicht.

Tr/Fi[53], § 218 Rn. 5

Abbrechen der Schwangerschaft setzt einen Eingriff voraus, mit dem während der Schwangerschaft, also vor Beginn der Geburt, auf die Leibesfrucht – sei es auch nur auf eine von mehreren – eingewirkt und dadurch deren Absterben herbeigeführt wird.

La/Kü[25], § 218 Rn. 3

Gegen den Willen der Schwangeren ist der Schwangerschaftsabbruch dann nicht erfolgt, wenn diese ihn lediglich innerlich nicht gebilligt hat, ihn aber ohne Widerstand hinnimmt, anders das Hinwegsetzen über den mutmaßlichen Willen nach Versetzen der Schwangeren in einen willensunfähigen Zustand (Narkose, Drogen).

Tr/Fi[53], § 218 Rn. 17

Gegen den Willen der Schwangeren. Erforderlich ist hierfür, dass sie ihren entgegenstehenden Willen, und sei es auch nur durch entsprechende Gestik, nach außen hin unmissverständlich manifestiert hat. Maßgebend ist dabei der natürliche Wille.

S/S[26], § 218 Rn. 58

Gegen den Willen setzt eine Manifestation des entgegenstehenden natürlichen Willens voraus; bloß innere Missbilligung genügt nicht.

La/Kü[25], § 218 Rn. 19

Gefahr ist ein durch eine beliebige Ursache eingetretener ungewöhnlicher Zustand, in welchem nach den konkreten Umständen der Eintritt eines Schadens wahrscheinlich ist. Wahrscheinlich ist der Eintritt, wenn die Möglichkeit naheliegt, oder begründete Besorgnis besteht.

Tr/Fi[53], § 218 Rn. 18
i.V.m. § 34 Rn. 3

Gefahr ist ein ungewöhnlicher Zustand, in dem nach den konkreten Umständen der Eintritt eines Schadens naheliegt.

La/Kü[25], § 218 Rn. 20
i.V.m. § 315c Rn. 21

Schwere Gesundheitsbeschädigung. Außer den in § 226 genannten Verletzungsfolgen werden nun auch alle Fälle erfasst, in denen die Gesundheit des Opfers einschneidend oder nachhaltig beeinträchtigt ist, wie z.B. bei ernsten, langwierigen Krankheiten oder einer ernsthaften Störung der körperlichen Funktionen oder der Arbeitskraft.

S/S[26], § 250 Rn. 21

Schwere Gesundheitsbeschädigung ist ein langwieriger, qualvoller oder die Leistungsfähigkeit schwer beeinträchtigender physischer oder psychischer Krankheitszustand.

La/Kü[25], § 218 Rn. 20

Konkurrenzen

§ 218 steht in Idealkonkurrenz mit §§ 226, 240, 212, 211, 222. § 218 verdrängt im Wege der Gesetzeskonkurrenz (Konsumtion) § 223 an der Frau. Str., ob §§ 223a, 224, 225 in Idealkonkurrenz stehen können (so: Tr/Fi[53] § 218 Rn. 22, a.A. BGH).

§ 218a – 219b.   (Nicht bearbeitet.)

§ 220.   (Weggefallen)

§ 220a. (Weggefallen)

§ 221.   Aussetzung

Überblick

- *Typ:* vorsätzliches Begehungsdelikt (Abs. 1 Nr. 1) bzw. echtes Unterlassungsdelikt – Sonderdelikt (Abs. 1 Nr. 2) – Gefährdungsdelikt, konkretes.

- *Versuch* von Abs. 1 ist nicht strafbar (Vergehen!),

- *Versuch* von Abs. 2 und 3 ist strafbar (Verbrechen!).

- Abs. 1 enthält zwei Varianten: Aussetzen (Nr. 1) und Im-Stich-lassen in hilfloser Lage (Nr. 2).

- Abs. 2 enthält in Nr. 1 eine normale *Qualifikation,* in Nr. 2 eine *Erfolgsqualifikation* (§ 18) zu § 221 I. Prüfung immer mit dem Grunddelikt (Obersatz: §§ 221 I Nr. ..., II Nr. ...) und zwar entweder hinter subjektivem Tatbestand oder hinter Schuld des Grunddeliktes.

- Abs. 3 enthält eine *Erfolgs-Qualifikation* (§ 18) zu § 221 I. Prüfung immer mit dem Grunddelikt (Obersatz: §§ 221 I Nr. ..., III) und zwar entweder hinter subjektivem Tatbestand oder hinter Schuld des Grunddeliktes.

- *Schutzgut* ist die körperliche Integrität.

- Wichtige Änderung durch das 6. StrRG (zum 1.4.1998): Auch gesunde, erwachsene Personen sind jetzt geschützt. Ein räumliches Verlassen des Opfers ist nicht mehr nötig. Die Gesundheits-/Todesgefahr ist jetzt in Abs. 1 gesetzlich normiert (vorher ungeschriebenes Merkmal).

Aufbau (Abs. 1 Nr. 1)

I. **Tatbestand**
    1. Objektiver Tatbestand:
        a. Tatobjekt – jeder Mensch
        b. Tathandlung – Versetzen in hilflose Lage;
        c. Taterfolg – Gefahr
            aa. des Todes
            bb. einer schweren Gesundheitsschädigung

d. kausal beruhend auf Tathandlung.

2. Subjektiver Tatbestand: Vorsatz, mindestens bedingter.

II. Rechtswidrigkeit und

III. Schuld: keine Besonderheiten.

Aufbau (Abs. 1 Nr. 2)

I. **Tatbestand**

1. Objektiver Tatbestand:

a. Tatobjekt – jeder Mensch

b. Tathandlung – Im Stich lassen in hilfloser Lage = Nicht-Helfen = Unterlassen, nur tb-mäßig, wenn Tatsubjekt (Täter) = Garant: Beistandsverpflichteter (insbesondere: Obhutsverpflichteter);

aa. tatsächliche Möglichkeit und

bb. Zumutbarkeit des Helfens.

c. Taterfolg – Gefahr

aa. des Todes

bb. einer schweren Gesundheitsschädigung

d. kausal beruhend auf Im Stich Lassen.

2. Subjektiver Tatbestand: Vorsatz, mindestens bedingter.

II. Rechtswidrigkeit und

III. Schuld: keine Besonderheiten.

Aufbau (Abs. 2 Nr. 1)

I. **Tatbestand**

1. Objektiver Tatbestand:

- Tatobjekt

aa Kind des Täters oder

bb. Person, die dem Täter anvertraut ist

(1) zur Erziehung oder

(2) zur Betreuung in der Lebensführung.

2. Subjektiver Tatbestand: Vorsatz, mindestens bedingter.

II. Rechtswidrigkeit und

III. Schuld: keine Besonderheiten.

Aufbau (Abs. 2 Nr. 2)

I. **Tatbestand**

1. Objektiver Tatbestand:

a. erfolgsqualifizierender Taterfolg: schwere Gesundheitsschädigung,

b. Verbindung zur Gefährdung des Grundtatbestandes (§ 221 I),

c. Fahrlässigkeitsmerkmale (§ 18)

aa. obj. Sorgfaltspflichtverletzung im Hinblick auf die schwere Folge (ist durch die Gefährdung indiziert),

bb. obj. Vorhersehbarkeit,

      cc. obj. Zurechnungszusammenhang,

      dd. Schutzzweck der Sorgfaltspflicht (schwere Folge muss Realisierung der Gefährdung sein).

    2. Subjektiver Tatbestand: Eintritt der Folge gesehen (bewusste F.) oder nicht gesehen (unbewusste F.).

II. Rechtswidrigkeit.

III. Schuld:

    1. Subj. Sorgfaltspflichtverletzung,

    2. subj. Vorhersehbarkeit.

Aufbau (Abs. 3)

I. Tatbestand

    1. Objektiver Tatbestand:

      a. erfolgsqualifizierender Taterfolg: Tod des Opfers,

      b. Verbindung zur Gefährdung des Grundtatbestandes (§ 221 I),

      c. Fahrlässigkeitsmerkmale (§ 18)

        aa. obj. Sorgfaltspflichtverletzung im Hinblick auf die schwere Folge (ist durch die Gefährdung indiziert),

        bb. obj. Vorhersehbarkeit,

        cc. obj. Zurechnungszusammenhang,

        dd. Schutzzweck der Sorgfaltspflicht (schwere Folge muss Realisierung der Gefährdung sein).

    2. Subjektiver Tatbestand: Eintritt der Folge gesehen (bewusste F.) oder nicht gesehen (unbewusste F.).

II. Rechtswidrigkeit.

III. Schuld:

    1. Subj. Sorgfaltspflichtverletzung,

    2. subj. Vorhersehbarkeit.

Definitionen / Erläuterungen

Hilflos ist eine Person, wenn sie sich nicht selbst zu schützen oder zu helfen vermag, und zwar gegenüber einer Lebensgefährdung.	S/S[26], § 221 Rn. 2/3
Versetzen bedeutet eine Zustandsveränderung beim Opfer vornehmen, deren Folge eine hilflose Lage ist, und es darin allein lassen.	La/Kü[25], § 221 Rn. 3
Das **Imstichlassen** erfasst zum einen Fälle, in denen eine räumliche Änderung der Beziehung zum Hilflosen erfolgt; daher genügt es, wenn die Krankenschwester das Krankenzimmer verlässt. Zum anderen genügt es, wenn sie dort untätig verweilt.	La/Kü[25], § 221 Rn. 4

Schwere Gesundheitsschädigung. Dazu zählt nicht nur eine schwere Körperverletzung i.S.d. § 226, sondern auch die Beeinträchtigung der Gesundheit durch langwierige ernste Erkrankungen, insb. durch erhebliche Beeinträchtigung im Gebrauch der Sinne, der körperlichen Leistungsfähigkeit und der Arbeitsfähigkeit; oder der Gesundheitsschädigung einer großen Zahl von Menschen.

Tr/Fi[53], § 221 Rn. 15
i.V.m. § 239 Rn. 15
i.V.m. § 330 Rn. 8

Schwere Gesundheitsbeschädigung. Außer den in § 226 genannten Verletzungsfolgen werden nun auch alle Fälle erfasst, in denen die Gesundheit des Opfers einschneidend oder nachhaltig beeinträchtigt ist, wie z.B. bei ernsten, langwierigen Krankheiten oder einer ernsthaften Störung der körperlichen Funktionen oder der Arbeitskraft.

S/S[26], § 250 Rn. 21

Schwere Gesundheitsschädigung setzt keine schwere Körperverletzung i.S.d. § 226 voraus, sondern liegt etwa auch bei einschneidenden oder nachhaltigen Beeinträchtigungen der Gesundheit vor, z.B. bei langwierigen ernsten Krankheit oder erheblichen Beeinträchtigung der Arbeitskraft für lange Zeit.

La/Kü[25], § 221 Rn. 5
i.V.m. § 250 Rn. 3

Tod. Für die Feststellung des Todes kommt es weder auf den völligen Ausfall jeglicher biologischer Lebensregungen noch bereits auf den Stillstand von Herz- und Atmungstätigkeit an, sondern allein auf den sog. Hirntod. Damit ist der irreversible und totale Funktionsausfall des Gehirns gemeint.

S/S[26], Vorbem. § 211
Rn. 19

Kind des Täters. Diese Strafschärfung gilt nicht nur für leibliche Eltern, sondern auch für Eltern adoptierter Kinder.

S/S[26], § 221 Rn. 14

Das Opfer ist dem Täter **anvertraut**, wenn ein Obhutsverhältnis besteht, kraft dessen dem Täter das Recht und die Pflicht obliegen, die Lebensführung des Schutzbefohlenen und damit dessen geistige und sittliche Entwicklung zu überwachen und zu leiten, oder dass ein Unterordnungsverhältnis entsteht, das seiner Natur nach eine gewisse Verantwortung für das charakterliche Wohl des Schutzbefohlenen einschließt.

Tr/Fi[53], § 221 Rn. 14
i.V.m. § 174 Rn. 4

Zur **Erziehung.** Das gilt z.B., da Eltern unter Nr. 3 fallen, u.a. für sonstige Sorgeberechtigte, nämlich für Pflegeeltern; für den Vormund. Bei Stiefeltern, die nicht unter Nr. 3 fallen, kommt es auch bei Hausgemeinschaft auf die

Tr/Fi[53], § 221 Rn. 14
i.V.m. § 174 Rn. 6

Fallgestaltung an, dasselbe gilt bei nichtehelichem Zusammenleben. Auch der Lehrer ist i.d.R. Erzieher, und zwar auch hinsichtlich der nicht von ihm selbst unterrichteten Schüler seiner Schule. Weiter kommen der Erziehungsbeistand, der Betreuungshelfer und der für die Hilfe zur Erziehung, Eingliederungshilfe oder Hilfe für junge Volljährige nach §§ 27 ff., 34, 35a, 41 SGB VIII Verantwortliche in Betracht. Auch Geistliche können Erzieher sein.

Zur Betreuung in der Lebensführung ist dem Täter die Person anvertraut, wenn damit Verantwortung für das körperliche und psychische Wohl des Schutzbefohlenen verbunden ist.	Tr/Fi[53], § 221 Rn. 14 i.V.m. § 174 Rn. 8
Zur Betreuung in der Lebensführung. Die Begriffe überschneiden sich. Ihre Grenzen sind fließend; ihre nähere Bestimmung hat sich am Schutzzweck der Vorschrift zu orientieren.	La/Kü[25], § 221 Rn. 7 i.V.m. § 174 Rn. 7

Konkurrenzen

§ 221 verdrängt §§ 171, 323c (str.), Abs. 3 verdrängt §§ 222, Abs. 2 Nr. 2 verdrängt 230. § 221 steht in Idealkonkurrenz mit §§ 169, 223, 240.

§ 222.   Fahrlässige Tötung

Überblick

- *Typ:* fahrlässiges Begehungsdelikt.
- *Schutzgut* ist das Leben.

Aufbau

I.   **Tatbestand**
   1. Objektiver Tatbestand:
      a. Tatobjekt: ein anderer (Mensch);
      b. Taterfolg: Tod des Tatobjektes;
      c. Tathandlung: Tun des Täters als obj. Sorgfaltspflichtverletzung.
      d. Verbindung zwischen Handlung und Erfolg
         aa. csqn-Kausalität,
         bb. obj. Vorhersehbarkeit des Todes,

cc. obj. Zurechnungszusammenhang zwischen der Pflichtverletzung und dem Erfolg,

dd. Schutzzweck der Sorgfaltspflicht.

2. Subjektiver Tatbestand: Eintritt des Todes gesehen (bewusste F.) oder nicht gesehen (unbewusste F.).

II. Rechtswidrigkeit.

III. Schuld:

1. Subj. Sorgfaltspflichtverletzung,

2. subj. Vorhersehbarkeit.

Definitionen / Erläuterungen

Tod. Für die Feststellung des Todes kommt es weder auf den völligen Ausfall jeglicher biologischer Lebensregungen noch bereits auf den Stillstand von Herz- und Atmungstätigkeit an, sondern allein auf den sog. Hirntod. Damit ist der irreversible und totale Funktionsausfall des Gehirns gemeint.   S/S²⁶, Vorbem. § 211 Rn. 19

Tod. Als Todeszeitpunkt wird nach h.M. der Hirntod angesehen, d.h. das irreversible Erlöschen der gesamten Hirntätigkeit, also namentlich auch des Stammhirns.   La/Kü²⁵, § 222 Rn. 1 i.V.m. vor § 211 Rn. 4

Konkurrenzen

§ 222 steht in Idealkonkurrenz mit §§ 309, 315 bis 315d, 218, 284, 284b.

Siebzehnter Abschnitt.
Straftaten gegen die körperliche Unversehrtheit

§ 223.   Körperverletzung

Überblick

- *Typ:* vorsätzliches Begehungsdelikt.

- *Versuch* ist strafbar, Abs. 2 (Vergehen).

- Gesetzlich geregelte Rechtfertigung durch Einwilligung (§ 228).

- Bei *Fahrlässigkeit* gilt § 229.

- *Antrag* erforderlich gemäß § 230.

- *Schutzgut* sind Körper und Gesundheit eines anderen Menschen (Tr/Fi[53], § 223 Rn. 2).

- Wichtige Änderung durch das 6. StrRG (zum 1.4.1998): Der *Versuch* des einfachen Körperverletzung ist nunmehr strafbar.

Aufbau

I.   **Tatbestand**
    1. Objektiver Tatbestand:
       a. Körperliche Misshandlung oder
       b. Gesundheitsbeschädigung.
    2. Subjektiver Tatbestand: Vorsatz, mindestens bedingter.
II. **Rechtswidrigkeit (§ 228) und**
III. **Schuld: keine Besonderheiten.**
IV. **Besonderheit: Antrag nach § 230.**

Definitionen / Erläuterungen

Körperliche Misshandlung ist ein übles, unangemessenes Behandeln, das entweder das körperliche Wohlbefinden oder die körperliche Unversehrtheit nicht nur unerheblich beeinträchtigt. Das körperliche Wohlbefinden ist der Zustand, der vor der Einwirkung vorhanden war, das Zufügen eines Schmerzes ist nicht unbedingt nötig.

Tr/Fi[53], § 223 Rn. 3a

Unter **körperlicher Misshandlung** ist eine üble, unangemessene Behandlung, durch die das Opfer in seinem körperlichen Wohlbefinden in mehr als nur unerheblichem
Grade beeinträchtigt wird, zu verstehen.

S/S[26], § 223 Rn. 3

Körperliche Misshandlung ist eine üble, unangemessene
Behandlung, durch die das körperliche Wohlbefinden
nicht nur unerheblich beeinträchtigt wird.

La/Kü[25], § 223 Rn. 4

Beschädigung an der Gesundheit besteht im Hervorrufen
oder Steigern eines, wenn auch vorübergehenden pathologischen Zustandes.

Tr/Fi[53], § 223 Rn. 6

Als **Gesundheitsbeschädigung** ist jedes Hervorrufen oder
Steigern eines krankhaften Zustandes zu verstehen.

S/S[26], § 223 Rn. 5

Gesundheitsbeschädigung ist jedes Hervorrufen oder
Steigern eines vom normalen Zustand der körperlichen
Funktionen nachteilig abweichenden (pathologischen) Zustandes, gleichgültig, auf welche Art und Weise er verursacht wird und ob das Opfer dabei Schmerz empfindet.

La/Kü[25], § 223 Rn. 5

Konkurrenzen

§ 223 steht in Idealkonkurrenz mit §§ 113, 239, 240, 303.

§ 224. Gefährliche Körperverletzung

Überblick

- *Typ:* Qualifikation zur Körperverletzung.
- Abs. 1 HS. 1 enthält die eigentliche Qualifikation, HS. 2 einen unbenannten min-
  der schweren Fall (klausurmäßig bedeutungslos).
- *Versuch* ist strafbar, Abs. 2.
- *Prüfung* immer mit dem Grunddelikt (Obersatz: §§ 223 I, 224 I HS. 1 Nr. ...) und
  zwar entweder hinter subjektivem Tatbestand oder hinter Schuld des Grunddelik-
  tes. Gesetzlich geregelte Rechtfertigung durch Einwilligung (§ 228).
- Kein *Antrag* erforderlich.
- Wichtige Änderungen durch das 6. StrRG (zum 1.4.1998): die früher in § 229 a.F.
  geregelte *Vergiftung* ist *in vereinfachter Form* zu § 224 I HS. 1 Nr. 1 geworden. Die
  Stoffe dort müssen nur noch »gefährlich«, aber nicht mehr »zerstörungsgeeignet«
  sein, eine Beschädigungs-Absicht ist nicht mehr nötig, es reicht dolus eventualis.

Bei Nr. 2 ist das – überflüssige – *Messer* aus § 223a a.F. entfallen. Bei Nr. 4 reicht die Mitwirkung eines *Beteiligten* (Täter *oder Teilnehmer*) aus.

Aufbau

I.   **Tatbestand**
1. Objektiver Tatbestand:
   a. Beibringung von gesundheitsgefährlichen Stoffen, insbesondere Gift oder
   b. Waffe (oder sonstiges gefährliches Werkzeug) oder
   c. hinterlistiger Überfall oder
   d. mit einem anderen Beteiligten (vgl. § 28 II: Täter oder Teilnehmer) gemeinschaftlich oder
   e. das Leben gefährdend.
2. Subjektiver Tatbestand: Vorsatz, mindestens bedingter.
II. **Rechtswidrigkeit (§ 228) und**
III. **Schuld: keine Besonderheiten.**

Definitionen / Erläuterungen

Gift ist jeder (organische oder anorganische) Stoff, der unter bestimmten Bedingungen (Einatmen, Verschlucken, Aufnahme auf der Haut) durch chemische oder chemisch-physikalische Wirkung (z.B. ätzend, reizend, Hervorrufen von Überempfindlichkeitsreaktionen, krebserregend) geeignet ist, die Gesundheit zu zerstören.	Tr/Fi[53], § 224 Rn. 3
Unter **Gift** ist jeder anorganische oder organische Stoff zu verstehen, der unter bestimmten Bedingungen lediglich durch chemische oder chemisch-physikalische Wirkung die Gesundheit zu zerstören vermag.	S/S[26], § 224 Rn. 2b; La/Kü[25], § 224 Rn. 1a
Andere Stoffe sind solche, die auf mechanischem oder thermischem Wege wirken.	Tr/Fi[53], § 224 Rn. 4
Die anderen Stoffe können z.B. Bakterien oder Viren sein, aber auch mechanisch wirken (z.B. zerstoßenes Glas).	La/Kü[25], § 224 Rn. 1°
Ob ein Gift oder ein anderer Stoff **geeignet** ist, die Gesundheit zu zerstören, ist nicht nach der abstrakten Möglichkeit, sondern nach den besonderen Umständen des Einzelfalles im Hinblick auf Quantität und Qualität des beigebrachten Stoffes, der körperlichen Beschaffenheit des Opfers sowie der Art der Anwendung zu beurteilen.	S/S[26], § 224 Rn. 2d

Beibringen ist ein solches Einführen der Stoffe in den Körper des anderen, dass sie ihre die Gesundheit zerstörende oder schädigende Eigenschaft zu entfalten in der Lage sind.

Tr/Fi[53], § 224 Rn. 6

Beibringen bedeutet, dass der Täter eine Verbindung des Giftes oder der anderen Stoffen mit dem Körper derart herstellt, dass diese ihre (...) Wirkung entfalten können.

S/S[26], § 224 Rn. 2d

Für das **Beibringen** genügt jede Art des Einführens oder Anwendens, durch die der Stoff seine (...) Wirkung im Inneren des Körpers (unstr.) oder auch von außen her (str.) entfalten kann.

La/Kü[25], § 224 Rn. 1b

Waffe ist der alle gefährlichen Werkzeuge umfassende Oberbegriff, selbst wenn sie keine Waffe im technischen Sinne sind.

Tr/Fi[53], § 224 Rn. 7

Werkzeug ist jeder Gegenstand, mittels dessen durch Einwirkung auf den Körper eine Verletzung zugefügt werden kann.

Tr/Fi[53], § 224 Rn. 8

Unter **Werkzeugen** verstand die Rspr. zunächst nur Gegenstände, die durch mechanische Einwirkung eine Verletzung herbeiführen können.

La/Kü[25], § 224 Rn. 4

Jedoch muss es sich um einen beweglichen Gegenstand handeln, der durch menschliche Kraft zum Zwecke der Verletzung gegen einen Körper in Bewegung gesetzt werden kann.

Ein gefährliches Werkzeug ist ein solches, das nach seiner objektiven Beschaffenheit und nach der Art seiner Benutzung im Einzelfall geeignet ist, erheblichere Körperverletzungen zuzufügen.

Tr/Fi[53], § 224 Rn. 9

Gefährliches Werkzeug ist jeder Gegenstand, der bei der konkreten Art der Benutzung und des Körperteils, auf den er angewendet wird, geeignet ist, erhebliche Verletzungen hervorzurufen.

S/S[26], § 224 Rn. 4

Gefährlich ist ein **Werkzeug**, das nach objektiver Beschaffenheit und nach Art der Benutzung im konkreten Fall erhebliche Verletzungen herbeizuführen geeignet ist.

La/Kü[25], § 224 Rn. 5

Überfall ist ein Angriff auf den Verletzten, dessen er sich nicht versieht und auf den er sich nicht vorbereiten kann.

Tr/Fi[53], § 224 Rn. 10

Überfall ist ein unvorhergesehener Angriff, auf den sich

S/S[26], § 224 Rn. 10

der Angegriffene nicht rechtzeitig einstellen kann.

Ein **Überfall** ist ein unvorhergesehener Angriff.

La/Kü[25], § 224 Rn. 6

Hinterlistig ist der Überfall, wenn sich die Absicht des Täters, dem anderen die Verteidigungsmöglichkeit zu erschweren, äußerlich manifestiert.

Tr/Fi[53], § 224 Rn. 10

Hinterlistig ist ein Überfall dann, wenn der Täter planmäßig, in einer auf Verdeckung seiner wahren Absicht berechneten Weise zu Werke geht, um gerade hierdurch dem Angegriffenen die Abwehr des nicht erwarteten Angriffs zu erschweren.

S/S[26], § 224 Rn. 10

Hinterlistig ist ein Überfall nicht schon durch die bewusste Ausnutzung des Überraschungsvorteils. Hinzukommen muss ein planmäßiges, auf Verdeckung der wahren Absicht berechnetes Vorgehen, wie z.B. Auflauern, Vortäuschen von Friedfertigkeit usw., um dadurch dem Gegner die Abwehr des nicht erwarteten Angriffs zu erschweren; eine konkrete Gefahr erheblicher Verletzungen ist dagegen nicht unbedingt erforderlich.

La/Kü[25], § 224 Rn. 6

Mittels einer das Leben gefährdenden Behandlung, die auch ein Unterlassen sein kann: Die Behandlung braucht im Einzelfall das Leben nicht zu gefährden; es genügt, dass sie abstrakt dazu geeignet ist.

Tr/Fi[53], § 224 Rn. 12

Für **Lebensgefährdende Behandlung** genügt nach der Rspr. objektive Eignung der Behandlung zur Lebensgefährdung, eine konkrete Gefahr braucht nicht eingetreten zu sein.

La/Kü[25], § 224 Rn. 8

Eine **gemeinschaftlich** begangene Körperverletzung ist immer dann gegeben, wenn mindestens zwei Personen, die im Verhältnis der Mittäterschaft oder Teilnahme zueinander stehen können, am Tatort zusammenwirken. Es genügt, wenn einer von ihnen die Körperverletzung ausführt und der andere nur seine jederzeitige Eingriffsbereitschaft erkennen lässt oder die Täter einverständlich nacheinander tätlich werden.

S/S[26], § 224 Rn. 11

Konkurrenzen

§ 224 I verdrängt § 223 I im Wege der Gesetzeskonkurrenz (Spezialität). § 224 I steht in Idealkonkurrenz mit §§ 231, 242, 340.

§ 225. Misshandlung von Schutzbefohlenen

Überblick

- *Typ:* Qualifikation/Strafzumessung zur Körperverletzung.

- Abs. 1 ist dabei *einfache Qualifikation,* Prüfung immer mit dem Grunddelikt (Obersatz: §§ 223 I, 225 I) und zwar entweder hinter subjektivem Tatbestand oder hinter Schuld des Grunddeliktes.

- Abs. 3 enthält eine *besondere Qualifikation* zur Qualifikation des Abs. 1. Prüfung immer mit dem Grunddelikt (Obersatz: §§ 223 I, 225 III Nr. ... i.V.m. I Nr. ...) und zwar entweder hinter subjektivem Tatbestand oder hinter Schuld der Qualifikation des Abs. 1.

- Abs. 4 enthält einen unbenannten minder schweren Fall (klausurmäßig bedeutungslos).

- *Versuch* ist strafbar (Abs. 2).

- Kein *Antrag* erforderlich.

Aufbau (Qualifikation Abs. 1)

I. **Tatbestand**
   1. Objektiver Tatbestand:
      a. Tathandlung – Quälen oder roh misshandeln oder Vernachlässigung (böswillig s. subj. TB) einer Sorgepflicht;
      b. Tatobjekt – Personen unter 18 Jahren oder Wehrlose (Kranke / Gebrechliche),
         aa. die Fürsorge/Obhut unterstehen oder Hausstand angehören oder
         bb. vom Fürsorgepflichtigen in die Gewalt des Täters gelassen wurden oder
         cc. durch Dienst-/Arbeitsverhältnis dem Täter untergeordnet ist.
   2. Subjektiver Tatbestand:
      a. Vorsatz, mindestens bedingter,
      b. bei Vernachlässigung zusätzlich: Böswilligkeit.
II. **Rechtswidrigkeit (§ 228) und**
III. **Schuld: keine Besonderheiten.**

Aufbau (Qualifikation, Abs. 3)

I. **Tatbestand**
   1. Objektiver Tatbestand:
      - Taterfolg: Tatobjekt kommt in die Gefahr
         aa. des Todes oder
         einer schweren Gesundheitsschädigung oder
         cc. einer erheblichen Schädigung
            (1) der körperlichen Entwicklung *oder*
            (2) der seelischen Entwicklung.

2. Subjektiver Tatbestand: Vorsatz, mindestens bedingter.

II. Rechtswidrigkeit und

III. Schuld: keine Besonderheiten.

Definitionen / Erläuterungen

Quälen ist das Verursachen länger dauernder oder sich wiederholender Schmerzen oder Leiden.

Tr/Fi[53], § 225 Rn. 8a

Quälen bedeutet das Verursachen länger dauernder oder sich wiederholender erheblicher Schmerzen oder Leiden. Diese müssen mit dem Täterhandeln als solchem verknüpft sein.

S/S[26], § 225 Rn. 12

Quälen ist Zufügen länger dauernder oder sich wiederholender erheblicher Schmerzen oder Leiden körperlicher oder seelischer Art.

La/Kü[25], § 225 Rn. 4

Körperliche Misshandlung ist eine üble, unangemessene Behandlung, durch die das körperliche Wohlbefinden nicht nur unerheblich beeinträchtigt wird.

La/Kü[25], § 225 Rn. 5 i.V.m. § 223 Rn. 4

Jedoch ist hier – abweichend von § 223, wo ausdrücklich ein körperlicher Bezug gefordert wird – die seelische Misshandlung einbezogen.

La/Kü[25], § 225 Rn. 5

Roh ist eine Misshandlung, wenn sie aus einer gefühllosen, fremde Leiden missachtenden Gesinnung erfolgt.

Tr/Fi[53], § 225 Rn. 9

Eine Misshandlung ist dann **roh**, wenn sie aus einer gefühllosen, gegen die Leiden des Opfers gleichgültigen Gesinnung heraus erfolgt.

S/S[26], § 225 Rn. 13

Roh: Handeln aus gefühlloser, fremde Leiden missachtender Gesinnung, die sich in erheblichen Handlungsfolgen für das Wohlbefinden des Opfers offenbart und keine Dauereigenschaft zu sein braucht; Erregung erheblicher Schmerzen ist i.d.R. aber nicht ausnahmslos, z.B. bei Kranken mit reduzierter Schmerzempfindlichkeit, erforderlich. Handeln allein aus großer Erregung ist nicht roh.

La/Kü[25], § 225 Rn. 5

Böswillig bedeutet Handeln aus verwerflichen, insbesondere eigensüchtigen Beweggründen.

Tr/Fi[53], § 225 Rn. 11

Böswillig ist diese Vernachlässigung dann, wenn sich jemand gegen die Pflicht aus schlechter Gesinnung, aus einem verwerflichen Beweggrund, z.B. aus Hass, Geiz, Ei-

S/S[26], § 225 Rn. 14

gennutz, sadistischer Neigung, auflehnt.

Böswillig handelt, wer die Pflichtverletzung aus beson- La/Kü[25], § 225 Rn. 6
ders verwerflichem Motiv begeht.

Wehrlos ist, wer sich nicht zur Wehr setzen kann. Tr/Fi[53], § 225 Rn. 3

Wehrlos ist, wer sich gegen eine Misshandlung überhaupt S/S[26], § 225 Rn. 5
nicht oder nicht in entsprechender Weise wehren kann.

Unter **Krankheit** ist jeder pathologische Zustand zu ver- S/S[26], § 225 Rn. 5 i.V.m.
stehen, und zwar gleichgültig, ob schicksalhaft oder durch § 221 Rn. 4
vorsätzliche Verletzung herbeigeführt. Auch Bewusstlo-
sigkeit oder starke Berauschung können einen solchen Zustand bewirken, ebenso der Geburtsakt, während dies bei
Schwangerschaft verneint wird.

Krankheit: jeder pathologische Zustand. La/Kü[25], § 225 Rn. 2
i.V.m. 221 Rn. 1

Gebrechlichkeit bedeutet eine Störung der körperlichen S/S[26], § 225 Rn. 5
Gesundheit, die ihren Ausdruck in einer erheblichen Kör-
perbehinderung findet.

Gebrechlichkeit: durch Alter, körperliche Fehler, auch La/Kü[25], § 225 Rn. 2
Taubstummheit. i.V.m. § 221 Rn. 1

Das **Fürsorgeverhältnis** kann auf dem Gesetz selbst beru- Tr/Fi[53], § 225 Rn. 4
hen (Eltern, Vormund, Pfleger, Betreuer, aber nicht Ge-
genvormund), auf Übertragung durch Behörden (solche
der Kinder- und Jugendhilfe, Vollzugsanstalt) oder auf
Übernahme durch Vertrag wie beim Altenteilsvertrage,
oder (stillschweigend) durch Aufnahme des vorehelichen
Kindes der Ehefrau oder der mit dem Täter eheähnlich zu-
sammenlebenden Partnerin. Es ist meistens auf die Dauer
berechnet und schafft die Pflicht, für das leibliche oder
geistige Wohl zu sorgen, ein bloßes Gefälligkeitsverhältnis
genügt insoweit nicht.

Obhut ist ein bestehendes allgemeines Schutzpflichtver- Tr/Fi[53], § 225 Rn. 4
hältnis. i.V.m. § 221 Rn. 4

Der **Fürsorge** untersteht, wer vom Täter derart abhängt, S/S[26], § 225 Rn. 7
dass dieser rechtlich verpflichtet ist, für das geistige oder
leibliche Wohl zu sorgen. Es handelt sich hier um **Verhältnisse** von längerer Dauer wie bei Eltern, Pflegeeltern,
Vormündern, Pflegern, Betreuern im Rahmen der Heimer-

ziehung, Beamten des Straf- und Maßregelvollzugs, Personal in Altersheimen und ähnlichen Personen.

Das **Fürsorge- oder Obhutsverhältnis** kann namentlich auf Gesetz, freiwilliger Übernahme oder behördlichem Auftrag beruhen; ein rechtlich unverbindliches Gefälligkeitsverhältnis genügt nicht.

La/Kü[25], § 225 Rn. 3

Der **Gewalt des Täters überlassen** ist ein tatsächlicher Vorgang, der vom Pflichtigen auszugehen hat oder von ihm gebilligt ist.

Tr/Fi[53], § 225 Rn. 6

Gewalt des Täters überlassen. Es handelt sich hierbei um ein tatsächliches Verhältnis, das auf dem Willen eines Fürsorgepflichtigen beruht.

S/S[26], § 225 Rn. 9

Vernachlässigung einer Sorgepflicht. Die Sorgepflicht kann auf Gesetz, Vertrag, behördlicher Anordnung, Hausgemeinschaft oder sonstigen Lebensverhältnissen beruhen.

Tr/Fi[53], § 225 Rn. 12

Zum Hausstand des Täters gehören z.B. Familienangehörige oder Lehrlinge sowie Kinder, Jugendliche, junge Volljährige, für die eine Person die Erziehung oder Betreuung im Rahmen der §§ 27 ff., 34, 35a, 41 SGB VIII übernommen hat. Neben dem Ehemann ist auch die Ehefrau Haushaltungsvorstand.

Tr/Fi[53], § 225 Rn. 5

Zum Hausstand des Täters. Als Verletzte kommen hier alle Personen in Betracht, die zur Hausgemeinschaft gehören; auch die zur Erziehungshilfe in einer Familie Aufgenommenen gehören hierher. Täter kann nicht nur der Ehemann sein, sondern jeder, der tatsächlich den Hausstand leitet, z.B. die Ehefrau, weiter etwa die Anstelle der Hausfrau stehende Hausdame.

S/S[26], § 225 Rn. 8

Zum Hausstand gehören etwa Stief- und Pflegekinder, u.U. auch Hauspersonal und Auszubildende.

La/Kü[25], § 225 Rn. 3

Dienst-/Arbeitsverhältnis meint auch Berufsausbildungs- und arbeitnehmerähnliche Verhältnisse nach § 5 ArbGG.

Tr/Fi[53], § 225 Rn. 7

Das **Dienst- oder Arbeitsverhältnis** muss zu einer tatsächlichen Abhängigkeit führen.

La/Kü[25], § 225 Rn. 3

Dienst-/Arbeitsverhältnis: Es braucht kein Dienst- oder Arbeitsvertrag im technischen Sinne vorzuliegen; auch die sog. arbeitnehmerähnlichen Verhältnisse werden erfasst. Erforderlich ist stets, dass es sich um unselbständige Ar-

S/S[26], § 225 Rn. 10

beitnehmer handelt. Die Unselbständigkeit ist regelmäßig dann gegeben, wenn jemand hinsichtlich der Ausführung der Arbeit Weisungen nachzukommen hat.

Gefahr liegt vor, wenn als Schaden der Eintritt des Todes oder einer nicht unerheblichen Verletzung der körperlichen Unversehrtheit naheliegt.

La/Kü[25], § 225 Rn. 9 i.V.m. § 315c Rn. 23

Konkurrenzen

§ 225 verdrängt § 223 im Wege der Gesetzeskonkurrenz (Spezialität). § 225 steht in Idealkonkurrenz mit § 171. § 225 III verdrängt § 225 I im Wege der Gesetzeskonkurrenz (Spezialität).

§ 226.   Schwere Körperverletzung

Überblick

- *Typ:* Erfolgsqualifikation (§ 18) zur Körperverletzung.

- Wie der Vergleich zwischen Abs. 1 und 2 zeigt, erfasst *Abs. 1* die Fälle der fahrlässigen (§ 18) Herbeiführung (echtes EQ-Delikt) und der Herbeiführung mit dolus eventualis, *Abs. 2* die Fälle von dolus directus 1. und 2. Grades (alle vorsätzlichen Fälle: unechte EQ-Delikte). Abs. 2 ist durch den Verweis auf die Folgen an Abs. 1 gekoppelt, schließt ihn aber im Übrigen aus (Obersatz: § 226 II, I Nr. ...).

- *Versuch* (des Grunddelikts bei gleichzeitigem fahrlässigen Herbeiführen der schweren Folge) ist strafbar (Verbrechen, aber str.).

- Abs. 1 und 2 enthalten den *(EQ-) Tatbestand,* Abs. 3 unbenannte minder schwere Fälle (klausurmäßig bedeutungslos).

- *Prüfung* immer mit dem Grunddelikt (Obersatz: §§ 223 I, 226 I Nr. ...) und zwar entweder hinter subjektivem Tatbestand oder hinter Schuld des Grunddeliktes. Gesetzlich geregelte Rechtfertigung durch Einwilligung (§ 228).

- Kein *Antrag* erforderlich.

- Wichtige Änderung durch das 6. StRG (zum 1.4.1998): die ehemaligen §§ 224 und 225 wurden zu einem § 226 *zusammengefasst.* Die *Reihenfolge* der Merkmale wurde etwas umgestellt. Die *Benennung* der Merkmale *Sprache* und *Zeugungsfähigkeit* wurde in *Sprechvermögen* und *Fortpflanzungsfähigkeit* geändert, ohne dass dies inhaltliche Auswirkungen hat. Aus *Geisteskrankheit* wurde *geistige Krankheit und Behinderung.*

Aufbau (echtes EQ-Delikt – bei Fahrlässigkeit: Abs. 1)

I. **Tatbestand**
   1. Objektiver Tatbestand:
      a. schwere Folge
         aa. Nr. 1: Verlust von
            (1) Sehvermögen auf einem Auge oder beiden Augen oder
            (2) Gehör oder
            (3) Sprechvermögen oder
            (4) Fortpflanzungsfähigkeit oder
         Nr. 2: wichtiges Glied des Körpers
            (1) Verlust oder
            (2) dauernde Gebrauchsunfähigkeit oder
         Nr. 3:
            (1) dauernde Entstellung oder
            (2) Verfall in Siechtum oder in Lähmung oder in geistige Krankheit / Behinderung,
      b. Körperverletzung als obj. Sorgfaltspflichtverletzung im Hinblick auf die schwere Folge (ist indiziert)
      c. Verbindung zur Körperverletzung des Grundtatbestandes (§ 223),
         aa. csqn-Kausalität und
         bb. obj. Vorhersehbarkeit und
         cc. obj. Zurechnungszusammenhang und
         dd. Schutzzweck der Sorgfaltspflicht (schwere Folge muss Realisierung der Körperverletzungsgefahr sein).
   2. Subjektiver Tatbestand: Eintritt der Folge gesehen (bewusste F.) oder nicht gesehen (unbewusste F.).
II. **Rechtswidrigkeit (§ 228).**
III. **Schuld:**
   1. Subj. Sorgfaltspflichtverletzung,
   2. Subj. Vorhersehbarkeit.

Aufbau (unechtes EQ-Delikt – bei allen Vorsatzformen: Abs. 1 und 2)

I. **Tatbestand**
   1. Objektiver Tatbestand:
      a. schwere Folge
         aa. Nr. 1: Verlust von
            (1) Sehvermögen auf einem Auge oder beiden Augen oder
            (2) Gehör oder
            (3) Sprechvermögen oder
            (4) Fortpflanzungsfähigkeit oder
         bb. Nr. 2: wichtiges Glied des Körpers
            (1) Verlust oder
            (2) dauernde Gebrauchsunfähigkeit oder
         cc. Nr. 3:
            (1) dauernde Entstellung oder
            (2) Verfall in Siechtum oder in Lähmung oder in geistige Krankheit / Behinderung,

b. Verbindung zur Körperverletzung des Grundtatbestandes (§ 223),
   aa. csqn-Kausalität und
   bb. obj. Zurechenbarkeit
2. Subjektiver Tatbestand: Vorsatz, mindestens bedingter
II. **Rechtswidrigkeit (§ 228) und**
III. **Schuld: keine Besonderheiten.**

Definitionen / Erläuterungen

Sehvermögen ist die Fähigkeit, mittels des Auges Gegenstände wahrzunehmen, wenn auch nur auf kurze Entfernung; bloße Lichtempfindlichkeit genügt nicht.

Tr/Fi[53], § 226 Rn. 2a

Sehvermögen ist die Fähigkeit, mittels des Auges Gegenstände wahrzunehmen.

S/S[26] § 226 Rn. 1b

Sehvermögen ist die Fähigkeit, Gegenstände visuell wahrzunehmen.

La/Kü[25], § 226 Rn. 2

Gehör ist die Fähigkeit, artikulierte Laute zu verstehen; Wahrnehmungen ohne Unterscheidung genügen nicht.

Tr/Fi[53], § 226 Rn. 3

Gehör bedeutet die Fähigkeit, artikulierte Laute zu verstehen. Verlust des Gehörs auf einem Ohr genügt nur, wenn der Verletzte bereits auf dem anderen Ohr taub war.

S/S[26] § 226 Rn. 1b

Sprache ist die Fähigkeit zum artikulierten Reden; völlige Stimmlosigkeit ist zum Verlust nicht erforderlich.

Tr/Fi[53], § 226 Rn. 4

Sprache ist die Fähigkeit zu artikuliertem Reden.

S/S[26] § 226 Rn. 1b = La/Kü[25], § 226 Rn. 2

Ihr **Verlust** setzt keine völlige Stimmlosigkeit voraus; bloßes Stottern genügt jedoch nicht.

S/S[26] § 226 Rn. 1b

Fortpflanzungsfähigkeit kann fehlen, auch wenn die Fähigkeit zum Beischlaf noch vorhanden ist.

Tr/Fi[53], § 226 Rn. 5

Fortpflanzungsfähigkeit umfasst die Zeugungsfähigkeit sowie die Gebär- und Empfängnisfähigkeit, ebenso die Fähigkeit, ein Kind voll auszutragen.

S/S[26] § 226 Rn. 1b

Fortpflanzungsfähigkeit ist auch die Empfängnisfähigkeit.

La/Kü[25], § 226 Rn. 2

Verlust ist nur anzunehmen, wenn der Verletzte eine der genannten Fähigkeiten für längere Zeit verliert und eine Heilung sich der Zeit nach nicht bestimmen lässt.

S/S[26] § 226 Rn. 1b

Verloren ist das Glied nicht schon bei bloßer Funktions-
einbuße, sondern im Hinblick auf die Wortlautschranke
des Art. 103 II GG erst bei völligem physischen Verlust.

La/Kü[25], § 226 Rn. 3

Glied ist jeder nach außen in Erscheinung tretende Körperteil, der mit dem Körper oder einem anderen Körperteil verbunden ist und für den Gesamtorganismus eine besondere Funktion erfüllt.

Tr/Fi[53], § 226 Rn. 6

Unter einem **Glied** ist jeder nach außen in die Erscheinung
tretende Körperteil, der eine in sich abgeschlossene Existenz mit besonderer Funktion im Gesamtorganismus hat,
zu verstehen, nicht also jedes Organ, insbesondere nicht
innere Organe. Kein Gliedverlust ist entstanden, wenn ein
abgetrenntes Glied dem Körper erfolgreich wieder angefügt wird.

S/S[26] § 226 Rn. 2

Glied ist jeder in sich abgeschlossene und mit dem Rumpf
oder einem anderen Körperteil durch ein Gelenk verbundene Körperteil (str.), der eine herausgehobene Funktion
erfüllt, also nicht das innere Organ.

La/Kü[25], § 226 Rn. 3

Wichtigkeit eines Gliedes bestimmt sich nach seiner allgemeinen Bedeutung für den Gesamtorganismus, wobei
Sondereigenschaften des Verletzten, insbesondere sein Beruf ausscheiden.

Tr/Fi[53], § 226 Rn. 7

Für die **Wichtigkeit** ist maßgebend die Individualität des
Verletzten, insbesondere sein Beruf.

S/S[26], § 226 Rn. 2

Die **Wichtigkeit** bestimmt sich nach der Rspr. allein nach
der generellen Bedeutung des Gliedes für den Gesamtorganismus. Die überwiegende Meinung im Schrifttum hält
dagegen auch die besonderen Verhältnisse des Verletzten
für bedeutsam.

La/Kü[25], § 226 Rn. 3

Dauernde Entstellung in erheblicher Weise besteht in einer Verunstaltung der Gesamterscheinung; dies ist auch
bei einem Alten oder Unansehnlichen möglich.

Tr/Fi[53], § 226 Rn. 9

Dauernde Entstellung bedeutet, dass die äußere Gesamterscheinung des Verletzten in ihrer ästhetischen Wirkung
derart verändert wird, dass er für Dauer starke psychische
Nachteile im Verkehr mit seiner Umwelt zu erleiden hat.
Eine solche Veränderung kann auch bei bereits vorhande-
ner Unansehnlichkeit eintreten.

S/S[26] § 226 Rn. 3

Dauernd ist die Entstellung dann, wenn sich ihr Ende nicht vorherbestimmen lässt, vielmehr eine unbestimmt langwierige Beeinträchtigung des Aussehens zu befürchten ist.

S/S[26] § 226 Rn. 4

Dauernde Entstellung ist die Verunstaltung der Gesamterscheinung, die einen unästhetischen Eindruck vermittelt; sie muss erheblich, d.h. nach ihrem Gewicht den anderen Fällen des § 224 vergleichbar sein.

La/Kü[25], § 226 Rn. 4

Verfallen bedeutet einen lang andauernden (chronischen) den Gesamtorganismus erheblich beeinträchtigenden (so bei Lähmung!) Krankheitszustand, dessen Beseitigung sich z.Z. nicht übersehen lässt.

Tr/Fi[53], § 226 Rn. 10

Verfallen liegt dann vor, wenn der Körper im Ganzen in erheblicher Weise chronisch beeinträchtigt wird und die Beseitigung dieses Zustands sich für eine absehbare Zeit nicht bestimmen lässt.

S/S[26] § 226 Rn. 7

Siechtum ist ein chronischer Krankheitszustand von nicht absehbarer Dauer, der wegen Beeinträchtigung des Allgemeinbefindens Hinfälligkeit zur Folge hat.

Tr/Fi[53], § 226 Rn. 11

Siechtum bedeutet einen chronischen Krankheitszustand, der, den Gesamtorganismus des Verletzten ergreifend, ein Schwinden der Körper- oder Geisteskräfte und Hinfälligkeit zur Folge hat und dessen Heilung sich überhaupt nicht oder doch der Zeit nach nicht bestimmen lässt.

S/S[26] § 226 Rn. 7

Siechtum bezeichnet einen chronischen Krankheitszustand, der den Gesamtorganismus in Mitleidenschaft zieht und ein Schwinden der körperlichen und geistigen Kräfte sowie allgemeine Hinfälligkeit zur Folge hat.

La/Kü[25], § 226 Rn. 4

Lähmung ist die erhebliche Beeinträchtigung der Bewegungsfähigkeit eines Körperteils, die den ganzen Körper in Mitleidenschaft zieht.

Tr/Fi[53], § 226 Rn. 12

Lähmung ist die erhebliche Beeinträchtigung der Bewegungsfähigkeit eines Körperteils, die den ganzen Körper in Mitleidenschaft zieht.

S/S[26] § 226 Rn. 7

Lähmung ist eine mindestens mittelbar den ganzen Menschen ergreifende Bewegungsunfähigkeit; Lähmung einzelner Glieder kann genügen, wenn sie die Integrität des gesamten Körpers aufhebt.

La/Kü[25], § 226 Rn. 4

Geisteskrankheit kann auch die mittelbare Folge der Verletzung sein. Es fallen sowohl endogene als auch exogene Psychosen darunter, ebenso die Triebstörungen.	Tr/Fi[53], § 226 Rn. 13 i.V.m. § 20 Rn. 8
Die **Geisteskrankheit** braucht nicht unheilbar zu sein.	S/S[26], § 226 Rn. 7
Geisteskrankheiten sind die exogenen und endogenen Psychosen.	La/Kü[25], § 226 Rn. 4

Konkurrenzen

§ 226 I/II verdrängt im Wege der Gesetzeskonkurrenz § 223 (Spezialität), § 224 (Konsumtion, str. a.A. Idealkonkurrenz), § 225 (Konsumtion). § 226 steht in Idealkonkurrenz mit § 231.

§ 227.   Körperverletzung mit Todesfolge

Überblick

- *Typ:* Erfolgsqualifikation (§ 18) zur Körperverletzung.

- *Versuch* ist strafbar (Verbrechen).

- Abs. 1 enthält den Tatbestand, Abs. einen unbenannten minder schweren Fall (klausurmäßig bedeutungslos).

- *Prüfung* immer mit dem Grunddelikt (Obersatz: §§ 223 I, 227) und zwar entweder hinter subjektivem Tatbestand oder hinter Schuld des Grunddeliktes. Gesetzlich geregelte Rechtfertigung durch Einwilligung (§ 228).

- Kein *Antrag* erforderlich.

Aufbau

I.   **Tatbestand**
   1. Objektiver Tatbestand:
      a. schwere Folge (der Tod des Verletzten),
      b. Verbindung zur Körperverletzung des Grundtatbestandes (§ 223),
      c. Fahrlässigkeitsmerkmale (§ 18)
         aa. obj. Sorgfaltspflichtverletzung im Hinblick auf die schwere Folge (ist durch die Körperverletzung indiziert),
         bb. obj. Vorhersehbarkeit,
         cc. obj. Zurechnungszusammenhang,
         dd. Schutzzweck der Sorgfaltspflicht (schwere Folge muss Realisierung der Körperverletzungsgefahr sein).

2. Subjektiver Tatbestand: Eintritt der Folge gesehen (bewusste F.) oder nicht gesehen (unbewusste F.).

II. **Rechtswidrigkeit**

III. **Schuld:**

    1. Subj. Sorgfaltspflichtverletzung,

    2. subj. Vorhersehbarkeit.

Definitionen / Erläuterungen

Tod. Für die Feststellung des Todes kommt es weder auf den völligen Ausfall jeglicher biologischer Lebensregungen noch bereits auf den Stillstand von Herz- und Atmungstätigkeit an, sondern allein auf den sog. Hirntod. Damit ist der irreversible und totale Funktionsausfall des Gehirns gemeint.

S/S[26], Vorbem. § 211
Rn. 19

Konkurrenzen

§ 227 verdrängt im Wege der Gesetzeskonkurrenz § 222 (Spezialität), § 223 (Spezialität), § 224 (Konsumtion), § 225 (Konsumtion), § 226 – als echtes EQ-Delikt (Konsumtion), § 240 (Konsumtion). § 227 steht in Idealkonkurrenz mit §§ 218, 226, 231.

§ 228. Einwilligung des Verletzten

Überblick

- *Typ:* Rechtfertigungsgrund für Körperverletzungen. *Wichtig:* Für die Sittenwidrigkeit kommt es auf die *Tat* an, nicht auf die *Einwilligung.*

§ 229. Fahrlässige Körperverletzung

Überblick

- *Typ:* fahrlässiges Begehungsdelikt.

- *Antrag* erforderlich gemäß § 230.

- *Schutzgut* sind (wie bei § 223) Körper und Gesundheit.

Aufbau

I. **Tatbestand**
   1. Objektiver Tatbestand:
     a. Körperliche Misshandlung oder Gesundheitsbeschädigung als obj. Sorgfalts-pflichtverletzung,
     b. Verbindung zwischen Verhalten des Täter und Erfolg
       aa. csqn-Kausalität
       bb. obj. Vorhersehbarkeit,
       cc. obj. Zurechnungszusammenhang,
       dd. Schutzzweck der Sorgfaltspflicht (Körperverletzung muss Realisierung der Handlungsgefahr sein).
   2. Subjektiver Tatbestand: Körperverletzung gesehen (bewusste F.) oder nicht gesehen (unbewusste F.).
II. **Rechtswidrigkeit.**
III. **Schuld:**
   1. Subj. Sorgfaltspflichtverletzung,
   2. subj. Vorhersehbarkeit.
IV. **Besonderheit: Antrag nach § 230.**

Definitionen / Erläuterungen

Körperliche Misshandlung ist ein übles, unangemessenes Behandeln, das entweder das körperliche Wohlbefinden oder die körperliche Unversehrtheit nicht nur unerheblich beeinträchtigt. Das körperliche Wohlbefinden ist der Zustand, der vor der Einwirkung vorhanden war, das Zufügen eines Schmerzes ist nicht unbedingt nötig.

Tr/Fi[53], § 229 Rn. 2 i.V.m. § 223 Rn. 3a

Körperliche Misshandlung ist eine üble, unangemessene Behandlung, durch die das körperliche Wohlbefinden nicht nur unerheblich beeinträchtigt wird.

La/Kü[25], § 229 Rn. 2 i.V.m. § 223 Rn. 4

Beschädigung an der Gesundheit besteht im Hervorrufen oder Steigern eines, wenn auch vorübergehenden pathologischen Zustandes.

Tr/Fi[53], § 229 Rn. 2 i.V.m. § 223 Rn. 6

Gesundheitsbeschädigung ist jedes Hervorrufen oder Steigern eines vom normalen Zustand der körperlichen Funktionen nachteilig abweichenden (pathologischen) Zustandes, gleichgültig, auf welche Art und Weise er verursacht wird und ob das Opfer dabei Schmerz empfindet.

La/Kü[25], § 229 Rn. 2 i.V.m. § 223 Rn. 5

§ 230.   Strafantrag

Überblick

- *Typ:* Antragserfordernis. Prüfungsstandort: nach der Schuld von §§ 223 und 229. Gilt nicht für §§ 224 bis 227 und 340.

§ 231.   Beteiligung an einer Schlägerei

Überblick

- *Typ:* vorsätzliches Begehungsdelikt – abstraktes Gefährdungsdelikt.
- *Versuch* ist nicht strafbar (Vergehen).
- *Schutzgut.* Die Vorschrift stellt den Raufhandel wegen der Gefährlichkeit von Schlägereien und der Schwierigkeit, die Einzelverantwortlichkeit der Beteiligten für schwere Folgen aufzuklären, unter Strafe (Tr/Fi[53], § 231 Rn. 1)

Aufbau

I.   **Tatbestand**
   1. Objektiver Tatbestand:
     - Beteiligung des Täters an
       aa. Schlägerei oder
       bb. von mehreren verübter Angriff.
   2. Subjektiver Tatbestand: Vorsatz, mindestens bedingter.
   3. Tatbestandsannex (obj. Bedingung der Strafbarkeit):
     a. Tod eines Menschen oder
     b. schwere Folge i.S.v. § 226 (Verlust von Sehvermögen auf einem oder beiden Augen oder Verlust von Gehör oder Sprechvermögen oder Fortpflanzungsfähigkeit oder Verlust/dauernde Gebrauchsunfähigkeit von wichtigem Glied des Körpers oder dauernde Entstellung oder Verfall in Siechtum oder in Lähmung oder geistige Krankheit/Behinderung),
     c. Kausalität zu Schlägerei/Angriff.
II. **Rechtswidrigkeit und**
III. **Schuld: keine Besonderheiten.**

Definitionen / Erläuterungen

Schlägerei ist der Streit von mindestens 3 Personen mit gegenseitigen Körperverletzungen, auch wenn einer von ihnen ohne Schuld oder in Notwehr handelt, die sich nicht auf bloße Schutzwehr beschränkt, sondern in Trutzwehr

Tr/Fi[53], § 231 Rn. 3

übergeht.

Eine **Schlägerei** ist der in gegenseitige Tätlichkeiten ausartende Streit zwischen mehr als zwei Personen. Erforderlich ist, dass mindestens drei Personen an der Rauferei aktiv beteiligt sind.	S/S[26], § 231 Rn. 3
Schlägerei ist eine mit gegenseitigen Körperverletzungen verbundene Auseinandersetzung, bei der mehr als zwei Personen aktiv mitwirken. Dabei wird der Angegriffene, der wegen Notwehr straflos bleibt, mitgezählt.	La/Kü[25], § 231 Rn. 2

Ein von mehreren gemachter Angriff besteht in der feindlichen, unmittelbar gegen den Körper eines anderen zielenden Einwirkung, wobei bei den Angreifenden Einheitlichkeit des Angriffs, des Angriffsgegenstandes und des Angriffswillens bestehen muss. Mehrere müssen den Angriff machen; dass ein einziger zwei andere angreift, die sich bloß wehren, genügt nicht.	Tr/Fi[53], § 231 Rn. 4
Unter einem **Angriff mehrerer** ist die in feindseliger Absicht gegen den Körper des Opfers gerichtete Einwirkung von mindestens zwei Personen zu verstehen. Jeder der Angreifer muss das Ziel verfolgen, den Angegriffenen körperlich zu misshandeln; bloße Drohungen oder Einschüchterungen genügen nicht. Die Angreifer müssen zusammenwirken; das bloße Zusammentreffen verschiedener Angriffe gegen eine Person genügt nicht.	S/S[26], § 231 Rn. 4
Der **Angriff** setzt weder zwei Parteien noch beiderseitige Tätlichkeiten voraus; eine im Angriffswillen einheitliche, nicht notwendig mittäterschaftliche, unmittelbar auf den Körper eines anderen abzielende Einwirkung mehrerer genügt, wobei der Beginn des Angriffs nicht notwendig mit dem Beginn der Tätlichkeiten zusammenfallen muss.	La/Kü[25], § 231 Rn. 2

Beteiligung ist i.S. des gewöhnlichen Lebens zu verstehen, nicht als Teilnahme i.S. der §§ 25 ff. Es wird überhaupt kein Zusammenwirken verlangt, doch müssen die Beteiligten bei der Schlägerei anwesend sein und physisch oder geistig dazu beitragen, dass geschlagen wird.	Tr/Fi[53], § 231 Rn. 8
Beteiligt ist jeder, der am Tatort anwesend ist und in feindseliger Weise an den Tätlichkeiten teilnimmt.	S/S[26], § 231 Rn. 6
Beteiligung deckt sich hier nicht mit dem Oberbegriff der Teilnahme. Für (täterschaftliche) Beteiligung an einer Schlägerei soll vielmehr nach h.M. Anwesenheit am Tatort	La/Kü[25], § 231 Rn. 3

und irgendeine physische (tätliche) oder psychische (intellektuelle) Mitwirkung in feindseliger Willensrichtung erforderlich und zugleich ausreichend sein.

Tod. Für die Feststellung des Todes kommt es weder auf den völligen Ausfall jeglicher biologischer Lebensregungen noch bereits auf den Stillstand von Herz- und Atmungstätigkeit an, sondern allein auf den sog. Hirntod. Damit ist der irreversible und totale Funktionsausfall des Gehirns gemeint.	S/S[26], Vorbem. § 211 Rn. 19
Sehvermögen ist die Fähigkeit, mittels des Auges Gegenstände wahrzunehmen, wenn auch nur auf kurze Entfernung; bloße Lichtempfindlichkeit genügt nicht.	Tr/Fi[53], § 231 Rn. 5 i.V.m. § 226 Rn. 2a
Sehvermögen ist die Fähigkeit, mittels des Auges Gegenstände wahrzunehmen.	S/S[26] § 226 Rn. 16
Sehvermögen ist die Fähigkeit, Gegenstände visuell wahrzunehmen.	La/Kü[25], § 231 Rn. 5 i.V.m. § 226 Rn. 2
Gehör ist die Fähigkeit, artikulierte Laute zu verstehen; Wahrnehmungen ohne Unterscheidung genügen nicht.	Tr/Fi[53], § 231 Rn. 5 i.V.m. § 226 Rn. 3
Gehör bedeutet die Fähigkeit, artikulierte Laute zu verstehen. Verlust des Gehörs auf einem Ohr genügt nur, wenn der Verletzte bereits auf dem anderen Ohr taub war.	S/S[26] § 226 Rn. 1b
Sprache ist die Fähigkeit zum artikulierten Reden; völlige Stimmlosigkeit ist zum Verlust nicht erforderlich.	Tr/Fi[53], § 231 Rn. 5 i.V.m. § 226 Rn. 4
Sprache ist die Fähigkeit zu artikuliertem Reden.	S/S[26] § 226 Rn. 1b = La/Kü[25], § 226 Rn. 2
Ihr **Verlust** setzt keine völlige Stimmlosigkeit voraus; bloßes Stottern genügt jedoch nicht.	S/S[26] § 226 Rn. 1b
Fortpflanzungsfähigkeit kann fehlen, auch wenn die Fähigkeit zum Beischlaf noch vorhanden ist.	Tr/Fi[53], § 231 Rn. 5 i.V.m. § 226 Rn. 5
Fortpflanzungsfähigkeit bedeutet die Fähigkeit, sich fortzupflanzen; sie umfasst auch die Gebär- und Empfängnisfähigkeit, ebenso die Fähigkeit, ein Kind voll auszutragen.	S/S[26] § 231 Rn. 5 i.V.m. § 226 Rn. 1b
Fortpflanzungsfähigkeit ist auch die Empfängnisfähigkeit.	La/Kü[25], § 231 Rn. 5 i.V.m. § 226 Rn. 1b
Verlust ist nur anzunehmen, wenn der Verletzte eine der genannten Fähigkeiten für längere Zeit verliert und eine	S/S[26] § 226 Rn. 1b

Heilung sich der Zeit nach nicht bestimmen lässt.

Verloren ist das Glied nicht schon bei bloßer Funktionseinbuße, sondern im Hinblick auf die Wortlautschranke des Art. 103 II GG erst bei völligem physischen Verlust.	La/Kü[25], § 231 Rn. 5 i.V.m. § 226 Rn. 2
Glied ist jeder nach außen in Erscheinung tretende Körperteil, der mit dem Körper oder einem anderen Körperteil verbunden ist und für den Gesamtorganismus eine besondere Funktion erfüllt.	Tr/Fi[53], § 231 Rn. 5 i.V.m. § 226 Rn. 6
Unter einem **Glied** ist jeder nach außen in die Erscheinung tretende Körperteil, der eine in sich abgeschlossene Existenz mit besonderer Funktion im Gesamtorganismus hat, zu verstehen, nicht also jedes Organ, insbesondere nicht innere Organe. Kein Gliedverlust ist entstanden, wenn ein abgetrenntes Glied dem Körper erfolgreich wieder angefügt wird.	S/S[26] § 226 Rn. 2
Glied ist jeder in sich abgeschlossene und mit dem Rumpf oder einem anderen Körperteil durch ein Gelenk verbundene Körperteil (str.), der eine herausgehobene Funktion erfüllt, also nicht das innere Organ.	La/Kü[25], § 231 Rn. 5 i.V.m. § 226 Rn. 3
Wichtigkeit eines Gliedes bestimmt sich nach seiner allgemeinen Bedeutung für den Gesamtorganismus, wobei Sondereigenschaften des Verletzten, insbesondere sein Beruf ausscheiden.	Tr/Fi[53], § 231 Rn. 5 i.V.m. § 226 Rn. 7
Für die **Wichtigkeit** ist maßgebend die Individualität des Verletzten, insbesondere sein Beruf.	S/S[26], § 226 Rn. 2
Die **Wichtigkeit** bestimmt sich nach der Rspr. allein nach der generellen Bedeutung des Gliedes für den Gesamtorganismus. Die überwiegende Meinung im Schrifttum hält dagegen auch die besonderen Verhältnisse des Verletzten für bedeutsam.	La/Kü[25], § 231 Rn. 5 i.V.m. § 226 Rn. 3
Dauernde Entstellung in erheblicher Weise besteht in einer Verunstaltung der Gesamterscheinung; dies ist auch bei einem Alten oder Unansehnlichen möglich.	Tr/Fi[53], § 231 Rn. 5 i.V.m. § 226 Rn. 9
Dauernde Entstellung bedeutet, dass die äußere Gesamterscheinung des Verletzten in ihrer ästhetischen Wirkung derart verändert wird, dass er für Dauer starke psychische Nachteile im Verkehr mit seiner Umwelt zu erleiden hat. Eine solche Veränderung kann auch bei bereits vorhandener Unansehnlichkeit eintreten.	S/S[26] § 226 Rn. 3

Dauernd ist die Entstellung dann, wenn sich ihr Ende nicht vorherbestimmen lässt, vielmehr eine unbestimmt langwierige Beeinträchtigung des Aussehens zu befürchten ist.	S/S[26] § 226 Rn. 4
Dauernde Entstellung ist die Verunstaltung der Gesamterscheinung, die einen unästhetischen Eindruck vermittelt; sie muss erheblich, d.h. nach ihrem Gewicht den anderen Fällen des § 224 vergleichbar sein.	La/Kü[25], § 231 Rn. 5 i.V.m. § 226 Rn. 4
Verfallen bedeutet einen lang andauernden (chronischen) den Gesamtorganismus erheblich beeinträchtigenden (so bei Lähmung!) Krankheitszustand, dessen Beseitigung sich z.Z. nicht übersehen lässt.	Tr/Fi[53], § 231 Rn. 5 i.V.m. § 226 Rn. 10
Verfallen liegt dann vor, wenn der Körper im Ganzen in erheblicher Weise chronisch beeinträchtigt wird und die Beseitigung dieses Zustands sich für eine absehbare Zeit nicht bestimmen lässt.	S/S[26] § 227 Rn. 7
Siechtum ist ein chronischer Krankheitszustand von nicht absehbarer Dauer, der wegen Beeinträchtigung des Allgemeinbefindens Hinfälligkeit zur Folge hat.	Tr/Fi[53], § 231 Rn. 5 i.V.m. § 227 Rn. 11
Siechtum bedeutet einen chronischen Krankheitszustand, der, den Gesamtorganismus des Verletzten ergreifend, ein Schwinden der Körper- oder Geisteskräfte und Hinfälligkeit zur Folge hat und dessen Heilung sich überhaupt nicht oder doch der Zeit nach nicht bestimmen lässt.	S/S[26] § 226 Rn. 7
Siechtum bezeichnet einen chronischen Krankheitszustand, der den Gesamtorganismus in Mitleidenschaft zieht und ein Schwinden der körperlichen und geistigen Kräfte sowie allgemeine Hinfälligkeit zur Folge hat.	La/Kü[25], § 231 Rn. 5 i.V.m. § 226 Rn. 4
Lähmung ist die erhebliche Beeinträchtigung der Bewegungsfähigkeit eines Körperteils, die den ganzen Körper in Mitleidenschaft zieht.	Tr/Fi[53], § 231 Rn. 5 i.V.m. § 226 Rn. 12
Lähmung ist die erhebliche Beeinträchtigung der Bewegungsfähigkeit eines Körperteils, die den ganzen Körper in Mitleidenschaft zieht.	S/S[26] § 226 Rn. 7
Lähmung ist eine mindestens mittelbar den ganzen Menschen ergreifende Bewegungsunfähigkeit; Lähmung einzelner Glieder kann genügen, wenn sie die Integrität des gesamten Körpers aufhebt.	La/Kü[25], § 231 Rn. 5 i.V.m. § 226 Rn. 4

Geisteskrankheit kann auch die mittelbare Folge der Verletzung sein. Es fallen sowohl endogene als auch exogene Psychosen darunter, ebenso die Triebstörungen.	Tr/Fi[53], § 231 Rn. 5 i.V.m. § 226 Rn. 13 i.V.m. § 20 Rn. 8
Die **Geisteskrankheit** braucht nicht unheilbar zu sein.	S/S[26], § 226 Rn. 7
Geisteskrankheiten sind die exogenen und endogenen Psychosen.	La/Kü[25], § 231 Rn. 5 i.V.m. § 226 Rn. 4

Konkurrenzen

§ 231 steht in Idealkonkurrenz mit §§ 221, 212, 224 I, 226, 231.

Achtzehnter Abschnitt.
Straftaten gegen die persönliche Freiheit

§ 234.   Menschenraub

Überblick

- *Typ*: vorsätzliches Begehungsdelikt. Dauerdelikt. Spezialfall der Freiheitsberaubung (§ 239) mit geringfügigem selbständigen Anwendungsbereich.

- *Versuch* ist strafbar (Verbrechen).

- Anzeigepflicht nach § 138 I Nr. 7.

- (Minder schwerer Fall in Abs. 2 – klausurmäßig bedeutungslos.)

- *Schutzgut* ist die persönliche Freiheit, also der Zustand eines Menschen, in dem er seine natürliche Fähigkeit zur Selbstbestimmung körperlich ungehindert zur Geltung bringen kann (Tr/Fi[53], § 234 Rn. 2).

- Wichtige Änderung durch das 6. StRG (zum 1.4.1998): Aus den früheren *Kriegsdiensten* wurden in Anlehnung an § 109h I *militärische / militärähnliche* Dienste.

Aufbau

I.   **Tatbestand**
   1. Objektiver Tatbestand:
     a. Tatobjekt: eine andere Person
     b. Tathandlung: Sich bemächtigen durch
       cc. Gewalt. oder
       bb. Drohung mit empfindlichen Übel oder
       aa. List
   2. Subjektiver Tatbestand:
     a. Vorsatz, mindestens bedingter,
     b. zusätzlich: Absicht, das Opfer
       aa. auszusetzen in hilfloser Lage oder
       bb. zuzuführen dem Dienst in Einrichtung im Ausland
         (1)militärisch oder
         (2)militärähnlich.
II. **Rechtswidrigkeit: keine Besonderheiten.**
III. **Schuld: keine Besonderheiten.**

Definitionen / Erläuterungen

Sichbemächtigen setzt voraus, dass der Täter die physische Herrschaft über einen Menschen erlangt.

Tr/Fi[53], § 234 Rn. 3

Eines anderen hat sich **bemächtigt**, wer die physische Herrschaft über dessen Person gewonnen hat. Es ist nicht erforderlich, dass der andere fortgeschafft oder von seinem gewöhnlichen Aufenthaltsorte ferngehalten wird.

S/S[26], § 234 Rn. 4

Bemächtigen ist Begründen der physischen Herrschaft; dafür müssen die angewendeten Mittel ursächlich sein, so dass es nicht genügt, wenn der Täter sich nur entschließt, das bereits in seiner Gewalt befindliche Opfer den tatbestandsmäßigen Zwecken zuzuführen.

La/Kü[25], § 234 Rn. 2

Gewalt ist der physisch vermittelte Zwang zur Überwindung eines geleisteten oder erwarteten Widerstandes.

Tr/Fi[53], § 234 Rn. 3 i.V.m. § 240 Rn. 8

Gewalt i.allg.S. der Freiheitsdelikte ist jedes Mittel, mit dem auf den Willen oder das Verhalten eines anderen durch ein gegenwärtiges empfindliches Übel eine Zwangswirkung ausgeübt wird.

S/S[26], § 234 Rn. 5 i.V.m. vor § 234 Rn. 6

Drohung ist das Inaussichtstellen eines künftigen Übels, auf dessen Eintritt der Drohende Einfluss hat oder zu haben vorgibt.

Tr/Fi[53], § 234 Rn. 3 i.V.m. § 240 Rn. 31

Die **Drohung** bezeichnet das Inaussichtstellen eines Übels, dessen Verwirklichung davon abhängen soll, dass der Bedrohte nicht nach dem Willen des Täters reagiert.

S/S[26], § 234 Rn. 5 i.V.m. vor § 234 Rn. 30

Drohung ist das – ausdrückliche oder schlüssige – In-Aussicht-Stellen eines Übels, dessen Eintritt davon abhängen soll, dass der Bedrohte sich nicht dem Willen des Drohenden beugt; dieser muss es daher, anders als bei der bloßen Warnung, als in seiner Macht stehend hinstellen, das Übel – sei es auch nur mittelbar durch Einschaltung eines Dritten – zu verwirklichen.

La/Kü[25], § 234 Rn. 2 i.V.m. § 240 Rn. 12

List ist das geflissentliche und geschickte Verbergen einer wahren Absicht; auch Ausnutzen eines Irrtums kann genügen, ebenso wie Verdeckung des Sachverhalts ohne Täuschungshandlung, Heimlichkeit ist nicht erforderlich, aber vielfach vorhanden.

Tr/Fi[53], § 234 Rn. 3 i.V.m. § 232 Rn. 31a

Unter **List** ist ein Verhalten zu verstehen, das darauf abzielt, unter geflissentlichem und geschicktem Verbergen

S/S[26], § 234 Rn. 5 i.V.m. vor § 234 Rn. 38

der wahren Absichten oder Umstände die Ziele des Täters durchzusetzen.

List umschreibt ein Verhalten, mit dem der Täter darauf abzielt, unter geflissentlichem und geschicktem Verbergen der wahren Zwecke oder Mittel seine Ziele durchzusetzen. Irrige Vorstellungen braucht er nicht hervorzurufen; es genügt, dass er die Unkenntnis von der wahren Sachlage ausnutzt.

La/Kü[25], § 234 Rn. 2

Hilflos ist, wer zur Zeit der Tat, verschuldet oder nicht, außerstande ist, sich ohne Hilfe anderer gegen eine sein Leben oder seine Gesundheit bedrohende Gefahr zu helfen.

Tr/Fi[53], § 234 Rn. 4 i.V.m. § 221 Rn. 6

Hier braucht der Geraubte vor der Tat nicht hilflos zu sein. Die spätere Hilflosigkeit braucht nicht auf Jugend, Gebrechlichkeit oder Krankheit zu beruhen.

Tr/Fi[53], § 234 Rn. 4

Hilflos ist eine Person, wenn sie sich nicht selbst zu schützen oder zu helfen vermag, und zwar gegenüber einer Lebensgefährdung.

S/S[26], § 234 Rn. 6 i.V.m. § 221 Rn. 1/2

Aussetzen heißt das räumliche Verbringen des Hilflosen aus seiner bisherigen (relativ) gesicherten Lage in eine ihn gefährdenden (oder erheblich mehr gefährdende) neue Lage.

Tr/Fi[53], § 234 Rn. 4 i.V.m. § 221 Rn. 6

Aussetzen heißt, den Hilflosen in eine neue räumliche, Leib oder Leben konkret gefährdende Lage bringen und ihn dort allein lassen. Eine Sorgepflicht des Täters ist hier nicht erforderlich.

La/Kü[25], § 234 Rn. 3 i.V.m. § 221 Rn. 2

Ausland. Das kann auch das Heimatland des Opfers sein.

Tr/Fi[53], § 234 Rn. 5

Konkurrenzen

§ 234 I verdrängt § 239 im Wege der Gesetzeskonkurrenz (Spezialität). § 234 I steht in Idealkonkurrenz mit §§ 109h, 169, 235.

§ 234a. Verschleppung

Überblick

- *Typ:* vorsätzliches Begehungsdelikt. Gefährdungsdelikt, konkretes.

- *Versuch* des Abs. 1 ist strafbar (Verbrechen).

- Abs. 1 enthält den (miserabel formulierten!) *Tatbestand.* Abs. 2 enthält einen unbenannten minder schweren Fall (klausurmäßig bedeutungslos).

- Abs. 3 enthält als *selbständige Tat* (Tr/Fi[53], § 234a Rn. 13) eine Vorverlagerung der Strafbarkeit vor das Versuchsstadium, wird aber praktisch nur relevant, wenn ein Einzeltäter vorbereitet. Bei mehreren geht § 30 II vor. Auf den freiwillig von der (vollendeten!) Vorbereitung zurücktretenden Einzeltäter ist § 31 entsprechend anwendbar. Ein *Versuch* des § 234a III ist nicht strafbar.

- Anzeigepflicht nach § 138 I Nr. 7.

- *Schutzgut* ist die Freiheit des einzelnen, seine körperliche Unversehrtheit und seine wirtschaftliche Betätigungsfreiheit (La/Kü[25], § 234a Rn. 1). Anlass zum Gesetz gaben die zahlreichen (?) Verschleppungen aus der BRD in die DDR (Tr/Fi[53], § 234a Rn. 1).

Aufbau Abs. 1

I. **Tatbestand**
   1. Objektiver Tatbestand:
     a. Tatobjekt: ein anderer (Mensch)
     b. Tathandlung:
       außerhalb des räumlichen Geltungsbereiches des StGB das Opfer
       aa. verbringen oder
       bb. veranlassen, sich dorthin zu begeben oder
       cc. davon abhalten, von dort zurückzukehren
     c. Taterfolg: konkrete Gefährdung des Opfers,
       aa. verfolgt zu werden,
         - aus politischen Gründen,
       bb. und hierbei (die Gefährdung)
         - Schaden zu erleiden an Leib oder Leben oder
         - der Freiheit beraubt zu werden oder
         - in der beruflichen oder wirtschaftlichen Stellung empfindlich beeinträchtigt zu werden,
       cc. durch Gewalt- oder Willkürmaßnahmen
       dd. im Widerspruch zu rechtsstaatlichen Grundsätzen.
   2. Subjektiver Tatbestand: Vorsatz, mindestens bedingter.
II. **Rechtswidrigkeit: keine Besonderheiten.**
III. **Schuld: keine Besonderheiten.**

Aufbau Abs. 3 (Vorbereitung)

- **Vorprüfung**
  - Die Tat ist weder als § 234a vollendet, noch in das Versuchsstadium der §§ 234a, 22 gelangt.
  - Es ist nur einer an der Vorbereitung beteiligt (sonst: § 30 II).

I.   **Tatbestand**
  1. Subjektiver Tatbestand: = Tatentschluss (= Vorsatz) bez.:
     a. Tatobjekt: ein anderer (Mensch)
     b. Tathandlung:
        außerhalb des räumlichen Geltungsbereiches des StGB das Opfer
        aa. verbringen oder
        bb. veranlassen, sich dorthin zu begeben oder
        cc. davon abhalten, von dort zurückzukehren
        jeweils durch (Kausalität)
        aa. List oder
        bb. Drohung oder
        cc. Gewalt.
     c. Taterfolg: konkrete Gefährdung des Opfers,
        aa. verfolgt zu werden,
           - aus politischen Gründen,
        bb. und hierbei (die Gefährdung)
           - Schaden zu erleiden an Leib oder Leben oder
           - der Freiheit beraubt zu werden oder
           - in der beruflichen oder wirtschaftlichen Stellung empfindlich beeinträchtigt zu werden,
        cc. durch Gewalt- oder Willkürmaßnahmen
        dd. im Widerspruch zu rechtsstaatlichen Grundsätzen.
  2. Objektiver Tatbestand:
     Vornahme von Vorbereitungshandlungen zur Verwirklichung des Gewollten, die noch nicht das Versuchsstadium erreicht haben müssen (und dürfen!, sonst: §§ 234a, 22).
II. **Rechtswidrigkeit: keine Besonderheiten.**
III. **Schuld: keine Besonderheiten.**
IV. **Besonderheiten: Strafbefreiung nach § 31 analog.**

Definitionen / Erläuterungen

Außerhalb des räumlichen Geltungsbereichs bedeutet außerhalb der Bundesrepublik.	S/S[26], § 234a Rn. 6
Das **Verbringen** setzt die Begründung eines tatsächlichen Herrschaftsverhältnisses über das Opfer voraus. Eine psychische Beeinflussung reicht hierfür nicht aus.	S/S[26], § 234a Rn. 3-5
Mit »**veranlassen, sich dorthin zu begeben**« ist die psychische Beeinflussung gemeint, so z.B. durch die Vorspie-	Tr/Fi[53], § 234a Rn. 5

gelung von Geschäftsabschlüssen, Erkrankung Angehöriger, behördliche Rücksprache.

Mit »**abhalten von der Rückkehr von dort**« ist gemeint, die Gefahrenzone wieder zu verlassen; der Ausdruck »Rückkehr« ist zu eng.	Tr/Fi[53], § 234a Rn. 6

List ist das geflissentliche und geschickte Verbergen einer wahren Absicht; auch Ausnutzen eines Irrtums kann genügen, ebenso wie Verdeckung des Sachverhalts ohne Täuschungshandlung, Heimlichkeit ist nicht erforderlich, aber vielfach vorhanden.	Tr/Fi[53], § 234a Rn. 2 i.V.m. § 234 Rn. 3 i.V.m. § 232 Rn. 31a
Unter **List** ist ein Verhalten zu verstehen, das darauf abzielt, unter geflissentlichem und geschicktem Verbergen der wahren Absichten oder Umstände die Ziele des Täters durchzusetzen.	S/S[26], § 234a Rn. 7 i.V.m. vor § 234 Rn. 38
List umschreibt ein Verhalten, mit dem der Täter darauf abzielt, unter geflissentlichem und geschicktem Verbergen der wahren Zwecke oder Mittel seine Ziele durchzusetzen. Irrige Vorstellungen braucht er nicht hervorzurufen; es genügt, dass er die Unkenntnis von der wahren Sachlage ausnutzt.	La/Kü[25], § 234a Rn. 2 i.V.m. § 234 Rn. 2

Drohung ist das Inaussichtstellen eines künftigen Übels, auf dessen Eintritt der Drohende Einfluss hat oder zu haben vorgibt.	Tr/Fi[53], § 234a Rn. 2 i.V.m. § 240 Rn. 31
Die **Drohung** bezeichnet das Inaussichtstellen eines Übels, dessen Verwirklichung davon abhängen soll, dass der Bedrohte nicht nach dem Willen des Täters reagiert.	S/S[26], § 234a Rn. 7 i.V.m. vor § 234 Rn. 30
Drohung ist das – ausdrückliche oder schlüssige – In-Aussicht-Stellen eines Übels, dessen Eintritt davon abhängen soll, dass der Bedrohte sich nicht dem Willen des Drohenden beugt; dieser muss es daher, anders als bei der bloßen Warnung, als in seiner Macht stehend hinstellen, das Übel – sei es auch nur mittelbar durch Einschaltung eines Dritten – zu verwirklichen.	La/Kü[25], § 234a Rn. 2 i.V.m. § 240 Rn. 12

Gewalt ist der physisch vermittelte Zwang zur Überwindung eines geleisteten oder erwarteten Widerstandes.	Tr/Fi[53], § 234a Rn. 2 i.V.m. § 240 Rn. 8
Gewalt i.allg.S. der Freiheitsdelikte ist jedes Mittel, mit dem auf den Willen oder das Verhalten eines anderen durch ein gegenwärtiges empfindliches Übel eine	S/S[26], § 234a Rn. 7 i.V.m. vor § 234 Rn. 6

Zwangswirkung ausgeübt wird.

Die **Gefahr** der politischen Verfolgung muss eine konkrete sein. Das ist zwar nicht schon dadurch ausgeschlossen, dass sich das Opfer noch im Inland befindet, während der zu befürchtende Verletzungserfolg als solcher nur im Ausland eintreten kann; wohl aber müssen hinreichende Anhaltspunkte dafür bestehen, dass das im Inland befindliche Opfer in die Hand der ausländischen Macht geraten könnte.	S/S[26], § 234a Rn. 9a
Gefahr ist ein ungewöhnlicher Zustand, in dem nach den konkreten Umständen der Eintritt eines Schadens naheliegt.	La/Kü[25], § 234a Rn. 1 i.V.m. § 315c Rn. 21
Aus politischen Gründen. Hierunter fallen auch rassische, religiöse oder weltanschauliche Gründe. Auch wegen Agententätigkeit oder politisch wichtiger Arbeit als Wissenschaftler oder Ingenieur, sei es auch unter Vorspiegelung angeblicher Wirtschaftsverbrechen oder krimineller Verfehlungen. Die Gründe als solche brauchen nicht rechtsstaatswidrig zu sein; str.	Tr/Fi[53], § 234a Rn. 8
Verfolgung aus politischen Gründen ist anzunehmen, wenn sie aus Gründen der Machtausübung oder der Machtkämpfe eines fremden Regimes erfolgt, wobei auch rassische, religiöse oder sonstige weltanschauliche Motive mitbestimmend sein können.	S/S[26], § 234a Rn. 9
Politische Gründe können schon dann vorliegen, wenn die Verfolgung auf der Machtausübung eines fremden staatlichen Regimes beruht.	La/Kü[25], § 234a Rn. 3
Für die **Freiheitsberaubung** ist erforderlich, dass dem Opfer, wenn auch nur vorübergehend, unmöglich gemacht wird, nach seinem freien Willen seinen Aufenthalt zu verändern, wobei jedoch unerhebliche Beeinträchtigungen nicht ausreichen.	S/S[26], § 234a Rn. 13 i.V.m. § 239 Rn. 4
Die **berufliche oder wirtschaftliche Stellung** wird durch Einziehung des Vermögens, dauerndes Berufsverbot beeinträchtigt.	Tr/Fi[53], § 234a Rn. 10
Die **berufliche oder wirtschaftliche Stellung** kann z.B. durch Einziehung des Vermögens oder Ausschluss der Möglichkeit zur beruflichen Betätigung empfindlich beeinträchtigt werden.	S/S[26], § 234a Rn. 13

Für **Gewalt- oder Willkürmaßnahmen** ist kennzeichnend, dass mit dem Opfer nach den Zwecken und den Vorstellungen des fremden Regimes verfahren wird, ohne dass sich dieses an die Grundsätze der Gerechtigkeit und Menschlichkeit hält.

S/S[26], § 234a Rn. 12

Im Widerspruch zu rechtsstaatlichen Grundsätzen. So ohne Prozess, in gerichtlichem Scheinverfahren oder in einem Verfahren, in dem unabdingbare prozessuale Voraussetzungen fehlen.

Tr/Fi[53], § 234a Rn. 9

Im Widerspruch zu rechtsstaatlichen Grundsätzen stehen sowohl menschenrechtswidrige Verfolgungsmethoden, gerichtliche Scheinverfahren oder sonstwie unabdingbaren Prozessgrundsätzen widersprechende Verfahren als auch die Verhängung von unmenschlichen oder grob ungerechten oder im Gesetz nicht vorgesehenen Strafen oder Maßnahmen.

S/S[26], § 234a Rn. 11

Rechtsstaatliche Grundsätze sind namentlich verletzt, wenn kein geordnetes oder nur ein Scheinverfahren gewährt wird.

La/Kü[25], § 234a Rn. 3

Konkurrenzen

§ 234a I verdrängt § 239 im Wege der Gesetzeskonkurrenz (Spezialität).

§ 234a I steht in Idealkonkurrenz mit §§ 212, 211.

§ 234a III wird von § 30 II verdrängt (man prüft ihn deshalb erst gar nicht). Nur wenn § 30 II wegen § 31 nicht durchgreift, könnte § 234a III theoretisch zur Geltung kommen. Auch dies ist aber wegen der analogen Anwendung des § 31 nicht der Fall.

§ 235.   Entziehung Minderjähriger

Überblick

- *Typ:* vorsätzliches Begehungsdelikt. Dauerdelikt.
- *Versuch* von Abs. 1 Nr. 2 und Abs. 2 Nr. 1 ist nur strafbar, Abs. 3, die beiden anderen Nrn. nicht (Vergehen). *Versuch* von Abs. 4 ist strafbar (Verbrechen).
- Abs. 1 und Abs. 2 enthalten zwei selbständige *Grundtatbestände,* wobei Abs. 2 durch den Strafrahmenverweis immer mit Abs. 1 zusammen genannt werden muss (Obersatz: § 235 I, II).

- Abs. 4 enthält eine Qualifikation, Abs. 5 enthält eine Erfolgsqualifikation (§ 18).

- (Unbenannter minder schwerer Fall in Abs. 6 – klausurmäßig bedeutungslos.)

- *Antrag* erforderlich nach § 238 VII

- Wichtige Änderung durch das 6. StrRG (zum 1.4.1998): Diese Vorschrift wurde völlig neu gefasst. Sie erhält den Paragraphen, der früher für die »Kindesentziehung« galt.

Aufbau (Abs. 1)

I. **Tatbestand**
    1. Objektiver Tatbestand:
       a. Tatobjekt:
           aa. (Nr. 1) eine Person unter 18 Jahren oder
           bb. (Nr. 2) ein Kind (vgl. § 176 I).
       b. Tatsubjekt:
           aa. (Nr. 1) jeder
           bb. (Nr. 2) jeder, der nicht Angehöriger (vgl. § 11 Nr. 1) des Tatobjektes ist.
       c. Tathandlung:
           aa. (Nr. 1 und 2) (Was)
               (1) Entziehen oder
               (2) Vorenthalten
           bb. (Nr. 1 und 2) (Wem)
               (1) den Eltern oder
               (2) einem Elternteil oder
               (3) dem Vormund oder
               (4) dem Pfleger,
           bb. (Nr. 1) durch (Wie)
               (1) Gewalt oder
               (2) Drohung mit empfindlichen Übel oder
               (3) List.
    2. Subjektiver Tatbestand: Vorsatz, mindestens bedingter.
II. **Rechtswidrigkeit: keine Besonderheiten.**
III. **Schuld: keine Besonderheiten.**
IV. **Besonderheit: Strafantrag nach § 235 VII**

Aufbau (Abs. 2, 1)

I. **Tatbestand**
    1. Objektiver Tatbestand:
       a. Tatobjekt: ein Kind (vgl. § 176 I).
       b. Tathandlung (Was):
           aa. (Nr. 1): Entziehen oder
           bb. (Nr. 2): Vorenthalten
               (1) im Ausland
               (2) nachdem das Tatobjekt dorthin

        (a) verbracht worden ist oder

        (b) sich begeben hat.

    bb. (Nr. 1 und 2) (Wem)

        (1)den Eltern oder

        (2)einem Elternteil oder

        (3)dem Vormund oder

        (4)dem Pfleger,

    bb. (Nr. 1) durch (Wie)

        (1)Gewalt oder

        (2)Drohung mit empfindlichen Übel oder

        (3)List.

  2. Subjektiver Tatbestand:

    a. Vorsatz, mindestens bedingter,

    b. bei Nr. 1 zusätzlich: Absicht, das Tatobjekt in das Ausland zu verbringen.

II. **Rechtswidrigkeit: keine Besonderheiten.**

III. **Schuld: keine Besonderheiten.**

IV. **Besonderheit: Strafantrag nach § 235 VII**

Aufbau (Qualifikation, Abs. 4)

I.   **Tatbestand**

  1. Objektiver Tatbestand:

    a. (Nr. 1) Taterfolg: Tatobjekt kommt in die Gefahr

      aa. des Todes oder

      einer schweren Gesundheitsschädigung oder

      cc. einer erheblichen Schädigung der Entwicklung

        (1)körperlich oder

        (2)seelisch.

    b. (Nr. 2) Tathandlung: Handlung gegen Entgelt (oder(!) rein subjektiv vgl. 2. b)

  2. Subjektiver Tatbestand:

    a. Vorsatz, mindestens bedingter.

    b. bei Nr. 2 – statt! der Handlung gegen Entgelt – Absicht der Bereicherung für

      aa. sich oder

      bb. einen Dritten.

II. **Rechtswidrigkeit und**

III. **Schuld: keine Besonderheiten.**

Aufbau (Erfolgsqualifikation, Abs. 5)

I.   **Tatbestand**

  1. Objektiver Tatbestand:

    a. schwere Folge (der Tod des Tatobjektes),

    b. Verbindung zur Handlung des Grundtatbestandes (Abs. 1 oder 2),

    c. Fahrlässigkeitsmerkmale (§ 18)

      aa. obj. Sorgfaltspflichtverletzung im Hinblick auf die schwere Folge (ist durch die Handlung des Grundtatbestandes indiziert),

      bb. obj. Vorhersehbarkeit,

      cc. obj. Zurechnungszusammenhang,

dd. Schutzzweck der Sorgfaltspflicht (schwere Folge muss Realisierung der Handlung des Grundtatbestandes sein).

    2. Subjektiver Tatbestand: Eintritt der Folge gesehen (bewusste F.) oder nicht gesehen (unbewusste F.).

II. Rechtswidrigkeit

III. Schuld:

    1. Subj. Sorgfaltspflichtverletzung,

    2. subj. Vorhersehbarkeit.

Definitionen / Erläuterungen

Entziehen bedeutet die Beeinträchtigung des wesentlichen Inhalts des Rechts auf Personensorge.	Tr/Fi[53], § 235 Rn. 6
Eine **Entziehung** liegt vor, wenn die Ausübung des Elternrechts in seinem wesentlichen Inhalt beeinträchtigt wird. Die Beeinträchtigung muss durch räumliche Trennung des Minderjährigen vom Berechtigten erfolgen. Weiterhin ist eine gewisse Dauer der Entziehung und zudem auch eine familienrechtswidrige Inanspruchnahme der personensorgerechtlichen Stellung als Ganzer zu verlangen.	S/S[26], § 235 Rn. 6
Entzogen ist der Minderjährige, wenn das Recht zur Erziehung, Beaufsichtigung und Aufenthaltsbestimmung (§ 1631 BGB) durch räumliche Trennung für eine gewisse, nicht nur ganz vorübergehende Dauer so beeinträchtigt wird, dass es nicht ausgeübt werden kann.	La/Kü[25], § 235 Rn. 3
Geschützt sind die sorgeberechtigten **Eltern** oder ein Elternteil; in diesem Fall kann der andere Elternteil die Tat nach § 235 I begehen. Geschützt ist aber auch das Umgangsrecht des nicht sorgeberechtigten Elternteils gegenüber dem allein sorgeberechtigten.	Tr/Fi[53], § 235 Rn. 3
Ein **Vorenthalten** liegt nicht nur vor, wenn der Täter die Herausgabe des Kindes verweigert, sondern auch, wenn er sie durch Verheimlichen des Aufenthaltsorts oder durch anderweitige Unterbringung des Kindes erschwert.	Tr/Fi[53], § 235 Rn. 7
Eltern sind auch die Adoptiveltern; die Pflege- und Stiefeltern dagegen nur, wenn ihnen das Sorgerecht übertragen ist.	La/Kü[25], § 235 Rn. 2
Die Tat kann auch von dem sorgeberechtigten **Elternteil** begangen werden, und zwar nicht nur gegenüber dem (mit-) sorgeberechtigten Elternteil, sondern auch gegen-	La/Kü[25], § 235 Rn. 2

über dem nur zum persönlichen Umgang berechtigten Elternteil.

Vormund. §§ 1773 ff. BGB. Als Amtsvormund nach §§ 1709, 1791c BGB ist das Jugendamt geschützt, wenn ihm das volle Sorgerecht oder das der Mutter nach §§ 1666, 1666a BGB entzogene Aufenthaltsbestimmungsrecht zusteht.	La/Kü[25], § 235 Rn. 2
Vormund und **Pfleger.** §§ 1671 V, 1680 II S. 2, 1773, 1791c BGB. Bei Vormund auch Amtsvormund.	Tr/Fi[53], § 235 Rn. 3
Pfleger. §§ 1909 ff. BGB.	La/Kü[25], § 235 Rn. 2
Gewalt ist der physisch vermittelte Zwang zur Überwindung eines geleisteten oder erwarteten Widerstandes.	Tr/Fi[53], § 235 Rn. 9 i.V.m. § 240 Rn. 8
Gewalt i.allg.S. der Freiheitsdelikte ist jedes Mittel, mit dem auf den Willen oder das Verhalten eines anderen durch ein gegenwärtiges empfindliches Übel eine Zwangswirkung ausgeübt wird.	S/S[26], § 235 Rn. 9 i.V.m. vor § 234 Rn. 6
Drohung ist das Inaussichtstellen eines künftigen Übels, auf dessen Eintritt der Drohende Einfluss hat oder zu haben vorgibt.	Tr/Fi[53], § 235 Rn. 9 i.V.m. § 240 Rn. 31
Die **Drohung** bezeichnet das Inaussichtstellen eines Übels, dessen Verwirklichung davon abhängen soll, dass der Bedrohte nicht nach dem Willen des Täters reagiert.	S/S[26], § 235 Rn. 9 i.V.m. vor § 234 Rn. 30
Drohung ist das – ausdrückliche oder schlüssige – In-Aussicht-Stellen eines Übels, dessen Eintritt davon abhängen soll, dass der Bedrohte sich nicht dem Willen des Drohenden beugt; dieser muss es daher, anders als bei der bloßen Warnung, als in seiner Macht stehend hinstellen, das Übel – sei es auch nur mittelbar durch Einschaltung eines Dritten – zu verwirklichen.	La/Kü[25], § 235 Rn. 4 i.V.m. § 240 Rn. 12
List ist das geflissentliche und geschickte Verbergen einer wahren Absicht; auch Ausnutzen eines Irrtums kann genügen, ebenso wie Verdeckung des Sachverhalts ohne Täuschungshandlung, Heimlichkeit ist nicht erforderlich, aber vielfach vorhanden.	Tr/Fi[53], § 235 Rn. 9 i.V.m. § 234 Rn. 3 i.V.m. § 232 Rn. 31a
Unter **List** ist ein Verhalten zu verstehen, das darauf abzielt, unter geflissentlichem und geschicktem Verbergen der wahren Absichten oder Umstände die Ziele des Täters	S/S[26], § 235 Rn. 12 i.V.m. vor § 234 Rn. 38

durchzusetzen.

List umschreibt ein Verhalten, mit dem der Täter darauf abzielt, unter geflissentlichem und geschicktem Verbergen der wahren Zwecke oder Mittel seine Ziele durchzusetzen. Irrige Vorstellungen braucht er nicht hervorzurufen; es genügt, dass er die Unkenntnis von der wahren Sachlage ausnutzt.

La/Kü[25], § 235 Rn. 4
i.V.m. § 234 Rn. 2

Eine erhebliche Schädigung der körperlichen oder seelischen Entwicklung liegt vor, wenn der normale Ablauf des körperlichen oder psychischen Reifungsprozesses dauernd und nachhaltig gestört ist; es reicht das Bestehenlassen oder Intensivieren einer bereits vorhandenen Gefahr durch Untätigbleiben.

La/Kü[25] § 235 Rn. 7
i.V.m. § 171 Rn. 3

Leichtfertig bedeutet einen erhöhten Grad von Fahrlässigkeit, der etwa der groben Fahrlässigkeit des bürgerlichen Rechts entspricht, aber im Gegensatz dazu auf die persönlichen Fähigkeiten des Täters abstellt. Auch Fälle unbewusster Fahrlässigkeit können darunter fallen; jedoch können die Fälle bewusster Fahrlässigkeit nicht mit denen der Leichtfertigkeit gleichgesetzt werden.

Tr/Fi[53], § 15 Rn. 20

Tod. Für die Feststellung des Todes kommt es weder auf den völligen Ausfall jeglicher biologischer Lebensregungen noch bereits auf den Stillstand von Herz- und Atmungstätigkeit an, sondern allein auf den sog. Hirntod. Damit ist der irreversible und totale Funktionsausfall des Gehirns gemeint.

S/S[26], Vorbem. § 211
Rn. 19

§ 236.   Kinderhandel

Überblick

- *Typ:* vorsätzliches Begehungsdelikt. Dauerdelikt. Abs. 1 ist abstraktes Gefährdungsdelikt.

- Abs. 1 enthält in S. 1 einen *Grundtatbestand (für den »Verkäufer«)*, in S. 2 einen *Grundtatbestand (für den »Käufer«)*. Durch den Verweis von S. 2 auf S. 1 Obersatz: § 236 S. 2, 1.

- Abs. 2 enthält in S. 1 einen von Abs. 1 unabhängigen *Grundtatbestand*, in S. 2 eine Qualifikation. Prüfung immer mit dem Grunddelikt (Obersatz: § 236 II S. 1, 2) und

zwar entweder hinter subjektivem Tatbestand oder hinter Schuld des Grunddeliktes.

- Abs. 4 enthält (für Abs. 1 und 2) eine *Qualifikation*. Prüfung immer mit dem
  Grunddelikt (Obersatz: § 236 I bzw. II, IV) und zwar entweder hinter subjektivem
  Tatbestand oder hinter Schuld des Grunddeliktes.

- *Versuch* ist strafbar, Abs. 3.

- (Fakultativer Strafmilderungs- bzw. –absehungsgrund in Abs. 5 – klausurmäßig
  bedeutungslos.)

- *Geschütztes Rechtsgut* des Absatzes 1 ist die ungestörte körperliche und seelische
  Entwicklung des Kindes. Abs. 2 dient dagegen dem Zweck, die in § 5 Abs. 1, 4 S. 1
  AdoptionsVermG festgelegten Vermittlungsverbote strafrechtlich abzusichern.

- Wichtige Änderung durch das 6. StrRG (zum 1.4.1998): Diese Vorschrift wurde
  völlig neu eingeführt. Sie erhält den Paragraphen, der früher für die »Entführung
  mit Willen der Entführten« galt.

Aufbau (Abs. 1 S. 1 – »Verkäufer«)

I. **Tatbestand**
    1. Objektiver Tatbestand:
       a. Tatobjekt: ein noch nicht achtzehn Jahre altes Kind, Mündel oder Pflegling
       b. Tatsubjekt: Eltern oder Elternteil (folgt aus: »sein« Kind), Vormund oder Pfleger
       c. Tathandlung: Überlassen auf Dauer
          aa. einem anderen und
          bb. gegen Entgelt (oder(!) rein subjektiv vgl. 2. b) und
          cc. unter grober Vernachlässigung seiner Fürsorge- und Erziehungspflicht
    2. Subjektiver Tatbestand:
       a. Vorsatz, mindestens bedingter.
       b. statt! der Handlung gegen Entgelt – Absicht der Bereicherung für
          aa. sich oder
          bb. einen Dritten.
II. **Rechtswidrigkeit und**
III. **Schuld: keine Besonderheiten.**

Aufbau (Abs. 1 S. 2, 1 – »Käufer«)

I. **Tatbestand**
    1. Objektiver Tatbestand:
       a. Tatobjekt: ein noch nicht achtzehn Jahre altes Kind, Mündel oder Pflegling
       b. Tatsubjekt: kein Elternteil
       c. Tathandlung:
          aa. Bei sich aufnehmen auf Dauer und
          bb. Gewährung eines Entgeltes
    2. Subjektiver Tatbestand: Vorsatz, mindestens bedingter.

II. Rechtswidrigkeit und
III. Schuld: keine Besonderheiten.

Aufbau (Abs. 2 S. 1)

I.   **Tatbestand**
  1. Objektiver Tatbestand:
    a. Tatobjekt:
      - (Nr. 1) Person unter 18 Jahre
    b. Tathandlung:
      aa. (Nr. 1) Vermittlung einer Adoption oder
      bb. (Nr. 2) Ausüben einer Vermittlertätigkeit, die zum Ziel hat, dass ein Dritter eine Person unter achtzehn Jahren auf Dauer bei sich aufnimmt
      cc. gegen Entgelt (oder(!) rein subjektiv vgl. 2. b)
  2. Subjektiver Tatbestand:
    a. Vorsatz, mindestens bedingter.
    b. statt! der Handlung gegen Entgelt – Absicht der Bereicherung für
      aa. sich oder
      bb. einen Dritten.
II. **Rechtswidrigkeit und**
III. **Schuld: keine Besonderheiten.**

Aufbau (Abs. 2 S. 2, Qualifikation)

I.   **Tatbestand**
  1. Objektiver Tatbestand:
    - Taterfolg: das Tatobjekt wird verbracht
      aa. in das Inland (aus dem Ausland)
      bb. in das Ausland (aus dem Inland)
  2. Subjektiver Tatbestand: Vorsatz, mindestens bedingter.
II. **Rechtswidrigkeit und**
III. **Schuld: keine Besonderheiten.**

Aufbau (Qualifikation, Abs. 4)

I.   **Tatbestand**
  1. Objektiver Tatbestand:
    a. (Nr. 1) Tatsubjekt: ist Mitglied einer Bande, die sich zur fortgesetzten Begehung eines Kinderhandels verbunden hat (oder(!) rein subjektiv vgl. 2. b) oder
    b. (Nr. 2) Taterfolg: Tatobjekt kommt in die Gefahr einer erheblichen Schädigung der Entwicklung
      aa. körperlich oder
      bb. seelisch.
  2. Subjektiver Tatbestand:
    a. Vorsatz, mindestens bedingter.
    b. bei Nr. 1 – statt! der Handlung als Mitglied einer Bande –

aa. Gewinnsucht oder
bb. gewerbsmäßig.
II. **Rechtswidrigkeit und**
III. **Schuld: keine Besonderheiten.**

Definitionen / Erläuterungen

Als **Eltern** kommen vor allem leibliche Eltern, auch ein Elternteil, ferner Adoptiveltern sowie sog. »Scheinväter«,
denen das Kind nur rechtlich gemäß § 1591 BGB als ehe-
lich zugeordnet ist, in Betracht

La/Kü[25] § 236 Rn. 2

**Grobe Vernachlässigung der Fürsorge- und Erziehungs-
pflicht.** Um sicherzustellen, dass sozial akzeptierte Vorgänge wie die Unterbringung eines Kindes bei Verwandten (z.B. wegen längerer urlaubs- oder berufsbedingter
Abwesenheit der Eltern) oder die Begründung anderer
ähnlich anerkennenswerter Pflegeverhältnisse nicht in den
Anwendungsbereich geraten, sollen die Eltern nur unter
der Voraussetzung strafbar sein, dass sie ihre Fürsorge-
oder Erziehungspflicht durch den »Verkauf« grob ver-
nachlässigen. Diese strafbarkeitseinschränkende Voraussetzung ist der »gröblichen Verletzung der Fürsorge- oder
Erziehungspflicht« im Sinne des § 171 (vgl. auch § 180
Abs. 1 S. 2) nachgebildet; zu ihrer Auslegung wird deshalb
im Wesentlichen auf Rechtsprechung und Literatur zu je-
ner Vorschrift zurückgegriffen werden können, wobei jedoch zu berücksichtigen ist, dass hier bereits eine einmalige Handlung – der »Verkauf« des Kindes – als subjektiv
und objektiv schwerwiegende Pflichtverletzung gewertet
wird.

La/Kü[25] § 236 Rn. 2

Die **Fürsorgepflicht** ist primär eine Schutzpflicht.

S/S[26], § 170d Rn. 3

Der Inhalt der **Erziehungspflicht** erstreckt sich auf die
richtige Anleitung des Jugendlichen in seiner körperlich-
seelischen Entwicklung, wobei es sich von selbst versteht,
dass dies keine Festlegung auf bestimmte Erziehungsinhalte oder -modelle bedeutet, sondern dass »richtig« in
diesem Sinne alles ist, was im Rahmen eines vom Gesetz
auch hier vorausgesetzten Grundkonsens nicht »vertretbar« ist.

S/S[26], § 171 Rn. 3

Die **Fürsorge- oder Erziehungspflicht** kann auf Gesetz
(z.B. Eltern, Vormund, Pfleger), Vertrag (z.B. Pflegeeltern)

La/Kü[25], § 236 Rn. 2
i.V.m. § 171 Rn. 2

oder öffentlich-rechtlichem Aufgabenbereich (z.B. Sozialarbeiter des Jugendamts), aber auch auf den tatsächlichen
Gegebenheiten (z.B. Aufnahme in eine Wohngemeinschaft, in eine eheähnliche Lebensgemeinschaft) beruhen.

Eine **gröbliche Verletzung** ist eine subjektiv und objektiv schwerwiegende, die zwar schon bei einer einmaligen Handlung möglich ist, in der Regel aber erst durch Wiederholung oder Dauer die vom Gesetz verlangte Folge haben kann.	Tr/Fi⁵³, § 236 Rn. 5 i.V.m. § 171 Rn. 4
Die **Verletzung** der Fürsorge- oder Erziehungspflicht kann sowohl in einem Tun (z.B. Verführung zu Straftaten, übermäßiges Verabreichen von Alkohol, Überanstrengung des Jugendlichen durch Arbeiten, denen dieser körperlich nicht gewachsen ist, gesundheitsgefährdende Unterbringung usw.) als auch in einem Unterlassen bestehen (z.B. Nichtversorgen eines Kindes, Duldung von Alkohol- oder Rauschgiftmissbrauch).	S/S²⁶, § 171 Rn. 4
Gröblich ist die Pflichtverletzung, wenn die fragliche Handlung objektiv in einem besonders deutlichen Widerspruch zu den Grundsätzen einer ordnungsgemäßen Erziehung steht und wenn sie subjektiv ein erhöhtes Maß an Verantwortungslosigkeit erkennen lässt.	S/S²⁶, § 171 Rn. 4
Gröblich ist die Pflicht **verletzt**, wenn sie in erheblichem Umfang und in auffälligem Missverhältnis zur Leistungsfähigkeit des Täters, durch ein Tun oder Unterlassen verletzt wurde.	La/Kü²⁵, § 236 Rn. 2 i.V.m. § 171 Rn. 2
Die **Gefahr einer erheblichen Schädigung der körperlichen oder seelischen Entwicklung** kann gegeben sein, wenn das Opfer in ein Milieu gebracht wird, wo es verwahrlost; auch ein dauerhaftes Verbringen in einen fremden Kulturkreis kann genügen, wenn im Einzelfall eine konkrete Gefahr für die körperliche, seelische oder psychische Entwicklung des Kindes damit verbunden ist.	Tr/Fi⁵³, § 236 Rn. 19 i.V.m. § 235 Rn. 16a

Konkurrenzen

k.A.

§ 237.   (Aufgehoben durch 33. StrÄndG)

§ 238.   (Aufgehoben durch Art. 1 Nr. 42 6. StrRG).

§ 239.   Freiheitsberaubung

Überblick

- *Typ:* vorsätzliches Begehungsdelikt – Dauerdelikt.
- *Versuch nach Abs. 1* ist strafbar, Abs. 2.
- *Versuch nach Abs. 3 und 4* ist strafbar (Verbrechen!).
- Abs. 1 ist Grundtatbestand.
- Abs. 3 Nr. 1 enthält *Qualifikation.* Prüfung immer mit dem Grunddelikt (Obersatz: § 239 I, III Nr. 1) und zwar entweder hinter subjektivem Tatbestand oder hinter Schuld des Grunddeliktes.
- Abs. 3 Nr. 2 und Abs. 4 enthalten (unselbständige) *Erfolgsqualifikationen* (§ 18). Prüfung immer mit dem Grunddelikt (Obersatz: § 239 I, III Nr. 2, bzw. § 239 I, IV) und zwar entweder hinter subjektivem Tatbestand oder hinter Schuld des Grunddeliktes.
- (Minder schwerer Fälle in Abs. 5 – klausurmäßig bedeutungslos.)
- *Schutzgut* ist die potentielle persönliche Fortbewegungsfreiheit (Tr/Fi[53], § 239 Rn. 2, La/Kü[25], § 239 Rn. 1).

Aufbau (Abs. 1)

I. **Tatbestand**
1. Objektiver Tatbestand:
    a. Tatobjekt – jeder Mensch;
    b. Tathandlung – der persönlichen Freiheit berauben, insbesondere: Einsperren.
2. Subjektiver Tatbestand: Vorsatz, mindestens bedingter.
II. **Rechtswidrigkeit und**
III. **Schuld: keine Besonderheiten.**

Aufbau (Abs. 3 Nr. 1, Qualifikation)

I. **Tatbestand**
1. Objektiver Tatbestand:
    - Taterfolg: Dauer der Freiheitsentziehung über (länger als) eine Woche durch den Täter

2. Subjektiver Tatbestand: Vorsatz, mindestens bedingter.
II.   **Rechtswidrigkeit und**
III. **Schuld: keine Besonderheiten.**

Aufbau (Abs. 3 Nr. 2, Erfolgsqualifikation)

I.   **Tatbestand**
   1. Objektiver Tatbestand:
     a. erfolgsqualifizierender Taterfolg: schwere Gesundheitsschädigung,
     b. obj. Sorgfaltspflichtverletzung im Hinblick auf die schwere Folge (ist durch die Freiheitsentziehung indiziert),
     c. Verbindung zur Freiheitsentziehung durch den Täter (nicht durch Dritte!) des Grundtatbestandes (§ 239 I) oder einer während der Entziehung widerfahrenen Behandlung,
       aa. csqn-Kausalität
       bb. obj. Vorhersehbarkeit,
       cc. obj. Zurechnungszusammenhang,
       dd. Schutzzweck der Sorgfaltspflicht (schwere Folge muss Realisierung der Freiheitsentziehung oder Behandlung sein).
   2. Subjektiver Tatbestand: Eintritt der Folge gesehen (bewusste F.) oder nicht gesehen (unbewusste F.).
II. **Rechtswidrigkeit.**
III. **Schuld:**
   1. Subj. Sorgfaltspflichtverletzung,
   2. subj. Vorhersehbarkeit.

Aufbau (Abs. 4, Erfolgsqualifikation)

I.   **Tatbestand**
   1. Objektiver Tatbestand:
     a. erfolgsqualifizierender Taterfolg: Tod des Opfers,
     b. obj. Sorgfaltspflichtverletzung im Hinblick auf die schwere Folge (ist durch die Freiheitsentziehung indiziert),
     c. Verbindung zur Freiheitsentziehung durch den Täter (nicht durch Dritte!) des Grundtatbestandes (§ 239 I) oder einer während der Entziehung widerfahrenen Behandlung,
       aa. csqn-Kausalität
       bb. obj. Vorhersehbarkeit,
       cc. obj. Zurechnungszusammenhang,
       dd. Schutzzweck der Sorgfaltspflicht (schwere Folge muss Realisierung der Freiheitsentziehung oder Behandlung sein).
   2. Subjektiver Tatbestand: Eintritt der Folge gesehen (bewusste F.) oder nicht gesehen (unbewusste F.).
II. **Rechtswidrigkeit.**
III. **Schuld:**
   1. Subj. Sorgfaltspflichtverletzung,
   2. subj. Vorhersehbarkeit.

Definitionen / Erläuterungen

Der persönlichen Freiheit beraubt = Freiheitsentziehung. Einem Mensch wird in seine persönliche Bewegungsfreiheit eingegriffen; es muss ihm, sei es auch nur vorübergehend, die Möglichkeit genommen werden, nach seinem Willen sich fortzubewegen, insbesondere einen Raum zu verlassen.

Tr/Fi[53], § 239 Rn. 6

Der persönlichen Freiheit beraubt. Dazu ist erforderlich, das dem Opfer, wenn auch nur vorübergehend, unmöglich gemacht wird, nach seinem freien Willen seinen Aufenthalt zu verändern, wobei jedoch unerhebliche Beeinträchtigungen nicht ausreichen. Dagegen liegt keine Freiheitsberaubung vor, wenn jemand daran gehindert wird, einen bestimmten Ort aufzusuchen, oder wenn er gezwungen wird, einen bestimmten Ort zu verlassen.

S/S[26], § 239 Rn. 4

Ein Mensch ist seiner persönlichen Freiheit **beraubt**, wenn und solange er – sei es auch nur vorübergehend und ohne sein Wissen – z.B. durch Gewalt, List, Drohung, Betäubung, Nichtanhalten eines Fahrzeugs gehindert wird seinen Aufenthaltsort frei zu verlassen, dabei muss seine Fortbewegungsfreiheit vollständig aufgehoben werden.

La/Kü[25], § 239 Rn. 2

Einsperrung bedeutet das Festhalten in einem umschlossenen Raum durch äußere Vorrichtungen, so dass der Betroffene objektiv gehindert ist, sich von der Stelle zu bewegen, wenn er das wollte.

Tr/Fi[53], § 239 Rn. 7

Ein Mensch ist **eingesperrt**, sobald er objektiv gehindert ist, von seiner Fortbewegungsfreiheit Gebrauch zu machen. Ob dies durch Verschließen der Ausgänge oder auf andere Weise geschieht, ist unerheblich. Die Unmöglichkeit, sich zu entfernen, braucht keine unüberwindliche zu sein.

S/S[26], § 239 Rn. 5

Einsperren bedeutet Verhinderung des Verlassens eines Raumes durch äußere Vorrichtungen, es ist als häufigste Begehungsform nur ein hervorgehobenes Beispiel.

La/Kü[25], § 239 Rn. 3

Während der Entziehung widerfahrenen Behandlung. Die Folge kann eintreten z.B. durch den ungesunden Aufenthalt des Eingesperrten; evtl. durch dessen Selbstmord oder beim Fluchtversuch.

Tr/Fi[53], § 239 Rn. 16

Schwere Gesundheitsschädigung. Dazu zählt nicht nur eine schwere Körperverletzung i.S.d. § 226, sondern auch die Beeinträchtigung der Gesundheit durch langwierige ernste Erkrankungen, insb. durch erhebliche Beeinträchtigung im Gebrauch der Sinne, der körperlichen Leistungsfähigkeit und der Arbeitsfähigkeit; oder der Gesundheitsschädigung einer großen Zahl von Menschen.

Tr/Fi[53], § 239 Rn. 15 i.V.m. § 330 Rn. 8

Schwere Gesundheitsbeschädigung. Außer den in § 226 genannten Verletzungsfolgen werden nun auch alle Fälle erfasst, in denen die Gesundheit des Opfers einschneidend oder nachhaltig beeinträchtigt ist, wie z.B. bei ernsten, langwierigen Krankheiten oder einer ernsthaften Störung der körperlichen Funktionen oder der Arbeitskraft.

S/S[26], § 250 Rn. 21

Schwere Gesundheitsschädigung setzt keine schwere Körperverletzung i.S.d. § 226 voraus, sondern liegt etwa auch bei einschneidenden oder nachhaltigen Beeinträchtigungen der Gesundheit vor, z.B. bei langwierigen ernsten Krankheit oder erheblichen Beeinträchtigung der Arbeitskraft für lange Zeit.

La/Kü[25], §§ 239 Rn. 9 i.V.m. § 250 Rn. 3

Tod. Für die Feststellung des Todes kommt es weder auf den völligen Ausfall jeglicher biologischer Lebensregungen noch bereits auf den Stillstand von Herz- und Atmungstätigkeit an, sondern allein auf den sog. Hirntod. Damit ist der irreversible und totale Funktionsausfall des Gehirns gemeint.

S/S[26], Vorbem. § 211 Rn. 19

Konkurrenzen

§ 239 kann § 240 im Wege der Gesetzeskonkurrenz (Konsumtion) verdrängen, aber im gleichen Wege auch von ihm verdrängt werden. § 239 steht in Idealkonkurrenz mit §§ 113, 132, 164, 185, 223 ff.

§ 239a. Erpresserischer Menschenraub.

Überblick

- *Typ:* vorsätzliches Begehungsdelikt. Die Tat nach Abs. 1 ist abstraktes Gefährdungsdelikt.
- *Versuch* ist strafbar (Verbrechen!).

- Abs. 1 ist *Grundtatbestand*. Er enthält einen Entführungs- (Var. 1) und einen Ausnutzungstatbestand (Var. 2).

- (Unbenannter minder schwerer Fall in Abs. 2 – klausurmäßig bedeutungslos.)

- Abs. 3 enthält (unselbständige) *Erfolgsqualifikation* (§ 18, hier: leichtfertig). Prüfung immer mit dem Grunddelikt (Obersatz: § 239a I, III) und zwar entweder hinter subjektivem Tatbestand oder hinter Schuld des Grunddeliktes.

- Abs. 4 enthält einen *Spezialfall der tätigen Reue* (Rücktritt bei Vollendung), allerdings nur mit Strafmilderungs- und nicht mit Strafausschließungswirkung.

- *Unterschied zu § 239b:* hier Erpresserabsicht, dort Nötigungsabsicht; hier allgemeine Nötigungsmittel, dort spezielle Nötigungsmittel.

- *Schutzgut* sind primär die Freiheit und Unversehrtheit des Entführten, d.h. seine psycho-physische Integrität, aber daneben auch die der in Sorge Gebrachten, die regelmäßig mindestens in Gefahr kommen und sekundär auch das Vermögen (Tr/Fi[53], § 239a Rn. 2).

Aufbau (Abs. 1 Var. 1

I. **Tatbestand**
    1. Objektiver Tatbestand):
        a. Tatobjekt – jeder Mensch;
        b. Tathandlung – Entführen oder sich bemächtigen.
    2. Subjektiver Tatbestand:
        a. Vorsatz, mindestens bedingter, bez. obj. TB,
        b. zusätzlich: Absicht, die Sorge eines Dritten oder des Opfers selbst um das Wohl des Opfers zu einer Erpressung (§ 253) auszunutzen.
II. **Rechtswidrigkeit und**
III. **Schuld: keine Besonderheiten.**

Aufbau (Abs. 1 Var. 2)

I. **Tatbestand**
    1. Objektiver Tatbestand:
        a. Tatobjekt – jeder Mensch;
        b. Tathandlung I – Entführen oder sich bemächtigen;
        c. Tathandlung II – Ausnutzung der dadurch entstandenen Lage zu einer Erpressung (§ 253. -
        Aufbauhinweis: Es ist sinnvoll, § 253 vorher geprüft zu haben, damit man hier darauf verweisen kann. -
    2. Subjektiver Tatbestand: Vorsatz, mindestens bedingter.
II. **Rechtswidrigkeit und**
III. **Schuld: keine Besonderheiten.**

Aufbau (Abs. 3)

I. **Tatbestand**
   1. Objektiver Tatbestand:
      a. erfolgsqualifizierender Taterfolg: Tod des Opfers,
      b. Verbindung zur Entführung oder Bemächtigung des Grundtatbestandes (§ 239a I Var. ...),
      c. Fahrlässigkeitsmerkmale (§ 18)
         aa. besonders grobe obj. Sorgfaltspflichtverletzung (wenigstens Leichtfertigkeit!) im Hinblick auf die schwere Folge (ist durch die Entführung oder Bemächtigung indiziert),
         bb. obj. Vorhersehbarkeit,
         cc. obj. Zurechnungszusammenhang,
         dd. Schutzzweck der Sorgfaltspflicht (schwere Folge muss Realisierung der Entführung oder Bemächtigung sein).
   2. Subjektiver Tatbestand: Eintritt der Folge gesehen (bewusste F.) oder nicht gesehen (unbewusste F.).
II. **Rechtswidrigkeit.**
III. **Schuld:**
   1. Besonders grobe subj. Sorgfaltspflichtverletzung (wenigstens Leichtfertigkeit!),
   2. subj. Vorhersehbarkeit.

Aufbau (Abs. 4 S. 1)

- **Voraussetzungen**
   1. Objektive Elemente:
      a. Täter lässt Opfer in dessen Lebenskreis zurück und
      b. Täter verzichtet auf die erstrebte Leistung.
      c. Freiwilligkeit ist nicht nötig.
   2. Subjektive Elemente: Handeln in Kenntnis der objektiven Umstände.

Aufbau (Abs. 4 S. 2)

- **Voraussetzungen**
   1. Objektive Elemente:
      a. Opfer kehrt in seinen Lebenskreis zurück, ohne dass dies auf ein Verhalten des Täters zurückzuführen ist, und
      b. Täter hat sich ernsthaft darum bemüht, dass das Opfer in seinen Lebenskreis zurückkehrt und
      c. Täter verzichtet auf die erstrebte Leistung.
      d. Freiwilligkeit ist nicht nötig.
   2. Subjektive Elemente: Handeln in Kenntnis der objektiven Umstände.

Definitionen / Erläuterungen

Entführen ist das Verbringen des Opfers an einen anderen Ort, an welchem es dem ungehemmten Einfluss des Täters ausgesetzt ist.	Tr/Fi[53], § 239a Rn. 4
Für das **Entführen** ist die Herbeiführung einer Ortsveränderung mit der Absicht erforderlich, ein Sichbemächtigen zu erreichen, so dass die Entführung eine Vorstufe des Sichbemächtigens darstellt.	S/S[26], § 239a Rn. 6
Entführen setzt hier voraus, dass der Täter die Person durch Verbringen an einen anderen Ort für eine gewisse Dauer zweckhaft so in seine Gewalt bringt, dass sie seinem ungehemmten Einfluss preisgegeben ist.	La/Kü[25], § 239a Rn. 3
Sichbemächtigen Der Täter muss die physische Herrschaft über einen Menschen erlangen.	Tr/Fi[53], § 239a Rn. 4 i.V.m. § 234 Rn. 3
Das **Sichbemächtigen** eines anderen setzt voraus, dass man die physische Gewalt über ihn erlangt.	S/S[26], § 239a Rn. 7
Sich bemächtigen bedeutet Begründung eigener physischer Herrschaft über den Körper eines anderen.	La/Kü[25], § 239a Rn. 3
Sorge eines Dritten. Es genügt der zielgerichtete Wille bei irgendeinem Dritten Sorge zu erregen.	Tr/Fi[53], § 239a Rn. 5
Sorge eines Dritten. Als Dritter kommt jede Person in Betracht, von welcher der Täter annimmt, sie werde aus Sorge um das Wohl des Entführten leisten. Es kommen also nicht nur Angehörige des Opfers in Betracht; auch der Staat kann Dritter i.S. des § 239a sein.	S/S[26], § 239a Rn. 13
Der Dritte muss nicht notwendig eine nahestehende Person sein.	La/Kü[25], § 239a Rn. 4
Wohl des Opfers. Unter Wohl ist nur ein leibliches, nicht aber ein bloßes Vermögensinteresse zu verstehen. Dieses muss der Genötigte dadurch gefährdet sehen, dass er bzw. das Drittopfer sich in der Gewalt des Täters befindet.	S/S[26], § 239a Rn. 14
Die Sorge um das Wohl setzt die Befürchtung voraus, das Opfer könne bei Fortbestehen der vom Täter geschaffenen Lage körperliche oder seelische Unbill erleiden; die Besorgnis unmittelbarer Gefahr für Leib oder Leben ist nicht unbedingt erforderlich.	La/Kü[25], § 239a Rn. 5
Ausnutzen der dadurch entstandenen Lage ist erst dann	Tr/Fi[53], § 239a Rn. 10

ein Fall des § 239a und als solcher vollendet, wenn der Täter mindestens einen Versuch nach § 253 oder § 255 begeht.

Ausnutzen der dadurch entstandenen Lage. Dies ist nicht
bereits dann der Fall, wenn er einen entsprechenden Entschluss fasst, sondern erst dann, wenn er mit der Erpres-
sungshandlung beginnt.

S/S²⁶, § 239a Rn. 23

Beachte: In »Zweipersonenverhältnissen« – also bei Beteiligung nur von Täter und seinem Opfer ohne Drittbezug –
werden die §§ 239a, 239b einschränkend ausgelegt (*teleolo-
gische Reduktion*), da bereits der Versuch einschlägiger Gewalttaten wie das Bedrohen mit einer Waffe eigentlich
vom Wortlaut »Sich bemächtigen« den Tatbestand der
§§ 239a, 239b erfüllen würde und so die Strafbarkeit wegen des frühen Eingreifens der §§ 239a, 239b vorverlagert
würde. Vgl. S/S²⁶, § 239a Rn 13a, La/Kü²⁵, § 239a Rn. 4a.

Verf.

Tod. Für die Feststellung des Todes kommt es weder auf
den völligen Ausfall jeglicher biologischer Lebensregungen noch bereits auf den Stillstand von Herz- und Atmungstätigkeit an, sondern allein auf den sog. Hirntod.
Damit ist der irreversible und totale Funktionsausfall des
Gehirns gemeint.

S/S²⁶, Vorbem. § 211
Rn. 19

Lebenskreis ist in der Regel der Wohn- oder Aufenthaltsort des Opfers.

Tr/Fi⁵³, § 239a Rn. 19

In seinen **Lebenskreis** zurückgelangt ist das Opfer, wenn
es nach Entlassung aus der Gewalt des Täters die Möglichkeit verwirklicht hat, seinen Aufenthaltsort frei zu
bestimmen und zu erreichen, bei Minderjährigen und
Hilfsbedürftigen ist u.U. Mitwirkung der Obhutspflichti-
gen erforderlich.

La/Kü²⁵, § 239a Rn. 10

Das **Zurückgelangenlassen** erfordert vom Täter nichts
weiter als die Freigabe des Opfers.

S/S²⁶, § 239a Rn. 35

Erstrebte Leistung ist die Beute, auf deren erpresserische
Erlangung es dem Täter ankam.

La/Kü²⁵, § 239a Rn. 10

Verzichten bedeutet, dass die Leistung nicht mehr unter
den Voraussetzungen des § 239b gefordert wird. Hat der
Täter bereits Leistungen erhalten, genügt es, wenn er das
Erhaltene zurückgibt. Kann er es nicht zurückgeben, so ist
Abs. 4 unanwendbar.

Tr/Fi⁵³, § 239a Rn. 20

Für das **Verzichten** auf die erstrebte Leistung ist erforderlich, dass der Täter von seiner Erpressungsabsicht erkennbar Abkehr nimmt.

S/S²⁶, § 239a Rn. 39

Der Täter **verzichtet** auf die erstrebte Leistung, wenn er entweder die Bemühungen um ihre Erlangung endgültig aufgibt oder das bereits Erlangte zugunsten des Erpressten wieder preisgibt; da Verzicht aber Wahlmöglichkeit voraussetzt, reicht bloßes Unvermögen, die bereits verwertete Beute herauszugeben, nicht aus.

La/Kü²⁵, § 239a Rn. 10

Ernsthaft darum bemühen bedeutet, alles zu tun, was nach der Tätervorstellung erforderlich ist, und die dem Täter bekannten Möglichkeiten auszuschöpfen.

Tr/Fi⁵³, § 24 Rn. 36

Ernsthaft darum bemühen. Das innere Abstandnehmen von der Tat genügt nicht: der zurücktretende Täter darf sich nicht schon ohne weiteres mit der Rücknahme seines Beitrags begnügen, sondern muss, wenn er mit der von ihm mitbewirkten Handlung Straffreiheit erlangen will, eine Aktivität entfalten, die auch auf Verhinderung der von ihm schon gar nicht mehr beeinflussten Tatvollendung gerichtet ist.

S/S²⁶, § 239a Rn. 41 i.V.m. § 24 Rn. 101

Konkurrenzen

§ 239a verdrängt §§ 239, 235, 253, 255, § 239a III verdrängt § 222 im Wege der Gesetzeskonkurrenz (Spezialität). § 239a steht in Idealkonkurrenz mit §§ 223 ff., 221, 212, 239b.

§ 239b. Geiselnahme

Überblick

- *Typ:* vorsätzliches Begehungsdelikt.

- *Versuch* ist strafbar (Verbrechen!).

- Abs. 1 ist *Grundtatbestand*. Er enthält einen Entführungs- (Var. 1) und einen Ausnutzungstatbestand (Var. 2).

- (Unbenannter minder schwerer Fall in Abs. 2 durch Verweis auf § 239a II – klausurmäßig bedeutungslos.)

- Abs. 2 enthält durch Verweis auf § 239a III (unselbständige) *Erfolgsqualifikation* (§ 18, hier: leichtfertig). Prüfung immer mit dem Grunddelikt (Obersatz: § 239b I, II, § 239a III) und zwar entweder hinter subjektivem Tatbestand oder hinter Schuld des Grunddeliktes.

- Abs. 2 enthält durch Verweis auf § 239a IV einen *Spezialfall der tätigen Reue* (Rücktritt bei Vollendung), allerdings nur mit Strafmilderungs- und nicht mit Strafausschließungswirkung.

- *Unterschied zu § 239a:* hier Nötigungsabsicht, dort Erpresserabsicht; hier spezielle Nötigungsmittel, dort allgemeine Nötigungsmittel.

- *Schutzgut* wie bei § 239a, aber hier tritt die körperliche Integrität des Opfers in den Vordergrund (Tr/Fi[53], § 239b Rn. 2)

Aufbau (Abs. 1 Var. 1)

I.   **Tatbestand**
   1. Objektiver Tatbestand:
      a. Tatobjekt – jeder Mensch;
      b. Tathandlung – Entführen oder sich bemächtigen.
   2. Subjektiver Tatbestand:
      a. Vorsatz, mindestens bedingter, bez. obj. TB,
      b. zusätzlich: Absicht, einen Dritten zu einer Handlung, Duldung oder Unterlassung zu nötigen durch Drohung
         aa. mit dem Tod oder
         bb. einer schweren Körperverletzung (§ 226: Verlust von wichtigem Glied des Körpers oder Sehvermögen oder Gehör oder Sprache oder Zeugungsfähigkeit oder dauernde Entstellung oder Verfall in Siechtum oder in Lähmung oder in Geisteskrankheit) oder
         cc. einer Freiheitsentziehung des Opfers von über einer Woche Dauer.
II. **Rechtswidrigkeit und**
III. **Schuld: keine Besonderheiten.**

Aufbau (Abs. 1 Var. 2)

I.   **Tatbestand**
   1. Objektiver Tatbestand:
      a. Tatobjekt – jeder Mensch;
      b. Tathandlung I – Entführen oder sich bemächtigen;
      c. Tathandlung II – Ausnutzung der dadurch entstandenen Lage zu einer Nötigung durch Drohung
         aa. mit dem Tod oder
         bb. einer schweren Körperverletzung (§ 226: Verlust von wichtigem Glied des Körpers oder Sehvermögen oder Gehör oder Sprache oder Zeugungsfähigkeit oder dauernde Entstellung oder Verfall in Siechtum oder in Lähmung oder in Geisteskrankheit) oder
         cc. einer Freiheitsentziehung des Opfers von über einer Woche Dauer.

2. Subjektiver Tatbestand: Vorsatz, mindestens bedingter.
II. **Rechtswidrigkeit und**
III. **Schuld: keine Besonderheiten.**

Aufbau (Abs. 2 i.V.m. § 239a III)

I. **Tatbestand**
   1. Objektiver Tatbestand:
      a. erfolgsqualifizierender Taterfolg: Tod des Opfers,
      b. Verbindung zur Entführung oder Bemächtigung des Grundtatbestandes (§ 239b I Var. ...),
      c. Fahrlässigkeitsmerkmale (§ 18)
         aa. besonders grobe obj. Sorgfaltspflichtverletzung (Leichtfertigkeit!) im Hinblick auf die schwere Folge (ist durch die Entführung oder Bemächtigung indiziert),
         bb. obj. Vorhersehbarkeit,
         cc. obj. Zurechnungszusammenhang,
         dd. Schutzzweck der Sorgfaltspflicht (schwere Folge muss Realisierung der Entführung oder Bemächtigung sein).
   2. Subjektiver Tatbestand: Eintritt der Folge gesehen (bewusste F.) oder nicht gesehen (unbewusste F.).
II. **Rechtswidrigkeit.**
III. **Schuld:**
   1. Besonders grobe subj. Sorgfaltspflichtverletzung (Leichtfertigkeit!),
   2. subj. Vorhersehbarkeit.

Aufbau (Abs. 2 i.V.m. § 239a IV 4 S. 1)

- **Voraussetzungen:**
   1. Objektive Elemente:
      a. Täter lässt Opfer in dessen Lebenskreis zurück und
      b. Täter verzichtet auf die erstrebte Leistung.
      c. Freiwilligkeit ist nicht nötig.
   2. Subjektive Elemente: Handeln in Kenntnis der objektiven Umstände.

Aufbau (Abs. 2 i.V.m. § 239a IV 4 S. 2)

- **Voraussetzungen:**
   1. Objektive Elemente:
      a. Opfer kehrt in seinen Lebenskreis zurück, ohne dass dies auf ein Verhalten des Täters zurückzuführen ist, und
      b. Täter hat sich ernsthaft darum bemüht, dass das Opfer in seinen Lebenskreis zurückkehrt und
      c. Täter verzichtet auf die erstrebte Leistung.
      d. Freiwilligkeit ist nicht nötig.
   2. Subjektive Elemente: Handeln in Kenntnis der objektiven Umstände.

Definitionen / Erläuterungen

Entführen ist das Verbringen des Opfers an einen anderen Ort, an welchem es dem ungehemmten Einfluss des Täters ausgesetzt ist.	Tr/Fi[53], § 239b Rn. 3 i.V.m. § 239a Rn. 4
Für das **Entführen** ist die Herbeiführung einer Ortsveränderung mit der Absicht erforderlich, ein Sichbemächtigen zu erreichen, so dass die Entführung eine Vorstufe des Sichbemächtigens darstellt.	S/S[26], § 239b Rn. 2 i.V.m. § 239a Rn. 6
Entführen setzt hier voraus, dass der Täter die Person durch Verbringen an einen anderen Ort für eine gewisse Dauer zweckhaft so in seine Gewalt bringt, dass sie seinem ungehemmten Einfluss preisgegeben ist.	La/Kü[25], § 239b Rn. 2 i.V.m. § 239a Rn. 3 i.V.m. § 237 Rn. 4
Sich bemächtigen Der Täter muss die physische Herrschaft über einen Menschen erlangen.	Tr/Fi[53], § 239b Rn. 3 i.V.m. § 239a Rn. 3 i.V.m. § 234 Rn. 3
Das **Sichbemächtigen** eines anderen setzt voraus, dass man die physische Gewalt über ihn erlangt.	S/S[26], § 239b Rn. 2 i.V.m. § 239a Rn. 7
Sich bemächtigen bedeutet Begründung eigener physischer Herrschaft über den Körper eines anderen.	La/Kü[25], § 239b Rn. 2 i.V.m. § 239a Rn. 3
Beachte: In »Zweipersonenverhältnissen« – also bei Beteiligung nur von Täter und seinem Opfer ohne Drittbezug – werden die §§ 239a, 239b einschränkend ausgelegt (ausländisch: *teleologische Reduktion*), da bereits der Versuch einschlägiger Gewalttaten wie das Bedrohen mit einer Waffe eigentlich vom Wortlaut »Sich bemächtigen« den Tatbestand der §§ 239a, 239b erfüllen würde und so die Strafbarkeit wegen des frühen Eingreifens der §§ 239a, 239b vorverlagert würde. Vgl. S/S[26], § 239a Rn 13a, La/Kü[25], § 239a Rn. 4a.	Verf.
Drohung ist das Inaussichtstellen eines künftigen Übels, auf dessen Eintritt der Drohende Einfluss hat oder zu haben vorgibt.	Tr/Fi[53], § 239b Rn. 4 i.V.m. § 240 Rn. 31
Drohung ist das – ausdrückliche oder schlüssige – In-Aussicht-Stellen eines Übels, dessen Eintritt davon abhängen soll, dass der Bedrohte sich nicht dem Willen des Drohenden beugt; dieser muss es daher, anders als bei der bloßen Warnung, als in seiner Macht stehend hinstellen, das Übel – sei es auch nur mittelbar durch Einschaltung eines	La/Kü[25], § 239b Rn. 2 i.V.m. § 240 Rn. 12

Dritten – zu verwirklichen.

Tod. Für die Feststellung des Todes kommt es weder auf den völligen Ausfall jeglicher biologischer Lebensregungen noch bereits auf den Stillstand von Herz- und Atmungstätigkeit an, sondern allein auf den sog. Hirntod. Damit ist der irreversible und totale Funktionsausfall des Gehirns gemeint.	S/S[26], Vorbem. § 211 Rn. 19
Verloren ist das Glied nicht schon bei bloßer Funktionseinbuße, sondern im Hinblick auf die Wortlautschranke des Art. 103 II GG erst bei völligem physischen Verlust.	La/Kü[25], § 239b Rn. 2 i.V.m. § 226 Rn. 2
Glied ist jeder nach außen in Erscheinung tretende Körperteil, der mit dem Körper oder einem anderen Körperteil verbunden ist und für den Gesamtorganismus eine besondere Funktion erfüllt.	Tr/Fi[53], § 239b Rn. 4 i.V.m. § 226 Rn. 6
Glied ist jeder in sich abgeschlossene und mit dem Rumpf oder einem anderen Körperteil durch ein Gelenk verbundene Körperteil (str.), der eine herausgehobene Funktion erfüllt, also nicht das innere Organ.	La/Kü[25], § 239b Rn. 2 i.V.m. § 226 Rn. 2
Wichtigkeit eines Gliedes bestimmt sich nach seiner allgemeinen Bedeutung für den Gesamtorganismus, wobei Sondereigenschaften des Verletzten, insbesondere sein Beruf ausscheiden.	Tr/Fi[53], § 239b Rn. 4 i.V.m. § 226 Rn. 7
Die **Wichtigkeit** bestimmt sich nach der Rspr. allein nach der generellen Bedeutung des Gliedes für den Gesamtorganismus. Die überwiegende Meinung im Schrifttum hält dagegen auch die besonderen Verhältnisse des Verletzten für bedeutsam.	La/Kü[25], § 239b Rn. 2 i.V.m. § 226 Rn. 2
Sehvermögen ist die Fähigkeit, mittels des Auges Gegenstände wahrzunehmen, wenn auch nur auf kurze Entfernung; bloße Lichtempfindlichkeit genügt nicht.	Tr/Fi[53], § 239b Rn. 4 i.V.m. § 226 Rn. 2
Sehvermögen ist die Fähigkeit, Gegenstände visuell wahrzunehmen.	La/Kü[25], § 239b Rn. 2 i.V.m. § 226 Rn. 2
Gehör ist die Fähigkeit, artikulierte Laute zu verstehen; Wahrnehmungen ohne Unterscheidung genügen nicht.	Tr/Fi[53], § 239b Rn. 4 i.V.m. § 226 Rn. 3
Sprache ist die Fähigkeit zum artikulierten Reden; völlige Stimmlosigkeit ist zum Verlust nicht erforderlich.	Tr/Fi[53], § 239b Rn. 4 i.V.m. § 226 Rn. 4

Sprache ist die Fähigkeit zu artikuliertem Reden.	La/Kü[25], § 239b Rn. 2 i.V.m. § 226 Rn. 2
Fortpflanzungsfähigkeit kann fehlen, auch wenn die Fähigkeit zum Beischlaf noch vorhanden ist.	Tr/Fi[53], § 239b Rn. 4 i.V.m. § 226 Rn. 5
Fortpflanzungsfähigkeit ist auch die Empfängnisfähigkeit.	La/Kü[25], § 239b Rn. 2 i.V.m. § 226 Rn. 2
Dauernde Entstellung in erheblicher Weise besteht in einer Verunstaltung der Gesamterscheinung; dies ist auch bei einem Alten oder Unansehnlichen möglich.	Tr/Fi[53], § 239b Rn. 4 i.V.m. § 226 Rn. 9
Dauernde Entstellung ist die Verunstaltung der Gesamterscheinung, die einen unästhetischen Eindruck vermittelt; sie muss erheblich, d.h. nach ihrem Gewicht den anderen Fällen des § 226 vergleichbar sein.	La/Kü[25], § 239b Rn. 2 i.V.m. § 226 Rn. 4
Verfallen bedeutet einen lang andauernden (chronischen) den Gesamtorganismus erheblich beeinträchtigenden (so bei Lähmung!) Krankheitszustand, dessen Beseitigung sich z.Z. nicht übersehen lässt.	Tr/Fi[53], § 239b Rn. 4 i.V.m. § 226 Rn. 10
Siechtum ist ein chronischer Krankheitszustand von nicht absehbarer Dauer, der wegen Beeinträchtigung des Allgemeinbefindens Hinfälligkeit zur Folge hat.	Tr/Fi[53], § 239b Rn. 4 i.V.m. § 226 Rn. 11
Siechtum bezeichnet einen chronischen Krankheitszustand, der den Gesamtorganismus in Mitleidenschaft zieht und ein Schwinden der körperlichen und geistigen Kräfte sowie allgemeine Hinfälligkeit zur Folge hat.	La/Kü[25], § 239b Rn. 2 i.V.m. § 226 Rn. 4
Lähmung ist die erhebliche Beeinträchtigung der Bewegungsfähigkeit eines Körperteils, die den ganzen Körper in Mitleidenschaft zieht.	Tr/Fi[53], § 239b Rn. 4 i.V.m. § 226 Rn. 12
Lähmung ist eine mindestens mittelbar den ganzen Menschen ergreifende Bewegungsunfähigkeit; Lähmung einzelner Glieder kann genügen, wenn sie die Integrität des gesamten Körpers aufhebt.	La/Kü[25], § 239b Rn. 2 i.V.m. § 226 Rn. 4
Geisteskrankheit kann auch die mittelbare Folge der Verletzung sein. Es fallen sowohl endogene als auch exogene Psychosen darunter, ebenso die Triebstörungen.	Tr/Fi[53], § 239b Rn. 4 i.V.m. § 226 Rn. 13 i.V.m. § 20 Rn. 8
Geisteskrankheiten sind die exogenen und endogenen Psychosen.	La/Kü[25], § 239b Rn. 2 i.V.m. § 226 Rn. 5

Ausnutzung der dadurch entstandenen Lage ist erst dann ein Fall des § 239b und als solcher vollendet, wenn der Täter mindestens einen Versuch der Nötigung begeht.	Tr/Fi[53], § 239b Rn. 5
Freiheitsentziehung = Freiheitsberaubung. Einem Mensch wird in seine persönliche Bewegungsfreiheit eingegriffen; es muss ihm, sei es auch nur vorübergehend, die Möglichkeit genommen werden, nach seinem Willen sich fortzubewegen, insbesondere einen Raum zu verlassen.	Tr/Fi[53], § 239 Rn. 6
Lebenskreis ist in der Regel der Wohn- oder Aufenthaltsort des Opfers.	Tr/Fi[53], § 239b Rn. 8 i.V.m. § 239a Rn. 19
In seinen **Lebenskreis** zurückgelangt ist das Opfer, wenn es nach Entlassung aus der Gewalt des Täters die Möglichkeit verwirklicht hat, seinen Aufenthaltsort frei zu bestimmen und zu erreichen, bei Minderjährigen und Hilfsbedürftigen ist u.U. Mitwirkung der Obhutspflichtigen erforderlich.	La/Kü[25], § 239b Rn. 3 i.V.m. § 239a Rn. 10
Zurücklassen bedeutet, die Rückkehr zu ermöglichen, so dass Aussetzen z.B. in fremdem, unwegsamem Gebiet nicht ausreicht.	Tr/Fi[53], § 239b Rn. 8 i.V.m. § 239a Rn. 20
Erstrebte Leistung ist die Beute, auf deren erpresserische Erlangung es dem Täter ankam.	La/Kü[25], § 239b Rn. 3 i.V.m. § 239a Rn. 10
Verzichten bedeutet, dass die Leistung nicht mehr unter den Voraussetzungen des § 239b gefordert wird. Hat der Täter bereits Leistungen erhalten, genügt es, wenn er das Erhaltene zurückgibt. Kann er es nicht zurückgeben, so ist Abs. 4 unanwendbar.	Tr/Fi[53], § 239b Rn. 8 i.V.m. § 239a Rn. 20
Der Täter **verzichtet** auf die erstrebte Leistung, wenn er entweder die Bemühungen um ihre Erlangung endgültig aufgibt oder das bereits Erlangte zugunsten des Erpressten wieder preisgibt; da Verzicht aber Wahlmöglichkeit voraussetzt, reicht bloßes Unvermögen, die bereits verwertete Beute herauszugeben, nicht aus.	La/Kü[25], § 239b Rn. 3 i.V.m. § 239a Rn. 10
Ernsthaft darum bemühen bedeutet, nicht nur zum Schein alles zu tun, was nach der Tätervorstellung erforderlich ist, und die dem Täter bekannten Möglichkeiten auszuschöpfen.	Tr/Fi[53], § 24 Rn. 36

Konkurrenzen

§ 239b verdrängt §§ 239, 235, 240. § 239b III verdrängt § 222 im Wege der Gesetzeskonkurrenz (Spezialität). § 239b steht in Idealkonkurrenz mit §§ 223 ff., 221, 212, 239a,
255.

§ 239c. Führungsaufsicht

Überblick

- *Typ:* Rechtsfolgeregelung – klausurmäßig bedeutungslos.

§ 240.   Nötigung

Überblick

- *Typ:* vorsätzliches Begehungsdelikt.
- *Versuch* ist strafbar, Abs. 3.
- Abs. 1 enthält »offenen« Tatbestand
- Abs. 2 enthält eine positive Rechtswidrigkeitsregelung.
- Abs. 4 enthält einen *besonders schweren Fall*, S. 2 bildet 3 Regelbeispiele = Straf-
  zumessungsregel, kein Tatbestand. Prüfung immer mit dem Grunddelikt (Ober-
  satz: §§ 240 I, III S. 2, Nr. ...) und zwar hinter Schuld des Grunddeliktes. (vgl. auch
  § 243).
- *Schutzgut* ist die Willensentschließungs- und die Willensbetätigungsfreiheit.

Aufbau (Abs. 1, 2)

I. **Tatbestand**
   1. Objektiver Tatbestand:
      a. Tathandlung -
         aa. Gewalt oder
         bb. Drohung mit einem empfindlichen Übel;
      b. Taterfolg – Opfer wird zu einem Verhalten (Handlung oder Duldung oder Un-
         terlassung) genötigt.
   2. Subjektiver Tatbestand: Vorsatz, mindestens bedingter.
II. **Rechtswidrigkeit:**
   1. allgemeine Rechtfertigungsgründe prüfen und
   2. die Voraussetzungen des Abs. 2 feststellen: Verwerflichkeit – Überprüfung anhand
      der Zweck-Mittel-Relation.
      a. Bestimmung der Zweck-Qualität,

    b. Bestimmung der Mittel-Qualität,
    c. Bestimmung der Relation.
    Nur die Relation entscheidet, nicht die einzelne Qualität!
III. **Schuld: keine Besonderheiten.**

Aufbau (Abs. 3)

IV. **Besonderheiten**
    1. Objektive Elemente (Regelbeispiel, kein Tatbestand):
        a. (Nr. 1) Taterfolg: sexuelle Handlung (§ 184c) der genötigten Person
        b. (Nr. 2) Taterfolg: Schwangerschaftsabbruch (§ 218) durch die Genötigte
        c. (Nr. 3) Tathandlung: Missbrauch einer Amtsträgereigenschaft
            aa. Befugnisse
            bb. Stellung
    2. Subjektive Elemente (Regelbeispiel, kein Tatbestand): Vorsatz, mindestens bedingter.

Definitionen / Erläuterungen

Gewalt ist der physisch vermittelte Zwang zur Überwindung eines geleisteten oder erwarteten Widerstandes.	Tr/Fi[53], § 240 Rn. 8
Gewalt i.allg.S. der Freiheitsdelikte ist jedes Mittel, mit dem auf den Willen oder das Verhalten eines anderen durch ein gegenwärtiges empfindliches Übel eine Zwangswirkung ausgeübt wird.	S/S[26], § 240 Rn. 4 i.V.m. vor § 234 Rn. 6
Gewalt in Form von vis absoluta ist das unmittelbare Erzwingen eines Verhaltens, indem entweder die Willensbildung oder die Verwirklichung des vorhandenen Willens durch Beseitigung ihrer äußeren Voraussetzungen absolut unmöglich gemacht wird.	S/S[26], vor § 234 Rn. 13
Bei vis compulsiva wird Zwang nicht durch die äußere Ausschaltung von alternativen Verhaltensmöglichkeiten, sondern dadurch ausgeübt, dass das Opfer mittels (meist psychischen) Drucks durch gegenwärtige Übelszufügung zu einem bestimmten Verhalten motiviert wird.	S/S[26], vor § 234 Rn. 15

Beachte: Wie wahrscheinlich jeder angehende Strafrechtler weiß, ist der Gewaltbegriff im Einzelnen höchst umstritten. In Klausuren/Hausarbeiten ist darauf in der Regel vertieft einzugehen, **es sei denn**, es liegt nach allen (wichtigen) Meinungen **unstreitig** Gewalt vor. Dieser »*Minimalkonsens*« entspricht der alten Formel der Reichsgerichts: Verf.

Gewalt ist danach die Entfaltung physischer (körperlicher) Kraft zur Beseitigung eines wirklichen oder erwarteten Widerstandes.

Drohung ist das Inaussichtstellen eines künftigen Übels, auf dessen Eintritt der Drohende Einfluss hat oder zu haben vorgibt.

Tr/Fi[53], § 240 Rn. 31

Fehlt es an einer solchen Einflussmöglichkeit, so ist eine bloße Warnung gegeben.

Tr/Fi[53], § 240 Rn. 31

Die **Drohung** bezeichnet das Inaussichtstellen eines Übels, dessen Verwirklichung davon abhängen soll, dass der Bedrohte nicht nach dem Willen des Täters reagiert.

S/S[26], § 240 Rn. 9 i.V.m. vor § 234 Rn. 30

Drohung ist das – ausdrückliche oder schlüssige – In-Aussicht-Stellen eines Übels, dessen Eintritt davon abhängen soll, dass der Bedrohte sich nicht dem Willen des Drohenden beugt; dieser muss es daher, anders als bei der bloßen Warnung, als in seiner Macht stehend hinstellen, das Übel – sei es auch nur mittelbar durch Einschaltung eines Dritten – zu verwirklichen.

La/Kü[25], § 240 Rn. 12

Mit einem **empfindlichen Übel** wird gedroht, wenn der in Aussicht gestellte Nachteil von einer Erheblichkeit ist, dass seine Ankündigung geeignet erscheint, den Bedrohten iS des Täterverlangens zu motivieren, es sei denn, dass gerade von diesem Bedrohten in seiner Lage erwartet werden kann, dass er der Drohung in besonnener Selbstbehauptung standhält.

Tr/Fi[53], § 240 Rn. 32

Unter **Übel** ist jede – über bloße Unannehmlichkeiten hinausgehende – Einbuße an Werten oder Zufügung von Nachteilen zu verstehen, was dann als **empfindlich** zu betrachten ist, wenn der drohende Verlust oder der zu befürchtende Nachteil geeignet ist, einen besonnenen Menschen zu dem mit der Drohung erstrebten Verhalten zu bestimmen.

S/S[26], § 240 Rn. 9

Empfindliches Übel setzt als normatives Tatbestandselement voraus, dass die Drohung bei objektiver Betrachtung geeignet ist, einen besonnenen Menschen in der konkreten Situation zu dem damit erstrebten Verhalten zu bestimmen.

La/Kü[25], § 240 Rn. 13

Nötigen. Hierzu gehört, dass der Täter einem oder mehreren anderen ein bestimmtes Verhalten (Handeln, Dulden

Tr/Fi[53], § 240 Rn. 4

oder Unterlassen) aufzwingt.

Nötigen bedeutet, dem anderen ein von ihm nicht gewolltes Verhalten aufzwingen.

La/Kü[25], § 240 Rn. 4

Verwerflich bedeutet nach einer in der Rspr. üblich gewordenen Formel einen »erhöhten Grad sittlicher Missbilligung«.

Tr/Fi[53], § 240 Rn. 41

Inhaltlich ist mit **Verwerflichkeit** i.S. von Abs. 2 ein erhöhter Grad sozial ethischer Missbilligung der für den erstrebten Zweck angewandten Mittel gemeint.

S/S[26], § 240 Rn. 17

Verwerflich. Das Ergebnis ist aus der Verknüpfung von Nötigungsmittel und –zweck (sog. Zweck-Mittel-Relation) herzuleiten, also nicht isoliert nach dem eingesetzten Mittel oder dem angestrebten Zweck zu beurteilen.

La/Kü[25], § 240 Rn. 18

Konkurrenzen

§ 240 verdrängt § 241 im Wege der Gesetzeskonkurrenz. § 240 steht in Idealkonkurrenz mit §§ 132, 176, 212, 211, 223, 239, 235 ff., 315b, 315c.

§ 241. Bedrohung

Überblick

- *Typ:* vorsätzliches Begehungsdelikt – Gefährdungsdelikt, abstraktes.
- *Versuch* ist nicht strafbar (Vergehen!).
- Abs. 1 (Bedrohungstatbestand) und Abs. 2 (Vortäuschungstatbestand) enthalten *selbständige Tatbestände*, die lediglich durch den Strafrahmenverweis des Abs. 2 zusammenhängen.
- *Schutzgut* ist in erster Linie der Rechtsfrieden des einzelnen, damit aber auch seine abstrakt gefährdete Handlungsfreiheit (Tr/Fi[53], § 241 Rn. 2).

Aufbau (Abs. 1)

I. Tatbestand
    1. Objektiver Tatbestand:
        a. Tatobjekt – ein Mensch (Bedrohungsadressat);

   b. Tathandlung – Bedrohung mit der Begehung eines Verbrechens (vgl. § 12 I) gegen den Verbrechensadressaten (entweder Bedrohungsadressat oder ein Dritter = nahestehende Person).
   2. Subjektiver Tatbestand: Vorsatz, mindestens bedingter.
II. Rechtswidrigkeit und
III. Schuld: keine Besonderheiten.

Aufbau (Abs. 2 i.V.m. Abs. 1)

I. Tatbestand
   1. Objektiver Tatbestand:
      a. Tatobjekt – ein Mensch (Vortäuschungsadressat);
      b. Tathandlung – Vortäuschung des Bevorstehens der Verwirklichung eines Verbrechens (vgl. § 12 I) gegen den Verbrechensadressaten (entweder Vortäuschungsadressat oder ein Dritter = nahestehende Person).
   2. Subjektiver Tatbestand:
      a. Vorsatz, mindestens bedingter,
      b. im Hinblick auf den Täuschungsteil: wider besseres Wissen (= dolus directus II).
II. Rechtswidrigkeit und
III. Schuld: keine Besonderheiten.

Definitionen / Erläuterungen

Drohung ist das Inaussichtstellen eines künftigen Übels, auf dessen Eintritt der Drohende Einfluss hat oder zu haben vorgibt. Es genügt, dass der Bedrohte die Drohung ernst nehmen soll; ob der Drohende sie verwirklichen will oder kann, ist ohne Bedeutung. — Tr/Fi[53], § 241 Rn. 3 i.V.m. § 240 Rn. 31

Die **Drohung** bezeichnet das Inaussichtstellen eines Übels, dessen Verwirklichung davon abhängen soll, dass der Bedrohte nicht nach dem Willen des Täters reagiert. — S/S[26], § 241 Rn. 4 i.V.m. vor § 234 Rn. 30

Drohung ist das – ausdrückliche oder schlüssige – In-Aussicht-Stellen eines Übels, dessen Eintritt davon abhängen soll, dass der Bedrohte sich nicht dem Willen des Drohenden beugt; dieser muss es daher, anders als bei der bloßen Warnung, als in seiner Macht stehend hinstellen, das Übel – sei es auch nur mittelbar durch Einschaltung eines Dritten – zu verwirklichen. — La/Kü[25], § 241 Rn. 2 i.V.m. § 126 Rn. 2 i.V.m. § 240 Rn. 12

Mit der Begehung eines Verbrechens muss der Täter drohen, d.h. mit einem bestimmten zukünftigen Verhalten, das nach § 12 I als Verbrechen, und zwar als rechtswidrige und schuldhafte Handlung zu werten ist und das entwe- — Tr/Fi[53], § 241 Rn. 4

der gegen den Bedrohten selbst oder gegen eine ihm nahestehende Person gerichtet ist.

Gegenstand der Drohung muss die **Begehung eines Verbrechens** i.S. von § 12 I sein, und zwar in der Weise, dass
dessen wesentliche Merkmale aus der Äußerung bzw. der
Bedrohungshandlung eventuell in Verbindung mit den
Begleitumständen ersichtlich sind.

S/S²⁶, § 241 Rn. 5

Nahestehende Person ist ein Mensch, der dem Täter so
verbunden ist, dass er eine Gefahr für jenen auch für sich
selbst als Drucksituation empfinden kann.

Tr/Fi⁵³, § 241 Rn. 4
i.V.m. § 35 Rn. 7

Der Begriff der **nahestehenden Person** setzt das Bestehen
eines auf eine gewisse Dauer angelegten zwischenmensch-
lichen Verhältnisses voraus, das ähnliche Solidaritätsge-
fühle wie (in der Regel) unter Angehörigen hervorruft und
das deshalb im Fall der Not auch zu einer vergleichbaren
psychischen Zwangslage führt.

S/S²⁶, § 241 Rn. 6 i.V.m.
§ 35 Rn. 15

Vortäuschen bedeutet, den Irrtum zu erregen suchen, die
Verwirklichung dieser Tat stehe bevor; ob ein Irrtum eintritt, ist ohne Bedeutung.

Tr/Fi⁵³, § 241 Rn. 5
i.V.m. § 126 Rn. 8

Vortäuschen ist zur Irreführung bestimmtes Gesamtverhalten, das auf Erregung oder Unterhaltung des Irrtums
gerichtet ist.

La/Kü²⁵, § 241 Rn. 2
i.V.m. § 126 Rn. 3

Verwirklichung bedeutet, die Begehung eines gegen das
Opfer oder eine diesem nahestehende Person gerichteten
Verbrechens.

Tr/Fi⁵³, § 241 Rn. 5

Bevorstehen heißt, dass der Täter Begehung, die unmittelbar oder in naher Zukunft zu erwarten, ja vielleicht schon
in der Ausführung begriffen ist, vorspiegelt.

Tr/Fi⁵³, § 241 Rn. 5
i.V.m. § 126 Rn. 8

Bevorstehend heißt, das eine gewisse zeitliche Nähe zum
Ausdruck gebracht werden soll: so wenn das Verbrechen
als bereits in der Ausführung befindlich oder jedenfalls als
in Kürze zu befürchten dargestellt wird.

S/S²⁶, § 241 Rn. 12

Konkurrenzen

§ 241 steht in Idealkonkurrenz mit §§ 126, 145d.

§ 241a. Politische Verdächtigung

Überblick

- *Typ:* vorsätzliches Begehungsdelikt. Gefährdungsdelikt, konkretes.

- *Versuch* ist strafbar, Abs. 3.

- Abs. 1 enthält den *Tatbestand in 2 Begehungsweisen* (Anzeige, Verdächtigung), Abs. 2 erweitert um eine *3. Begehungsweise* (Mitteilung), er kann daher nur zusammen mit Abs. 1 geprüft werden (Obersatz: § 241a I, II).

- Abs. 4 enthält einen *besonders schweren Fall* (Strafzumessung – § 12 III), der im HS. 1 zwei Beispiele *(keine Regelbeispiele, sondern zwingende)* enthält (unwahre Behauptung und Absichtstat). Prüfungsstandort: nach der Schuld (Obersatz: § 241a I (ggf. II), IV).

- *Schutzgut* wie bei § 234a: die Freiheit des einzelnen, seine körperliche Unversehrtheit und seine wirtschaftliche Betätigungsfreiheit (La/Kü[25], § 234a Rn. 1).

Aufbau Abs. 1 (ggf. i.V.m. Abs. 2)

I.   **Tatbestand**
   1. Objektiver Tatbestand:
     a. Tatobjekt: ein anderer (Mensch)
     b. Tathandlung:
       aa. (Abs. 1 Var. 1) Anzeigen oder
       bb. (Abs. 1 Var. 2) Verdächtigen oder
       cc. (Abs. 2) Mitteilung machen über oder
       dd. (Abs. 2) Weitergabe einer Mitteilung.
     c. Taterfolg: konkrete Gefährdung des Opfers,
       aa. verfolgt zu werden,
         - aus politischen Gründen,
       bb. und hierbei (die Gefährdung)
         - Schaden zu erleiden an Leib oder Leben oder
         - der Freiheit beraubt zu werden oder
         - in der beruflichen oder wirtschaftlichen Stellung empfindlich beeinträchtigt zu werden,
       cc. durch Gewalt- oder Willkürmaßnahmen
       dd. im Widerspruch zu rechtsstaatlichen Grundsätzen.
   2. Subjektiver Tatbestand: Vorsatz, mindestens bedingter.
II. **Rechtswidrigkeit: keine Besonderheiten.**
III. **Schuld: keine Besonderheiten.**
IV. **Besonderheiten:**
   1. Strafzumessungsbeispiel nach Abs. 4 HS. 1 (Var. 1)
     a. Objektive Elemente
       aa. Die in der Anzeige, Verdächtigung oder Mitteilung aufgestellte Behauptung
       bb. ist unwahr.
     b. Subjektive Elemente: Vorsatz, mindestens bedingter.

2. Strafzumessungsbeispiel nach Abs. 4 HS. 1 (Var. 2)
   a. Objektive Elemente: keine
   b. Subjektive Elemente: Absicht, eine der in Abs. 1 bezeichneten Folgen herbeizu-
      führen.
3. Sonstige unbenannte Strafzumessungsgründe.

Definitionen / Erläuterungen

Politische **Verdächtigung** liegt vor, falls der Täter einen anderen durch eine **Anzeige** oder Verdächtigung, d.h. belastende Mitteilung tatsächlicher Art, der Gefahr der Verfolgung aus politischen Gründen aussetzt.	Tr/Fi[53], § 241a Rn. 2
Verdächtigen ist das Unterbreiten oder Zugänglichmachen von Tatsachenmaterial, das einen Verdacht gegen eine andere Person begründet oder einen bereits bestehenden Verdacht verstärkt.	S/S[26], § 241a Rn. 2 i.V.m. § 164 Rn. 5
Es genügen **Mitteilungen** jeder Art, z.B. über den Aufenthalt, sofern der andere dadurch der Verfolgung ausgesetzt wird, wie etwa Mitteilungen von Behörde zu Behörde, nicht dagegen die wahrheitsgemäße Beantwortung von Fragen eines Polizeibeamten.	S/S[26], § 241a Rn. 2
Übermitteln bedeutet Weitergabe einer Mitteilung.	Tr/Fi[53], § 241a Rn. 5
Die **Gefahr** der politischen Verfolgung muss eine konkrete sein. Das ist zwar nicht schon dadurch ausgeschlossen, dass sich das Opfer noch im Inland befindet, während der zu befürchtende Verletzungserfolg als solcher nur im Ausland eintreten kann; wohl aber müssen hinreichende Anhaltspunkte dafür bestehen, dass das im Inland befindliche Opfer in die Hand der ausländischen Macht geraten könnte.	S/S[26], § 241a Rn. 4 i.V.m. § 234a Rn. 9
Gefahr ist ein ungewöhnlicher Zustand, in dem nach den konkreten Umständen der Eintritt eines Schadens naheliegt.	La/Kü[25], § 241a Rn. 1 i.V.m. § 234a Rn. 1 i.V.m. § 315c Rn. 21
Politische Gründe. Hierunter fallen auch rassische, religiöse oder weltanschauliche Gründe. Auch wegen Agententätigkeit oder politisch wichtiger Arbeit als Wissenschaftler oder Ingenieur, sei es auch unter Vorspiegelung angeblicher Wirtschaftsverbrechen oder krimineller Verfehlungen. Die Gründe als solche brauchen nicht rechtsstaats-	Tr/Fi[53], § 241a Rn. 6 i.V.m. § 234a Rn. 8

widrig zu sein; str.

Verfolgung aus politischen Gründen ist anzunehmen, wenn sie aus Gründen der Machtausübung oder der Machtkämpfe eines fremden Regimes erfolgt, wobei auch rassische, religiöse oder sonstige weltanschauliche Motive mitbestimmend sein können.

S/S[26], § 241a Rn. 4
i.V.m. § 234a Rn. 9

Politische Gründe können schon dann vorliegen, wenn die Verfolgung auf der Machtausübung eines fremden staatlichen Regimes beruht.

La/Kü[25], § 241a Rn. 1
i.V.m. § 234a Rn. 3

Für die **Freiheitsberaubung** ist erforderlich, dass dem Opfer, wenn auch nur vorübergehend, unmöglich gemacht wird, nach seinem freien Willen seinen Aufenthalt zu verändern, wobei jedoch unerhebliche Beeinträchtigungen nicht ausreichen.

S/S[26], § 241a Rn. 4
i.V.m. § 234a Rn. 13
i.V.m. § 239 Rn. 4

Die **berufliche oder wirtschaftliche Stellung** wird durch Einziehung des Vermögens, dauerndes Berufsverbot beeinträchtigt.

Tr/Fi[53], § 241a Rn. 6
i.V.m. § 234a Rn. 10

Die **berufliche oder wirtschaftliche Stellung** kann z.B. durch Einziehung des Vermögens oder Ausschluss der Möglichkeit zur beruflichen Betätigung empfindlich beeinträchtigt werden.

S/S[26], § 241a Rn. 4
i.V.m. § 234a Rn. 13

Gewalt- oder Willkürmaßnahmen sind z.B. grob ungerechte Strafen.

Tr/Fi[53], § 241a Rn. 6
i.V.m. § 234a Rn. 9

Für **Gewalt- oder Willkürmaßnahmen** ist kennzeichnend, dass mit dem Opfer nach den Zwecken und den Vorstellungen des fremden Regimes verfahren wird, ohne dass sich dieses an die Grundsätze der Gerechtigkeit und Menschlichkeit hält.

S/S[26], § 241a Rn. 4
i.V.m. § 234a Rn. 12

Im Widerspruch zu rechtsstaatlichen Grundsätzen. So ohne Prozess, in gerichtlichem Scheinverfahren oder in einem Verfahren, in dem unabdingbare prozessuale Voraussetzungen fehlen.

Tr/Fi[53], § 241a Rn. 6
i.V.m. § 234a Rn. 9

Im Widerspruch zu rechtsstaatlichen Grundsätzen stehen sowohl menschenrechtswidrige Verfolgungsmethoden, gerichtliche Scheinverfahren oder sonstwie unabdingbaren Prozessgrundsätzen widersprechende Verfahren als auch die Verhängung von unmenschlichen oder grob ungerechten oder im Gesetz nicht vorgesehenen Strafen oder Maß-

S/S[26], § 241a Rn. 4
i.V.m. § 234a Rn. 11

nahmen.

Rechtsstaatliche Grundsätze sind namentlich verletzt, wenn kein geordnetes oder nur ein Scheinverfahren gewährt wird.

La/Kü[25], § 241a Rn. 1
i.V.m. § 234a Rn. 3

Konkurrenzen

§ 241a steht in Idealkonkurrenz mit §§ 94-96, 98, 99, 186, 187, 187a, 239 II. Bei Abs. 4 auch mit § 164.

Lernen mit Fällen – Die Fallsammlungen

Fallbeispiele vermitteln Strukturen und Probleme des jeweiligen Rechtsgebietes. Das Besondere: zu jedem Fall gibt es neben der Lösung auch kurze Gutachten. Sie zeigen den Studierenden den optimalen Weg in der Klausur. Die ausführlichen Lösungen sagen dem Leser klipp und klar, was er machen soll – und was nicht. Alle Fälle sind universitätserprobt: die einschlägigen Fragen von Studierenden sind mit eingeflossen.

Strafrecht BT 1
Nichtvermögensdelikte
Materielles Recht
und Klausurenlehre
3. Auflage 2006. 348 Seiten
ISBN 3-7663-1268-5

Strafrecht BT 2
Vermögensdelikte
Materielles Recht
und Klausurenlehre
3. Auflage 2004. 274 Seiten
ISBN 3-7663-1170-0

Schuldrecht I
Allgemeiner Teil und
vertragliche Schuldverhältnisse
Materielles Recht
und Klausurenlehre
2005. 342 Seiten
ISBN 3-7663-1246-4

Allgemeiner Teil des BGB
Materielles Recht
und Klausurenlehre
2. Auflage 2006. 251 Seiten
ISBN 3-7663-1265-0

Sachenrecht
Materielles Recht
und Klausurenlehre
3. Auflage 2005. 288 Seiten
ISBN 3-7663-1245-6

Arbeitsrecht
Materielles Recht
und Klausurenlehre
2004. 196 Seiten
ISBN 3-7663-1237-5

Handels- und Gesellschaftsrecht
Materielles Recht
und Klausurenlehre
2005. 330 Seiten
ISBN 3-7663-1251-0

Allgemeines Verwaltungsrecht und Verwaltungsprozessrecht
Materielles Recht
und Klausurenlehre
2005. 322 Seiten
ISBN 3-7663-1253-7

Zu beziehen über jede gut sortierte juristische Fachbuchhandlung oder direkt beim Verlag unter E-Mail: kontakt@bund-verlag.de

AchSo!Verlag

Das Skript – Die Lern- und Verstehbücher

Die Bücher der Reihe »Das Skript« kommen ohne komplizierte
Juristensprache aus. Lernende erfahren hier alles Wichtige:

- Welcher Stoff gehört in eine Klausur oder Hausarbeit?
- Wie sieht der Aufbau einer Klausur oder Hausarbeit aus?
- Wie formuliert man den Stoff optimal in Klausur oder
  Hausarbeit?

Mit über 350.000 verkauften Exemplaren gehört die Reihe zu
den Bestsellern der juristischen Studienliteratur.

Braunschneider
Ö-Recht
8. Auflage 2005. 381 Seiten
ISBN 3-7663-1244-8

Braunschneider
BGB AT
10. Auflage 2004. 334 Seiten
ISBN 3-7663-1233-2

Braunschneider
Strafrecht AT
11. Auflage 2005. 390 Seiten
ISBN 3-7663-1255-3

Braunschneider
Schuldrecht AT
4. Auflage 2004. 372 Seiten
ISBN 3-7663-1230-8

Sieger
Schuldrecht BT
Vertragliche Schuldverhältnisse
2005. 197 Seiten
ISBN 3-7663-1249-9

Walter / Wischerhoff
Deliktsrecht
Schuldrecht Besonderer Teil
2006. 191 Seiten
ISBN 3-7663-1248-0

Zu beziehen über jede gut sortierte juristische Fachbuchhandlung
oder direkt beim Verlag unter E-Mail: kontakt@bund-verlag.de

AchSo!Verlag

Jura Professionell

Ralf Krämer
Michael Rohrlich

Juristische Haus- und Examensarbeiten mit Word

2005. 146 Seiten, kartoniert
ISBN 3-7663-1258-8

Der geübte Umgang mit Microsoft Word spart kostbare Zeit bei
juristischen Haus- und Seminararbeiten. Hier setzt das Werk an:
Der Leser erhält allgemeine Tipps zum Umgang mit dem PC, außerdem eine umfassende Anleitung zum Erstellen einer Format-
vorlage, die er – einmal sachgerecht erstellt – für alle Haus- und
Seminararbeiten verwenden kann. Grundkenntnisse in Word sind
übrigens nicht erforderlich – die liefert das Buch gleich mit.

Schritt für Schritt wird der Leser durch die einzelnen Arbeitsschrit-
te geführt – anschaulich ergänzt durch Screenshots und Schrift-
beispiele.
Hinweise zum Einrichten der Seitenränder, zum Zeilenabstand,
den richtigen Schriftgrößen sind ebenso enthalten wie Anleitun-
gen zum automatischen Erstellen eines Inhaltsverzeichnisses. Kurzreferenzen erläutern das schrittweise Bearbeiten für alle Word-
Versionen ab Word 97.

Die wichtigsten Inhalte:
• Vorlage erstellen – Schritt für Schritt
• Tipps und Tricks für Seitenränder, Zeilenabstand, Schriftgröße
• die Kurzreferenzen

Zu beziehen über jede gut sortierte juristische Fachbuchhandlung
oder direkt beim Verlag unter E-Mail: kontakt@bund-verlag.de

AchSo!Verlag

Jura Professionell

Holger Kleinhenz
Gerhard Deiters

• Klausuren
• Hausarbeiten
• Seminararbeiten
• Dissertationen
richtig schreiben und gestalten

2005. 218 Seiten, kartoniert
ISBN 3-7663-1261-8

Die Qualität einer juristischen Prüfungsleistung hängt neben der inhaltlichen Richtigkeit maßgeblich von der Form der Darstellung ab. Die für juristische Arbeiten einzuhaltenden Formalien folgen bestimmten Regeln, die erlernbar sind. Gleiches gilt für die sprachliche Gestaltung. Hier setzt das Werk an, das als Lernbuch und Nachschlagewerk konzipiert ist.

Die wichtigsten Inhalte:
• Grundlagen des Gutachtenstils
• typische Ausdrucksfehler
• richtige Zitierweise
• sachgerechte Gliederung
• korrekter Aufbau des Literaturverzeichnisses
• Tipps für ein effizientes Zeitmanagement
• Bewältigung psychischer Blockaden

Zu beziehen über jede gut sortierte juristische Fachbuchhandlung oder direkt beim Verlag unter E-Mail: kontakt@bund-verlag.de

AchSo!Verlag